가족치료 사례개념화

Case Conceptualization in Family Therapy

Michael D. Reiter 저 | 정혜정 역

학지사

Case Conceptualization in Family Therapy
by Michael D. Reiter

Authorized translation from the English language edition,
entitled CASE CONCEPTUALIZATION IN FAMILY THERAPY, 1st Edition,
9780132889070 by REITER, MICHAEL D., published by Pearson Education,
Inc, publishing as Pearson,

KOREAN language edition published by HAKJISA PUBLISHER, INC.
by arrangement with Pearson Education, Inc.

역자 서문

지난 이십여 년에 걸쳐 가족치료에 대한 수요가 급증하고 있고 가족치료를 전문적으로 공부하는 사람들의 숫자가 늘어나면서 가족치료 관련 서적들이 쏟아져 나오고 있습니다. 이 가운데 역자가 이 책을 접하고 곧바로 번역하기로 결심한 것은 이 책의 강점에 매료되었기 때문입니다. 하나의 사례를 특정 이론에 적용하여 실천방법을 단편적으로 보여 주는 자료나 서적은 이미 많이 소개되고 출간되었지만, 동일한 사례에 대해 여러 가족치료 모델을 적용하고 어떻게 개념화하는지를 보여 주는 책은 아마 이 책이 처음일 것입니다. 특히 저자가 모든 장의 주 저자이면서 다양한 가족치료 모델의 전문가를 각 장의 공동 저자로 초대하여 집필함으로써 책 전체의 틀과 시각에 일관성을 기하였다는 점은 이 책의 가장 큰 강점입니다.

사실, 가족치료 이론의 기본 개념과 기법을 이해하는 만큼 상담 현장에서 내담자를 직접 만나 이론을 적용하고 실천하기는 쉽지 않습니다. 내담자들이 갖가지 문제를 쏟아 낼 때, 특히 핵가족을 포함한 확대가족의 여러 구성원이 개입되어 아주 오랜 역사를 가진 케케묵은 문제들을 쏟아 낼 때, 훈련 중인 가족치료사는 물론이거니와 경험이 많고 숙련된 치료사들조차 이를 어떻게 바라보고 이해해야 할지 어려워합니다. 그리고 그런 문제에 어떻게 접근해서 해결을 도와야 할지 난감한 상황에 자주 처합니다.

이러한 맥락에서 가족치료 전문가의 길로 안내하는 다양한 교육과 훈련의 기회가 제공되고 있는 바, 그 기본이자 핵심은 아마 사례개념화일 것입니다. 따라서 아홉 가지 가족치료 모델에 입각하여 사례가족을 개념화하는 구체적이고 상세한 지도를 보여 주고 있는 이 책은 가족치료 전문가들과 훈련생들에게 큰 자원이 될 것입니다.

모두 12장으로 이루어진 이 책의 1장은 가족치료 분야의 사례개념화를 이해하기 위한 기초 지식을 다루고 있습니다. 2장은 사례가족을 소개하고 있는데, 그 내용은 가족치료 실천을 위한 기본 정보인 가족의 현재 상태, 핵가족의 역사, 남편과 아내 각각의 원가족 역사와 역동에 대한 것입니다. 3장부터 11장은 아홉 가지 대표적인 가족치료 모델, 즉 보웬 모델, 맥락적 가족치료, 사티어 경험적 가족치료, MRI 단기치료, 전략적 가족치료, 밀란 모델, 구조적 가족치료, 해결중심 단기치료, 이야기치료 등 각 접근에서의 사례개념화를 문제형성에 대한 관점과 문제해결에 대한 관점이라는 동일한 틀 안에서 설명하고 있습니다. 모델마다 문제가 어떻게 나타나게 되었고 유지되고 있으며 문제를 둘러싼 가족의 역동은 어떤 개념으로 설명할 수 있고 또 문제를 해결하기 위하여 어떤 기법을 사용하는지, 그리고 치료사는 어떤 자세를 취하며 또 어느 시점에서 종결하는지를 쉽게 비교할 수 있도록 하였습니다. 특히 각 장의 마지막에 축어록을 제시함으로써 특정 모델의 치료사가 상담 현장에서 실제로 어떻게 개입하는지를 보여 준 점은 임상 현장에서 직접적으로 큰 도움이 될 것입니다. 12장에서 저자는 가족치료가 아직 발전 중임을 강조하며, 특히 구조적 모델과 밀란 모델의 진화, 가족치료의 통합모델과 공통요인 및 핵심역량 등에 대해 소개하고 있습니다.

이 책은 가족치료 관련 교과목이면 그 어떤 맥락에서든 꼭 필요한 교재가 될 수 있습니다. 특히 가족치료 이론을 특정 사례에 적용하여 개념화하고, 이론별 사례개념화를 비교·연습하는 훈련 현장에서는 최상의 교재가 될 것이며, 임상 현장에서 적절한 개입 방법과 질문을 찾는 실천가에게는 기본 교재가 될 것입니다. 또한 가족상담·치료 관련 자격증을 준비하는 학생과 훈련생이 사례개념화 기술을 익히기 위한 기본 교과서로 활용하기에도 적절합니다.

이 책을 번역하는 과정은 또 한 번 배우고 익히는 즐겁고 보람된 시간이었습니다. 가능한 한 이해하기 쉬운 문장으로 표현하기 위해 노력했으나 그렇지 못한 부분은 전적으로 역자의 한계 때문이며, 독자들의 적극적인 피드백이 있다면 머지않은 미래에 더 좋은 역서로 거듭날 수 있을 것입니다.

가족과 가족치료라는 전문 분야를 만나 이 세계에서 살아온 지 삼십여 년이 훨씬 지난 지금도 이렇게 잘 구성된 책을 만나 공부하고 번역하는 기쁨과 충만함을 느낄 수 있는 것은 살아오며 만난 많은 귀한 인연 덕분입니다. 오랜 세월 가까이에서나 멀리에서 늘 든든한 버팀목이 되어 준 가족, 다양한 상담 현장에서 삶의 많은 사연을 나누어 준 분들과 그 가족들, 가족치료 강의에 참석하여 깊고 반짝이는 눈빛으로 배움의 즐거움을 한껏 보여 준 다양한 연륜의 학생들, 서로 격려하고 자극이 되며 마음의 지평을 넓히는 데 도반이 되어 준 이 분야의 동료와 선후배들……. 이 책을 만나 즐겁게 번역할 수 있었던 것은 온전히 이런 소중한 분들과의 만남이 있었기에 가능하였으며 그 분들께 늘 감사한 마음입니다.

마지막으로, 좋은 책 만들기에 늘 개방적인 학지사의 김진환 사장님과 이 책의 교정과 편집에 최선을 다해 준 학지사 박나리 선생님께 깊이 감사드립니다.

2016년 8월

화(火)의 기운이 유별난 여름에

정혜정

서문

이 책에 대한 아이디어는 내가 상담대학원 프로그램에서 강의를 하였을 때 발전하기 시작했다. 내가 상담이론 혹은 가족치료 과목을 강의했을 때, 학생들에게 내주었던 과제는 학생들이 하나의 치료 모델에 대한 기본 지식을 갖추는 데 도움이 되었을 뿐 아니라, 더 중요하게는 학생들이 그러한 지식을 적용하는 방법에 대해 알려 주었다. 나는 학생들이 각자 선택한 모델에 대해 철저한 문헌고찰을 하고, 문제형성과 문제해결에 대한 관점을 설명할 수 있도록 요구하였다. 그다음에 학생들에게 하나의 사례를 제시하고(가상적인 사례가 바람직함), 사례에 있는 사람들과 가족이 현재 어떤 어려움들을 겪고 있는지 설명하기 위해 그런 아이디어들을 적용하도록 했다. 또 치료사가 공부하였던 모델을 사용해서 내담자의 변화를 이끌어 내기 위해 치료사는 어떻게 할 것인지를 학생들이 설명할 수 있도록 했다. 학생들은 용어들/개념들을 열거하고 정의할 수 있었으나, 그런 아이디어들이 어떻게 상호작용하는지에 대해서는 어려워했다. 학생들은 특히 가족상호작용을 개념화하는 작업을 어려워하였다. 과제를 끝낸 후(또 나의 피드백을 받고 나서), 학생들은 자신이 선택한 특정 모델을 훨씬 더 잘 이해하였고 그 모델을 통해 생각할 수 있는 능력이 훨씬 더 높아졌다.

그 후 나는 가족치료 실습 과목을 가르쳤다. 나는 사례를 제시하였을 때 학생들이 내담자에게 어떤 이론적 접근을 사용하였는지 설명하도록 했다. 이때 다시 많은 학생은 자신이 무엇을 했는지 개념화하기를 어려워했다. 학생들은 자신들이 읽었던 기법을 시도하였지만, 그들이 내담자가 문제를 가지게 되었던 이유라고 보았던 것과 내담자를 치료할 때 행하였던 것을 연결하지 못했다. 학생들은 용어들을 열거하고 정의할 수는 있었지만 그런 용어들을 행동 안에서 읽어 내는 것은 어려워했다.

그리하여 이 책을 쓰자는 강력한 동기가 생겼다. 여러 치료사가 동일한 가족을 다양한 임상적 렌즈를 통해 살펴보는 방법을 보여 주는 책이 바로 이 책이다. 내가 만났던 가족치료 사례연구 책은 각 장마다 다른 가족 사례를 제시했다. 그것은 내가 특정 이론을 이해하는 데는 도움이 되었다. 그러나 다른 모델이나 접근은 동일한 가족을 어떻게 다룰 것인지 의문이 들었다. 특정한 가족이라서 이 접근이 유용했던가? 다른 지향의 치료사는 이 가족을 어떻게 이해하고 또 이 가족과 어떻게 작업할 것인가? 다양한 접근 간의 유사성과 차이점은 무엇인가?

동일한 사례를 이용하여 다양한 이론을 비교하고 대조하면서 많은 것을 얻을 수 있다고 생각한다. 예를 들어, 여러 수업에서 나는 학생들에게 글로리아라는 내담자와 칼 로저스(Carl Rogers), 프레더릭 펄스(Frederick Perls), 앨버트 엘리스(Albert Ellis)가 작업하는 '심리치료에 대한 세 가지 접근' 비디오(www.psychedfilms.com에서 구입 가능)를 보여 준다. 학생들은 각 치료사가 치료사의 성격뿐 아니라 기법과 이론 측면에서 그 내담자에게 어떤 영향을 미치는지 볼 수 있다. 이 비디오를 볼 때 학생들은 글로리아가 각각의 치료사에게 똑같은 내담자가 아님을 보게 된다. 글로리아가 로저스, 펄스, 엘리스와 있는 순간은 사실이지만, 각 치료사는 글로리아의 영향을 받았고 또 글로리아에게 영향을 미쳤다(치료체계가 발전되는 명백한 시연임).

이 책을 집필하는 과정에서 나는 책의 각 장을 나누어서 쓰고 내가 편집인이 되어야 할지 아니면 이 책을 나 혼자 다 써야 할지 결정해야 했다. 두 번째가 더 좋아 보였다. 그렇게 하면 책 전체의 연속성을 보장할 수 있기 때문이다. 내가 공부했던 사례연구 책의 장들은 서로 너무 달라서 제시된 여러 모델을 비교하고 대조하기가 어려웠기 때문에 책의 연속성을 보장하는 것이 나에게는 특히 중요한 문제였다. 그러나 나는 내가 이 책에서 제시한 모든 가족치료 접근의 전문가가 아님을 잘 알고 있다. 그래서 결국 각 모델을 철저히 다룰 수 있도록 특정 모델의 전문가인 동료들을 찾았다.

살바도르 미누친(Salvador Minuchin)이 구조적 가족치료의 장에 대한 초고를 읽은 것은 나에게 큰 행운이었다. 토론을 하면서 미누친은 초고가 잘 쓰였고 정확하지만, 글이 주로 미누친의 초기 아이디어를 바탕으로 쓰여서 구조적 접근을 완전히 드러내지는 못했다고 표명했다. 또한 그는 모델과 기법에 대한 책이 치료의 기예(技藝, craft) 개념을 충분히 전달하지 못한 것 같다고 지적했다. 현재 이 책의 해당 장은 오늘날 주로 알려진 구조적 가족치료를 다루었다. 가족과 치료에 대한 미누친의 생각이 진화하였다는 점에서 미누친의 주목은 정확했다. 그러나 『가족과 가족치료(Families and Family Therapy)』(Minuchin, 1974), 『가족치료 기법(Family Therapy Techniques)』(Minuchin & Fishman, 1981)은 여전히 살아 있고 오늘날에도 적용될 수 있는 책들이다.

이런 대화는 이 책을 처음 개념화하였을 때 마주쳤던 딜레마를 강조하였다. 말하자면 계속해서 진화하고 있는 하나의 치료 모델을 어떻게 보여 줄 수 있는지 하는 딜레마를 부각시켰다. 이 책에 제시된 각 이론은 계속해서 변형되어 왔다. 이 접근들의 창시자들은 대부분 돌아가셨지만, 제2, 제3세대 가족치료사들이 새로운 방향으로 모델을 개척해 가고 있으며, 그 결과 모델마다 특정 시점에 정지되어 있는 것은 아니다. 그러나 각 이론이 적용될 수 있기 위해서는 뭔가 통일성 있는 설명이 필요하다. 그래서 나는 각 접근의 창시자들의 원래 자료만 사용하기로 결정했다. 왜냐하면 제2, 제3세대 치료사들은 때로 창시자들이 동의하지 않거나 승인하지 않을 방향으로 가고 있기 때문이다. 이러한 이유 때문에 창시자들의 관점에 충실하고자 특정 이론의 새로운 발전 측면이나 여러 다른 해석은 의도적으로 이 책에서 제시하지 않았다. 미누친과의 대화를 고려하여 나는 맨 첫 장에서 각 이론이 어떻게 발전했는지 간략히 설명했고, 마지막 장에서는 이론들이 계속해서 어떻게 진화하는지 보여 주었다.

이 책을 쓰면서 마주친 또 다른 어려움은 이 책에서 제시한 각 이론을 사용할 때 어떤 개념화도 단정적으로 할 수는 없다는 점이다. 결과적으로 각 이론을 다룬 장에서 제시한 개념화는 나와 공저자가 그렇게 사용하기로 결정했던 것이다. 그러나 동일한 이론을 사용하는 다른 가족치료사는 문제형성과 문제해결을 다르게 볼 수도 있다. 때로 한 가지 접근의 어떤 측면은 해당 장에서 강조되지 않았다. 그 측면들이 다른 가족에는 적합할지 몰라도 이 책에서 제시한 사례가족에는 적합하지 않기 때문이다. 더욱이 어떤 치료사는 한 모델의 특정 기법을 어떤 다른 기법보다 선호할 수 있다. 이렇게 해도 괜찮을 뿐만 아니라, 실제로 치료사와 내담자 모두의 가능한 반응 선택을 높일 수 있는 대화로 이끌기 때문에 유용하다. 치료사와 내담자가 반응할 수 있는 선택의 폭을 넓힐 수 있는 대화야말로 치료의 모든 것인 것 같다.

치료는 상담실에서 일어나는 상황에서 중요한 역할을 하며, 치료 모델은 특정 순서로 진행되는 일련의 기법에 불과한 것은 아니다. 그러나 이 책과 같은 교재에서 하나의 장은 치료 매뉴얼의 한 장처럼 읽힌다. 왜냐하면 치료사의 기예를 사용함으로써 치료사라는 사람을 그 모델의 통로로 묘사하기는 극히 어렵기 때문이다. 미누친, 리와 사이먼(Minuchin, Lee, & Simon, 2006)은 치료사의 기능을 다음과 같이 설명했다. "치료사는 가족에 대한 이해, 사회적 규범 및 가족의 다양성에 대한 지식을 갖추고, 또 자신의 치료 이론의 제한점과 자신의 생활 경험의 한계를 갖고서 자기에게 도움을 요청하는 가족을 만난다."(p. 75) 그러나 하나의 모델을 사용하는 실천가들이 모두 똑같이 효과적이지는 않다(Miller & Hubble, 2011). 또 아주 유능한 두 명의 치료사도 특정 시점에서 치료를 할 때 특정 가족과 어떤 관계를 맺는지에 따라 효과가 달라질 것이다. 예를 들어, 스티브 드 세이저(Steve de Shazer)와 인수 김 버그(Insoo kim Berg)는 모두 해결중심 단기치료를 개발했고, 각자 해결중심 회기를 가질 때 둘 다 아주 능숙하지만 두 사람의 접근은 아주 다르다. 어떤 가족은 스티브 드 세이저의 섬세한 태도가 자신들의 존재방식에 더 도움이 된다고 하고, 또 다른 가족은 인수 김 버그의 표현적인 치료방식을 더 좋아한다.

결과적으로, 이 책에서 나는 이론의 본질에 초점을 두고 독자 여러분의 요구를 고려하여 치료적 기예의 섬세한 부분을 첨가하고자 한다. 내가 모든 장에 치료사인 여러분을 다 담을 수 없다. 이것은 여러분이 하는 것이다. 가족치료 이론은 그저 이론일 뿐이다. 가족치료 이론은 가족치료사라는 특정인이 그 원리와 기법을 사용할 때만 작동한다. 그들이 여성이든 남성이든 그 접근의 통로로서 자신을 사용한다.

저자로서 또 하나의 결정은 모든 이론의 장들에서 묘사한 가족의 종류에 관한 것이었다. 가족이 가지고 있는 어떤 문제든 특정한 개념화를 일반화하기에는 한계가 있을 것이다. 나는 모슬리 씨 가족이라는 핵가족을 선택하였는데, 이 가족은 가족생활주기의 특정 시점에서 치료사들이 마주치는 많은 가족을 예시한다. 물론 가족에는 아주 많은 다양성이 있지만 말이다. 또한 특히 가족의 문화적 요인을 파악하고자 했다. 이렇게 해서 특정한 문화적 배경을 가진 가족에 고유하게 적용하기보다 치료 모델의 특정 원리가 부각되도록 했다. 그러나 각 모델은 자체적으로 가족이 어떻게 기능하는지 이해하고 또 개입방법을 어떻게 발전시킬 것인지라는 목적을 위해 가족의 문화적 배경(인종, 문화, 사회경제적 지위, 종교, 성역할 등)을 분명히 고려한다. 그리하여 각 장은 해당 모델이 가족의 문화를 어떻게 이해하고 사용할 수 있을지 살펴본다. 나는 독자들이 이 책에서 제시한 것 이상으로 나아가서 다양한 이론이 다양성과 다문화주의의 개념을 어떻게 통합하는지 탐색할 수 있기를 바란다(Benokraitis, 2002; Carter & McGoldrick, 2005; McGoldrick & Hardy, 2008; Taylor, 2002; Wright, Mindel, Tran, & Habenstein, 2011 참조).

이 책은 지금까지 발전되었던 모델 가운데 가장 영향력 있고 중요한 가족치료 이론 중 아홉 가지를 제시한다. 아홉이라는 숫자는 자의적으로 선택한 것이지만, 독자들은 치료사들이 가족을 개념화하고 치료적으로 작업하기 위한 다양한 방법을 충분히 볼 수 있을 것이다. 다른 중요한 이론들은 시간/공간의 제약, 개인적인 선호, 특정 모델의 상대적인 편안함 수준 등의 여러 이유 때문에 여기서 제시되지 않았다. 나는 이 책이 여러분에게 몇 가지 다른 가족치료 모델(예: 상징적-경험적, 아들러식, 인지행동적)을 사용할 수 있는 기초가 되어서, 가족이 증상을 어떻게 발전시키고 유지하는지 탐색하고, 또 각 모델을 지향하는 치료사가 가족이 긍정적으로 변화되도록 돕기 위해 어떤 도움이 될 수 있는지 살펴보기 바란다.

치료에서와 마찬가지로 이 책을 쓰는 것도 혼자의 노력이 아닌 공동의 노력이었다. 각 장을 써 주신 공저자 한 분 한 분에게 감사를 표하고 싶다. 각 장의 초고를 쓴 다음에, 나는 각 이론에 대해 나보다 전문가인 분들에게 각 모델을 가장 정확하게 서술하는 것을 도와달라고 부탁했다. 나는 모든 공저자가 각 장을 수정하는 것에 대해 전권을 주었다. 어떤 분은 나의 초고 안에서 작업하였고, 또 어떤 분은 중요한 부분을 수정했다. 곧 알게 되겠지만, 각 장은 똑같은 기본 구조를 가지고 있다. 즉, 사례가족이 어떻게 문제를 발전시키고 유지시켜 왔는지에 대한 탐색('문제형성에 대한 관점'), 특정 모델에서 작업하는 치료사가 어떻게 변화를 이해할 것인지에 대한 탐색('문제해결에 대한 관점') 그리고 치료사가 개입하는 다양한 기법에 대한 설명을 포함한 첫 회기에 대한 '사례 축어록'으로 이루어진다. 각 장은 여러 동료가 공동으로 저술하였기 때문에, 그분들은 말하자면 '취향'에서 차이가 있다. 나는 여러분이 이 책을 읽는 동안 이러한 취향을 즐길 수 있기를 바란다.

차례

□ 역자 서문 _ 3

□ 서 문 _ 7

CHAPTER 01 사례개념화의 발전 …… 19

개념적 렌즈를 갖는 것의 중요성 / 21

개념화의 발전 / 24

보웬 자연체계이론 • 25 / 맥락적 치료 • 26 / 사티어 경험적 가족치료 • 26

MRI 단기 가족치료 • 27 / 전략적 가족치료 • 28 / 밀란 체계적 가족치료 • 29

구조적 가족치료 • 30 / 해결중심 단기치료 • 31 / 이야기치료 • 31

사례개념화 / 32

사례개념화 모델 • 33

치료의 공통요인 / 38

치료외적 요인 • 38 / 관계 요인 • 41 / 기대, 희망, 플라세보 요인 • 46

모델과 기법 요인 • 50

내담자 맞춤형 접근 / 51

CHAPTER 02 사례: 모슬리 씨 가족 …… 53

가족의 현재 상황 / 53

핵가족 역사 / 58

스티븐의 원가족 / 65

미란다의 원가족 / 69

CHAPTER 03 보웬 가족체계이론 …… 75

문제형성에 대한 관점 / 76

정서체계의 개별 구성요소 • 79 / 정서적 삼각관계 • 85 / 자기분화의 개념 • 90

치료 시작하기 • 92 / 문화적 요인 • 92

문제해결에 대한 관점 / 94

치료 목표 • 94 / 가계도 • 94 / 가족평가 • 95 / 예 후 • 100

사례 축어록 / 101

CHAPTER 04 맥락적 가족치료 …… 109

문제형성에 대한 관점 / 111

관계적 현실의 다섯 가지 차원 • 112

사실 차원 _ 112 / 개인 심리 차원 _ 113 / 상호교류 차원 _ 115 / 관계윤리 차원 _ 116 / 존재적 차원 _ 125

문화적 요인 • 127

문제해결에 대한 관점 / 130

치료 목표 • 130 / 다각적 편향성 • 134 / 치료 과정 • 137 / 치료사 역할 • 141

치료의 종결 • 142

사례 축어록 / 143

CHAPTER 05 사티어 경험적 가족치료 …… 153

문제형성에 대한 관점 / 154

가족들 • 154 / 증 상 • 156 / 자기가치 • 158 / 의사소통 • 159

의사소통 유형 • 160 / 연합성 • 162 / 인간에 대한 철학 • 163

문화적 요인 • 164

문제해결에 대한 관점 / 165

치료 목표 • 165 / 치료사라는 사람 • 169 / 치료 과정 • 170 / 치료 단계 • 172

치료 기법 • 175 / 치료의 종결 • 178

사례 축어록 / 179

CHAPTER 06 MRI 단기 가족치료 …… 191

문제형성에 대한 관점 / 192

1차 변화와 2차 변화 • 193 / 문제/불평 • 198 / 문화적 요인 • 202

문제해결에 대한 관점 / 204

치료에 누구를 초대하는가 • 205 / 치료 과정 • 207 / 내담자의 입장 • 209

개 입 • 212 / 치료의 종결 • 217

사례 축어록 / 218

CHAPTER 07 전략적 가족치료 …… 227

문제형성에 대한 관점 / 228

문제/증상 • 228 / 가족생활주기 • 230 / 가족조직 • 231 / 의사소통 • 233
문화적 요인 • 234

문제해결에 대한 관점 / 236

치료 목표 • 236 / 치료 과정 • 239 / 지시하기 • 244 / 치료의 종결 • 247

사례 축어록 / 248

CHAPTER 08 밀란 체계적 가족치료 …… 255

문제형성에 대한 관점 / 256

체계로서의 가족 • 256 / 통 제 • 258 / 명명하기 • 259 / 가족신화와 전제 • 263
문화적 요인 • 264

문제해결에 대한 관점 / 265

치료 기법 • 267 / 치료의 세 가지 지침 • 271 / 질문 • 277 / 치료 형식 • 280
치료의 종결 • 282

사례 축어록 / 283

CHAPTER 09 구조적 가족치료 …… 295

문제형성에 대한 관점 / 296

가족의 의뢰 • 296 / 구조적 가족치료: 체계의 변화를 위한 체계 • 296
다르게 보기 • 298 / 치료사의 자기 사용 • 299 / 가족발달 • 300

부부 형성기: 모슬리씨 부부 • 302 / 학령기와 청소년기 자녀 가족 • 304
경계선 • 305 / 가족지도: 문제와 해결의 다리 • 307 / 문화적 요인 • 312
상위체계 • 313
문제해결에 대한 관점 / 314
치료체계의 형성 • 314 / 불균형과 변화를 촉진하는 기법 • 321
치료의 종결 • 325
사례 축어록 / 326

CHAPTER 10 해결중심 단기치료 …… 335

문제형성에 대한 관점 / 336
불 평 • 336 / 세 가지 규칙 • 339 / 변화에 대한 바람 • 340 / 문화적 요인 • 342
문제해결에 대한 관점 / 343
현재 있는 것 위에 구축하기 • 343 / 목 표 • 345 / 변 화 • 348 / 기 대 • 350
질 문 • 352 / 치료 과정 • 357 / 개 입 • 360 / 치료의 종결 • 362
사례 축어록 / 364

CHAPTER 11 이야기치료 …… 375

문제형성에 대한 관점 / 376
이야기 • 376 / 독특한 결과 • 381 / 이야기의 조망 • 382 / 문화적 요인 • 383
문제해결에 대한 관점 / 385
치료 과정 • 389 / 치료의 종결 • 394
사례 축어록 / 396

CHAPTER 12 사례개념화의 진화 …… 413

모델의 진화 / 414

구조적 가족치료 • 415 / 밀란 체계적 가족치료 • 417

모델의 통합 / 419

가족치료의 통합 • 420

가족치료 분야의 새로운 발전 / 423

새로운 접근 • 424 / 공통요인, 핵심역량, 증거기반 실천 • 427

결 론 / 435

□ 참고문헌 _ 437

□ 찾아보기 _ 453

Chapter 01

사례개념화의 발전

당신이 사무실에 도착해 보니 가족치료를 원하는 여성으로부터 전화가 와 있음을 알게 되었다. 그 여성과 남편 사이에는 세 아이가 있고, 첫째 아이는 16세 아들로 학교 가기를 거부한다고 한다. 당신이 이 가족에 대해 가지고 있는 정보는 이것뿐이고, 이제 당신은 많은 것을 결정해야 한다. 잠재적인 내담자에게 언제 전화를 할 것이며, 치료에 누구를 오라고 제안할 것인가? 그들이 첫 회기에 오기 전부터 당신은 그 가족과의 관계에서 자신이 어떤 입장에 있기를 원하는가? 당신이 그 가족을 어떤 방식으로 바라볼 것인가는 당신이 어떤 질문을 하고 또 어떤 개입을 할 것인가에 대한 정보를 준다.

이는 치료사가 새로운 가족과의 회기를 시작하기 전에 해야 하는 몇 가지 첫 번째 결정사항이다. 하지만 치료사는 백지 상태로 상담실에 들어가지 않는다. 치료사는 편견을 가지고 들어가는데, 이는 가족 기능 및 치료적 실천과 관련된 특정 질문에 대한 치료사의 답에 나타나 있다. 치료사는 자신이 가족과 함께 상담실에 들어갈 때 무엇을 할 것인가를 어떻게 아는가? 치료 과정 동안 어떤 정보를 습득할 필요가 있는가? 어떤 질문을 해야 하는가? 치료사는 상담실에서 자신을 어떻게 활용해야 하는가? 치료사는 가족에게 어떤 입장과 태도를 취해야 하는가? 치료사는 가족과의 치료 종결 시기를 어떻게 알 것인가? 이런 질문들은 모두 가족치료사가 새로운 가족을 만날 때마다 고심하게 되는 질문들이다. 이 질문들에 대한 답은 치료사의 치료적 성향에 달려 있다. 이러한 이론적 개념화는 치료사가 수없이 많은 치료적 결정을 하는 데 지침이 될 수 있다.

치료에서 내담자는 삶에서 일어나는 문제나 이슈를 줄이거나 제거하기를 원하기 때문에 치료사를 찾는다. 치료사가 내담자로 하여금 그렇게 하도록 돕기 시작하는 방법은 무엇인가가 이 책의 초점이다. 쓸 수 있는 다양한 접근이 있음을 놓고 볼 때, 가족치료사가 어떤 접근을 사용할지를 어떻게 결정하는가? 치료사가 한 모델의 어떤 면은 좋아하지 않고 다른 면은 좋아하면 어찌 되는가? 치료사는 한 이론만 택해야 하는가 아니면 치료 목록에서 더 많은 가능성을 가져야 하는가? 한 이론은 가족역동을 이해하는 방식과 사람이 변화하는 방식을 제공하는데 다른 이론은 그렇지 못하면 어떻게 되는가? 치료사는 가족을 바라보고 또 가족과 작업하기 위한 시각을 어떻게 발전시키는가?

심리치료에는 400여 가지의 상이한 모델이 있다. 이 가운데 가족치료 이론은 대략 40개인데, 구분하는 방식에 따라 물론 그 숫자가 달라질 수 있다. 각 접근은 사람들이 문제를 어떻게 발전시키고 유지하는지, 그리고 치료사는 문제해결 과정에서 어떻게 도움을 주는지에 대해 고유한 시각을 갖는다. 각 이론은 치료사가 어떻게 해서 가족이 현재의 어려움을 갖게 되었는지, 가족이 그 어려움을 뒤로하고 어떻게 앞으로 나아갈 수 있는지, 그리고 그 과정에서 가족을 돕기 위해 가족에 관해 치료사 스스로 어떤 지향을 해야 하는지를 개념화할 수 있도록 한다.

개념적 렌즈를 갖는 것의 중요성

치료사는 가족을 보기 위한 렌즈가 필요하다. 그 렌즈는 변화에 초점을 둔 상담실 내 상호작용의 여정을 이끌어 준다. 치료사의 틀이라고 할 수 있는 그 렌즈는 치료사가 정보를 접촉하고, 정보를 조직하며, 가족이 적절한 시간 내 목표를 달성하도록 돕기 위해 그 렌즈를 어떻게 사용할 것인지 알게 해 준다. 치료사의 렌즈, 틀, 이해, 개념화 등 어떻게 불리든 간에, 이는 개입의 청사진이 된다. 이 책에서는 **사례개념화**(case conceptualization)라는 용어를 사용하는데, 이 용어는 가족이 어떻게 문제를 갖게 되었고 유지시키게 되었는지, 그리고 치료사는 그들이 변화하도록 어떻게 돕는지에 관한 치료사의 이해를 말한다. 개념화를 하고 활용하는 것이 단순한 전제는 아니지만, 내담자를 돕기 위해 하나의 전제를 갖는 것은 매우 중요하다. 왜냐하면 사례개념화의 적절한 사용은 치료 효과의 질에 중요한 신호가 되기 때문이다(Sperry, 2010).

치료사의 개념적 렌즈는 문제에 관한 치료사의 가정과 연관이 있다. 드 세이저(de Shazer, 1985)는 이에 대해 다음과 같이 말했다.

> 치료사는 자신의 일을 하기 위해 불평의 구성 및 해결의 본질에 대해 어떤 가정을 할 필요가 있다. …… 이러한 가정은 불평과 문제를 그려 보기 위한 규칙처럼 작용할 수 있다. 치료사가 예컨대 'Y'라는 특정한 가정을 한다면, 그에 맞는 특정한 형태의 지도가 발전될 것이다(p. 22).

치료 과정을 일관성 있게 하는 것은 바로 이러한 가정들의 집합 혹은 틀이다. 특정한 이론 안에서 치료사는 명확한 가정을 갖게 되고 그 가정은 치료사가 상담실에서 무엇이 일어나는지를 이해하고 볼 수 있도록 한다. 예를 들어, 한 구성원의 증상이 다른 구성원과의 문제가 되는 상호작용을 반영하는 것이라고 가정하면, 치료사는 증상을 대인관계 교류의 상징으로 이해하게 된다. 그다음에 치료사는 대인 간 교류를 탐색하고 증상 자체보다 관계 수준에 개입하고자 할 것이다. 증상이 서로 다른 가족구성원의 자존감을 반영한다고 가정할 경우, 치료사는 사람들이 자신을 어떻게 보는지를 탐색할 것이다. 이때 치료의 초점은 가족구성원들이 개별 구성원의 고유성을 어떻게 허용하는지를 탐색하는 것이다.

치료사의 가정은 치료에서 중요한 역할을 한다. 이는 치료사가 가족을 처음으로 만나기 전부터 그렇다. 문제형성에 대한 치료사의 신념은 첫 회기에 누구를 초대할 것이며, 처음에 누구와 먼저 이야기할 것이고, 어떤 형태의 질문을 해야 하는지 결정하도록 한다. 치료의 맨 처음부터 치료사는 어떻게 사람들이 기능하는지에 관한 특정한 관점을 가지고 내담자를 만나는데, 그 관점은 상담실에서 치료사가 무엇을 하는지(또 하지 않는지)를 안내한다.

그러나 가족구성원들도 그들이 왜 특정한 방식으로 행동하는지에 관해 나름대로 이해하고 있을 뿐 아니라 편견도 가지고 있다. 이러한 가정에 의해 그들은 상호작용하는 방식을 강화하고 가족 내 문제들을 지속시키게 된다. 치료사는 가족의 이해를 탐색해야 하며, 동시에 자신의 문제이해 방식도 고수하고 있어야 한다. 그렇게 하기 위해 문제형성에 대한 관점이 문제해결에 대한 관점과 어떻게 연관되는지에 관해 이해할 필요가 있다. 치료사의 이론은 사례에 접근하고 특정 기법을 활용하는 자신의 방식에 영향을 미칠 뿐 아니라 내담자의 행동, 내담자의 행동에 대한 치료사의 평가 및 치료의 결과에도 영향을 미친다.

가족치료 분야의 이점은 특정한 이론적 성향의 실천가가 어떻게 문제가 발전되었고 또 어떻게 문제가 해결되는지에 대해 이해하고 있는 바를 설명할 수 있다는 점이다. 한 접근에 대해 깊이 이해하고 있는 치료사는 그 모델을 채택할 수 있고, 그 모델의 다양한 면을 활용할 수 있으며, 그 모델을 수정할 수도 있다. 그리고 나서 치료사는 어떤 핵심 요인이 다양한 모델에 작용하는지 조사할 수 있다. 심리치료에서 이러한 탐색은 각 치료 모델의 공통요인에 초점을 두는 것이었다. 공통요인 접근은 이 장의 후반에 논의할 것이며, 또 12장에서 다시 논의할 것이다.

치료는 어떤 접근을 통해서든 내담자의 반응 선택권을 증가시키는 것이라 할 수 있다. 대개 내담자들은 스스로 제한된 가능성을 가지고 있다고 믿기 때문에 치료에 온다. 내담자들이 현재 문제를 어찌할 수 없는 것은 스스로 부과하고 제한하는 행동과 신념의 목록을 가지고 문제를 해결하는 데 고착되어 있기 때문이다. 치료사는 내담자들이 시각을 넓혀서 행동의 선택권을 더 많이 볼 수 있도록 돕는다. 내담자의 반응 선택권을 늘리는 것이 더 넓은 범위의 삶의 상황을 탐색하는 데 도움이 되는 것처럼, 치료사의 반응 선택권을 늘리면 더 넓은 범위의 치료 상황을 탐색하는 데 도움이 된다. 이 책은 가족치료를 실천하는 치료사가 반응 선택권을 증가시키도록 도와 상담실에서 만나는 다양한 가족 및 문제 상황과 작업하는 데 더욱 성공적일 수 있도록 돕기 위한 것이다.

문제는 치료사가 다양한 치료적 접근을 어떻게 접하게 되느냐는 것이다. 치료사들이 대학원생일 때, 대개 대학원 과정의 교수, 특히 가족치료 실천의 슈퍼바이저인 교수가 좋아하는 모델을 택한다. 결과적으로 어떤 치료사는 특정 접근을 전혀 접하지 못하는데, 그 이유는 대학원 과정의 교수가 그 모델을 사용하지 않기 때문이다. 어떤 학생들은 대학원 과정을 넘어 익숙하지 않은 모델에 대해 더 많이 이해하고 효과적으로 되기 위해 특정 접근에 관한 강의, 워크숍, 훈련 과정에 참여하기도 한다. 심리치료 학술대회는 새로운 접근에 관한 다양한 기법과 철학을 접할 수 있는 매개체가 될 수 있다. 또는 이 책의 경우와 같이, 교재는 가족치료사는 물론 비가족치료사도 어떻게 치료사가 여러 다른 시각에서 특정 사례를 개념화할 수 있는지 접할 수 있게 한다.

이 책은 독자들이 비교하고 대조할 수 있도록 아홉 개의 서로 다른 가족치료 모델을 제시하며, 독자들이 가장 의미 있는 이론적 이해와 기법을 사용할 수 있기를 바란다. 9개의 모델은 가족치료 역사에서 아마 가장 영향력 있는 모델일 것이다. 보웬(Bowen)의 자연체계이론, 맥락적 가족치료, 버지니아 사티어(Virginia Satir)의 경험적 가족치료, MRI 단기 가족치료, 전략적 가족치료, 밀란 체계적 가족치료, 구조적 가족치료, 해결중심 단기치료, 이야기치료가 이 책에서 다루어진다.

개념화의 발전

개념 틀을 갖는 것은 치료사의 가장 기본적인 능력이다(Sperry, 2010). 왜냐하면 모든 기법과 치료사로서의 존재방식은 기본적으로 개념 틀과 관련이 있기 때문이다. 베턴과 바인더(Betan & Binder, 2010)는 개념 틀을 '임상적 실천의 핵심'(p. 143)이라고 했다. 치료사는 자신이 사용하고 있는 개념 틀을 기초로 관찰하고 생각하고 행동한다. 개념 틀은 치료사가 가족을 만날 때 누구랑 이야기하고, 무슨 질문을 하며, 무슨 말을 하고, 무슨 말을 하지 않으며, 어떤 사람이 되고, 또 어떤 사람이 되지 않을 것인지에 대해 알려 준다. 그것은 치료사가 어떻게 바라보는가 하는 것이다.

개념화는 치료사가 자기 자신, 내담자 그리고 둘 간의 상호관계에서 무슨 일이 일어나고 있는가에 대한 개인적인 시각을 조직하기 위해 사용하는 모델을 기초로 한다. 치료적 모델은 "특정한 치료 맥락에서 특정 내담자의 변화를 가져오기 위해 필요한 것이 무엇인지에 관한 신념의 집합 혹은 통일된 이론"(Anderson, Lunnen, & Ogles, 2010, p. 144)으로 정의할 수 있다. 이러한 신념은 치료사가 치료적 영역을 협상하도록 돕는 틀을 구성한다.

치료사는 모두 시간이 흐르면서 이러한 개념 틀을 발전시킨다. 대학원을 졸업하기도 전에, 치료사는 인간성에 대해서뿐 아니라 사람이 문제를 어떻게 갖게 되는가에 대한 관점을 갖는다. 이러한 시각은 대개 삶의 경험을 통해 발전되어 왔다. 그러나 수업과 임상 경험을 통해 가족치료사는 문제와 변화에 대한 자신의 관점을 변화시켜 가족치료의 주요 모델을 발전시켰던 사람들, 말하자면 가족치료의 선구자들의 아이디어를 취하여 더욱 학문적인 기초를 갖춘다. 시간이 흐르면서 치료사는 문제형성과 변화에 대한 기존 모델을 넘어서 자신의 모델을 발전시키기도 한다.

이 책에서 다루는 모델의 창시자가 누구든 혹은 어떤 모델이든 특정한 한 시점에서만 발전되지 않았다. 치료적 접근은 다른 접근들과 맥락으로부터, 그리고 가족치료와는 아주 동떨어진 분야로부터 이전의 지식, 이론, 기법 위에서 발전했다. 다음에서는 이 책에서 제시한 각 모델의 발전에 대해 설명한다.

보웬 자연체계이론

머레이 보웬(Murray Bowen)은 자연체계이론을 발전시켰다. 원래 의사 훈련을 받았던 보웬은 본래 정신분석을 바탕으로 문제와 치료를 이해했다(Bowen, 1992). 정신분석적 접근에서의 불일치를 목격한 이후에 보웬은 생물학과 자연과학, 특히 진화 이론으로 바꾸어 개인이나 가족에 대한 단순한 설명을 넘어 더욱 포괄적인 접근을 개발했다. 보웬의 이론은 모든 생물체계에 초점을 두었다.

보웬은 초기에 조현병을 연구했고, 나중에 조현병 환자 가족에서 관찰한 과정이 모든 가족에 나타났음을 알게 되었다. 그 과정은 보웬이 초기에 미분화된 가족자아 집합체라고 묘사하였던 정서적 '고착(stuckness)'을 포함했다. 보웬은 전체로서의 가족 내 정서적 과정을 바탕으로 해서 가족 내 개별 구성원들이 기능했음을 깨달았다.

보웬은 메닝거 클리닉(Menninger Clinic)에서 국립정신건강연구소(National Institute of Mental Health)로 옮긴 후 조현병 환자의 전체 가족이 병원 안에서 함께 생활했던 연구 프로젝트에 참여하였다. 그다음에 보웬은 조지타운대학교로 옮겨서 자신의 이론을 완전히 발전시켰고, 조지타운 가족센터(Georgetown Family Center)를 창설하였는데, 이것이 현재의 보웬 가족연구센터(Bowen Center for the Study of the Family)다.

보웬은 초창기에 자신의 이론을 발전시켰을 때 여섯 가지 상호 연관된 개념을 소개하였는데, 그것은 자기분화, 삼각관계, 핵가족 정서체계, 가족투사 과정, 다세대 전수 과정, 형제자매 위치다. 몇 년 후에 2개의 개념을 추가하였는데, 그것은 정서적 단절과 사회적 정서 과정이다(Kerr & Bowen, 1988).

맥락적 가족치료

이반 보스조르메니-나지(Ivan Boszormenyi-Nagy)가 맥락적 치료를 발전시켰다. 나지는 원래 그 접근의 기본을 **세대 간 가족치료**라고 불렀다(Boszormenyi-Nagy & Spark, 1984). 나중에 이 접근을 **맥락적 치료**(contextual therapy)라고 부르게 되었는데, 어떻게 사람들의 행위가 윤리적 관계의 맥락과 주고받음 사이의 균형 안에 뿌리박혀 있는지를 다루고자 하였다(Boszormenyi-Nagy, 1987).

의학박사인 보스조르메니-나지는 원래 정신분석 접근의 훈련을 받았고, 정신병의 생물화학적 요소를 탐구하고자 하였다. 나지는 스승인 칼만 쟈르파스(Kalman Gyarfas)를 통해 치료 분야로 들어갔는데, 그의 스승은 버지니아 사티어에게도 큰 영향을 준 인물이었다. 보스조르메니-나지는 대상관계이론, 치료 공동체, 집중 개인치료, 가족치료 등의 영향을 받았다(Boszormenyi-Nagy, 1987).

맥락적 치료의 발전은 개인의 심리내적 역동에 초점을 두었던 것으로부터 어떻게 심리내적 및 대인관계 과정이 윤리적 관계의 맥락을 통해 함께 기능하는지에 대한 이해로 변화되었다. 이 모델은 관계에 대한 네 가지 차원을 전제로 하는데, 그것은 사실, 심리적 욕구, 교류체계, 관계적 책무성 차원이다. 나지는 2007년 사망하기 전에 다섯 번째 차원인 존재적 차원을 추가하였다. 이러한 차원들은 보스조르메니-나지가 개인치료에 뿌리를 두었던 것에서 이후 가족치료를 활용한 것으로 전환하는 데 교량이 되었다.

사티어 경험적 가족치료

버지니아 사티어(Virginia Satir)는 어떻게 가족구성원 개인과 가족이 성장을 향하여 움직이는가에 초점을 둔 접근을 발전시켰다. 사티어는 사회사업가로서 가족치료 분야에 진입하였던 가족치료 창시자들 중 한 사람이다. 그녀는 원래 개인 정신분석 관점의 훈련을 받았다(Satir, 1986).

사티어는 머레이 보웬, 네이선 애커먼(Nathan Ackerman), 살바도르 미누친(Salvador Minuchin), 칼 휘터커(Carl Whitaker), 돈 잭슨(Don Jackson), 제이 헤일리(Jay Haley) 등 가족치료의 많은 선구자와 함께 작업하였고 이들에게 자문을 구할 수 있었다. 그녀는 그레고리 베이트슨(Gregory Bateson)과 그 연구팀의 의사소통 연구의 기초였던 캘리포니아주 팰러앨토의 정신건강연구소(Mental Research Institute: MRI)의 첫 번째 소장이었다. 그녀는 가족치료사로서의 커리어 내내 의사소통에 아주 많은 초점을 두었다.

사티어는 가족이 가져오는 증상이 진짜 문제가 아니라 개인이 그 문제에 어떻게 대처하는가가 문제라는 입장을 취한 첫 번째 가족치료사 중 한 사람이다. 1964년 그녀가 출판한 책인『합동가족치료(Conjoint Family Therapy)』는 가족치료 분야의 초기 교재 중 한 권이었다. 사티어는 마침내 가족치료 영역에 영성적인 이해를 도입하여, 사람들은 자신의 몸과 존재 상태와 연결되어 있을 뿐 아니라 관계 속에 있다는 입장을 취했다.

MRI 단기 가족치료

아마 이 책에서 다루는 그 어떤 모델보다 MRI 단기치료는 많은 사람의 아이디어가 총집합된 모델일 것이다. 이 치료는 의사소통에 초점을 둔 연구 프로젝트로부터 시작하였고 치료와는 아무 연관이 없었다. 그 연구 프로젝트의 책임자였던 그레고리 베이트슨은 1953년 제이 헤일리와 존 위클랜드(John Weakland)를 고용하였고, 그다음에 윌리엄 프라이(William Fry)를 연구팀에 합류시켰다. 이 연구팀은 영화, 유머, 역설을 포함하여 의사소통이 일어나는 다양한 형태의 맥락을 조사하였다. 조현병 연구를 위한 연구비를 받은 후 베이트슨은 정신과 의사인 돈 잭슨을 연구팀에 불러들였다.

MRI는 1958년 돈 잭슨에 의해 형성되었다. 잭슨은 첫 번째 훈련 소장으로 버지니아 사티어를 고용하였다. 1965년 MRI는 단기치료센터(Brief Therapy Center)를 설립하였다. 여기에서 어떻게 사람들의 문제해결 시도가 곧 실제 문제인지에 초점을 둔 치료 모델의 개발이 이루어졌다. 치료사들은 10회기로 제한된 치료를 실시했으며, 이는 아마도 첫 번째 형태의 단기치료일 것이다. 많은 가족치료사는 MRI와 관계를 맺었는데, 제이 헤일리(다음 절인 '전략적 가족치료' 참조), 버지니아 사티어, 스티브 드 세이저(Steve de Shazer, '해결중심 단기치료' 절 참조) 등이 포함된다. MRI 단기치료 접근의 주요 개발자 세 명은 폴 바츨라비크(Paul Watzlawick), 존 위클랜드, 리처드 피쉬(Richard Fisch)다.

전략적 가족치료

제이 헤일리가 전략적 가족치료를 개발하였는데, 이는 그의 커리어의 마지막에 **지시적 가족치료**(directive family therapy)로 알려지게 되었다. 헤일리는 의사소통을 공부하기 위해 스탠퍼드대학교 대학원에 갔는데, 거기서 우연히 그레고리 베이트슨을 만났다. 대중 영화에 대한 상호 관심을 통해, 헤일리는 베이트슨의 연구진에 합류하였고, 가족치료 역사상 가장 영향력 있는 논문 가운데 하나인 「조현병 이론을 모색하며(Toward a Theory of Schizophrenia)」(Bateson et al., 1956)의 주요 저자 중 한 사람이었고, 이 논문에서 연구자들은 가족관계의 이중구속이론에 대해 다루었다. 이 논문은 연구진이 가족을 대상으로 치료 작업을 하기 전에 쓰였는데, 헤일리는 가족구성원들이 의사소통 규칙을 통해 상호 연결되어 있음을 알려 주었다. 그 이전에 사람들의 증상은 개인적이고 심리내적인 사건으로 더 많이 여겨졌다.

베이트슨을 통해 헤일리는 유명한 정신치료사이자 최면치료사인 밀튼 에릭슨(Milton Erickson)의 연구를 접하게 되었다. 에릭슨으로부터 헤일리는 치료사가 전략적이고 지시적이 되는 것의 중요성을 배웠다. 1967년 헤일리는 필라델피아 아동지도클리닉(Philadelphia Child Guidance Clinic)으로 옮겼고, 살바도르 미누친 및 브라울리오 몬탈보(Braulio Montalvo) 가까이에서 일했다. 세 치료사는 클리닉으로 함께 통근하면서 아이디어를 교환하였다. 그들은 대화를 통해 치료의 위계적인 면을 전략적 치료에 도입하였다.

헤일리는 필라델피아 아동지도클리닉을 떠나 당시 아내였던 클로에 마다네스(Cloe Madanes)와 함께 워싱턴디시 가족치료연구소(Family Therapy Institute of Washington, DC)를 개소하였다. 결국 두 사람은 이혼하고, 헤일리는 밀튼 에릭슨에게서 훈련을 받았던 인류학자 매들레인 리치포트(Madeleine Richeport)와 결혼했다. 헤일리는 베이트슨, 에릭슨, 잭슨, 바츨라비크, 미누친, 몬탈보, 마다네스, 리치포트의 영향을 받았고, 전략적 접근에는 이 사람들의 영향이 모두 반영되어 있다.

밀란 체계적 가족치료

밀란(Milan) 체계적 가족치료는 원래 마라 셀비니 파라졸리(Mara Selvini Palazzoli), 루이지 보스콜로(Luigi Boscolo), 지안프란코 체친(Gianfranco Cecchin), 길리아나 프라타(Guiliana Prata)의 영향을 받았다(Boscolo et al., 1987). 이 정신의학자들은 원래 정신분석적으로 접근했으나, 이 접근의 비효과성에 실망하였다. 이들은 MRI 멤버들의 작업을 접하게 되었고 체계론적 관점에 입각해 공동으로 작업하기로 결정했다. MRI의 폴 바츨라비크는 이 모델의 형성 초기에 그들에게 자문을 해 주었다.

그들은 밀란팀으로 알려지게 되었는데, 팀으로 작업하는 접근을 도입했고, 한 명의 남성과 한 명의 여성이 가족과 작업하는 동안에 일면경 뒤에서 또 한 명의 남성과 여성이 이를 관찰했다. 그들의 접근은 원래 전략적이었으며, 『인간 의사소통의 실용성(Pragmatics of Human Communication)』이라는 책(Watzlawick, Bavelas, & Jackson, 1967)을 썼던 MRI 멤버들의 아이디어로부터 주로 의사소통 관념에 초점을 두었다. 하지만 자신들만의 체계론적 시각을 더 많이 발전시키기 위해 노력하는 동안에 그들은 다른 가족치료 아이디어와의 교류를 일체 끊었다.

1975년 밀란 그룹의 회원들은 『마음의 생태학의 단계들(Steps to Ecology of Mind)』 (Bateson, 1972)이라는 책을 읽고서 순환성의 개념에 더 많은 초점을 두게 되었다. 밀란팀은 전략적 접근에서 벗어나 더욱 체계론적 접근으로 변화하였으며, 그들의 중요한 논문인 「가설 세우기-순환성-중립성(Hypothesizing-circularity-neutrality)」(Palazzoli, Boscolo, Cecchin, & Prata, 1980a)을 발표하였다. 이 같은 사고의 전환으로 그들은 치료를 덜 저항적인 것으로 보게 되었다. 같은 해에 팀은 둘로 나뉘어, 파라졸리와 프라타는 전략적 개입과 연구에 초점을 두는 것으로 바꾸었고, 보스콜로와 체친은 순환성과 훈련의 길을 계속 걸어갔다.

구조적 가족치료

구조적 가족치료는 살바도르 미누친이 개발하였다. 미누친은 아르헨티나에서 의학사 학위를 받았고, 정신분석가로서의 훈련을 받았다. 그는 원래 소아정신과 의사였고, 윌트윅 소년학교(Wiltwyck School for Boys)에서 일을 시작하면서부터 가족에 대한 치료적 개입을 시작하였다. 윌트윅 소년학교와 필라델피아 아동지도클리닉에서 개발한 아이디어와 기법의 발전을 통하여 미누친의 접근은 구조적 가족치료라고 불리게 되었다.

1962년 미누친은 가족치료 운동의 창시자 중 몇 명을 만났고 그들로부터 배우기 위해 미국을 여행했다(Minuchin, 1987). 그가 만났던 창시자들은 네이선 애커먼, 리먼 윈(Lyman Wynne), 시오도어 리즈(Theodore Lidz) 그리고 그레고리 베이트슨, 돈 잭슨, 버지니아 사티어, 제이 헤일리를 포함한 팰러앨토에 있던 사람들이었다. 필라델피아 아동지도클리닉 소장이었던 미누친이 헤일리를 고용하였을 때, 헤일리와 미누친의 관계는 더 돈독해졌다. 미누친이 직장으로 함께 통근하는 헤일리와 몬탈보에게 영향을 미쳤을 때, 미누친도 역시 몬탈보와 헤일리의 영향을 받았다.

수년에 걸쳐 미누친은 이 분야 최고의 가족치료사들 몇 명과 교류하고 함께 작업하였다(Minuchin, 1987). 특히 칼 위터커는 친구이자 동료로서 엉뚱한 방식으로 기쁨을 나누었다. 미누친의 두 권의 대표 서적인 『가족과 가족치료(Families and Family Therapy)』(Minuchin, 1974), 『가족치료 기법(Family Therapy Techniques)』(Minuchin & Fishman, 1981)은 모든 시대를 통틀어 가장 중요한 가족치료 교재가 되었다. 미누친은 가족 및 부부 평가의 4단계 방법을 도입하였는데(Minuchin, Nichols, & Lee, 2007), 이는 12장에서 더 자세히 다룰 것이다.

해결중심 단기치료

해결중심 단기치료(SFBT)는 위스콘신주 밀워키에서 스티브 드 세이저와 인수 김 버그(Insoo Kim Berg)가 개발하였다. 드 세이저의 뿌리는 에릭슨의 최면치료였고, MRI의 영향도 받았다. 그는 또한 비트겐슈타인(Wittgenstein)과 불교사상의 철학적 관념을 통합하였다(de Shazer et al., 2007). 가족치료 커리어 초기에 드 세이저는 그레고리 베이트슨의 이론에서 발전된 생태체계론적 시각을 바탕으로 접근했다(de Shazer, 1991).

초기의 개발 당시에 해결중심 단기치료는 문제가 일어나기 전에 내담자의 삶에서 무엇이 일어났는지 탐색하는 것에 관한 원칙에 기초를 두었다. 하지만 이 모델의 기초를 소개한 그들의 중요한 논문에서(de Shazer et al., 1986), 그들은 당시 모델에 이름을 붙이지 않았고, 모델의 핵심이 되었던 기적질문도 소개하지 않았다. 기적질문은 인수 김 버그가 기적만이 자기를 도울 수 있을 거라고 생각했던 내담자에게 만일 기적이 일어났다면 무엇이 달라질 것인가라는 질문에 대한 내담자의 반응으로부터 우연히 발전되었다(de Shazer et al., 2007).

해결중심 단기치료의 발전에 급진적인 변화가 있었던 것은 아니지만, 이 모델은 시간이 흐르면서 발전해 왔다. 상담 전 변화 질문, 척도질문, 공식적인 다양한 과제 같은 개입이 이 접근에 도입되었고, 모든 개입은 이 모델의 기본 원칙과 연결되어 있다.

이야기치료

마이클 화이트(Michael White)는 동료인 데이비드 엡스턴(David Epston)과 함께 이야기치료의 주요 개발자다. 화이트는 원래 그레고리 베이트슨의 연구를 기초로 가족을 사이버네틱스 렌즈로 보았다(White, 1986). 호주의 가족치료학회에서 엡스턴을 만난 다음에 화이트는 당시 자신이 작업하였던 사이버네틱스 인식론과 함께 이야기 은유를 통합하기 시작했다(White & Epston, 1990).

화이트는 베이트슨, 어빙 고프먼(Erving Goffman), 제롬 브루너(Jerome Bruner), 미셸 푸코(Michel Foucault) 등의 철학자와 사회학자들의 영향을 깊이 받았다. 특히 푸코의 연구는 이야기치료 모델이 진실과 권력에 초점을 두도록 인도하였다(White & Epston, 1990). 시간이 지나면서 화이트는 이야기 대화의 지도 방법을 개발했다. 이 접근방식은 치료적 교류를 통해서 내담자가 자기 삶의 지배적인 이야기와 대안적인 이야기를 거푸집 짓는 방식으로 대화할 수 있는 지점까지 발전했다.

이 책에서 제시한 각 모델은 서로 다른 하나 이상의 모델이나 아이디어의 원칙을 취함으로써, 그리고 그 원칙들을 가족에 적용함으로써 발전되었다. 각 모델은 아직 완성되지 않았고 아직도 발전 중에 있다. 각 모델은 치료사가 자신의 스타일, 다양한 형태의 내담자, 다양한 치료 현장, 다양한 호소 문제에 가장 잘 맞는 모델의 측면들을 찾아가면서 발전을 거듭하고 있다.

사례개념화

가족치료 분야는 다른 모든 치료 분야와 마찬가지로 더욱 효과적인 임상실천을 검토하는 방향으로 변화를 거듭해 왔다. 내담자와 작업할 때 사례개념화를 발전시키고 활용하는 것은 이러한 목표를 달성하기 위한 한 가지 방법이다. 사례개념화를 발전시킬 수 있는 능력은 치료사의 1차적인 기술이자 핵심적인 역량이라 할 수 있다(Eells et al., 2005; Betan & Binder, 2010).

이러한 과정을 사례공식화(case formulation)라고 부르는 연구자와 임상가도 있고(Eells, 2007; Eells et al., 2005; Kenjelic & Edlls, 2007), 사례개념화(case conceptualization)라고 부르는 연구자와 임상가도 있다(Betan & Binder, 2010). 우리

는 사례개념화라는 용어를 사용하는데, 이는 내담자의 문제 발생과 유지, 문제해결을 위한 내담자와의 작업 과정에 대한 치료사의 이해를 나타낸다.

사례개념화는 치료사가 상담실에서 어떻게 생각하고 행동하는가를 알려 준다. 스페리(Sperry, 2010)는 사례개념화 발전의 중요성을 다음과 같이 설명했다. "기본적으로 사례개념화는 내담자에 대해 외견상 보이는 다양한 정보를 간략하고 일관적인 진술 혹은 '지도'로 요약하는 방법과 과정으로서, 내담자의 기본 패턴을 설명하고 치료 과정을 안내하는 데 쓰인다."(p. 109) 이 지도를 이용하여 정보를 적극적으로 추적하고, 가족으로부터 수집한 자료를 통합하며, 행동 전략을 실행할 수 있다. 치료사로서 우리는 가족과의 관계에서 어떤 입장을 취하며, 무엇에 주의를 기울이고, 어떻게 개입할 것인지의 방향을 잡기 위해 사례개념화를 사용한다.

사례개념화를 발전시키고 사용하는 것은 중요하다. 왜냐하면 사례개념화가 치료사에게 내담자와 접촉하고 치료의 과정을 진행하기 위한 틀을 제공하기 때문이다. 이러한 임상 전략은 치료사에게 정보를 얻고 조직하며, 내담자에게 무엇이 일어나는지를 설명하고, 치료 과정을 안내하고, 도전이 될 수 있는 것을 예견하고, 또 종결을 준비하기 위한 렌즈를 제공한다(Eells, 2007; Sperry, 2010). 결과적으로 사례개념화는 치료사가 가족을 처음 만나기 전부터 이미 시작되며, 전체 치료 과정 내내 사용된다. 사례개념화는 치료사에게 내담자가 현재 어떤 상황이며, 내담자의 현재 기능의 근거는 무엇인지를 이해하기 위한 이론적 기초를 제공한다(Berman, 2010). 본질적으로 사례개념화는 내담자의 호소 문제와 적절한 치료계획을 연결하는 것이다(Sperry, 2005a).

사례개념화 모델

사례개념화에는 많은 형태가 있고 또 매우 다양하다. 어떤 개념화는 내담자에게 무엇이 일어나고 있는지에 대한 이해만 포함한다. 또 다른 개념화는 치료를 받고 있는 내담자를 특히 더 이해하는 데 초점을 둔다. 더 큰 효과를 얻기 위해서 사례개념화는 내담자, 치료사와 내담자의 관계, 내담자의 호소 문제를 해결하기 위한 치료의 방향을 이해하는 데 적용될 수 있어야 한다. 이 절에서는 사례개념화를 하는 두 가지 방법을 설명한다. 첫 번째는 개인 내담자에게 더 많이 쓰이고, 두 번째는 가족체계에 더 많이 쓰인다.

스페리(Sperry, 2010)는 사례개념화 이해를 위해 네 가지 요소를 제공하였다. 첫 번째 구성요소는 내담자의 배경정보를 얻은 다음에, 진단적 공식(formulation)을 발전시킴으로써 시작된다. 이 측면은 내담자가 치료에서 제시하는 증상에 초점을 둔다. 이 부분의 치료는 내담자가 필요로 하는 서비스의 형태를 다룬다. 예를 들어, 위기 상황에 있는 내담자는 자해를 예방하기 위해 입원시킬 필요가 있을 것이다. 그렇지 않고 자해의 위협이 없다면, 외래 서비스로도 충분할 것이다.

이 형태의 사례개념화의 두 번째 구성요소는 임상적 공식을 발전시키는 것이다. 여기서 치료사는 증상이 어떻게 발전하였고 또 현재 어떻게 유지되고 있는지 이해하고자 시도한다. 그러면 내담자의 증상 패턴이 이해된다. 예를 들어, 우울증으로 불평하는 내담자를 만났을 때 치료사는 우울증이 처음으로 언제 시작되었고, 그 원인은 무엇인 것 같으며, 언제 우울증이 더 심해지거나 완화되는지, 그리고 내담자가 우울증을 다루기 위해 어떤 시도를 했는지 확인하기 위한 질문을 할 것이다.

사례개념화의 세 번째 구성요소는 문화적 공식을 발전시키는 것이다. 이 영역에서 치료사는 내담자의 문화가 증상 패턴에 어떤 영향을 미치는지 이해하고자 한다. 문화는 민족, 사회경제적 지위, 지역, 혹은 어떻게 사람들이 자아감을 발달시키는지에 영향을 미치는 수많은 여타의 요인을 기초로 할 것이다. 우울증이 있는 내담자에게 그 증상은 직업이 없는 것, 가난한 생활, 이민자로 생활하는 것, 자신의 종교와 일치하지 않는 행동을 하는 것, 가족의 지원체계가 없는 것 등과 관련이 있을 수 있다.

사례개념화의 네 번째 구성요소는 치료적 공식을 발전시키는 것이다. 증상이 어떠하며, 어떻게 증상이 나타나게 되었고, 내담자에게 영향을 주는 상위체계는 무엇인지에 대한 그림을 얻음으로써 치료사는 내담자와의 행동계획을 발전시킨다. 이 계획은 문제해결을 위한 문제 공식화와 변화에 관한 관점을 특정 치료 모델이 어떻게 바라보는가로부터 비롯된다. 그래서 인지치료사들은 자기 사고의 결과로 우울증을 이해할 것이고 우울증을 유도하고 유지하게 하는 반복적인 잘못된 사고를 멈추기 위한 개입을 할 것이며, 동시에 내담자가 비합리적인 신념과 싸워서 새롭고 보다 효과적인 사고 과정을 어떻게 주입할 것인지를 내담자에게 가르치기 위한 훈련을 실시할 것이다. 실존치료사는 내담자가 예컨대 죽음에 대한 특정 형태의 불안을 어떻게 경험할 것이며, 그래서 우울증이 어떻게 나타나고 있는지를 탐색할 것이다.

지금까지 설명한 것은 부부와 가족에게도 적용이 가능하지만, 주로 개인 내담자에 초점을 둔 개념화다. 그러나 또 다른 사례개념화는 전체 가족을 포함하는 더 큰 그림을 제공할 수 있다. 게하트(Gehart, 2010)는 여섯 가지 구성요소를 갖는 체계론적 사례개념화를 제시했다. 즉, 체계론적 사례개념화는 내담자 소개, 호소 문제, 배경정보, 체계론적 사정, 가계도, 내담자의 관점이라는 구성요소를 갖는다.

체계론적 사례개념화의 첫 번째 구성요소는 내담자가 누구인지(개인, 부부, 가족, 하위체계, 상위체계)를 파악하는 것이다. 인구학적 특성과 같은 정보가 이 시점에서 획득되고 사용될 것이다. 이와 같이 내담자와의 초기 관계를 기초로 치료사는 첫 회기와 그다음 회기에 누가 참석할 것인지를 결정한다.

체계론적 사례개념화 모델의 두 번째 구성요소는 호소 문제를 기술하는 것이다. 이것은 개인, 가족, 상위체계의 관점을 포함하여 여러 수준에서 일어난다. 치료사는 가족에게 무엇이 일어나고 있는지에 대한 다중의 관점을 끌어내는 기술을 갖출 필요가 있다. 이 정보에는 상담실에 있는 사람이 치료에 온 이유는 무엇인지, (만일 그들이 치료에 의뢰되었다면) 누가 치료에 의뢰하였는지, 문제가 얼마나 오랫동안 지속되었는지, 시도된 해결책이 무엇인지, 기타 문제와 관련된 정보가 무엇인지를 포함한다.

세 번째 구성요소는 배경정보로, 최근의 배경정보 및 관련된 역사적 배경으로 구성된다. 최근의 배경은 증상이 처음으로 발현된 시기, 증상의 발전과 관련이 있는 사건들, 최근의 생활사건을 포함한다. 역사적 배경정보는 가족사, 과거 치료 경험,

내담자(들)가 경험하였던 기타 다른 증상과 문제를 포함한다.

네 번째 구성요소는 체계론적 사정을 하는 것인데, 이것이 개념화의 기초다. 이 구성요소에서 치료사는 가족의 상호작용 패턴과 관계 패턴을 확인한다. 치료사는 핵가족 관계뿐 아니라 세대 간 관계도 탐색한다. 가족은 하나의 전체로 이해되며, 동시에 부부, 부모, 자녀 하위체계를 통해 이해된다. 이 요소의 일부는 개인 및 가족의 강점과 자원에 초점을 두는 것이다.

체계론적 사례개념화의 다섯 번째 구성요소는 가계도다. 가계도는 치료사가 누가 가족원이고 가족구성원들 간의 관계적 역동성은 어떠한지를 볼 수 있는 방법을 제시한다. 가계도 사용의 이점은 치료사에게 가족에 대한 시각적 표현을 제공한다는 점이다. 치료사는 자신과 내담자에게 가장 유용한 방법에 맞게 자신이 원하는 만큼의 정보를 가계도에 넣을 수 있다. 이 정보는 대개 연령, 출생, 사망, 정신적 및 신체적 질병, 결혼, 이혼, 상호작용 패턴(즉, 분리, 밀착, 단절, 갈등관계)을 포함한다.

여섯 번째 구성요소는 내담자의 관점이다. 이것은 내담자가 동의하는지 여부를 보기 위해 치료사가 내담자와 함께 사례개념화의 핵심 구성요소를 논의하는 것이다. 이것은 치료사가 내담자에 관해 얻은 정보를 확인할 수 있게 하고, 정보에 관한 새로운 의미가 나오는지 볼 수 있게 한다.

치료사가 자신의 이론적 지향에 대해 더 잘 이해하고 있으면, 상담을 하는 가족에게 이론적 틀을 더 쉽게 적용할 수 있다. 치료사가 모델에 익숙하면, 특정 사례에 대한 개념화를 빨리 이해하고 적용함으로써 더 자동적으로 기능할 수 있다(Betan & Binder, 2010). 그렇게 하면 치료사는 이론을 자신의 개인적인 스타일 및 가치와 통합할 수 있다.

이상에서 논의한 두 가지 형태의 사례개념화 외에도, 치료사는 다른 변인들에 기초하여 이해를 조정할 수 있다. 여기에는 내담자의 문제 범주, 내담자가 치료에서 무엇을 요구하고 무엇을 필요로 하는지, 혹은 치료사 자신의 이론적 성향이 포함된다.

치료사는 증상중심, 내담자중심, 이론중심이라는 세 가지 형태의 사례개념화 가운데 하나를 사용할 수 있다(Sperry, 2005b). 증상중심 개념화는 의료적 관점 및 행동 관점을 취하며, 내담자의 증상이 무엇이고, 증상 감소를 위해 무엇을 해야 하는지에 초점을 둔다. 치료사들은 문제의 범주를 바탕으로 해서 내담자를 어떻게 바라보며 내담자와 어떤 작업을 하는지에 따라 차이가 있다. 위기를 다루는 치료사들과 아동의 행동 문제를 다루는 치료사들은 서로 다르다고 볼 수 있다.

내담자중심 개념화는 내담자의 욕구를 바탕으로 한다. 이론은 치료사의 경험과 관점보다도 내담자에게 무엇이 일어나고 있는가를 중심으로 구축된다. 내담자가 개인, 부부, 집단 혹은 가족치료 중 무엇을 필요로 하는지의 여부에 따라 치료사는 자신의 이해와 접근을 바꿀 것이다.

이론중심 개념화는 특정한 치료적 지향의 렌즈를 통해 이루어진다. 이 개념화는 사람들의 증상이 어떻게 나타나며, 또 이론에서 볼 때 어떤 치료 목표를 세우고 어떤 치료 기법을 계획해야 하는지에 초점을 둔다. 이 책은 이론중심 사례개념화를 바탕으로 접근할 것이다.

앞으로 볼 수 있듯이, 사례개념화라는 용어와 그 이면에 있는 취지를 정의하는 방법은 아주 많다. 우리는 사례개념화에 대해 폭넓은 관점을 취할 것이고 치료사가 내담자에게 개입하는 방법(개인, 부부 혹은 가족치료에 상관없이)을 설명하기 위해 사례개념화를 사용할 것이다. 사례개념화는 치료사에게 두 가지 주요한 이해를 제공한다. 첫째, 사례개념화는 내담자가 문제를 어떻게 발전시켰고, 또 증상은 현재 어떻게 유지되고 있는지를 생각하게 하는 틀을 제공한다. 둘째, 사례개념화는 치료사가 치료 시 내담자에게 어떻게 개입하여 더 이상 문제가 존재하지 않게 하는지에 대한 틀을 제공한다. 본질적으로 사례개념화는 치료사에게 문제형성에 대한 관점 및 문제해결에 대한 관점에 대한 이해를 제공한다.

특정한 이론적 접근을 사용하는 치료사는 앞에서 제시한 사례개념화 형식의 어떤 측면을 더 많이 사용할 수 있다. 이론에 따라 사례개념화의 어떤 측면이 다른 측면보다 더 많은 주목을 받을 것이다. 예를 들어, 보웬 치료사는 체계론적 개념화의 다섯 번째 구성요소인 가계도 작업에 더 많은 시간을 보낼 것이다. 가계도 정보는 가족의 정서 과정을 이해하기 위해 보웬 치료사에게 특히 중요하다. 그러나 MRI 단기치료사는 가계도 작업에 아주 적은 시간을 보내거나 전혀 시간을 보내지 않을 수도 있고, 대신 가족의 상호작용 패턴 탐색이라는 네 번째 구성요소에 더 많은 초점을 둘 것이다.

치료의 공통요인

많은 연구자는 심리치료의 공통요인을 연구해 왔다. 공통요인이란 "모든 형태의 심리치료에 존재하는 구성요소 혹은 성분"(Hubble et al., 2010, p. 28)으로 정의될 수 있다. 여러 연구자가 공통요인을 조사하고 치료의 서로 다른 보편적 요인을 발전시켜 왔으며(Grencavage & Norcross, 1990; Wampold, 2001), 마이클 램버트(Michael Lambert)가 이 운동의 선두주자다. 그는 심리치료에서 네 가지 공통적인 치료요인 목록을 제공하였고, 가족치료사인 던컨, 허블과 밀러(Duncan, Hubble, & Miller, 1997)가 몇 가지를 더 추가하였다. 이들 치료적 요인은 ① 치료외적 요인, ② 치료관계 요인(원래 공통요인이라고 부름), ③ 기대, 희망, 플라세보 효과, ④ 모델과 기법 요인이다. 이 요인들은 모든 심리치료 모델에 존재하며, 서로 영향을 주고받는다.

공통요인 접근방식은 하나의 치료 모델이 아니라 심리치료 이론들이 기능하는 방식을 이해하기 위한 하나의 틀이다. 스프렝클과 블로우(Sprenkle & Blow, 2004)는 다양한 치료 모델은 "공통요인이 작동하는 수단이다."(p. 115)라고 했다. 이 단락에서는 치료의 공통요인들을 살펴보고 이 책에서 제시한 각 이론이 네 가지 공통적인 치료요인 각각에서 어떻게 작동하는지 설명한다.

치료외적 요인

치료외적 요인(extratherapeutic factors)은 내담자의 변화를 이끄는 가장 영향력 있는 단일 요인으로서 변화의 약 40%를 설명한다(Lambert, 1992). 이 요인은 내담자가 치료에 참여하는지 여부와 상관없이, 변화로 이어지는 내담자 및 그들의 환경 요인을 말한다. 치료에 관한 모든 이론적 모델은 이러한 치료외적 요인의 영향을 받으며 도움을 받는다. 차이점은 각 접근이 이런 내담자 요인에 다가가기 위해 어떤 시도를 하는가다.

보웬 치료사들은 가족구성원들 그리고 체계로서의 가족은 그들이 싸우고 있는 문제의 본질을 이성적으로 이해할 때 그들이 접근할 수 있는 자원을 가지고 있다고 믿는다(Kerr & Bowen, 1988). 사람들은 인지적/지적 기술을 사용하지만 오랫동안 그래 왔던 '자동적인' 정서 채널을 사용하지 않고 가족구성원들과 관계를 맺을 때 자기분화 수준을 높일 더 좋은 기회를 갖게 된다. 보웬은 내담자들이 가족구성원들과 가능한 계속 연락을 하거나 다시 연락할 것을 권장했다. 왜냐하면 궁극적으로 이 구성원들이 가족체계에서 의미 있는 변화를 만들어 낼 수 있는 최고의 자원이었기 때문이다. 보웬 치료사는 내담자가 가족구성원들과의 이전 관계를 새롭고, 정서적으로 덜 반응적이며, 더욱 이성적인 방식으로 다시 맺도록 격려함으로써 치료외적 요인을 이용한다.

맥락적 치료사가 내담자의 치료외적 요인에 주의를 기울일 때는 가족구성원들의 관계 자원을 탐색할 때다(Boszormenyi-Nagy & Krasner, 1986). 이 자원은 구성원들이 자신을 개선할 수 있고 그래서 자신과 타인을 더 좋게 만들 수 있는 사실적이며 관계적인 방식들이다. 맥락적 치료사들은 문제와 증상에 초점을 두려고 하기보다는 사람들 안에 그리고 사람들 간에 이미 존재하는 관계적 자원을 증가시키려는 데 더 많은 시간을 보낸다. 보스조르메니-나지, 그룬바움과 울리히(Boszormenyi-Nagy, Grunebaum, & Ulrich, 1991)는 이러한 활용에 대해 "치료사의 목적은 가족이 도움을 청하러 올 때 이미 가지고 있을 자원의 촉매자가 되는 것이다."(p. 219)라고 했다.

버지니아 사티어는 만다라와 연결하여 '자기(self)'를 개념화했다(Satir & Baldwin, 1983; Satir et al., 1991). 사티어는 사람은 누구나 보편적인 인간의 자원에 접근할 수 있다고 보았다. 이 자원은 신체적 · 지적 · 정서적 · 감각적 · 상호작용적 · 영양적 · 맥락적 · 영적 차원에 들어 있다. 이것들은 내담자들이 치료에 올 때 이미 가지고 있는 자원이다. 내담자가 가지고 있는 이렇게 다양하지만 통합된 면을 탐색함으로써 치료사는 내담자가 학습하고 성장하고 변화하는 데 필요한 자원을 이미 가지고 있음을 깨닫도록 돕는다.

MRI 집단은 내담자의 세계관 혹은 입장에 초점을 둔다(Fisch, Weakland, & Segal, 1982). 내담자의 입장은 내담자가 치료에 오게 된 가치를 가리키며, 내담자는 그 가치와 더불어, 그리고 그 가치에 입각하여 살아간다. 치료사는 제시된 정보를 수정하여 내담자의 입장에 맞추고, 그렇게 하여 치료에서 내담자의 협력을 강화한다. MRI 단기치료사는 내담자의 입장을 활용함으로써 치료외적 요인을 쌓는다.

제이 헤일리는 변화가 일어나도록 돕기 위해 내담자 가족의 특별한 특징들에 목표를 둔다. 안정적이고 위기 상황에 있지 않은 가족은 변화에 저항하는 경향이 있다(Haley, 1987). 헤일리는 치료 시 역설적 작업을 함으로써 가족 기능의 이러한 면에 접근한다. 역설적 작업은 가족이 변화하도록 돕기 위해 치료사가 바로 거기에 있다고 알려 주지만, 동시에 그들에게 변화하지 말라고 요구한다. 치료사는 내담자의 기존 저항을 활용함으로써 가족이 안정을 유지하라는 치료사의 압력에 저항하여 결국 변화하도록 한다.

밀란 집단은 정상성에 관한 관점을 통하여 치료외적 요인에 접근한다(Boscolo et al., 1987). 그들은 가족구성원들에게 무엇이 정상인지(혹은 적어도 무엇이 정상인지에 대한 치료사의 지각)를 말하려고 노력하지 않는다. 이처럼 그들은 사회적 통제자가 되는 입장에서 벗어나 가족이 상황을 보는 현재의 방법을 가져오도록 한다. 가족체계의 현재 있는 그대로를 수용함으로써, 치료 시 도움이 될 수도 있는, 가족 안에 이미 존재하는 요인들을 대상으로 작업한다.

살바도르 미누친은 가족구성원들과 전체로서의 가족이 가지고 있는 강점에 초점을 둠으로써 치료외적 요인을 구축한다. 미누친은 모든 사람은, 치료에 오는 사람들까지도, 현 시점에서 최선을 다하고 있다고 설명한 바 있다(Minuchin & Fishman, 1981). 가족과 합류하는 하나의 방법으로서 가족과 친밀한 입장을 취함으로써 치료사는 가족구성원들이 자존감을 높이도록 돕는다. 이렇게 가족구성원들의 지위를 높여 치료사가 가족과 연결되도록 한다. 또한 구조적 가족치료사는 가족이 양육, 돌봄, 지지적인 교류에 개입하는 방식을 탐색할 수도 있다.

해결중심 단기치료사가 첫 회기 전에 내담자가 이룬 변화에 초점을 둘 때(Weiner-Davis, de Shazer, & Gingerich, 1987), 치료사는 내담자가 목표를 성취하도록 돕기 위해 가져오는 치료외적 요인을 사용하는 것이다. 해결중심 단기치료사들이 내담자의 과거 성공 경험, 대처 기술, 내담자의 강점에 초점을 둘 때도 치료외적 요인을 강화하는 것이다(Bliss, 2005). 그들은 **자기보완**(self-complementing)이라는 과정을 통해 내담자들의 성공과 숨겨진 능력을 끌어내는 질문을 할 수도 있다(Berg & DeJong, 2005). 해결중심 단기치료사들은 또한 예외(문제가 일어날 수 있었으나 일어나지 않았던 때)에 초점을 둠으로써 치료외적 요인을 쌓는다. 내담자의 이러한 면들이 드러나서 분명히 표현되면, 내담자들은 그러한 면들을 더 많이 사용할 수 있고 결국 긍정적인 변화가 증가된다.

이야기치료사들은 문제 이야기가 내담자의 삶을 지배하지 않았던 때, 즉 **독특한 결과**(unique outcome)에 초점을 둔다(White, 2007; White & Epston, 1990). 치료에 오기 전 내담자의 이러한 성공 경험은 대개 무시된 이야기들이다. 이야기치료사들은 이렇게 독특한 결과에 무게를 두고, 잃어버린 무언가로부터 내담자가 가치를 두는 무언가로 초점을 바꾼다. 이렇게 내담자가 경험하였지만 의미를 두지 않았던 것과 미래, 혹은 내담자가 자기 삶에서 지향하는 바를 연결하는 것은 내담자로 하여금 예전에 항상 그래 왔지만 별로 소중히 여기지 않았던 자기 삶의 여러 면을 사용할 수 있도록 돕는다.

관계 요인

치료의 관계 요인은 내담자의 변화를 가져오는 두 번째로 가장 영향력 있는 구성요소로서 변화의 약 30%를 설명한다(Lambert, 1992). 치료적 동맹(therapeutic alliance)이라고 알려진 이러한 관계 요인은 두 가지인데, 내담자의 치료사와의 관계 그리고 치료사의 내담자와의 관계다. 웜폴드(Wampold, 2001)는 치료적 동맹이 적어도 네 가지 구성요소를 갖는다고 하였는데, 그것은 내담자가 치료사와의 관계에 의해 어떤 영향을 받는지, 내담자가 치료사와 어떻게 협력적으로 작업하는지, 치료사가 얼마만큼 내담자에게 감정이입적으로 개입하여 작업할 수 있는지 그리고 치료사와 내담자가 치료 목표에 얼마만큼 동의하는지다. 이러한 동맹은 특정 접근의 기법과 철학이 실행되는 매개체이며, 성공적 치료의 초석이다.

치료사들은 치료 과정을 촉진하는 수단으로서 내담자와 관계를 맺는다. 내담자가 치료사와 잘 연결될수록 내담자는 치료에 참여하고자 하는 동기가 더 높아진다(Miller, Duncan, & Hubble, 1997). 그 어떤 치료 모델도 치료사와 내담자 사이의 연결 없이는 효과적으로 사용될 수 없다. 관계 요인이 매우 개인적이긴 하지만—치료사가 어떻게 생겼는지, 치료사가 어떻게 생각하고 말하는지, 인종, 성별, 민족, 기타 개인적 특성(그리고 이러한 특성들이 내담자 가족과 어떠한 관련이 있는지 여부)—각 이론은 치료적 관계를 향상시킬 수 있도록 내담자와 관계를 맺는 일반적인 방식을 갖는다.

치료적 관계에 대한 보웬 접근은 대부분의 다른 접근과 매우 다르다. 보웬은 할 수 있는 한 사고를 통해 사람들과 관계 맺기를 강조했고, 치료사는 내담자에게 이러한 이성적 행동의 모델이 되어야 한다고 믿었다. 보웬 치료사는 자신의 원가족에서 살아왔던 방식을 잘 인식하고 있어야 하고, 또 내담자 가족의 정서적 과정에 끌려 들어가지 않도록 지속적으로 작업해야 한다. 보웬 치료사는 편들지 않도록 해야 하고 가족체계의 모든 구성원과 실제적인 관계를 유지해야 한다. 그렇지 않으면 어떤 가족원은 더 진정되는 한편, 다른 가족원들은 더 불안해질 수도 있다(Kerr & Bowen, 1988). 치료적 개입의 과정은 정서적 객관성의 탐구라고 부른다. 커와 보웬(Kerr & Bowen)은 "치료사는 가족구성원들이 그들에게 정서적으로 무엇이 중요한지 말한다면, 그리고 치료사가 그들의 관점을 듣고 있고 흥미로워하고 또 이해한다는 감을 갖는다면 적절한 정서적 접촉 상태에 있는 것이다."(p. 284)라고 했다.

보웬 치료사는 상담실의 중심에 위치함으로써 상담실에서의 의사소통이 치료사를 통해서 이루어지는 코치 역할을 한다. 프리드먼(Friedman, 1991)은 이런 종류의 치료가 효과적이려면 "어떤 특정 행동이 중요하기보다는 변화의 촉매자인 치료사의 '존재', 곧 치료사의 현존이 중요하다."(p. 152)라고 했다.

맥락적 치료사들 또한 사람에 대한 어떤 편견도 갖지 않고 상담실에 들어간다. 이것은 다각적 편향성을 사용함으로써 이루어진다(Boazormenyi-Nagy & Krasner, 1986). 치료사는 치료적 개입이 상담실에 있는 모든 사람뿐 아니라 그들의 관계망에 있는 사람들에게도 영향을 미칠 것이라는 점을 잘 알고 있다. 치료사는 사람마다 그리고 가족구성원들이 부정적으로 보고 있는 사람도 어떤 장점이 있다고 이해하며 또 어떤 면에서 인간적인지 이해하고자 한다. 가족의 각 구성원은 치료사가 자신을 이해하고 있고 수용하고 있다고 느끼며, 이는 치료적 관계를 향상시키는 방법이 된다.

관계 요인을 가장 크게 전제하는 치료와 모델은 버지니아 사티어와 그녀의 성장 모델이다. 사티어 등(Satir et al., 1991)은 "삶의 의미와 만족의 많은 부분은 다른 사람들과의 관계를 바탕으로 한다. 일치적이고 진솔한 관계는 자존감의 표현이기 때문에, 그러한 관계는 더 완전한 자기실현적 존재가 되는 것의 여러 지표 가운데 하나다."(p. 339)라고 하였다. 사티어는 모든 가족치료 선구자 가운데 가장 따뜻하고 가장 진솔한 사람으로 간주된다. 이러한 따스함으로 그녀는 사람들과 연결될 수 있었고, 서로를 위해 자신과 가족원들의 감정과 연민을 겉으로 드러내게 했다.

MRI 단기치료사들은 내담자의 입장을 수용하고 활용함으로써 치료적 관계에서 저항을 줄이고 협력을 강화한다(Fisch, Weakland, & Segal, 1982). 그들은 구경만 하는 사람 혹은 자신의 의지와 상관없이 치료에 있는 사람이 아니라 변화의 고객인 사람과 작업한다. 다시 말해, 그들은 내담자들이 준비되어 있지 않을 때 강제로 치료에 개입하려고 하기보다는 내담자들이 있는 바로 그곳에서 그들을 만난다. MRI 단기치료사들이 관계 요인에 다가가는 또 다른 방법은 한 단계 낮은 자세를 취하는 것이다. 이는 내담자가 치료사를 한 단계 높은 입장에 있고 경쟁적으로 보는 관점을 취하지 않도록 한다. 때로 치료사는 전문가 역할을 취하지 않으려 하며, 어떤 면에서는 내담자들에게 치료사 자신이 그들을 이해하는 데 도움을 달라고 요청한다. 이는 내담자의 중요성을 강조하는 것으로 내담자와 치료사를 연결시켜 준다.

전략적 가족치료사의 창시자인 제이 헤일리는 첫 회기를 위한 5단계 모델을 개발했다(Haley, 1987). 첫 번째 단계는 사회적 단계로 치료사가 참석한 가족원 한 사람 한 사람과 접촉하는 단계다. 여기서는 가족에게 모든 사람이 치료 과정에서 중요하다는 메시지를 전달한다. 전략적 가족치료사들은 치료의 모든 단계에서 가족구성원 모두에게 개입하지만, 가족원 각자와 접촉함으로써 회기를 시작하는 것은 치료사가 모든 사람을 중요하게 여긴다는 암묵적 메시지를 보내는 것이다. 가족원 한 사람 한 사람을 확인하고 중요하게 여기기 때문에, 이 과정은 치료 과정에 개입하고자 하는 가족구성원들의 동기를 높인다. 더욱이 치료사는 내담자가 제시한 문제를 진지하게 받아들인다. 이렇게 하면 치료사와 내담자가 연결되는 데 도움이 된다. 왜냐하면 내담자가 자신의 걱정을 바라보는 방식의 측면에서 존중을 받는다는 것이기 때문이다.

밀란 치료사들은 치료관계를 발전시키는 다른 방법을 갖고 있다. 그들은 치료에 온 가족에게 강력한 개입을 할 수단으로 순환질문을 사용한다(Boscolo et al., 1987). 각 가족구성원에게 자신이 두 명 이상의 다른 가족원들과의 관계를 어떻게 바라보는지 논의하라고 요청한다. 이렇게 하면 가족구성원들은 치료사 및 치료체계와 연결되어 있고 개입되어 있다는 느낌을 갖게 된다. 밀란 치료사들은 또한 중립성의 입장을 유지함으로써 가족의 모든 구성원과 연결한다. 중립성의 입장에서는 각 구성원의 시각이 수용되지만, 어느 한 사람의 시각이 다른 사람의 시각보다 더 우수하다고 여겨지지 않는다(Palazzoli et al., 1980a). 보웬 치료 및 맥락적 치료에서와 같이, 이러한 입장은 가족 내 각 구성원이 치료사가 그들을 이해하고 있고 누구 편도 들지 않는다고 생각하게 한다. 이렇게 하면 치료사와 내담자의 연결이 증가한다.

구조적 가족치료사들은 내담자 가족과의 합류의 중요성에 대해 오랫동안 이야기해 왔다(Minuchin, 1974; Minuchin & Fishman, 1981; Minuchin, Nichols, & Lee, 2007).

미누친은 가족과의 합류와 연결이 치료를 위해 얼마나 중요한지 다음과 같이 강조하였다. "내가 늘 말했듯이 합류는 가족구성원들이 그들 사이의 상호작용을 다시 살펴보자고 요청하는 치료사를 신뢰할 만큼 충분히 이해받았다고 느끼기 위해서 선행되어야 할 조건이다."(Minuchin, Nichols, & Lee, p. 107) 구조적 가족치료사는 여러 방법을 통해 치료적 관계를 향상시키는데, 그 가운데 가족의 언어를 사용하기(Minuchin & Nichols, 1993), 가족의 정서와 스타일을 사용하기(Minuchin, 1974), 가족원들을 긍정하고 그들과 제휴하기 위해 그들과 가까운 위치에 있기(Minuchin & Fishman, 1981) 등이 있다. 치료사는 상담실에서 일어나는 행동의 감독자다. 이 입장은 가족이 치료사를 그들을 위해 작업하는 대리인으로 볼 때 향상된다.

해결중심 단기치료 모델의 드 세이저와 동료들은 전문가 입장을 취하지 않고 또 내담자와 연결하는 방법으로 내담자의 언어를 사용함으로써 치료 관계의 영향을 높인다(Bliss, 2005). 치료사의 언어와 입장을 바탕으로 내담자가 생각하도록 시도하는 대신에 치료사는 내담자의 치료 목표에 초점을 두고 내담자가 원하는 바를 경청한다. 해결중심 치료사는 또한 내담자를 칭찬함으로써 내담자와의 동맹을 높인다(Berg & DeJong, 2005). 내담자들이 이미 행하고 있고 자신에게 좋은 것을 끌어냄으로써 치료사는 결핍보다는 강점을 중심으로 내담자와 관계를 맺는다.

이야기치료사는 내담자의 이야기를 끌어내고 경청하는 데 높은 관심을 둔다. 화이트(White, 2007)는 치료사와 내담자의 관계를 대화의 파트너십(conversational partnership)이라고 불렀다. 치료사는 거푸집 짓기 대화를 쌓아 가도록 돕는데, 내담자는 이 대화의 작은 단계들을 통해 내담자가 현재 알고 있는 것(대개 자신의 삶에 대한 문제에 젖은 이야기)으로부터 과거에 인정하지는 않았지만 그들 삶의 일면을 포함하여 그들이 앞으로 알 수 있는 것으로 옮겨 갈 수 있다. 독특한 결과를 포함하는 이러한 움직임은 내담자의 주체의식(personal agency)을 높이는 데 도움이 된다. 치료적 대화의 특정한 기간 동안에 치료사는 취재기자의 입장을 취하며, 내담자가 비슷한 입장을 취하도록 설득한다. 이렇게 치료사와 내담자가 합류하여 둘이 함께 문제를 탐색하고, 문제를 사람과 별개의 것으로 본다. 그리하여 치료사는 내담자의 문제를 찾아내는 전문가가 아니라 문제가 내담자의 삶에 어떤 영향을 미쳐 왔는지 탐색하는 작업을 내담자와 함께 수행하는 공동조사관이다.

기대, 희망, 플라세보 요인

기대, 희망, 플라세보 요인은 변화 변량의 15%를 설명한다(Lambert, 1992). 치료가 도움이 될 것이라고 내담자가 기대하면, 치료는 실제로 도움이 되는 경향이 있다. 치료가 시작되기 전부터 내담자는 치료 시 긍정적인 일이 일어날 것이라고 기대함으로써 다양한 형태의 치료 전 변화에 관여한다(Kindsvatter et al., 2010). 어떤 면에서 내담자는 삶의 변화와 차이를 위해 준비된 치료에 들어간다.

치료사들은 치료가 도움이 될 것이라는 자신의 기대, 즉 치료의 결과는 긍정적 변화를 만드는 내담자일 것이라는 기대를 통해 내담자의 기대를 높일 수 있다. 밀러, 던컨과 허블(Miller, Duncan, & Hubble, 1997)은 "내담자의 현재 어려움과 보다 나은 미래의 가능성을 모두 인정함으로써 큰 희망이 생겨난다."(p. 31)라고 하였다. 치료사가 자신감이 있을 때, 내담자는 그것을 감지할 수 있고 치료가 효과적일 것이라고 기대할 것이다.

보웬은 내담자의 희망을 높이기 위해 공개적으로 노력하는 치료사는 아니었다. 보웬 치료사들은 내담자가 치료사에게 자기 삶을 변화시키도록 기대하기를 바라지 않는다. 그보다 그들은 가족구성원이 가족의 정서적 패턴을 찾기 위해 자신의 삶과 가족관계에 대해 사려 깊고 탐색적인 태도를 취하도록 시도한다. 치료사가 다른 가족구성원과의 관계에서 지적 체계에 개입할 수 있는 능력을 가질 때 가족 상호작용 시 더 사려 깊은 선택에 개입할 수 있는 능력이 높아진다. 이 모델의 보웬 치료사가 가족의 정서 패턴을 탐색하는 과정에 전념하는 사람들이 정서적으로 충동적이고 감정적으로만 기능하는 사람들보다 더 낫다고 인식할 때 희망과 기대가 비롯된다. 그러나 보웬 치료사는 희망을 표면적으로 제공하려고 노력하지 않는다. 그렇게 하면 '거짓 정서성'의 분위기가 만들어질 것이기 때문이다. 보웬 치료사들은 삶의 문제에 대해 단기적인 해결책이 있다고 제안하고 싶어 하지 않으며, 내담자가 해결책을 발견하는 과정에 적극 개입하면 이해를 더 잘 할 수 있고 더 생산적일 수 있으며 가족구성원들에게 정서적으로 덜 반응적으로 개입할 수 있다고 본다.

맥락적 치료사는 몇 가지 수단을 통해 가족구성원의 희망을 높인다. 다각적 편향성의 입장을 취하고 각 개인의 인간성을 내세움으로써(Boszormenyi-Nagy & Krasner, 1986), 치료사는 각 개인이 자신을 위해서뿐 아니라 타인을 위해 치유할 수 있는 존재방식을 갖는다고 제안한다. 면죄 과정은 상황이 변하지 않을 것이라는 경직된 느낌을 변하게 하는 또 다른 수단이다. 여기서 치료사는 가족원들이 타인이 처해 있는 곤경을 이해하고 또 어떻게 내적 특성이 아닌 맥락이 그들의 행동을 이끄는지 이해하도록 돕는다. 그리하여 새로운 맥락의 상호작용이 공평하고 윤리적인 관계맺음 방식에 대한 선택을 더 많이 갖게 할 것이라는 희망을 갖게 된다.

사티어 치료는 가족이 더 효과적으로 대처할 수 있고 또 그렇게 될 것이라는 희망 찬 느낌을 갖게 했다(Satir & Baldwin, 1983). 사티어는 "내가 사람들을 위해 하는 가장 중요한 일 중의 하나는 그들에게 자신을 위한 어떤 희망을 주는 것이라 생각한다. 그러나 그들이 희망을 갖는 것은 나와의 관계에서뿐만 아니라 그들이 가지고 있는 것을 더 분명하게 보는 것과도 관계가 있다."(Simon, 1992, p. 169)라고 했다. 사티어는 가족원들이 자신과 서로의 자존감을 높이기 위한 그들의 능력에 다가가고자 하였다. 자존감은 가족이 차이에 대해 가지고 있는 희망의 수준을 높인다. 사람들은 인생의 어느 시점에서 변화를 위한 기술과 자원을 가지고 있음을 사람들에게 보여 줄 수 있는 사티어의 능력이 내담자들에게 희망을 불어넣었는데, 그런 희망은 내담자의 삶을 변화시킬 것이다.

MRI 단기치료사는 치료 시작부터 가족과 최대 10회기 계약을 함으로써 변화에 대한 기대를 갖게 한다(Weakland et al., 1974). 그들이 이렇게 하는 이유는 성격을 바꾸려고 하는 것이 아니라 현재 제시한 문제에 바로 초점을 두기 때문이다. 그들은 대개 가족이 문제를 해결하기 위해 시도했던 해결책을 바탕으로 해서 상호작용 패턴의 변화를 즉시 이루고자 한다. 현재 제시된 문제가 이번 10회기 안에 만족스러운 결과를 갖게 될 것이고 또 그에 맞는 개입이 제공된다고 치료사가 분명히 설명할 때, 가족 역시 변화가 일어날 것이라고 기대하는 경향이 있다.

전략적 치료사는 내담자에게 지시를 제공함으로써 변화와 차이에 대한 내담자의 기대에 다가간다. 첫 회기부터 실행되는 이런 개입은 내담자가 자기 삶을 변화시킬 수 있음을 치료사가 믿고 있다는 것을 내담자에게 암시한다. 농담조로(그는 그런 버릇이 있었는데) 헤일리는 내담자가 수년이 지나야 변할 수 있다고 주장함으로써 누군가는 치료사로서 실패할 수 있다고 말했다(Haley, 1969). 변화는 즉시 일어날 수 있다고 이해하고 치료에 들어감으로써, 전략적 치료사는 차이와 변화에 대한 기대를 촉진한다. 헤일리는 내담자가 치료에 가져온 것에 초점을 두는 것이 중요하며, 문제상황을 변화시키기 위한 목표를 세우고, 치료 시작부터 가족이 그런 목표를 향해 나갈 수 있도록 시도하는 것이 중요하다고 믿었다. 이것은 과거보다 현재에, 즉 사람들이 어떻게 서로 다르게 상호작용할 수 있는지 살펴봄으로써 일어났다. 그래서 변화에 대한 전략적 치료사의 초점은 치료 과정이 시작될 때부터 변화에 대해 내담자의 기대를 북돋우도록 돕는 데 있다.

밀란 치료사는 치료 회기의 일정을 짜는 것으로 내담자가 기대를 갖게 한다. 이것은 최대 10회기를 계약하는 MRI 단기치료사의 실천과 어떤 면에서 비슷하다. 그러나 밀란 치료사들은 치료 회기의 간격을 점점 늘려 가는 경향이 있다. 밀란팀이 만났던 몇 가족은 이탈리아에서 치료사를 보기 위해 매우 먼 거리를 여행해야 했기 때문에 밀란팀은 일주일에 한 번이 아니라 한 달에 한 번 가족을 만나기 시작했다(Palazzoli et al., 1978a). 밀란 치료사들은 곧 이 가족들이 일주일에 한 번씩 온 가족보다 더 많이 향상되었음을 알게 되었다. 그래서 그들은 모든 가족에게 치료 회기 사이에 더 긴 시간을 두었으며, 그들의 개입이 효력을 발휘하려면 시간이 걸린다고 믿었다. 이런 전략의 효과성에 대한 또 다른 가능한 이유는 회기 사이의 간격을 늘리는 것은 내담자들에게 그들의 상황이 희망이 없는 것이 아니며, 그렇지 않았으면 치료사가 그들을 더 자주 보고 싶어 했을 것이라는 암묵적인 메시지를 제공하였다는 점이다. 밀란 치료사들은 또한 가족의 미래가 어떨 것 같은지에 초점을 둔 미래

질문도 한다(Boscolo et al., 1987). 이런 질문은 내담자들의 삶의 어떤 면에 대해 그들의 희망과 기대를 높인다.

미누친은 내담자가 희망을 갖게 하는 데 끊임없이 초점을 두었다(Minuchin & Nichols, 1993). 그렇게 하는 한 가지 방법은 가족구성원들의 자존감을 높이는 것이다. 미누친과 피시먼(Minuchin & Fishman, 1981)은 "가족구성원들의 긍정적인 면이 무엇인지를 확인하고 인정할 때, 치료사는 가족구성원들에게 자존감의 원천이 된다."(p. 33)라고 말했다. 가족원의 긍정적인 면을 직접 언급하는 것 외에, 구조적 가족치료사는 가족원이 유능감을 갖는 입장에 있게 하는 치료 맥락을 만든다. 구조적 치료사는 가족원들이 서로에게 치유자가 되도록 돕는다. 이렇게 하면 그들의 자아감이 증가하고 그들 안에서 변화에 대한 희망이 북돋워진다.

해결중심 단기치료는 내담자를 위해 변화에 대한 희망과 기대를 갖게 한다는 전제를 기본으로 한다(Reiter, 2007, 2010a). 이 접근은 '희망과 존중의 실용성'(Berg & Dolan, 2001, p. 1)으로 쭉 묘사되어 왔다. 해결중심 단기치료사는 이 접근의 기본 전제를 바탕으로 이를 실천한다. 치료사는 내담자에게 칭찬을 하는 경향이 있다. 즉, 그들은 내담자가 이미 자기에게 도움이 되는 일을 하고 있다는 데 초점을 둔다(de Shazer et al., 1986). 문제가 존재하지 않았던 때인 예외에 대한 초점 역시 내담자가 문제에 초점을 둔 렌즈를 해결에 초점을 둔 시각으로 바꾸는 것이다. 내담자는 자신이 과거에 자신에게 도움이 되는 행동을 하였고 또 문제가 항상 있었던 것은 아니라는 점을 알 때 해결된 시간을 더 많이 기대하는 경향이 있다. 치료 시작부터 해결중심 치료사들은 내담자가 과거에 도움이 되었고 쓸모 있었던 것을 더 많이 할 수 있도록 하기 위해 과거에 무엇을 했는지 관찰하고 탐색한다.

이야기치료사는 내담자와의 대화를 통해 희망과 기대를 구축한다. 이야기의 초점은 사람들을 제한된 가능성 안에 가두는 문제에 젖은 이야기에서 자기주체성을 포함하는 스토리로 바뀐다. 치료사가 내담자와 나누는 거푸집 짓기 대화는 내담자의 주체의식을 높이는 데 도움이 된다. 거푸집 짓기 대화는 내담자가 알고 있는 것 그리고 자기 삶을 조절하기 위해 어떻게 더 많은 능력을 갖는가에 대해 새로운 가능성을 갖게 한다(White, 2007). 내담자가 자기 삶의 경로를 변화시킬 수 있다고 더 많이 믿을수록 변화에 대한 동기를 더 많이 가질 것이며, 그래서 미래에 대한 희망과 긍정적 변화에 대한 기대가 더 높아질 것이다.

모델과 기법 요인

모델과 기법 요인은 성공적인 심리치료 성과 변량의 마지막 15%를 설명한다(Lambert, 1992). 이 요인은 특정 모델의 고유한 기법들을 말한다. 모든 치료사는 기법을 사용하여 치료 과정을 진행한다. 이러한 기법들은 그리고 아마 더 중요하게도 이런 기법들의 효용성에 대한 치료사의 신념은 내담자에게 영향을 미친다. 한 모델의 기법은 치료사가 내담자에게 개입하는 방식과 연관이 있는데, 이는 치료관계를 향상시킨다. 특정 모델의 기법을 활용할 때 치료사의 확신과 편안함 역시 내담자의 기대와 희망을 높인다. 치료사가 내담자에게 변화가 일어날 것이라고 기대한다는 메시지를 내담자가 받기 때문이다. 기법은 또한 내담자가 치료에 가져오는 치료외적 요인을 향상시키는 데도 사용할 수 있다.

이 책에서는 치료사가 사용하는 치료적 모델에 기초한 변화 변량의 15%에 초점을 둔다. 15%는 그렇게 크게 보이지 않을 수 있다. 그러나 치료사는 치료에서 성공적인 성과를 이루기 위해 변화를 높이기 위한 모든 자원을 다 활용해야 한다. 이 장에서 다룬 각 모델은 공통요인의 핵심 요소를 사용한다. 이 모델들은 모두 내담자를 치료에 오게 하고, 내담자의 희망과 기대감을 높이며, 치료적 관계를 북돋울 치료외적 요인들에 다가갈 기법들을 사용한다.

램버트와 오글스(Lambert & Ogles, 2004)의 보고에 의하면, 메타분석 연구 결과 하나의 모델이 어떤 다른 모델보다 더 좋다는 증거는 없지만, 치료적 지향을 가지고 있으면 치료사가 치료 회기를 협상하는 데 도움이 된다. 치료사가 한 모델을 어떻게 이끌어 가야 할지 잘 알수록 자신감이 더 있을 것이고, 그러면 치료사와 내담자 모두에게 기대감과 희망을 촉진할 것이다. 특정 이론에 대해 잘 알고 있는 치료사는 또한 치료적 관계의 다른 공통요인(즉, 희망, 기대, 치료외적 요인)을 이용하기 위해 그 이론을 사용하기가 더 쉽다는 것을 알게 될 것이다.

가족치료사들이 사용하는 기법은 어떤 일관된 치료적 지도와 연관되어야 한다. 미누친, 니콜스와 리(Minuchin, Nichols, & Lee, 2007)는 "치료사가 가족체계에 들어가기 위해서는 몇 가지 도구로 무장할 필요가 있지만, 도구 적용의 배경이 되는 개념적 방향이 없다면 그 도구들은 오히려 반생산적이 된다."(p. 11)라고 말한다. 이 책은 개념적 방향을 제시하기 위한 하나의 시도인데, 더 구체적으로 9개의 개념적 방향을 제시한다. 또한 이 책은 9개 가족치료 접근의 기법들이 가족체계를 이해하고 특정 형태의 변화를 촉진하기 위한 틀을 제공하는 작업방식을 보여 준다.

내담자 맞춤형 접근

치료사들은 다양한 가족과 함께 치료를 할 때 어떤 접근이나 치료 모델로 작업해야 할지 어려워한다. 치료사들은 대학원 과정 동안 주 슈퍼바이저의 모델을 채택하는 경우가 많다. 대학의 많은 훈련 프로그램은 하나의 모델 혹은 몇 개의 모델에 기대는 경향이 있다. 예를 들어, 어떤 대학에 구조적 및 전략적 치료, 다세대 치료, 혹은 최근의 포스트모던 치료를 주로 가르치는 교수가 있다면, 그 대학의 학생들은 상담실에서 제한된 범위의 가능성을 갖게 된다.

치료사가 채택한 특정 모델은 자신이 대학원에서 접하였던 방식이 아니라 치료사 자신에게 적합해야 한다. 가족치료사들은 자신의 핵심 가치를 살펴보고 또 어떤 치료적 지향이 자신의 세계관과 가장 잘 맞는지 살펴봄으로써 자신의 치료적 목소리를 찾아낼 필요가 있다(Simon, 2003, 2006). 치료사들은 자신이 배운 이론들이 자신의 신념체계와 어떻게 맞는지 살펴보기 위해 자신을 이해하기 위한 훈련을 받은 적이 거의 없다.

다양한 모델의 모든 전제, 태도, 기법 가운데 가족치료사들은 대개 한 개 혹은 몇 개의 접근으로 작업하는 것이 더 잘 맞으며, 반면 다른 치료 모델은 잘 맞지 않는다. 치료사가 한 모델의 기법들을 시도할 수는 있지만, 모델에 대해 잘 이해하지 못하여 그 모델을 잘 이용하지 못할 수도 있다. 그래서 치료사들은 자기성찰을 할 수 있어야 한다. 그렇게 하면 자신의 개인적 경험을 상담실에 가지고 갈 것이고, 자신에게 잘 맞는 모델과 기법을 쓰게 된다. 그러나 모든 훌륭한 치료사는 자신의 치료 스타일을 파악하고 자신의 치료 기술과 신념의 목록을 계속해서 확장한다.

자신의 목소리를 찾기 위해 치료사는 특정 모델의 전제와 과정을 이해해야 한다. 이 책은 이론과 이론에 따른 기법을 제공할 뿐 아니라, 더 중요하게는 이론과 기법이 어떻게 적용되는지를 보여 준다. 필자는 독자 여러분이 이 책에서 제시한 접근들이 자신에게 적합한지 살펴보기 위해 각 접근을 모두 다 시도해 보기를 권한다. 어떤 접근은 처음부터 여러분에게 잘 맞아 그 접근으로 바꿀 것이고 또 다른 접근은 몇 번 더 사용해 봐야 할 것이다. 어떤 접근은 또 여러분의 스타일과 맞지 않을 수도 있고, 또 다른 스타일은 좀 바꿔서 써야 할지도 모른다. 어떤 접근이 여러분의 스타일과 가장 잘 맞는지 그리고 어떻게 여러분이 여러 스타일을 섞을 수 있는지 살펴보기 위해 실험해 보기 바란다.

Chapter *02*

사례: 모슬리 씨 가족

가족의 현재 상황

모슬리 씨 가족은 스티븐(41세, 아빠), 미란다(38세, 엄마), 코비(16세, 큰아들), 테레사(14세, 큰딸), 브랜든(10세, 작은아들)으로 이루어진 가족이다. 스티븐은 자신이 가족으로부터 고립되었다고 느끼고 있다. 지난 몇 년 동안 그는 운동으로 코비와 가까워지려고 노력했다. 그러나 코비는 실제로 아무 운동도 시작하지 않았다. 그는 농구와 야구 팀에 등록했지만 사실은 어떤 운동도 좋아하지 않았다. 스티븐은 이 두 팀의 조교가 되어 봤지만, 코비가 두 가지 운동을 정말로 좋아하지 않음을 확인할 수 있었다. 그보다 코비는 그림과 비디오게임을 하면서 시간을 보내곤 했다.

스티븐과 테레사의 관계는 긴장이 극에 달할 정도까지 왔다. 최근 테레사는 남자 아이들과의 데이트에 관심을 보이기 시작했다. 스티븐과 미란다는 테레사가 17세가 될 때까지 데이트를 해서는 안 된다는 데 합의했다. 테레사는 부모님이 이 규칙을 바꾸도록 시도하였으나 부모는 거부했다. 그러자 테레사는 아빠가 곁에 없을 때

엄마에게 가서 울며불며 왜 데이트를 하면 안 되는지 알고 싶다고 하였다. 미란다 자신은 정작 13세 때 데이트를 시작했고 데이트하면 안 된다는 규칙에 스티븐만큼 그렇게 단호하지 않았다. 미란다는 테레사에게 아빠 말을 잘 들으라고 하면서, 그것이 가장 정당한 일은 아니라도 기다리면 아빠가 아마 마음을 바꿀 것이라고 했다.

스티븐과 브랜든은 아버지와 아들로서 그다지 많은 시간을 보내지 않는다. 스티븐은 브랜든이 자폐증이라는 사실을 알았을 때 몹시 화가 났다. 그는 테레사가 태어난 후 또 다른 아이를 갖기를 원하지 않았다. 그는 특별한 요구를 가진 아이가 있다는 걸 받아들이기까지 매우 힘든 시간을 보냈다. 브랜든은 언어를 사용할 수는 있지만 조용한 아이가 되어 가는 것 같다. 스티븐은 미란다가 브랜든의 학교 공부와 언어발달에 필요한 일을 주로 맡도록 했다.

스티븐은 코비와 테레사의 학교 공부에 더 적극적인 역할을 했고, 둘 다 대학뿐 아니라 대학원까지 가기를 기대하고 있다. 스티븐은 이 두 아이에게 특정 직업을 바라는 건 아니지만, 둘 다 전문직을 갖기를 바랐다. 약 1년 전 스티븐이 일하고 있는 광고회사에서 문제가 생기기 시작했다. 경제 상황이 나빠져서 회사는 사람들을 해고하기 시작했다. 회사는 새로 고용된 사람들부터 해고하기 시작했다. 하지만 회사에서 돈을 더 많이 벌던 연장자들을 해고하겠다는 말을 하기 시작했다. 스티븐은 만일 자기가 해고된다면 현재 자신의 전문성과 수입에 맞는 새로운 직업을 찾기가 매우 힘들다는 점을 알았기 때문에 겁이 났다.

스티븐과 미란다는 가족의 경제적 안정을 담보하기 위해 미란다가 일을 시간제에서 전일제로 바꾸는 문제를 상의하기 시작했다. 미란다는 이러한 변화가 걱정되었는데, 그 이유는 브랜든을 일일이 보살피는 일을 미란다가 담당했는데, 이런 돌봄이 계속필요하다고 생각했기 때문이다. 스티븐과 미란다는 가계 경제에 대해 더 많이 의논하기 시작하였으며, 둘 사이에 언쟁을 하게 되는 경우도 많아졌다.

미란다는 가족 때문에 압박감을 느끼고 있다. 그녀는 자신이 바퀴의 중심축으로서 모든 것을 함께해야 한다는 기분이었다. 비록 결혼 초기에 그녀와 스티븐은 대부분의 사람이 사랑에 빠졌을 때처럼 불꽃같은 사랑을 한다고 느꼈지만, 이제 그런 사랑을 느낀 지 수년이 지났다. 코비가 태어난 이래 그녀는 스티븐과 휴가 한 번 못 갔으며, 밤에 혼자 있기도 했다. 브랜든이 자폐라는 사실을 알고 나서부터 둘의 관계는 남편과 아내의 관계로부터 한 집에 살면서 서로를 보살피는 두 사람의 관계로 바뀌었다. 둘이 성관계를 가진 지도 거의 일 년이 지났다. 비록 서로 싫어하는 것은 아니지만, 결혼생활의 열정은 사라진 것 같다. 미란다는 대부분의 시간을 브랜든을 돕는 데 보내고 있다. 브랜든은 세 아이 가운데 가장 많은 도움을 필요로 하는 아이다. 코비가 가장 독립적인 것 같은데, 미란다는 지난 몇 년간 코비가 독립적이 되도록 내버려 두었다. 미란다는 축구나 치어리딩 같은 활동으로 딸 테레사와 유대감을 맺으려고 한다.

코비는 맏아들이지만 자신이 가족과 가장 분리되어 있다고 느낀다. 아빠가 그와 관계를 맺고자 노력하였지만 늘 강요하는 것 같고 자연스럽지 못했다. 코비는 엄마와 잘 지내지만, 엄마는 다른 일들, 특히 브랜든 때문에 너무 바쁜 상황이다. 코비는 학교에서도 별 관계가 없다고 느낀다. 그는 클럽이나 동아리 같은 데 들지 않았다. 더욱이 체구가 작아서 학교에서 몇몇 남자아이가 그를 놀리기도 한다. 그는 아직 여자아이에게 데이트 신청을 한 적이 없는데, 그 이유는 누구도 "좋아"라고 할 거라는 생각이 안 들고, 그래서 실망하고 싶지 않기 때문이다.

코비는 테레사와 애증의 관계에 있다. 그는 테레사를 사랑하지만 테레사가 자기를 짜증나게 할 수 있다고 본다. 관계가 더 심하게 되는 것을 막기 위해 코비는 의도적으로 둘 사이의 접촉 양을 줄이고자 하고 있다. 코비와 브랜든의 관계는 매우 복잡하다. 코비는 브랜든이 원하지 않은 임신으로 태어난 아이라는 걸 잘 알고 있다. 그는 만일 브랜든이 태어나지 않았다면 부모님이 훨씬 더 행복했을 것이고, 자기와 테레사 역시 더 행복했을 것이라고 생각한다. 코비는 브랜든과 상호작용을 별로 하지 않는다. 나이 차이 때문에 자기 대신 엄마가 브랜든을 보살피도록 그냥 놔두고 있다.

테레사는 자기가 식구 중 가장 사교적인 사람이라고 생각한다. 그녀는 가족구성원 모두와 잘 지낸다. 물론 자기는 아빠와 공통점이 거의 없으며, 아빠가 너무 딱딱

하다는 생각을 자주 하는데, 특히 데이트에 대해 그렇다고 생각한다. 테레사는 엄마와 특별한 유대감을 가질 때가 종종 있다. 그러나 엄마는 브랜든과 훨씬 더 많은 시간을 보내는 것 같다. 테레사 역시 브랜든이 누구보다 더 많은 도움을 필요로 하기 때문에 브랜든과 시간을 함께 보내고자 노력한다. 비록 코비가 테레사에게 자기를 개방하지 않았지만, 테레사와 코비의 관계는 수용적인 관계다. 테레사는 학교 공부를 잘하지만 대인관계가 훨씬 더 좋으며 폭넓은 네트워크를 갖고 있다.

브랜든은 엄마와 가장 가깝다고 느낀다. 엄마는 브랜든이 학교에서 잘하고 있고 좋아지고 있다는 점을 확실하게 해 주기 위해서 많은 시간을 보낸다. 엄마는 브랜든 주변에 많이 머물러 있는 경향이 있고 그가 완전히 혼자 떨어져 있도록 놔두지 않는다. 브랜든은 자기가 약간 다르기는 하지만, 엄마가 왜 계속 자기를 주시하는지 이해하지 못한다. 브랜든에게 무관심해 보이는 코비와 달리, 테레사 역시 브랜든을 보살펴 주는 것 같다. 브랜든은 아빠와의 관계가 좋지 못하다. 그는 선생님들의 특별한 도움을 받으며 학교에서 잘하고 있다.

7개월 전 고등학교 2학년을 마칠 즈음 코비는 학교에 대해 불평을 하기 시작했다. 그전에 그는 학교에서 공부를 잘했다. 그러나 새 학기가 시작되자 코비는 아침에 기분이 안 좋아 학교에 갈 수 없다고 말하기 시작했다. 학교에 갔을 때 그는 머리를 책상에 박고 때로는 잠을 자기도 했다. 코비에게 두어 번 집으로 돌아가라는 지시를 한 다음에 보건교사가 스티븐과 미란다에게 알렸고, 그래서 그들은 코비를 병원에 데리고 갔다. 의사는 코비에게 의료적으로 아무 문제가 없다고 말했다.

코비는 홈 스쿨을 원한다고 말했다. 학교에서 그를 짜증나게 하는 뭔가가 있느냐고 묻자 코비는 그렇지 않다고 했다. 그는 학급친구들과 잘 지냈고 친구도 몇 명 있었으나, 스티븐과 미란다는 그가 그 친구들과 시간을 점점 덜 보내고 있다는 사실을 알게 되었다. 부모님은 코비가 친구들에게 더 적극적이 되도록 격려하였으나 그는 거부했다.

스티븐과 미란다는 이 상황에 어떻게 대처해야 할지 합의를 보지 못했다. 미란다는 코비와 이야기를 해서 무엇이 그를 성가시게 하는지 알고 싶어 했다. 그녀는 부모가 코비를 하루만 집에 있게 하면, 코비가 학교에 가지 않겠다는 고집을 더 이상 부리지 않을 것이라고 생각했다. 그러나 스티븐은 그렇게 하는 것이 옳은 접근이라고 생각하지 않았다. 그는 코비가 그저 학교에 가도록 부모가 강요해야 하며 코비가 그걸 이겨 내야 한다고 믿었다. 이렇게 몇 시간 동안 엎치락뒤치락하다가 스티븐은 "이봐, 당신이 원하는 대로 그냥 해. 맨날 그런 식으로 해 왔으니까."라고 말했다. 미란다는 더 이상 이 상황에 대해 트집을 잡고 싶지 않았고, 그래서 자기와 스티븐이 합의하는 것이 최상이라고 생각했다.

스티븐과 미란다는 코비에게 만일 학교에 가지 않으면 운전하는 특권을 뺏을 것이라고 말했다. 코비는 "운전, 그거 상관없어요. 그냥 학교에 안 가고 싶다고요."라고 말했다. 다음 날 코비는 학교 가기를 거부했다. 그러자 부모는 코비가 텔레비전과 비디오게임을 못하게 막았다. 코비는 이런 접근금지에 대해 아무 대꾸도 하지 않았다. 그냥 자기 방에서 지냈다. 그날 저녁 식사시간에 테레사는 오빠의 문제가 무엇이고 왜 학교에 가지 않으려 하는지 물었다. 코비는 엄마를 보고 "엿 먹어라."라고 말하고는 식탁에서 일어나 자기 방으로 들어갔다. 미란다는 테레사에게 이 상황을 피하는 게 좋겠다고 말했다.

코비가 나흘간 학교 가기를 거부한 후, 스티븐은 그걸로 충분하다고 생각했다. 그는 코비에게 학교에 가야 하며, 그것으로 끝이라고 말했다. 코비는 아니라고 했다. 그리하여 언쟁이 벌어졌고 둘은 서로를 밀치고 거의 때릴 뻔했다. 미란다가 중재하려 했으나 스티븐은 그녀에게 그 상황에서 빠지라고 하였다. 그들이 각자 자기 방에 혼자 있었을 때, 스티븐은 미란다가 아이들을 아기로 만들고 있으며 코비에게 어떻게 남자가 되는지 가르치도록 돕지 않는다고 미란다를 비난했다. 그러자 미란다는 코비가 자랄 때 스티븐이 그 아이 옆에 있어 주지 않았다고 그를 비난했다.

아버지와 언쟁을 벌인 후 코비는 테레사와 브랜든을 욕하기 시작했다. 과거에 코비가 테레사를 놀린 적이 있지만, 그렇게까지 브랜든을 못살게 굴었던 적은 없었다. 어느 날 코비는 브랜든에게 "너를 동생으로 원했던 적은 한 번도 없어. 너는 정말 창피해."라고 말했다. 이 말에 미란다와 스티븐은 깜짝 놀랐고 걱정이 되었다.

그 학기에 코비의 성적은 거의 낙제였다. 스티븐과 미란다는 코비가 회복할 수 없고 고등학교 2학년을 다시 다녀야 할까 봐 겁이 났다. 부모는 다시 한 번 코비에게 애원했다. 코비는 학교에 가지 않을 것이고 검정고시를 보겠다고 말했다.

스티븐과 미란다는 코비가 학교상담사를 만나도록 했다. 그들은 30분 동안 만났다. 학교상담사는 성적, 친구, 가족, 기타 등에서 코비에게 무슨 일이 일어나고 있는지 탐색하고자 했다. 코비는 면담하는 동안 말을 많이 하지 않았다. 면담이 끝났을 때, 코비가 부모에게 자기는 상담사가 싫으며 다시는 가지 않겠다고 말했다. 학교상담사는 스티븐과 미란다에게 코비는 학교 스트레스보다 집에서 일어났던 스트레스를 다루어야 할 것 같으니 가족치료를 받아 보라고 제안했다. 그 시점에서 스티븐과 미란다는 전체 가족이 치료를 받으러 가기로 결정했다.

핵가족 역사

스티븐과 미란다는 미주리대학교에서 처음 만났다. 둘은 서로의 친구가 있었고 2~3학년 동안 서로 알고 지냈으나, 졸업하기 4개월 전부터 데이트를 시작했다. 봄 학기 동안 스티븐은 철학 과목을 수강하기로 정했는데, 미란다도 그 과목을 수강했다. 어느 수업을 듣고 나서 둘은 강의에 대해 이야기하기 시작했고 대학 내 카페에서 커피를 마시며 대화를 계속했다. 스티븐은 늘 미란다가 신체적으로 매력적이라고 여겼고 몇 번의 만남을 가졌지만 잘되지 않았고, 특히 졸업이 가까웠기 때문에 새로운 관계를 시작하는 데 신중했다. 그러나 둘이 지속한 대화는 잘되어 가는 것 같았고, 스티븐은 미란다에 대해서는 뭔가 다르다고 생각하여 이 관계를 계속하기로 결정했다.

미란다는 대학의 마지막 학기가 재미있기를 바랐다. 그녀는 늘 스티븐이 좋은 사람이라고 알고 있었고, 예전에 데이트했던 몇몇 남자처럼 또라이는 아닐 거라고 생각했다. 수업 후 대화를 하던 끝에 스티븐은 미란다에게 주말에 저녁을 함께할 수 있는지 물었다. 그녀는 좋다고 했다. 그렇게 해서 둘의 데이트가 정기적으로 시작되었다.

스티븐은 경영학 학사학위를 받았다. 미란다는 심리학 전공으로 졸업했다. 졸업 3주 전에 둘은 첫 번째로 큰 언쟁을 했다. 스티븐은 고향인 세인트루이스로 돌아가고 싶다고 했다. 미란다는 고향인 캔자스시티로 돌아가고 싶었다. 둘은 함께 이사할 가능성에 대해 상의했다. 미란다는 스티븐이 부모님과 가족과 맺고 있는 관계보다 자기가 부모님과 가족과 맺고 있는 관계가 더 가까우며, 자기 분야의 사람들을 잘 알고 있으므로 캔자스시티에서 더 많은 직업 기회를 가질 수 있다고 주장했다. 둘은 멀리 떨어져서 관계를 유지하는 방법에 대해서도 상의했으나, 미란다는 그런 생각이 편하지 않다고 말했다. 스티븐은 세인트루이스로 돌아가고자 하는 것은 반드시 거기 가족이 있기 때문이 아니라 그곳이 더 편하다고 느꼈고 또 아주 새로운 도시로 이사하는 것이 주저되었기 때문이었다. 일주일 반 동안 엎치락뒤치락하다가 스티븐이 수그러들었고 캔자스시티로 함께 이사하는 데 합의했다.

이사하자마자 미란다는 바로 지인들을 이용하여 직업을 구했다. 그녀는 지역의 정신건강기관의 사례관리자가 되었다. 미란다는 그 기관이 내부 승진을 좋아한다는 사실을 알았기 때문에 그녀에게 좋은 기회였다. 스티븐은 직업을 찾는 것이 훨씬 더 어려웠다. 캔자스시티는 광고회사를 찾아 취업하기에 세인트루이스만큼 크지 않았다. 그는 자신이 더 큰 상품성이 없다고 생각하여 좌절하였고 약간 우울하기까지 하였다. 미란다는 스티븐을 도와주려 노력했지만, 스티븐이 바로 일자리를 구하지 못하면 생활비를 댈 수 없다는 사실을 알게 되었다. 이 상황은 스티븐을 더욱 옥죄게 하였고, 그는 세인트루이스로 돌아가 상황이 좀 나아질 때까지 부모님과 함께하는 방안도 고려하였다. 미란다가 스티븐에게 자기는 어떻게 하면 좋을지 물었을 때, 그는 그녀가 아파트 임대계약을 포기하고 처가(친정)로 들어가자고 제안했다. 미란다는 그것이 스티븐이 구직을 포기하고 둘의 관계를 너무 빨리 포기하는 것처럼 보이기 때문에 몹시 화가 났다. 스티븐은 자기는 그녀를 사랑하며 포기하는 것이 아니라 경제적으로 현실적이 되자고 노력하는 것이라고 말했다. 둘은 각자의 집에서 돈을 빌려 달라고 부탁할 것도 고려했으나, 부모님들은 그럴 만한 돈이 없었다. 6개월 동안 수없이 많은 이력서를 제출하고 인터뷰한 끝에, 스티븐은 드디어 계획했던 직장 인터뷰를 했고 드디어 광고회사에서 일자리를 얻었다.

스티븐이 일단 일자리를 얻자 부부의 모든 일이 달라졌다. 이제 스티븐이 미란다보다 돈을 더 많이 벌었고, 그의 기분도 변했다. 그는 자신이 더욱 행복하다고 느꼈고 세인트루이스로 돌아가자는 말을 더 이상 하지 않았다. 그 일이 이상적인 일자리는 아니었지만, 자기 분야이며 자신이 또 생산적이라고 느꼈다. 함께 이사 온 시간부터 스티븐과 미란다는 경제적으로 매우 빡빡하게 살아왔다. 예전에 벌었던 것보다 가정 경제 상태가 두 배가 되자, 더 자주 외식을 하기 시작했고 둘의 사회생활도 더 좋아졌다. 스티븐이 일을 시작한 지 4개월이 지난 어느 날 밤, 둘은 멋진 레스토랑으로 둘만의 저녁식사를 하러 나갔다. 미란다는 그 레스토랑이 돈을 펑펑 쓰게 하는 곳이었기에 자기들이 꼭 거기 있어야 하는지 몹시 궁금해했다. 바로 그때 스티븐은 무릎을 꿇고 그녀에게 프러포즈를 했다. 그로부터 1년이 채 안 되어 둘은 결혼했다.

스티븐과 미란다의 결혼생활은 첫 출발이 좋았다. 둘은 함께 보내는 시간을 즐겼고 신혼여행을 아주 즐겁게 보냈다. 그들은 직장생활의 경력을 적극적으로 쌓았고, 결혼생활을 즐겼다. 스티븐의 추가 봉급으로 그들은 캔자스시티에서 빚을 졌던 재정 상태에서 곧 벗어났다. 아주 많은 날 밤에 다른 부부들과 외식을 했고 휴가를 계획하여 많은 여행을 할 수 있었다. 결혼 2년 만에 미란다는 스티븐에게 이제 가족을 이루자고 제안하였다. 스티븐은 자기가 몇 명의 자녀를 원하는지 확신하지 못했지만 한 명의 자녀를 원했다. 미란다는 대가족을 원했다. 그들은 임신을 시도하기 시작했고, 두세 달 후 미란다는 임신을 했다.

임신 동안 아이가 아들임을 알았을 때, 스티븐은 아이 이름으로 파이도우가 좋겠다고 말했다. 그는 그 이름을 어떤 책에서 읽었는데 그 이름이 독특하다고 생각했다. 미란다는 그 이름을 아주 싫어했다. 그녀는 자랄 때 가까웠던 외할아버지 콜비를 아들 이름으로 짓고 싶었다. 미란다는 파이도우는 실제로 스티븐과 아무 관련이 없이 그냥 만든 이름이고 그녀가 원했던 이름은 가족을 존중하는 데서 나온 것이므로 그 이름을 써야 한다고 주장했다. 몇 주 후 스티븐이 수그러들었고 아들 이름을 코비로 짓는 것이 괜찮다고 말했다. 미란다는 스티븐이 파이도우라는 이름을 진짜로 좋아한다면, 그것은 가운데 이름으로 쓰면 좋겠다고 말했다.

스티븐에게는 아이가 태어나는 것이 충격이었다. 그는 늘 자기는 좋은 아빠가 될 거라고 생각했다. 그러나 코비가 얼마나 작고 무력하고 도움을 필요로 하는지 보게 되자 스티븐은 겁이 났다. 그는 그걸 할 수 있을지 확신이 안 섰다. 미란다는 셋 중 맏이였고 동생들을 보살핀 경험이 있어서 출산 후의 적응이 별로 어렵지 않았다. 그녀는 필요한 존재가 되고 또 대부분의 양육 책임을 맡는 것을 좋아했다. 그렇게 되자 스티븐은 처음의 충격에서 벗어날 수 있었고 아이를 돌보는 것이 점점 더 편안해졌다. 그는 기저귀 가는 법을 배웠고, 코비가 짜증을 내거나 낮잠을 자야 할 때 토닥거려 주는 법도 배웠다.

코비의 생후 첫 1년은 잘 흘러갔다. 스티븐과 미란다 모두 새로운 가족과 함께 행복했다. 미란다는 친정어머니 소피아가 코비를 돌보는 데 도움을 주어서 친정어머니와 더 가까워졌다고 느꼈다. 코비는 소피아의 첫 외손주였고, 소피아는 손자녀 양육을 기다렸으며 자기를 필요로 한다는 느낌을 그리워했다. 미란다는 3개월간의 출산휴가를 가졌으나 그 후 곧바로 전일제 직장으로 복귀했다. 소피아가 매일 아침 집으로 와서 미란다가 퇴근해 집에 올 때까지 코비를 돌보았다. 때때로 미란다의 친정아버지 에드워드가 건너와서 코비의 양육을 도왔다. 스티븐은 소피아가 특히 코비의 양육에서 약간 밀어붙이는 스타일이라고 생각했지만, 미란다와 소피아의 강한 관계 때문에 미란다에게 그것에 대해 굳이 말하지 않았다. 스티븐의 부모는 이혼했지만 멀리 떨어져 살았다. 그는 아버지와 가까운 관계가 아니었고, 그의 아버지는 네 시간이나 운전하여 방문하기를 원하지 않았다. 그러나 스티븐의 아버지와 새엄마 아만다는 코비가 태어난 지 두 달 후에 한 번 방문하였다. 스티븐의 친엄마인 에스터는 스티븐의 누나인 알리샤 및 조카인 헤더와 함께 한 번 다녀갔다.

미란다는 엄마가 되는 것을 진짜로 좋아했고 아이를 또 갖기를 원했다. 미란다가 양육을 거의 다 하였고 소피아가 도왔기 때문에 코비의 양육이 그렇게 어렵지 않았던 스티븐은 미란다의 생각에 반대하지 않았다. 그는 그렇게 하는 것이 미란다를 행복하게 할 거라고 생각했다. 코비가 태어나고 두 해가 지나자 부부는 두 번째 아이를 가졌다. 임신 동안 부부는 태아가 딸이라는 걸 알게 되었다. 미란다는 스티븐에게 마음에 둔 이름이 있는지 물었다. 처음에 그는 자기 엄마 에스터의 이름을 따서 딸에게 그 이름을 붙이고 싶다고 말했다. 그러고 나서 그는 자기 엄마의 별명인 '터'의 일부를 따서 테레사라고 정하였고, 미란다는 그 이름에 반대하지 않았다.

테레사가 태어나기 직전에 미란다는 직장에서 시간제 사례관리자로 자리를 옮겼다. 비록 사람들을 돕는 것을 좋아했지만, 미란다는 다른 사람들의 아이들보다 자기 아이들에게 더 많은 시간을 할애하고 싶었다. 스티븐과 미란다는 가계 재정에 대해 얘기했고 또 미란다의 수입이 반으로 줄면 어떻게 맞추어 살아야 하는지에 대해 이야기했다. 미란다는 두 사람이 처음 시작했을 때 상당히 절약했고 비싼 휴가를 가지도 않았으며 물질적이지도 않았다고 설명했다. 그녀는 그렇게 하는 것이 바로 엄마라는 사람으로서 자기가 해야 하는 방식이었다고 이야기했다. 비록 이러한 재정적인 변화에 대해 충분히 생각하지 못했지만, 스티븐은 미란다 말에 동의했고 가족을 위한 예산을 세웠다. 스티븐은 광고회사에서 승진하는 데 점점 더 압박감을 느끼기 시작했지만, 점점 늘어나는 가족을 유지하기 위해 더 많은 돈을 벌었다. 에드워드와 소피아는 미란다가 임신을 하고 딸을 낳아 매우 기뻤다. 그들의 아들인 퍼먼은 가족을 꾸려서 아들인 피터를 낳았다. 그래서 테레사가 그들의 첫 번째 외손녀가 되었다. 제임스와 에스터도 각자 행복해 보였다. 그러나 그들은 새 손주를 보기 위해 즉시 달려오지는 않았다.

미란다와 소피아가 코비와 테레사의 주 양육자였다. 스티븐은 자신이 이 두 사람의 관계 밖에 있다는 느낌이었지만, 그런 느낌을 미란다에게 꺼내고 싶지 않았다. 자기가 소피아를 반대하고 있다고 미란다가 생각할까 두려웠기 때문이다. 스티븐은 소피아가 자기 아이들을 위한 부모 역할에 대한 결정을 해서 화가 났다. 그는 이제 4년 동안이나 아버지가 되었지만, 거의 그런 적은 없으나 아이들과 혼자 있는 것이 아직도 완전히 편안하지 않았다. 스티븐은 소피아가 아이들에게 덜 관여한다는 사안을 꺼낼 수 있다고 생각하지 않았는데, 그 이유는 특히 자기 부모가 아이들에게 거의 항상 아무 관여도 하지 않았기 때문이다.

테레사가 태어난 지 2년 후 미란다는 또다시 임신했다. 이번은 계획된 임신이 아니었다. 그녀와 스티븐은 약간 적극적인 성생활을 했다. 코비를 처음으로 임신한 후 그들의 성생활은 일주일에 한두 번에서 한 달에 한두 번으로 바뀌었다. 스티븐은 성생활을 더 적극적으로 하기를 원했지만, 미란다가 임신하는 동안 피곤해했고, 아내에게 자기의 요구와 욕망을 강요하는 것은 옳지 않다고 생각했다. 그러나 3개월 후 미란다는 유산을 했다. 이 사건은 미란다에게 큰 영향을 미쳤고, 스티븐은 그녀의 정서 상태에 차이가 있음을 알 수 있었다. 그녀는 늘 세 아이를 원했다. 스티븐은 그들의 관계 초기에 자기는 아이를 한두 명만 원한다고 말했다. 스티븐과 미란다가 각자 원하는 가족의 크기에서 차이가 있었기 때문에 둘 사이에 긴장이 쌓여가기 시작했다. 이러한 불일치에 불을 붙인 것은 소피아가 아이를 또 한 명 낳도록 미란다를 계속 부추겼던 것이었다. 유산을 한 후 미란다는 자녀들과 더 적은 시간을 보냈고 밤에 특히 그랬다. 이제 스티븐은 일을 해야 할 뿐 아니라 미란다가 이렇게 정서적으로 힘든 시간을 견뎌 내는 동안 자녀들을 더 많이 돌봐야 했다. 스티븐은 미란다에게 심리치료사를 만나 볼 생각이 없냐고 제안했지만, 미란다는 그것이 별 도움이 안 될 것 같다고 말했다. 그녀는 자기에게 필요한 것은 가지려고 했던 아이였다고 생각했다. 스티븐은 아이 둘이면 충분하다고 생각한다고 말했지만, 미란다는 자기도 형제자매가 두 명 있고 자녀가 세 명인 가족도 잘 살 수 있다고 대답했다. 에드워드와 소피아는 종종 아이를 세 명 둔 것이 그들에게 얼마나 축복이었는지 말하곤 하였다. 몇 주 후 스티븐은 미란다가 활기를 되찾고 또다시 행복해지기를 바라면서 세 번째 아이를 갖는 데 동의했다.

6개월간의 시도와 부부간의 긴장이 이어지고 나서 미란다는 임신을 하게 되었다. 9개월 후 그녀는 브랜든을 출산했다. 당시 코비는 여섯 살이었다. 코비는 테레사가 귀찮게 굴어서 또 다른 동생을 원하지 않았다. 테레사는 남동생이 생긴 것을 너무 좋아했다. 코비는 비록 테레사를 괴롭히지 않았지만, 테레사가 원하는 만큼 함께 놀아 주지도 않았다. 테레사는 자기가 더 어린아이와 더 많이 놀아 줄 수 있다고 생각했다.

브랜든이 태어난 후 미란다의 기분은 변하였다. 그녀는 브랜든을 안고 토닥이며 많은 시간을 보냈다. 스티븐은 미란다가 행복한 자기를 다시 회복한 것처럼 보여 기뻤다. 그는 아이들 모두가 잘 지내지 못할까 봐 걱정을 했으나 가족 중 누구도 통제할 수 없는 사람은 없었고, 그래서 희망을 갖게 되었다. 브랜든이 출생하고 첫 6개월은 잘 지나갔다. 그러나 스티븐은 브랜든이 약 7~8개월 되었을 때 뭔가가 잘못되었다는 느낌을 갖기 시작했다. 스티븐은 브랜든이 사람들의 목소리에 완전히 반응하지 못함을 알아차렸다. 스티븐은 자기의 걱정을 미란다에게 바로 이야기하지 않았다. 일 년이 지날 무렵 그리고 브랜든이 아직 말을 하지 못했을 때, 스티븐은 미란다에게 브랜든에게 검사를 좀 받아 보게 하자고 말했다. 미란다는 브랜든이 아무것도 잘못되지 않았고 단지 발육이 늦은 아이일 뿐이라고 단호하게 말했다. 코비와 테레사는 둘 다 한 살이 되기 전에 말하기 시작했다. 브랜든은 말하려고 노력하기 시작했고, 첫돌 이후 몇 단어를 말했지만, 그래도 스티븐은 브랜든이 또래보다 뒤처졌다는 점을 알 수 있었다. 스티븐은 밤에 미란다에게 자주 말하곤 했고, 브랜든이 정상이 아니라는 점을 그녀가 인식하도록 노력했다. 미란다는 이 사실을 믿고 싶어 하지 않았다. 그러나 그녀는 자기가 바랐던 대로 브랜든이 발육이 늦은 아이가 하는 짓을 하는 건 아님을 깨달았다.

브랜든이 두 살이었을 때, 그들은 브랜든을 의사에게 데려갔고 의사는 자폐증이라는 진단을 내렸다. 부부는 엄청난 충격을 받았고, 특히 미란다가 그랬다. 부부가 코비와 테레사에게 브랜든이 자폐라고 설명했을 때, 코비는 자기가 '불량 동생'을 두었다고 말하기 시작했다. 소피아 또한 처음에는 매우 속상해했다. 그러나 그녀는 미란다에게 자기와 미란다 둘이서 브랜든을 키울 것이고 기적을 이룰 것이라고 말했다. 미란다는 학교에 다니면서 그리고 사례관리자로서의 직업을 통해 자폐증에 대해 알고 있었고, 그녀가 관리했던 몇 아이가 자폐증 진단을 받았다. 그녀는 자폐아 가족을 위한 무료 서비스가 있음을 알고 있었고, 즉시 자폐증 아동을 위한 취학 전 프로그램에 브랜든을 들여보냈다. 또한 그녀는 지역의 자폐아 부모협회에 가입했다. 미란다는 스티븐도 가입하도록 하였으나, 그는 일하고 다른 아이들을 돌보느라 너무 바쁘다고 말했다.

스티븐의 원가족

제임스(스티븐의 아버지)와 에스터(스티븐의 어머니)는 둘이 고등학생일 때 만났다. 제임스는 고3이었고 에스터는 고2였다. 제임스가 맨 처음 그녀에게 데이트를 신청했을 때 에스터는 약간 당황했다. 고3 선배가 자기에게 관심을 보여서 기뻤지만 자신이 데이트할 준비가 되었는지 잘 몰랐기 때문이었다. 제임스는 에스터보다 이성관계 경험이 더 많았다. 그는 여러 번 데이트한 관계가 있었지만, 에스터는 이번이 처음이었다. 그녀와 제임스의 첫 키스는 그녀에게 엄청난 것이었다. 제임스가 그녀와 성관계를 하려고 했던 맨 처음에 에스터는 그에게 혼전 성관계를 원하지 않는다고 말했다. 제임스는 때때로 계속 시도하였지만, 그를 비난할 수밖에 없는 에스터를 이해한다고 말했다. 제임스는 졸업식 날 에스터에게 "이제 우리 결혼하자."라고 말했다. 에스터는 동의했고 3개월 후 결혼식을 올렸다.

에스터는 고등학교를 졸업하지 못했다. 고등학교 2학년 때 그녀는 매우 어려운 경제 상태에 처한 가족을 돕기 위해 재봉사로서의 전일제 직업을 구했다. 근근이 살아가던 부모의 다섯 자녀 중 맏이인 에스터는 교육을 받으라는 격려를 받은 적이 없었다. 나이가 차면 결혼해서 가정을 꾸리라는 기대만 받았던 것이다. 그녀와 제임스가 결혼했을 때, 둘이 많은 돈을 벌지 못했어도 에스터는 계속 일해서 부모님을 경제적으로 도와주었다.

결혼 첫해에 에스터는 알리샤를 임신했다. 제임스는 아이에 대해 큰 애정을 보이지 않았다. 결혼하고 아이를 갖고 일하는 등 그저 그런 일들이 일어났던 것이다.

에스터는 여전히 재봉사로 일했지만, 집에서 일을 했기에 알리샤를 돌볼 수 있었다. 알리샤는 순둥이였다. 2년 후에 스티븐이 태어났다. 제임스는 집안의 성(姓)을 물려받고 친구들에게 자랑할 수 있는 아들이 생겼다는 사실이 기뻤다. 자라는 동안 알리샤와 스티븐은 가까운 적이 한 번도 없었다. 둘이 서로 싸우지는 않았지만 함께 놀려고도 하지 않았다. 알리샤는 매우 외향적인 딸이었던 반면에, 스티븐은 말을 잘하지 않는 편이었다.

제임스는 공장에서 일했고 퇴근 후에는 술집에서 친구들과 시간을 보냈다. 술을 과도하게 마셔서 자주 에스터와 말다툼을 했다. 대개 싸움은 에스터가 어떤 음식을 했고, 청소를 얼마나 잘못하였는지에 관한 것이었고, 또는 그녀가 반드시 해야 한다고 제임스가 생각했던 것뿐 아니라 그녀가 그를 얼마나 돌보지 않았는지에 관한 것이었다. 에스터는 매우 전통적인 가치를 갖도록 키워졌지만, 여성해방운동에 대한 책을 읽은 적이 있는데 그것이 그녀의 심금을 울렸다. 그녀는 자기가 남편과의 관계에서 개별성과 목소리를 주장하기 시작하고 있음을 알았다. 제임스는 그것을 좋아하지 않았다. 한번 싸울 때 그는 "나는 이 집의 가장이야. 돈 버는 사람은 나이고 결정도 내가 해."라고 말했다. 에스터는 맞서 싸우려 했으나 이 싸움은 아무 성과도 없는 것 같았다.

어느 날 밤 제임스가 만취한 채 귀가했다. 그는 스티븐의 방으로 곧장 들어가 그를 깨웠다. 그는 "스티븐, 내 말 잘 들어, 아빠라고. 착한 아들이 되어야 해. 그리고 아빠같이 되어야 해. 알겠어?"라고 말했다. 스티븐은 정신을 못 차린 채 "아빠, 저 자도 돼요?"라고 말했다. 이 말에 제임스는 몹시 화가 나서 스티븐을 침대에 밀어붙이고 그가 고마워할 줄도 모르고 쓸모도 없는 자기 어미 같다고 말했다. 에스터가 방으로 들어와서 제임스에게 침실로 돌아가고 스티븐을 혼자 두자고 간청했다. 제임스는 말을 듣지 않았다. 에스터는 제임스와 스티븐 사이를 오갔고, 그에게 방을 나가자고 했다. 제임스는 "이봐, 넌 항상 나 빼고 모두의 편을 들어주는 부정한 년이야."라고 소리쳤다. "당신 취했어. 또 취했다고. 식구들에게 이러면 안 되지. 뭔가 좀 해야지."라고 말하면서 에스터는 또다시 그 방을 나가자고 말했다. 제임스는 너무 격분한 나머지 그녀를 때렸다. 그녀는 그날 밤 그에게 집을 나가라고 했고 그 후 즉시 이혼을 신청했다. 처음에 제임스는 화해를 하려 노력했지만, 에스터는 제임스가 사과를 하거나 아이들을 보려고 들를 때마다 그의 삶에 늘 술이 개입되어 있음을 보고서 매우 단호했다. 이혼 후 알리샤와 스티븐은 둘 다 엄마와 함께 살았다. 에스터는 제임스와 이혼한 후 다시는 남자를 만나지 않았다. 알리샤와 스티븐이 10대였을 때, 둘은 엄마가 데이트를 다시 시작할 수 있도록 애써 보았지만, 에스터는 그것이 가치가 없으며 자신이 두 아이의 엄마로서 완벽하게 행복하다고 말했다.

제임스와 이혼했을 때 에스터는 돈벌이를 하고 있지 않았다. 그녀는 집에서 재봉사 일을 하고 있었지만 더 많은 수입이 필요했다. 그녀는 할 수 있는 만큼 많은 사람의 집에서 청소 도우미로 일을 시작했다. 그리하여 매달 그럭저럭 살아갈 만큼의 돈이 되었다. 에스터는 집과 사무실을 청소하는 데 일과의 대부분을 보냈고, 집에 돌아오면 두 아이를 위해 음식을 했으며 밤에는 바느질과 옷 수선하는 일을 하였다. 그녀는 자주 피곤해서 아이들과 많은 시간을 보내지 못했다. 그녀는 알리샤와 스티븐에게 자기는 그들을 위해 이 모든 일을 하며, 둘이 대학에 가서 부모보다 더 잘 되어야 한다고 말했다. 스티븐이 기억하는 한, 가족은 휴가를 간 적이 한 번도 없었다. 조부모님과 대부분의 친척이 그 지역에 살았고, 그래서 휴가를 떠날 이유가 없었다. 스티븐이 대학을 가기 위해 집을 떠날 때까지 그는 3개의 주(州)만 가본 적이 있었다.

제임스는 에스터와 이혼한 지 2년 만에 아만다와 재혼했다. 에스터와의 사건이 있은 후로 제임스는 술을 절제할 필요가 있다고 깨달았다. 여러 해 동안 그는 때로 술에 취해 귀가했지만, 다시는 가정폭력을 행사하지 않았다. 제임스는 알리샤와 스티븐이 자기 집에 한 달에 한 번 머물게 하면서 부분적인 접촉만 취하고 살았다.

알리샤와 스티븐는 아만다를 받아들였지만, 아만다와 깊은 유대감을 가진 적은 없었다. 아만다는 전에 댄과 결혼하였고 윌리엄이라는 아이를 두었는데, 그는 스티븐과 같은 나이였다. 스티븐과 윌리엄은 아만다와 제임스의 집에서 때로 시간을 보내면서 서로 알게 되었다. 그러나 그 둘은 서로 그저 아는 사이처럼 느꼈다. 스티븐은 제임스가 문제가 있다고 느꼈기 때문에 윌리엄과 관계를 맺지 않았다. 청소년기 동안 윌리엄은 갱단에 연루되었고 공부를 못했으며 열일곱 살 때 여자아이를 임신시켰다. 윌리엄은 그녀와 결혼하였으나 딸을 낳은 지 4개월 후 이혼하였다. 2년 후 윌리엄은 또 다른 여자를 임신시켰고 그 여자와 결혼하였으며, 아들을 얻은 지 3년 후 다시 이혼했다.

에스터는 알리샤와 스티븐이 공부를 잘해서 대학에 갈 수 있도록 많은 압력을 가했다. 알리샤는 공부를 아주 열심히 했으며 사우스캐롤라이나의 한 대학에서 장학금을 받을 수 있었다. 그녀는 집에서 벗어났고, 에스터는 그녀가 떠나는 것을 보는 것이 너무 슬펐지만 아주 자랑스럽기도 했다. 장학금으로 대학에서 드는 비용 모두를 감당하지는 못했기에 에스터는 자기가 할 수 있는 선에서 그 비용을 보조해 주었다. 에스터는 제임스가 딸의 교육에 아무런 경제적 지원을 못해 준 데 대해 제임스와 싸우기도 했다.

제임스는 돈을 많이 벌지 못했고, 아이들을 위해 이따금씩만 양육비를 주었다. 제임스의 주장은 당시 알리샤는 성인이고, 자기가 알리샤보다 어린 나이에 스스로 독립했던 것처럼 알리샤도 자립해야 한다는 것이었다. 그 당시 에스터는 아이들에게 공부를 잘해서 대학에 꼭 들어가 "너희 아빠처럼 되지 마라."라는 압력을 더 많이 가했다. 스티븐은 이런 기대에 대해 부담감을 느꼈다. 그는 알리샤만큼은 아니지만 공부를 잘하기 위해 무척 노력했다. 그는 미주리대학교에서 부분 장학금을 받았고, 아르바이트를 해서 대학을 졸업해야 했다. 어떤 학기는 전일제 일을 하면서 전일제 수업을 들었는데 이것이 그에게는 엄청난 스트레스가 되었고, 그리하여 원하는 만큼 성적이 좋지는 않았다.

알리샤는 정치학 학사학위를 받았고 계속해서 법학 학위도 받았다. 그녀는 워싱턴디시로 옮겨서 법학전문대학원을 졸업하자마자 변호사로서의 업무를 시작했다. 2년 후 그녀는 역시 변호사였던 레지널드를 만났다. 3년 후 그들은 헤더라는 딸을 낳았다. 에스터는 손녀를 갖게 되어 너무 기뻤다. 비록 알리샤와 헤더가 멀리 떨어져 살아서 실망스럽긴 했지만 말이다. 레지널드뿐 아니라 알리샤도 결국 동업할 변호사를 만났고, 그들은 버지니아의 부유한 지역으로 이사를 했다. 스티븐은 워싱턴 디시에 있는 그들을 보러 간 적이 없고, 알리샤가 세인트루이스를 방문하러 갈 때마다 그때만 그들을 만난다. 알리샤가 방문할 때 항상 그런 것은 아니지만 스티븐은 자기 아이들을 그곳으로 데려가서 아이들이 고모, 고모부, 사촌을 만날 수 있도록 하였다. 스티븐은 누나를 사랑하지만 누나와 아주 가깝지는 않다. 비록 스티븐은 자기와 매우 가까운 아내와 아이들 이외에 그 누구도 자기 삶에 들여놓고 싶어 하지 않지만 레지널드와는 잘 지내고 있다.

에스터는 알리샤와 매우 가까우며, 컴퓨터 비디오로 딸과 외손녀와 이야기하려고 현대적 기술을 사용하는 방법을 배웠다. 스티븐도 역시 에스터가 자신의 아이들과 이야기할 수 있도록 자기 컴퓨터에 화상회의 장치를 다운로드해 두었다. 에스터는 테레사와 가장 가까운 것 같다. 또 에스터는 브랜든이 비록 컴퓨터 비디오 시스템에 오래 있고 싶어 하지 않아도 브랜든을 특별히 좋아한다. 코비는 외할머니와 이야기하는 것을 더 귀찮아하는 것 같지만 그래도 에스터와 잘 지내고 있다.

스티븐이 대학 입학을 위해 집을 떠난 이래 에스터와 제임스는 거의 말을 하지 않았다. 그 둘은 결혼식 같은 가족 행사에서 만나면 서로에게 정중했다. 에스터는 제임스의 음주에 대한 분노 그리고 이혼 후 그가 반드시 해야 한다고 생각했던 가족에 대한 지원을 하지 않은 데 대한 분노를 극복해 왔다. 그녀는 이런 일들이 아이들의 문제가 아닌 어른들의 문제라고 믿었기 때문에 알리샤와 스티븐에게 제임스를 폄하하지 않으려고 노력했다.

미란다의 원가족

에드워드(미란다의 아버지)와 소피아(미란다의 어머니)는 소개로 만났다. 에드워드는 소피아보다 네 살 많았고 이미 직업이 있었던 반면, 소피아는 고등학교의 마지막 해를 끝내고 있었다. 에드워드는 육가공 공장에서 일했다. 그는 고등학교 때 시간제 일을 시작했는데, 여름방학 동안에는 전일제로 일하기도 하였다. 그가 고등학교를 졸업한 후에는 1년 내내 전일제로 일하게 되었다. 그는 곧 오후반 조장이 되었고 부서의 매니저가 될 수 있었던 참이었다. 에드워드는 늘 시간을 잘 지키고 성실하고 열심히 일하는 아주 헌신적인 직원이었다.

둘의 첫 번째 데이트에서 에드워드와 소피아는 동네 식당에 저녁을 먹으러 갔고 그다음에 영화를 보러 갔다. 에드워드와 소피아는 둘의 관계가 곧 결혼으로 이어질 것임을 알았다. 누구도 그 전에 진지한 교제를 한 적이 없었다. 그들은 바로 서로를 각자의 가족에게 소개시켰고, 모두가 두 사람 관계에 대해 행복해하는 것 같았다. 첫 번째 데이트를 한 지 1년 후 그들은 결혼했다.

고등학교를 졸업하자마자 소피아는 육가공 공장 본사의 비서로 채용되었다. 에드워드는 상사에게 만일 자리가 생기면 자기가 오후반 조장에서 오전반 조장으로 바꿀 수 있는지 물었다. 비록 그는 그런 이동이 상향이동이 아닌 수평이동이기 때문에 회사에서의 승진을 더디게 할 수 있음을 알았지만, 소피아와 근무시간을 비슷하게 조정해서 저녁을 함께 보낼 수 있기를 바랐다. 그들은 서로를 많이 사랑하는 것 같았다. 물론 그들이 함께했던 당시 중서부 지역에서 사랑을 표현하는 것이 그다지 용인되지 않았기 때문에 애정을 겉으로 많이 표현하지는 않았지만 말이다.

에드워드와 소피아는 미란다를 갖기까지 2년을 기다렸다. 미란다는 아주 순한 아이였다. 에드워드와 소피아 두 사람 모두 미란다를 아주 사랑했다. 소피아의 어머니 메리는 한 구역 아래 살았고 에드워드와 소피아가 모두 일을 하는 날에는 미란다를 돌봐 주었다. 소피아의 가족이 가까운 거리에 살았기 때문에, 에드워드와 소피아의 아버지인 프랭크는 가깝게 되었다. 에드워드의 가족도 같은 지역에 살았고 이 부부의 생활에 상당히 규칙적인 역할을 하였다. 에드워드와 소피아 모두 대가족을 원했고 둘째 아이를 임신하기 위해 적극적으로 노력했다. 미란다가 태어난 지 2년 후에 소피아는 퍼먼을 출산했고, 4년 후에는 도로시가 태어났다.

미란다는 아주 어린 시절부터 집안의 양육자였다. 그녀는 소피아와 매우 가까웠고, 엄마를 도와 퍼먼과 도로시의 기저귀를 갈고 먹이고 놀아 주었다. 학교에서 미란다는 인간관계에 큰 관심이 있었고 공부도 그런대로 잘했다. 그녀는 아빠와도 가까웠다. 사람들은 미란다가 '파파 걸'이라고 말했는데, 그 이유는 그 둘이 마을을 걸어 다닐 때 미란다가 아빠의 손을 잡기를 좋아했고 혹은 밤에 TV를 볼 때 아빠를 끌어안고 자는 걸 좋아했기 때문이었다. 미란다는 부모님으로부터 공부를 잘하라는 압박감을 크게 느끼지는 않았다. 물론 부모님은 미란다가 학교 공부를 잘해서 패스하기를 기대했지만 말이다. 미란다는 B학점 수준의 학생이었고, 학교에서 귀가하여 숙제를 빨리하면 할머니와 엄마가 동생들을 돌보는 걸 도울 시간이 있다는 것을 알았다.

퍼먼은 생물학 전공으로 대학을 졸업하고 계속 내과의사 조교로서 대학원에 진학했다. 그는 헬렌과 결혼하고 피터와 하워드라는 두 아이를 두었다. 도로시는 영문학을 전공하기 위해 대학에 갔다. 도로시는 3학년이었을 때 미란다에게 와서 자기가 동성애자라고 고백했다. 미란다는 도로시가 고등학교 때 남자아이들과 교제를 했기 때문에 그녀가 레즈비언이라는 사실에 충격을 받았다. 미란다가 비록 충격을 받긴 했지만 도로시를 지지해 주었다. 도로시는 미란다에게 이 사실을 부모에게 말해도 되겠는지 물었는데 미란다는 갈등이 되었다. 그녀는 부모님이 어떤 경우든 도로시를 사랑할 테지만 보수적인 분들이라는 걸 알고 있었다. 도로시는 대학을 졸업하고 뉴욕시로 옮기고 나서야 부모님에게 그 사실을 알려 주었다. 에드워드와 소피아 모두 매우 낙담했지만, 여전히 도로시를 사랑한다고 알려 주었다. 퍼먼은 가족 중 누구보다 가장 충격을 받은 사람일 것이다. 그는 자신의 기독교 신앙과 도로시의 '생활양식 선택'으로 심한 갈등을 했다. 퍼먼과 도로시의 관계에는 긴장이 쌓여 갔고, 도로시는 조카인 피터와 하워드 곁에 그리 많이 있지 않았기 때문에 조카들과 별 관계가 없었다. 그러나 그녀는 미란다의 아이들, 특히 테레사와 가까운 관계였다. 미란다는 종종 퍼먼을 불러서 도로시를 좀 더 받아들일 수 있도록 노력했다. 그런 대화는 대개 잘 되어 가지 못했고, 그래서 미란다는 그를 변화시키려는 노력을 그만두었다. 도로시는 데이트를 하다 말다 했는데, 현재는 파트너인 스테파니와 함께 살고 있다. 그 두 사람은 4년 동안 함께 살아왔다.

미란다가 36세였을 때, 에드워드는 암 진단을 받았다. 이 사실은 미란다에게 크나큰 영향을 미쳤다. 에드워드의 후두암은 2년간 지속되었고, 소피아가 집에서 에드워드를 보살폈다. 미란다는 세 자녀의 양육자이자 가사일까지 해야 했던 점 때문에 자기가 할 수 있는 만큼 많이 아버지를 보살필 수 없어서 죄책감을 느꼈다. 에드워드가 사망하자 미란다는 큰 충격을 받았고 몇날 며칠을 울었다. 당시 스티븐이 집안일을 더 많이 해야 했다. 그는 어떻게 아내를 위로하고 자기 일을 하며 아이들을 다루어야 할지 고심하느라 스트레스를 많이 받았다.

코비는 어떤 면에서는 자기 아버지보다 더 아버지 같았던 외할아버지 에드워드와 매우 가까웠다. 주말에 그는 에드워드가 소유했던 작은 배를 타고 에드워드랑 나가 호수에서 오후 내내 낚시를 하곤 했다. 방과 후 코비는 자주 외할아버지와 외할머니 댁에 가서 함께 시간을 보내며, 자기 집 대신 외가에서 숙제를 했다. 에드워드의 병세가 악화되자 미란다는 코비가 외가에 많이 건너가지 못하도록 했는데, 그 이유는 코비가 외할아버지 죽음을 너무 힘들게 받아들이지 않기를 바랐기 때문이다. 그러나 코비는 자기가 왜 예전만큼 자주 외할아버지를 보면 안 되는지 엄청 혼란스러워하는 것 같았다. 결국 코비에게 외할아버지가 암이라는 사실을 알렸을 때 그는 그걸 믿지 않았다. 에드워드가 몸무게와 기력을 잃기 시작했을 때도 코비는 외할아버지가 감기에 걸린 때처럼 회복할 것이라고 믿었다.

코비는 에드워드의 사망을 힘들게 받아들였고 미란다 역시 그랬다. 그러나 코비는 그것을 밖으로 표현하려 하지 않았다. 그는 자기 방에서 혼자서 더 많은 시간을 보냈다. 에드워드의 사망 후 바로 미란다가 코비와 이야기해 보려고 했지만, 코비가 자기는 괜찮다고 말했다. 미란다가 계속 코비가 자기 감정에 대해 이야기해 보도록 애썼지만 코비는 그녀에게 나가라고 말했다. 그녀는 코비에게 누군가 다른 사람하고 이야기하기를 원하는지 물었지만 코비는 아니라고 했다. 미란다는 스티븐에게 코비와 이야기해 보라고 부탁했다. 스티븐은 코비가 속상해하는 것은 정상이며 잘 극복할 것이라고 생각했다. 하지만 그는 코비와 대화해 보는 데 동의했다. 대화는 잘 이루어지지 않았는데, 코비가 자기는 "아버지를 잃었다."라고 말했기 때문이다. 미란다는 코비의 행동에 주목했고 코비가 예전처럼 말을 많이 하지 않는다는 사실을 알게 되었다. 2개월 후 그는 정상으로 돌아오기 시작했다. [그림 2-1]은 모슬리 씨의 핵가족과 확대가족 가계도다.

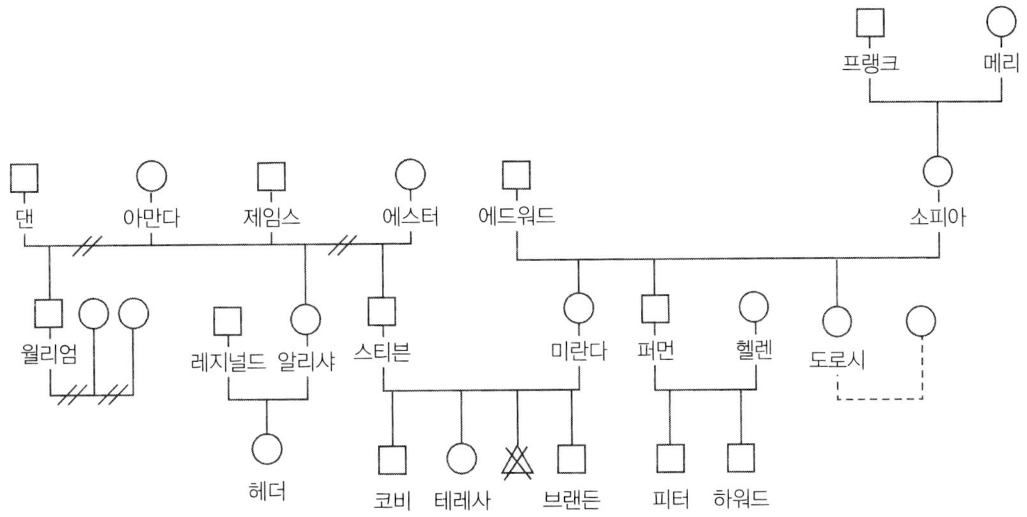

[그림 2-1] 모슬리 씨의 핵가족과 확대가족

Chapter **03**

보웬 가족체계이론

크리스토퍼 버넷 · 마이클 리터
(Cristopher Burnett & Michael D. Reiter)

머레이 보웬(Murray Bowen)이 발전시킨 보웬 가족체계이론은 '자연체계' 접근의 범주에 속한다. 이 이론은 가족이 관계에 대한 '자연' 법칙에 따라 어떻게 기능하는지를 이해함으로써 가족에 접근한다. 이 이론은 가족의 상호작용 방법을 변화시키기 위해 고안된 기법들에 주로 초점을 두는 대부분의 다른 가족치료 접근과 반대 입장을 취한다. 보웬 모델 치료사들은 내담자 가족이 불안을 줄이고 가족 과정을 이해하도록 작업하며, 지금 여기와 다세대에 걸쳐 가족의 상호작용 패턴을 볼 수 있도록 한다. 이 접근방식은 탐색적인 방법으로서 내담자나 가족이 변화의 부담을 갖지 않도록 한다. 그보다 사람들이 가족체계가 어떻게 기능하는지 이해하도록 돕고, 가족원들이 자기 가족의 딜레마와 요구에 대한 시각을 찾아가도록 계획된다. 보웬 모델 치료사는 가족에 정서적으로 개입하여 머물러 있고자 노력하지만, 가족으로부터 분화되어서 가족의 정서 과정에 대해 더 객관적인 이해를 할 수 있도록 노력한다. 이 장에서는 보웬 가족체계이론을 통해 모슬리 씨 가족을 살펴본다. 핵가족의 다양한 구성원이 서로 간에, 그리고 확대가족체계의 구성원 간의 정서적 분위기에 어떻게 영향을 받는지 주로 살펴볼 것이다. 또 이 장에서는 보웬 모델 치료사가 특정 가족구성원과 협력하여 가족 안에서 그 구성원 자신의 자율적인 기능적 위치를 살펴보는 과정을 시작하는 방법을 살펴본다.

문제형성에 대한 관점

가족은 자연적으로 발생하는 단위로서 일련의 상호 연결된 관계로 구성된다 (Kerr & Bowen, 1988). 이러한 관계망은 단순히 핵가족을 넘어 확대가족과 다세대에 걸친 가족관계 기능으로 확장된다. 보웬의 가족체계이론은 일련의 상호 관련된 이론적 개념들로 이루어져 있으며 각 개념은 다른 개념을 알아야만 적절히 이해될 수 있다. 모슬리 씨 가족의 경우 가족체계를 다섯 명의 구성원으로 이루어진 핵가족 그리고 스티븐과 미란다의 부모, 손자녀, 형제자매, 그리고 그들의 자녀들로 구성된 확대가족으로 이루어진 것으로 본다. 보웬 이론가에게 어떤 가족이든 현 상황을 이해하는 최상의 방법은 현재 일어나고 있는 문제의 정서적 맥락을 아는 것이다. 그렇게 하기 위해 대개 핵가족 안에서 무슨 일이 일어나고 있는지에 관한 정보를 수집하며, 그다음에 확대가족의 구성원과 그들의 관계 역사에 대해 질문한다. 그렇게 하는 공통적인 도구가 가계도인데, 이는 맥골드릭, 거슨과 페트리 (McGoldrick, Gerson, & Petry, 2008)의 책에서 잘 다루어진 특별한 도구다. 가족과 함께 합동으로 가계도를 치료적으로 잘 사용하는 방법에 관한 더 많은 정보는 이 장 후반부의 '문제해결에 대한 관점' 절을 참조하기 바란다. 이 절에서는 왜 가족이 현재와 같이 기능하는지 탐색하기 위해 모슬리 씨 가족의 가계도를 제시할 것이다. [그림 3-1]은 가계도의 공통적인 몇 가지 기호를 제시한 것이다. 여기서는 보웬 이론의 다양한 측면을 보여 주기 위해 다양한 하위체계와 전체로서의 모슬리 씨 가족에 초점을 두었다.

보웬 가족체계이론에서 문제형성에 대한 탐색은 보웬 이론의 여덟 가지 주요 개

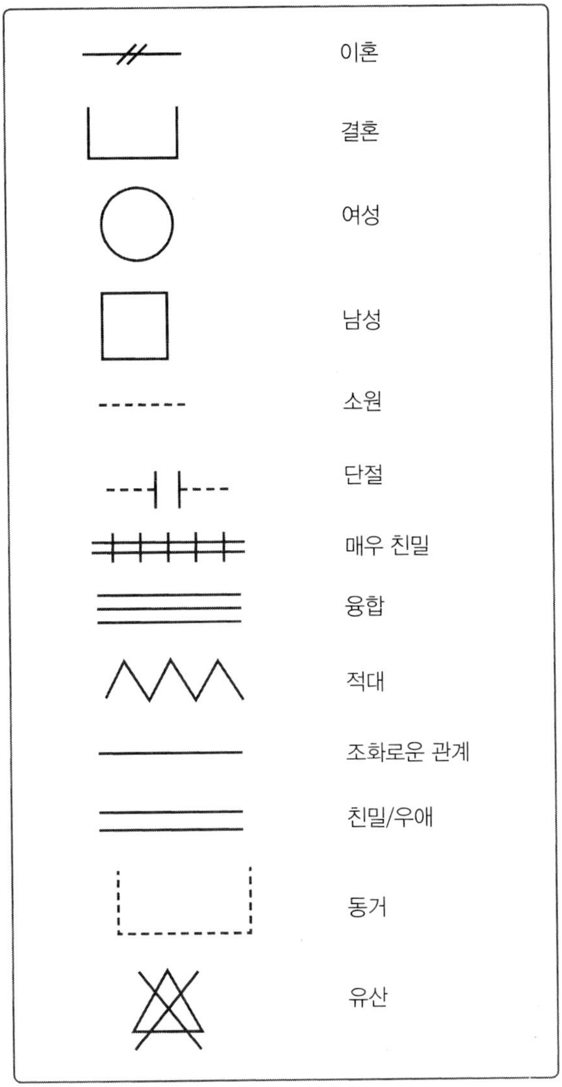

[그림 3-1] 가계도의 공통 기호

념 및 개념 간의 중요한 관계에 대한 살아 있는 지식을 필요로 한다. 여덟 가지 개념은 개별성과 연합성, 만성불안과 특성불안, 정서체계, 자기분화, 정서적 삼각관계, 핵가족정서체계, 다세대 정서 과정, 증상발달이다. 보웬의 가족체계는 체계이론에 기반을 두기 때문에 단 하나의 정확한 지점에서 출발해서 정확한 결론으로 옮겨 가는 것이 가능하지도 않고 필요하지도 않다. 대신에 치료사는 어떤 지점에서든 가족체계로 들어갈 수 있고, 그 지점에서 이론의 도움을 받아서 더 일관적인 전체로 가족체계에 대해 서술할 수 있다.

모슬리 씨 가족의 경우, 불안의 개념 그리고 가족관계체계의 맥락에서 이루어진 불안의 관리에서부터 시작할 것이다. 이 경우 DSM-IV에서 진단하는 불안도 아니고 약물이나 최면으로 치료되는 불안도 아니다. 왜냐하면 이 경우에는 개인의 불안 증상을 정신병으로 여기기 때문이다. 자연체계이론인 보웬의 가족체계이론은 불안 그 자체가 좋다거나 나쁘다는 입장을 취하지 않는다. 불안은 그저 불안인 것이다. 말하자면 여러 관계에서 기울이는 많은 노력은 살아 존재한다는 데 대한 불안을 관리하고, 또 개인이 속한 각 집단의 여러 구성원과의 관계를 유지하는 데 사용된다. 더욱이 이 이론은 존재에 대한 불안과 생존에 대한 불안은 인간이 모든 다른 형태의 생물과 공유하는 점이라는 입장을 취한다. 보웬의 가족체계이론의 관점에서 볼 때, 인간의 모든 관계 문제는 '어떻게 내(우리)가 X를 관리해서 나(우리)의 안녕이나 존재를 위협할지도 모를 가능성을 줄이고자 하는가?'라는 주제의 변형으로 볼 수 있다.

모든 가족이 그러하듯 모슬리 씨 가족도 정서적 단위다. 보웬 가족체계이론의 시각에서 볼 때, **정서적**(emotional)이라는 용어는 특별하고 구체적인 의미를 갖는다. 자연체계론적 틀에서 이 의미는 존재와 생존의 개념과 관련되어 있으며, 어떤 정서적 단위든 그 구성원들은 다른 구성원들의 존재와 생존의 지속에 어느 정도 쓰인다고 말할 수 있다. 위협 상황에서 정서적 단위의 구성원들은 예측할 수 있는 방식으로 행동하는데, 때로는 그 어떤 생각보다 집단의 생존을 보존하고자 노력한다. 이러한 관찰은 여타의 관찰과 더불어 커와 보웬이 인간관계는 두 방향 중 한 방향으로만 움직인다는 결론을 내리게 했다. 즉, 구성원의 연합성을 더 증진하는 방향으로 혹은 구성원 간에 거리감을 높이는 방향으로 움직인다(Kerr & Bowen, 1988). 그렇게 하여 그들은 모든 인간관계에 작동하는 자연적인 힘 같은 것, 즉 **개별성**

(individuality)과 **연합성**(togetherness)의 힘 같은 것이 있다고 가정하게 되었다.

보웬과 커에게 **정서체계**는 인간관계를 지배하는 어떤 측면의 복잡성을 이해할 수 있게 하는 이론적 개념이다. 커와 보웬(Kerr & Bowen, 1988)은 정서체계의 개념이 세 가지 주요 목적을 갖는다고 강조하였다.

첫째, 이 개념은 모든 생명 형태는 내부와 외부 모두로부터 정보를 받고 조직하며 반응할 필요와 능력을 공유한다고 가정한다. 유기체(그리고 더 나아가 개인들)는 내적 사건과 외적 사건 모두에 반응할 수 있다. 사실 우리 인간은 자주 내적 · 외적 사건에 동시에 반응하도록 요구되기도 한다.

둘째, 정서체계의 개념은 관계에 대한 하나의 사고방식을 제공해서 생리적 과정과 심리적 과정 사이의 관계를 설명하도록 돕는다. 많은 사람에게 그 둘의 관계는 선형적 인과관계의 용어로 부인되거나 이해된다. 정서체계의 개념은 '내부 정보'와 '외부' 과정이라는 이원성을 해체하여 두 가지 모두를 더 폭넓은 관계 맥락의 구성요소로 볼 수 있게 한다.

셋째, 커와 보웬(Kerr & Bowen, 1988)은 정서체계의 개념이 "개인을 넘어 관계체계를 포함하도록 쉽게 확장할 수 있다."(p. 29)라고 말한다. 달리 말하면, 정서체계의 개념은 개인의 행동에 대한 이해만큼 가족 단위의 행동에 대한 이해에 도움이 된다는 것이다. 왜냐하면 이 모든 과정은 모든 다른 형태의 생명에서 작동하는 것 이상으로 인간관계에 작동하는 더 큰 '자연'체계의 작동 원칙의 부분이기 때문이다. 결국 모든 인간관계체계는 특별한 종류의 정서적 신호를 만들어 내고, 그것은 체계의 모든 구성원의 사고와 감정에 영향을 미친다는 점을 쉽게 상상할 수 있다.

정서체계의 개별 구성요소

이렇게 정서체계의 개념에서 볼 때, 얼핏 보기에 모슬리 씨 가족체계에서 개인의 증상으로 보였던 것(코비의 학교 문제)은 이제 핵가족체계 및 확대가족체계라는 훨씬 큰 맥락에서 이해할 수 있다. 이 관점에서 볼 때, 모슬리 씨 핵가족이 현재처럼

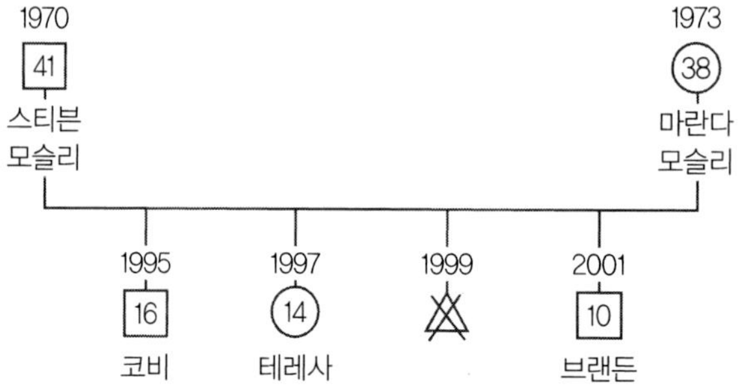

[그림 3-2] 모슬리 씨 핵가족의 가계도

행동하도록 동기를 부여한 것은 개별 가족구성원 안에 존재하고 있고 또 핵가족의 정서체계의 영향을 받은 것으로 이해될 수 있다. [그림 3-2]는 모슬리 씨 가족의 예비 가계도를 제시한 것인데, 여기서는 관계적 역동을 포함하지 않았다.

이 체계를 보는 즉시 핵가족 정서 과정을 명백하게 그려 볼 수 있지만, 이 체계에서는 확대가족 정서체계의 과정이 명백하게 드러나지는 않는다. 보웬의 가족체계 접근은 치료사가 개인의 문제를 중심 맥락의 틀 안에서 개념화할 수 있도록 하는데, 이렇게 하면 깊고 풍부한 탐색을 할 수 있다.

가족의 정서체계 외에도, 커와 보웬(Kerr & Bowen, 1988)은 개인이 기초가 되는 두 가지 체계를 파악했는데, 이는 관계적 행동에 큰 영향을 미친다. 첫째는 **감정체계**라는 것이고, 다른 하나는 **지적 체계**라는 것이다. 두 체계 모두 사람들이 인간의 상호작용을 더 잘 이해할 수 있는 또 다른 '맥락'으로 여겨질 수 있다. 두 체계는 인간 뇌의 진화에 대한 비교적 최근이면서(지난 10만 년 이내) 고유한 발전의 결과다.

감정체계는 흔히 정서적 반응이라고 부르는 것이 있는 자리(seat)라고 할 수 있다. 그러나 이것은 커와 보웬이 이 용어를 사용할 때 말하던 바가 아니다. 대신 감정체계는 대략 뇌의 변연계의 기능과 연관이 있는 것 같다. 감정은 인간의 상호작용(특히 정서적 반응의 처리와 기억이 연관될 때)을 이해하기 위한 유기체의 능력이 진보된 것으로 여길 수 있다. 이렇게 세상에 대한 반응을 받아들이고 조직하며 생성하는 동물의 능력은 이른바 단순한 파충류종의 뇌가 제공하는 것을 넘어서 적응적인 선택의 증가를 나타낸다. 가장 진화한 척추동물은 단순히 싸우든가 도망가는 것 이상으로 세상에 반응한다. 이러한 능력은 어떤 종(種)이 더 복잡한 사회 조직을 형성할 수 있도록 하여 상호 이익을 담보하기 위한 연합과 동맹과 노동의 분배에 의존한다. 많은 사람은 자신의 감정이 사회적 상호작용을 하는 데 있어서 최고의 안내자라고 공개적으로 주장한다. 대부분의 사람은 관계에 대한 수없이 많은 개별적인 의사결정이 이성만 적용하면 이해된다거나 또는 단지 그렇게는 다 될 수는 없다는 데 동의한다. 커와 보웬에 의하면 이 말은 감정체계의 진화의 역사와 힘 그리고 감정체계가 인간의 관계적 삶에 미치는 지속적인 영향에 대한 것이다. 그러나 그들은 또 특히 인간관계체계에서 감정의 유동적 성질과 감정에 기초한 의사결정을 지적한다. 감정은 아주 사소한 일만 연관되어도 바뀔 수 있다. 결국 감정이나 정서적 반응에만 주로 기초하는 인간관계는 불안정하게 되고, 그래서 세월이 흐르면서 거의 지탱하지 못한다.

지적 체계는 사려 깊음과 합리성 및 장기계획과 같이 '더 높은 수준의 뇌 기능'으로 알려진 것에 개입할 수 있는 능력을 말한다. 지적 체계는 호모사피엔스가 독특하게 처리하는 전두엽 및 대뇌피질과 매우 강한 관계가 있다. 지적 체계는 진화적으로 가장 최근에 발달된 인간의 뇌기반 체계인 것으로 여겨지며, 감정과 정서체계에서 불안이 가장 낮을 때 가장 완전하게 작동한다. 인간관계가 관련된 사람들의 지적 체계를 기초로 맺어질 때, 그 관계는 계약적이고 목표지향적이고 미래지향적이며 본질상 상호 이익이 될 수 있다. 또 긍정적이든 부정적이든 변덕스러운 감정에 수반되는 것들이 극복될 수 있고 또 자주 극복되기도 한다. 그러나 진화적으로 마지막에 발달된 체계인 지적 체계 역시 위협 상황에서 첫 번째로 '폐쇄되는' 체계다. 관계체계에서 불안이 높아질 때, 지적 체계의 자원에 성공적으로 접근할 수 있는 구성원들의 능력은 눈에 띄게 감소한다.

모슬리 씨 가족에서 에드워드의 사망과 코비의 반항이라는 최근의 사건들은 가족구성원이 지적 체계에 개입할 수 있는 능력을 감소시켰고, 그래서 그들의 기능은 감정과 정서체계의 주문에 더 많이 반응했다. 가족구성원들(특히 코비, 미란다, 스티

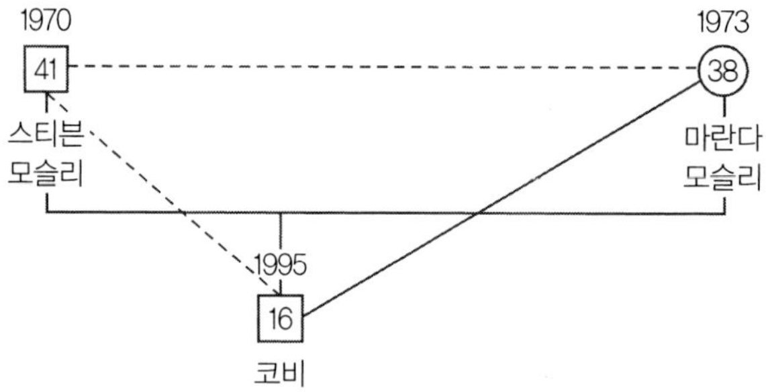

[그림 3-3] 모슬리 씨 가족의 부모-자녀 간 삼각관계

븐의 정서적 삼각관계)이 상호작용을 시작할 때, 그들의 행동은 덜 '사려 깊게' 된다. 그들은 개인적으로 통제할 능력이 줄었다고 느끼며, 한 단위로서 그들의 기능은 더욱 '자동적'이 되고 다른 가족구성원들의 행동에 반응적이 된다. [그림 3-3]은 스티븐, 미란다, 코비의 삼각관계를 그림으로 나타낸 것이다.

임상적으로 볼 때, 모슬리 씨 가족은 가족사의 이 시점까지 비교적 잘 기능해 왔다. 임상적인 문제 수준까지 올라왔던 문제들은 거의 없었다. 결혼 초기에 표현하였던 모든 걱정거리—경제적 생존, 지리적 여건, 가족의 크기—는 임상적인 증상이라고 부를 만한 것 없이 잘 관리되었다. 유산을 한 후 미란다의 기능 수준이 몇 개월간 눈에 띄게 줄어들었을 때도, 가족(특히 스티븐)은 가족체계가 적절히 기능할 수 있도록 반응하였다. 그런데 최근 미란다의 친정아버지의 사망으로 가족의 정서체계의 적응력은 또다시 도전을 받았다. 그러나 가족체계가 이러한 도전에 잘 대처할 수 있는지에 대한 심각한 의문을 처음으로 갖게 되었으며 그래서 이제 임상 문제를 살펴보고자 한다.

최근 미란다의 친정아버지이자 코비의 외할아버지인 에드워드의 죽음은 이 가족에게 보웬(Bowen, 1992)이 정서적 충격파라고 하는 것을 보냈다. 보웬이 말하였듯이, "그것은 가족구성원들이 서로에게 정서적으로 의존하는 지하 네트워크에서 작동한다. 정서적 의존성이 부인되고 심각한 생활사건들은 관련이 없는 것처럼 보이며, 가족은 사건 간의 연관성을 위장하고자 시도하고, 누군가 사건들을 서로 관련지으려 할 때 정서적으로 격한 부정적인 반응을 한다."(p. 325) 가족치료를 할 때는 가족체계의 구성원들에게 이러한 사건 간의 연합성을 명확하게 하기가 어려울 수 있다. 사실 치료사가 가족구성원들을 공개적으로 지적하지 않으면서 그들 스스로 가족 과정에서의 이러한 관련성을 깨달을 수 있도록 하면 치료사로서 더 잘하는 것이다.

모슬리 씨 가족의 현재 문제는 단지 개인의 문제가 아니라 전체 가족의 정서체계를 통해 발생하는 정서적 강도가 증가하여 비롯된 것으로 이해된다. 보웬이 생의 후반기에 한 많은 강의에서 강조한 바에 의하면, '임상적 문제'와 '일상적인 가족 기능'의 구분을 가장 정확하게 이해할 수 있는 근거는 매일매일의 관계 이슈의 기간과 강도 차이다. 이론에 관한 훌륭한 실천적인 지식을 가지고 있는 많은 전문가조차도 이러한 점을 완전히 이해하지 못한다. 자연체계이론의 틀에서 볼 때, 정상과 병리의 개념은 기능의 연속선 위에 연결되어 있으며, 이 개념들은 과정의 견지에서 가장 잘 이해되고, 단순한 결과에 의해 이해되는 것은 아니다.

스트레스가 비교적 낮을 때, 모슬리 씨 핵가족 단위에서 연합성 방향으로의 끌어당김은 우선적인 관심사가 아니었고, 개인이 기능하는 데 분명한 영향을 거의 미치지 않았다. 그러나 에드워드의 죽음은 확대가족의 정서체계를 크게 뒤흔드는 요인이 되었다. 그 사건에 반응하여 핵가족 단위에서 연합성에 대한 끌어당김이 증가했다. 이는 가족이 도전이나 위협에 직면할 때마다 자주 발생한다. 이렇게 연합성 혹은 그와 비슷한 어떤 것을 더 많이 요하는 것은 즉각적인 신체적 위협이 발행할 때 많은 고등 포유류에게서도 자주 관찰된다.

정서체계의 렌즈를 통해서 볼 때, 모슬리 씨 가족의 각 구성원은 개별성과 연합성이라는 두 가지 생명력의 제한 조건(Kerr & Bowen, 1988) 안에서 기능하는 것으로 이해해야 한다. 정서체계는 두 가지 생명력이 가족의 모든 일상사에서 그 모습을 드러내는 맥락을 제공한다. 각 구성원은 자율성을 가지려 애쓰는 반면, 다른 사람들과 관계를 맺고 또 다른 사람에 의해 영향을 받고자 애를 쓰기도 한다. 개별성은 개인이 있는 그대로의 자신을 주장하고자 하는 자연적 힘이다. 일반적으로 개별성은 스트레스가 증가할 때 가장 쉽게 포기된다는 점에서 두 가지 힘 중에 더 약한 힘으로 여겨진다. **연합성**은 사람들이 '소속'을 위해 자신의 개인적인 이익을 예속시키는 힘이다. 대부분의 가족체계에서 구성원들이 더 가까운 정서적 접촉을 하는 데 많은 에너지가 쓰이는데, 스트레스와 위협이 있을 때 특히 그렇다. 우리의 경험에 의하면, 모든 다른 조건이 동일할 때 사람들은 집단의 일반적인 뜻을 거부하거나 비난하기보다 집단과 정서적 접촉을 유지하려는 경향이 더 크다. 다시 말하지만 이것은 집단의 안녕이 위협을 받을 때 특히 그렇다. 이렇게 집단 안에서 자신의 자리를 담보하는 것과 개인의 소망을 표현하는 것 사이의 긴장은 자기분화의 기초인 핵심적인 긴장이다. 자기분화는 가장 폭넓게 인용되는 보웬의 주요 개념이다. 이 개념은 이 장의 후반에 더 자세히 논의될 것이지만, 흔히 어떤 개입에서든 주요 개념이다.

모슬리 씨 핵가족체계의 각 구성원은 개별성과 연합성의 밀고 당김 면에서 서로 다른 수준에서 기능하고 있다. 그러나 전반적으로 그들은 시간이 흐르면서 스스로 기능을 잘할 수 있도록 가족의 정서적 분위기를 만들어 왔다고 말할 수 있다. 에드워드의 사망은 핵가족 단위에게 전환의 시기였다. 카터와 맥골드릭(Carter & McGoldrick, 2005)은 가족생활주기에 관한 책을 출판했는데, 가족생활주기는 가족체계가 거쳐 가는 분명하고 예측할 수 있는 단계들이다. 그들은 가족생활주기의 각 단계가 가족구성원들의 적응력을 어떻게 시험하는지에 대해 서술했다. 부모의 죽음은 인간발달이나 심리치료에 관한 거의 모든 이론에서 주요한 생활 변화를 일으키는 사건으로 인식된다. 모슬리 씨 가족의 경우, 그런 죽음은 가족생활주기상 '자녀 청소년기 가족'에서 발생했다. 이 단계는 청소년이 자신의 개인적 정체성에 대해 생각해 보고 동시에 의존적인 아이에서 준자율적인 존재로 전환하는 시기로서, 자녀, 부모, 형제자매 모두의 관계에 대한 기대에 맞추어 적응하거나 수정해야 한다. 연합성의 힘이 그렇게 강하게 느껴지지 않는 가족에서 성인 부모는 자녀가 가족체계의 전체 기능을 너무 과하게 방해하지 않을 때 자율성을 높이도록 허용할 수 있다. 모슬리 씨 가족의 경우, 미란다가 그 어떤 경우보다 가장 중요하고 긍정적인 남성관계 가운데 하나를 상실했을 때 이런 전이가 일어났다. 미란다는 자식으로서

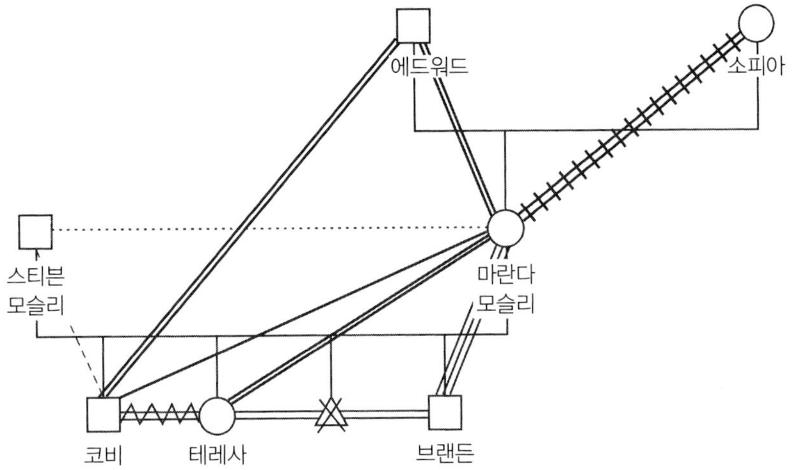

[그림 3-4] 모계를 포함한 모슬리 씨 가족의 가계도

아버지와의 근원적인 관계 상실에 대처하던 바로 그 순간에 장남에게 더 많은 자율성과 정서적 독립을 허용하기 위해 더 큰 노력을 기울여야 했다. 에드워드가 사망한 후, 미란다는 아마 코비에게 더 많은 연합성을 바랐을 것이다. [그림 3-4]는 모슬리 씨 가족의 가계도에 미란다의 부모를 포함시킨 것이다.

정서적 삼각관계

코비와 미란다와 스티븐이 정서적 삼각관계를 형성하고 있는 것으로 볼 수 있는데, 정서적 삼각관계 개념 역시 보웬 가족체계이론의 핵심 개념이다. 정서적 삼각관계는 커와 보웬(Kerr & Bowen, 1988)이 관계 기능의 기본적인 현실이라고 말한 것이다. 커와 보웬은 정서적 삼각관계의 개념이 다음과 같은 특징을 갖는다고 했다. "삼각관계는 정서체계의 기본적인 분자다. 그것은 가장 작은 단위의 안정적인 관계다."(p. 134) 정서적 삼각관계의 기본 가정은 두 사람이 편안한 '내부자' 입장을 취하며, 제삼자는 더 불편한 '외부자' 입장을 취한다는 것이다.

모슬리 씨 핵가족에서 1차적인 정서적 삼각관계는 코비, 미란다, 스티븐 사이에 존재한다. 테레사와 브랜든도 강하지는 않지만 서로 관련이 있는 가족의 다양한 정서적 삼각관계의 일원이다. 이 가족에서 가장 중요한 삼각관계가 장남을 포함한다는 점은 의심의 여지가 없다. 코비가 태어난 후 스티븐은 이 가족의 특정 삼각관계에서 불편한 '외부자'의 입장을 맡았다. 이것이 그에게 특별한 기능을 하는 입장은 아니었는데, 그 이유는 그가 원가족에서 부모님이 이혼한 후 어머니와 누나의 강한 관계에서 '외부자'로 있었던 경험이 있기 때문이다. 한편, 미란다는 코비가 태어난 후 아이가 엄마를 필요로 하는 데 매우 편안했다. 왜냐하면 그녀는 원가족에서 맡았던 과잉 기능하는 맏아이의 입장을 다시 시작했기 때문이다. 그래서 양가 모두 적어도 지난 두 세대 동안 어머니, 아버지, 맏아이의 정서적 삼각관계는 전체 가족체계가 기능하는 핵심적인 역동이었던 것 같다. 미란다가 중심적인 입장을 차지했던 미란다의 가족에서, 이 현상은 에드워드의 사망에 대한 미란다의 반응의 강도와 밀접한 연관이 있다고 추가로 가정할 수 있다. 스티븐에게도 맏아이와의 이런 역동이 있었던 것 같은데, 그의 경우 이것은 누나인 알리샤가 어머니의 일차적인 정서적 초점이었고 그는 불편한 외부자의 입장을 취했음을 뜻한다. [그림 3-5]는 스티

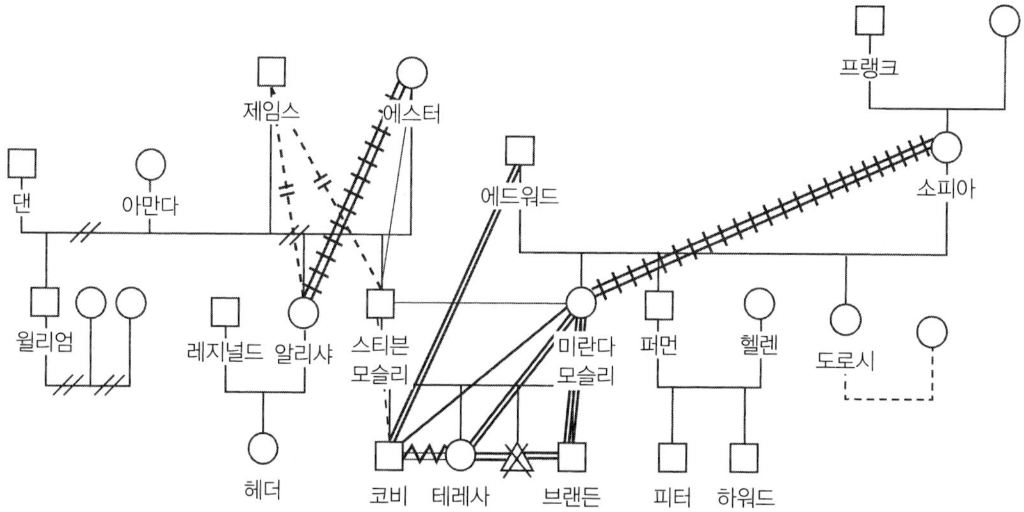

[그림 3-5] 모슬리 씨 확대가족 가계도

븐과 미란다의 원가족을 포함한 모슬리 씨 가족의 가계도다.

어떤 가족체계에는 여러 개의 삼각관계가 있으며 모슬리 씨 가족도 예외는 아니다. 이론에 의하면, 하나의 삼각관계에서 관계 불안이 줄지 않을 때는 불안 수준을 낮추기 위해 또 다른 정서적 삼각관계를 형성한다. 이 개념이 맞물린 삼각관계(interlocking triangles)라는 것이다. 모슬리 씨 가족에는 맞물린 삼각관계가 많이 있다. 가장 중요한 삼각관계는 스티븐과 미란다와 소피아, 미란다와 코비와 에드워드, 스티븐과 미란다와 코비, 코비와 테레사와 브랜든, 미란다와 퍼먼과 도로시, 스티븐과 제임스와 에스터의 관계다. 미란다와 스티븐과 코비의 삼각관계 다음으로 가장 중요한 삼각관계는 미란다와 스티븐과 소피아의 삼각관계다. 첫 번째 삼각관계에서 스티븐과 미란다 간 관계에서의 긴장은 그들 두 사람에 의해 직접 다루어지지 않는다. 미란다는 남편과의 관계에서 가지고 있는 문제를 남편 스티븐에게 직접 이야기하는 대신 친정어머니 소피아에게 말하는 경향이 있다. 소피아는 자기 딸 미란다 편을 들고 너무도 자연스럽게 딸을 응원한다. 그렇게 하여 미란다는 결혼생활 문제로 스트레스를 받을 때 계속 친정어머니와 공동전선을 펴게 되고, 그래서 결국 스티븐과 직접적인 관계를 맺지 못하게 된다.

핵가족체계의 몇 구성원은 다른 구성원들보다 관계 불안의 영향에 더 반응적이고, 관계 불안의 영향을 더 많이 받고 또 더 취약하다. 이 경우, 코비는 핵가족 정서체계의 '중심'으로 알려진 아이다. 그만큼 코비는 가족 정서체계의 혼란에 반응하여 증상을 발전시키기에 훨씬 더 취약하다.

코비의 동생들인 테레사와 브랜든 역시 가족의 전반적인 정서적 드라마에서 어떤 역할을 한다. 테레사는 훨씬 더 '사교적인' 아이로 보이는데, 이는 테레사가 폭넓은 맥락에서 여러 관계를 형성하고 유지하기가 훨씬 자유롭다는 것을 뜻하며, 실제로 그녀는 가족체계의 안과 밖에서 그렇게 하고 있다. 브랜든은 자폐 때문에 일상생활의 기능을 위해서 매일매일 엄마와 외할머니의 관심을 훨씬 더 많이 필요로 한다. 그러나 가족체계의 관계 불안 수준이 너무 커서 편안하게 받아들일 수 없을 때, 코비는 바로 핵가족의 맏아이라는 위치 때문에 가족체계 내 쌓인 긴장을 해결하기 위해 '무언가를 해야 할' 압력을 가장 많이 느끼는 경향이 있는데, 그 무언가에는 증상을 나타내는 것도 포함된다.

에드워드의 죽음은 미란다와 코비 모두에게 중요한 상실이었다. 코비는 진짜 아버지인 스티븐도 결코 편안하게 할 수 없었던 그런 방식으로 외할아버지와 관계를 맺었는데 바로 그 외할아버지가 돌아가신 것이었다. 이런 일은 많은 가족에서 반복적으로 일어난다. 왜냐하면 자녀와 조부모의 관계는 부모의 책임에 동반되는 많은 복잡한 문제의 짐을 덜어 주기 때문이다. 이것이 코비에게는 외할아버지 에드워드가 자기를 있는 그대로 받아들여 주었음을 의미하였을 것이다. 아버지와의 관계에서 그리고 일차적인 정서적 삼각관계의 제삼자로서 코비는 아버지 스티븐과 함께 행동하는 데 있어서 똑같은 정도의 자유를 갖지 못했다. 아버지와의 관계에서 코비는 자신에 대한 아버지의 기대에 따라 사는 것이 어려웠다. 보웬의 가족체계이론의 틀에서 볼 때, 이것은 코비의 개인적인 성격적 특성과 거의 아무 관계가 없다. 그보다 핵가족체계 안에서 그의 정서적인 관계적 입장과 더 깊은 관계가 있다.

이를 위해서 최근 코비의 반항 행동은 이 핵가족이 핵가족 내 생성된 관계 불안을 더 이상 효과적으로 관리할 수 없다는 신호로 보일 수 있다. 결과적으로 나타난 코비의 행동은 이러한 현재의 관계 분위기를 바꾸려는 하나의 신호다. 가족을 연속적인 체계로 보는 좀 더 긴 안목에서 볼 때, 그의 최근 학업 수행 관련 행동은 아버지와 할아버지가 각각 예전의 관계 불안을 관리했던 혹은 관리하지 못했던 방식을 적어도 어떤 면에서는 닮아 있는 것으로 볼 수 있다.

코비의 할아버지 제임스 또한 관계 불안을 견뎌 내기에 너무 컸을 때, 정서적 기능이 '정지(shut down)'되었다. 처음에는 과도한 음주를 했다가 그다음에는 한 번씩 아내와 아들에게 가정폭력을 했다. 이런 일은 결혼생활에서 화근이 되었지만, 그 일은 아마 길고 긴 정서적 놀이의 마지막 행동이었을 것이다. 그의 결혼생활이 종지부를 찍자 제임스의 음주는 그다음 결혼에서는 가끔씩만 문제가 되었고, 그는 다시는 가정폭력을 하지 않았다.

살아가면서 스티븐은 정서적 관계의 깊이와 범위를 한정함으로써 관계 불안으로부터 자신을 단절시키고자 애썼다. 그는 집에서 자신이 고립되어 있다는 느낌이었고, 원가족과 직장에서의 자기 상황도 거의 같은 분위기라고 했다. 그만큼 정서적인 개입을 하지 않고 살아왔음에도 때로 상황들을 견디기가 너무 어려웠고 아직도 여전히 더 멀어지려고 한다. 그렇게 되면 스티븐은 포기하는 경향이 있다. 결혼생활 초기에 어디에서 살며, 아이는 몇 명을 낳을 것이고, 가계 부양을 어떻게 맡으려 할 것인지에 대한 결정을 할 때처럼 말이다. 그리고 원가족의 렌즈를 통해 볼 때, 가족의 최근 변화에 비춰 보면 코비가 똑같이 체념하는 선택을 하는 것처럼 보인다. 가장 가깝고 또 아마 가장 만족스러운 성인관계를 상실한 다음에 코비 역시 이렇게 큰 어려움에 처해서 '문을 닫아 버리기' 시작하였다. 좋은 학생이지만 그는 학교에 가는 것조차 거부하고 결국 핵가족에 위기를 몰고 오게 되었다.

가장 최근의 이러한 위기의 전체 결과는 아직 깨닫지 못했지만, 그들이 어떨 것 같은지 상상해 보는 것이 어렵지는 않다. 예측컨대, 코비가 가족의 중심이 되는 것은 부정할 수 없고, 코비에게는 적어도 핵가족 내 1차적인 정서적 삼각관계에 대한 충성을 변화시킨다는 좋은 효과가 있다. 그의 반항 행동으로 부모는 서로 동맹하는 내부자의 입장에 있게 되었고, 그는 밖에서 들여다보는 외부자의 입장에 있게 되었다. 그렇게 하여 가족의 상실이라는 이 시점에서 어머니가 가족원 간의 연합성을 더 높이려는 시도를 줄이게 되는 실제적이고 기능적인 영향을 미치게 된다. 어머니가 '걱정할 필요가 없는' 그런 아이가 되는 대신, 코비와 그의 학교 거부는 이제 전체가족의 관심의 초점이 되었다. 커와 보웬(Kerr & Bowen, 1988)은 이 과정을 "공통적으로 한 사람의 증상은 배우자 혹은 정서적으로 중요한 타인이 증상을 발전시킬 때 안정적이 되거나 사라지기도 할 것이다."(p. 128)라고 설명했다. 기능적인 면에서 볼 때, 이 말은 코비가 핵가족체계의 정서적 초점이 됨과 동시에 가족체계에 일종의 '안정성'을 가져오려고 시도하고 있다는 의미다. 그의 '증상'으로 말미암아 어머니와 아버지는 자신들의 개인적인 삶과 부부관계에 존재하는 수많은 스트레스원을 못 보고 넘어간다.

자기분화의 개념

앞서 언급하였듯이, 자기분화는 보웬 가족체계이론에서 가장 널리 알려진 개념이다. 하지만 가장 잘 이해되지 못한 개념이기도 한 것 같다. 본질적으로 이 개념은 모든 인간이 어떤 지속적이고 안정적인 관계체계의 안전한 일부분이 되고 싶어 하면서도 다른 한편으로는 타인의 요구에 방해받지 않고 개인적 표현과 성취를 추구하고자 하는 인간의 기본적 충동 사이에서 경험하는 근본적인 긴장을 말한다. 보웬 이론에 의하면, 한 사람의 분화 정도가 높을수록 개인적인 '자기'가 될 수 있고 동시에 직접적인 관계망에 있는 사람들과 정서적 접촉을 유지할 수 있는 능력은 더 높다(Kerr & Bowen, 1988). 자기분화 개념을 후계자들이 더 쉽게 접근할 수 있도록 하기 위해 보웬은 '가설적인' 분화척도를 만들었다. 0(낮음)에서 100(높음)까지로 이루어진 이 척도는 개인과 가족이 맺을 수 있는 관계 기능의 범위를 설명하기 위해 만들어졌다. 불행하게도 이 척도가 처음 만들어진 후, 많은 사람이 이 척도를 임상적 절대기준으로 보게 되었고 정상적인 표준 점수의 일종으로 보게 되었는데, 이는 결코 당초에 의도하였던 바가 아니다. 사실 많은 비평가는 이 척도의 존재를 '체계'라는 틀이 보웬에게 부족하였던 증거로 지적하였다. 그러나 이 척도를 단순히 기술적인 도구로 사용하면, 자기분화 척도는 임상가들에게 개인과 가족체계 둘 다의 일반적인 적응력 수준에 관해 매우 유용한 정보를 줄 수 있다.

보웬 이론에 의하면, 이 척도의 높은 쪽에 있는 사람들은 확실한 자기감을 유지할 수 있고 자기 자신이 될 수 있는데, 스트레스나 불안이 증가할 때 특히 더 그렇다. 그들은 타인의 정서적 압력에 따라서 자동적으로 반응하기보다 세밀하게 계획된 자기의 가치에 따라 생각하고 행동할 수 있다. 그들은 위협과 스트레스가 있을 때 '사고체계' 기능에 접근할 수 있는 능력이 증가한다. 말하자면 분화 수준이 더 높은 사람들은 빈약하거나 불완전한 정보에 따라 혹은 충동적으로 행동하는 경향이 상대적으로 더 낮다.

반대로 척도상 분화 수준이 더 낮은 사람들은 타인에게 정서적으로 더 쉽게 반응적이 된다. 이런 사람들은 잘 정의된 자기감 수준이 낮으며, 더 쉽게 영향을 받아 '감정체계'에 따라 행동하고 반응하며, 혹은 더 큰 정서집단 안에서 그 순간 팽배한 감정에 지배되는 경향이 더 높다. 가족체계의 분화 수준이 낮을수록 구성원들은 정서적 안정성을 담보하기 위해 삼각관계를 더 많이 맺으려 할 것이다(Kerr & Bowen, 1988). 이는 스트레스와 위협이 증가할 때 특히 더 그렇다. 그런 상황에서는 작은 양의 관계 불안도 가족체계의 구성원들에게 온전히 초대형의 영향을 미칠 수 있다. 그런 체계에서 개인의 기능도 더불어 영향을 받는다. 왜냐하면 전체로서의 가족체계 내 분화가 거의 이루어지지 않았고, 또 각 개인의 정서 기능은 가족체계의 모든 다른 구성원의 정서 기능과 밀접한 연관이 있기 때문이다.

커와 보웬(Kerr & Bowen, 1988)에 의하면, 자녀들은 부모와 거의 비슷한 수준으로 기능하는 경향이 있다. 부모가 자신들의 부모와 맺었던 것과 동일한 정서적 분리를 자녀들이 그들과 맺게 하는 방식으로 기능하기 때문이다. 예를 들면, 미란다는 원가족에서 부모님과 정서적으로 가장 긴밀한 접촉을 했고, 퍼먼과 도로시는 자신들이 어른으로서 어떻게, 어디에서 자리를 잡을 것인지에 있어서 훨씬 더 자유로웠음을 볼 수 있다.

미란다는 코비의 기본 분화 수준에 가장 큰 영향을 미치고 있다. 자녀의 기본 분화 수준에 가장 큰 영향을 미치는 사람은 주 양육자다(Kerr & Bowen, 1988). 미란다가 코비에게 정서적으로 가장 중요한 사람이라는 점은 매우 분명하다. 항상 그렇지는 않지만, 어머니는 흔히 자녀가 이 세상에서 맺는 가장 중요한 정서적 관계라는 점은 놀라운 사실이 아니다. 에드워드의 죽음은 미란다에게 심각한 영향을 미쳤고, 코비에게도 아주 많이 적응해야 하는 사건이었다. 이런 정서적 과정은 스티븐이 가족에 계속적으로 덜 관여하면서 더 악화되었다. 스티븐의 원가족 역시 그런 식이었다. 커와 보웬(Kerr & Bowen, 1988)은 이 과정을 다음과 같이 더 분명하게 설명했다. "어머니가 자녀에게 과잉 관여하는 경향이 있고, 아버지가 어머니의 과잉 관여에 수동적으로 반응하면서 아내와 거리를 유지하면, 부부간의 거리로 인해 어머니와 자녀는 정서적으로 서로 분리하기가 더 어렵게 된다."(p. 197) 스티븐은 결혼생활 내내 상당히 수동적이었고, 스스로 아내와 거리를 유지했다. 이 과정은 특별히 새로운 것이 아니다. 위기가 증가할 때 이러한 정서 과정은 특히 극단적이고 눈에 두드러지는데, 이는 핵가족체계에서 코비가 담당한 정서적 역할을 강조한다. 불안이 증가할 때 코비가 증상을 보일 가능성이 가장 큰 또 다른 이유는 코비가 정서적으로 가장 반응적인 부모인 미란다와 똑같은 형제자매 위치인 맏아이기 때문이다.

치료 시작하기

미란다와 스티븐은 가족치료를 원하고 있는데, 그 이유는 이전에 공부를 아주 잘하고 모범생이던 장남의 행동이 갑작스럽고 충격적으로 변했다고 보기 때문이다. 그들은 지금 아들에게 어떻게 하면 최고로 좋은 부모가 되는지에 대해 방향을 잃었고, 치료 과정이 코비가 '통제할 수 없게' 되기 전의 삶으로 어떻게 하면 되돌아갈 수 있는지에 대해 어떤 지침을 줄 수 있기를 바라고 있다.

보웬 가족체계치료사를 찾음으로써, 모슬리 씨 가족은 가족을 탐색하고 이해하는 과정에 참여하게 될 것이다. 이 과정은 처음에 코비의 최근 문제에 초점을 둘 것이지만, 결국 핵가족과 양 확대가족의 구성원들을 모두 포함할 것이다.

문화적 요인

1990년대 초반 이후의 임상실천에서 문화, 젠더, 민족성의 역할에 관해 옳은 많은 것이 발전되어 왔다. 페미니스트와 민족적 · 문화적 소수자의 내러티브가 가족치료 분야에서 받아들여지고 포함되면서, 요컨대 가족치료 분야의 깊이와 넓이가 더 풍부해졌다. 이런 면들에 대한 강조와 더불어 보웬의 가족체계이론에 대한 수많은 비판과 임상적 적용의 한계가 지적되었다. 루프니츠(Luepnitz, 1988), 스코런(Skowron, 2004), 투아슨과 프레들랜더(Tuason & Friedlander, 2000) 그리고 키스티(Khisty, 2001)는 모두 자신들의 방식으로 보웬의 주요 개념들이 서양의 백인남성

문화보다 더 다양한 틀의 세계에 적용되는 방식에 의문을 제기했다.

여전히 보웬 가족체계이론은 모든 형태의 가족이 어떻게 기능하는지에 관한 최초의 이론이자 최고의 이론으로 분명히 기억되고 있다. 이 이론은 생물학과 진화론의 전제들을 바탕으로 하며, 그만큼 모든 가족은 (앞서 서술하고 이해한 대로) 동일한 정서적 과정의 지배를 받는다고 주장한다. 임상가의 목적은 이런 전제를 마음에 두고서 가족 단위에서 본 관계 패턴과 기능을 가능한 한 분명하게 이해하고 서술하는 것이다. 가족이 보이는 이러한 관계 패턴과 방식은 민족성, 문화적 규범, 관습, 지역, 기술, 사회정치적 체계의 영향을 받는다. 여전히 이러한 각각의 프레임은 모두 더 큰 생물학적 명령(imperative), 즉 생존과 생존에 뒤따르는 불안에 모두 존재한다. 보웬 치료사들은 이해를 높이면 가족구성원들이 미래를 위해 적합한 결정을 더 잘할 것이라는 희망으로 그렇게 한다.

마이클 커(Michael Kerr) 박사는 2007년 한 인터뷰에서 문화적 다양성의 이슈에 관해 다음과 같은 말을 인용했다.

> 사람들이 만남에서 문화에 관한 질문을 할 때, 질문자들이 흔히 잘못 하는 것은 내용과 과정 사이의 구분이다. 예를 들어, 내용은 사람들이 무엇에 관해 싸우는가이며, 과정은 그들이 싸운다는 사실이다. 다윈의 저서인『인간과 동물의 정서적 표현(The Expression of Emotional [sic] in Man and Animals)』은 기본적인 인간 정서의 보편성과 그 정서가 어떻게 표현되는지를 보여 주었다. 보웬 이론의 가정은 정서적 거리, 정서적 갈등, 삼각관계 같은 정서적 기능의 기본 패턴은 정서체계에 입각하고 있다는 점이다. 이 이론은 정서체계가 진화의 산물이기 때문에 기본적인 정서 패턴이 인간의 모든 가족에 존재할 것이라고 예측한다. 나는 그 예외를 본 적이 없다(Fraser, MacKay, & Pease, 2007).

문제해결에 대한 관점

치료 목표

보웬은 거의 모든 다른 가족체계 접근과 자연체계이론을 가장 분명하게 구분하는 출발점 중 하나로 자신의 작업이 전통적인 심리치료사들의 작업보다 정서적 '코치'에 더 가까운 것이라고 말했다. 자기분화라는 핵심 개념에 맞도록 보웬은 임상가가 자신의 정서 기능과 내담 가족의 정서 기능 사이의 차이를 볼 수 있고 유지할 수 있는 것이 매우 중요하다고 믿었다. 보웬은 가족체계 안에서 무언가를 하거나 바꾸는 특정 가족구성원에 깊은 관심을 가졌던 치료사는 아마 가족체계의 기능에 대해 '객관적으로' 남아 있을 능력을 상실했던 사람이었을 것이라고 믿었다. 결과적으로 그런 치료사는 확대된 정서체계의 기능적 일부분이 될 가능성이 가장 크고, 정서적인 삼각관계의 입장에 처하는 경우도 흔하며, 가족체계에 존재하는 관계 불안을 해결하는 데 있어서 특정 가족구성원이 이미 했던 것보다 더 효과적으로 될 수는 없다.

가계도

이 모델로 치료를 시작하는 전통적인 방식은 바로 첫 회기에 가계도라는 시각적 문서를 만드는 것이다. 가계도는 가족관계 체계가 조직되고 이해될 수 있도록 복수의 차원을 시각적으로 나타낸 것이다. 첫 회기에 만드는 가계도는 여러 목적을 갖는다. 적어도 첫 회기에 불안한 가족과 함께 가계도를 그리는 것은 치료사가 가족에 몰아닥쳤던 정서적 곤경과 위기가 어떠하든, 가계도 접근으로 상담실 안의 정서적 부담을 줄일 것이고, 앞으로 다룰 모든 문제에 대해 사려 깊게 성찰해 보고 생각해 볼 것이라는 더 큰 메시지를 전하는 하나의 방식이다. 가계도를 통해 수집된 초기 정보는 의도적으로 수집한 사실적인 정보인데, 그 예로는 가족원의 수, 출생순서, 확대가족구성원, 출생연도, 결혼상태, 이혼, 사망 등의 정보가 있다. 물론 이런 접근의 주요 목적은 가족에 관한 사실들을 분명히 하는 것이며, 적어도 상담실에 있는 가족구성원들이 가족에 관한 어떤 사실들에 동의할 수 있는지 보는 것이다.

이 과정의 두 번째 목적은 가족의 모든 구성원이 일반적으로 합류하는 과정을 돕는 것이다. 이렇게 하는 과정에서 정서적인 물리적 감정 반응이 가능한 많이 약화될 것이고, 또 참여한 모든 사람이 비록 어려운 주제일지라도 사려 깊고 이성적인 대화를 하도록 권장될 것이라는 메타메시지를 전달하는 것이 중요하다. 또한 이 과정을 통해 치료사는 상담실에 있는 누가 상황이 달라지기를 가장 열망하는지, 그리고 무엇이 변하기를 가장 열망하는지를 처음으로 평가할 수 있다.

가족평가

스티븐과 미란다에 대한 가족평가는 보웬(Kerr & Bowen, 1988)이 개발한 형식을 따를 것이다. 가족평가는 제시된 문제의 역사부터 시작한다. 스티븐과 미란다가 회기에 초대된 유일한 가족구성원이기 때문에 두 사람은 각자 무엇이 문제를 일으켰고 무엇이 문제를 유지하고 있는지에 대한 각자의 지각을 제시할 것이다.

그다음에 치료사는 핵가족의 역사에 대한 정보를 얻을 것이다. 스티븐과 미란다가 처음으로 언제 만났는지부터 시작할 것이다. 가족평가의 이 부분은 정서적 기능의 패턴, 과거와 현재의 불안 수준, 핵가족 내 과거와 현재의 스트레스 사건을 포함하는 몇 가지 중요한 영역을 다루어야 한다.

다음으로 가족평가는 확대가족체계의 역사로 넘어간다. 이것이 가족평가의 마지막 부분이며, 스티븐과 미란다의 핵가족을 확대가족체계의 맥락 안에 놓고 보고자 하는 것이다. 현재 모슬리 씨 가족의 정서 과정이 스티븐과 미란다의 원가족에 뿌리가 있다는 점을 놓고 볼 때, 부부가 이러한 영역들을 탐색하도록 치료사가 도와주는 것은 아주 중요하다. 그렇게 하면 부부는 서로를 비난하는 대신에 그들의 지속적인 관계 과정을 더 잘 이해할 수 있게 된다.

가족평가의 마지막에 치료사는 모슬리 씨 가족에 대한 그림을 그릴 수 있어야 한다. 가족그림은 스티븐과 미란다가 제공한 모든 정보를 기초로 한다. 커와 보웬(Kerr & Bowen, 1988)은 스티븐과 미란다 각자에게 그들의 가족사를 탐색하는 것이 왜 중요한지에 대해 다음과 같이 말하였다. "다세대 정서 과정에 관한 이미지를 형성할 수 있을 만큼 충분히 자신의 가족을 연구하면 자신의 다세대 가족에서의 정서적 '각본'을 볼 수 있게 되고, 그 결과 특정 가족구성원의 행동과 행동 결핍에만 사로잡히게 되는 것이 더 줄어든다."(p. 308)

첫 2~3회기 동안 치료사의 주요 목표 중 하나는 가족관계체계의 일반적인 불안 수준을 낮추는 것이다. 보웬 이론의 원칙에 따라 일하는 치료사는 가족이 제시한 문제에 불쑥 끼어들거나 혹은 '해결하라는' 가족의 초대에 응하지 않으려고 할 것이다. 가족 문제에 외부인(치료사)을 끌어들임으로써, 미란다와 스티븐은 그들 가족의 '정서적 삼각관계' 과정을 확대시키고자 할 것이다. 치료사는 체계 내 불안을 더 잘 관리하기 위해 타인을 끌어들이는 사람은 거의 항상 그렇게 하는 것이 정서적 '동맹'을 이룰 것이라고 기대하기 때문이라는 점을 알고 있어야 한다. 많은 정신건강 전문가는 이것을 해결사/영웅의 역할을 맡기 위한 초대로 받아들인다. 대부분의 심리치료 접근은 이러한 인간의 역동을 바탕으로 한다. 그러나 보웬의 가족체계접근에 의해 작업하는 사람들은 정서적으로 반응하지 않는 존재가 되도록 계획하는 것이 가장 중요하다. 이런 식으로 하여 치료사와 정서적 삼각관계를 다시 만들지 않을 때, 가족의 일반적인 관계 불안 수준은 줄어들 수 있다.

보웬 이론에 입각한 치료사는 1차적으로 스티븐 및 미란다와 작업할 것이며, 코비의 적극적인 참여를 최소한 줄이고자 할 것이다. 두 어른은 이 가족의 현재 기능에 '사고(思考)'를 불어넣을 최고의 사람들이며, 둘 다 그렇게 할 능력이 있음을 보여 주었다. 둘 중 한 사람 혹은 둘 다 처음에는 이 접근에 반대할지 모른다. 문제는 아들에게 있지 우리에게 있는 것이 아니라고 하면서 말이다. 그러나 경험이 많은 보웬 가족체계론자는 가족을 유기체로 가장 잘 이해하며, 두 어른은 가족의 안녕을 보장하기 위한 최고의 입장에 있다는 점에 쉽게 동의할 것이다. 이것은 치료사가 비반응적 태도를 유지함으로써 가족의 전반적인 불안 수준을 낮출 때 더 쉽게 이루어진다.

스티븐과 미란다와 작업할 때, 치료사는 다음의 목적을 달성하고자 할 것이다. 먼저, 치료사는 가능할 때마다 언제나 **'나' 진술**('I' statements)을 사용함으로써 분화되거나 분화를 유지하는 모델이 되고자 할 것이다. 이는 한 사람이 다른 사람의 입장을 비난하거나 바꾸려고 시도하지 않으면서 자신의 입장을 조용히 논의할 때 일어난다. 또한 이것은 치료사가 "여기서 무언가 달라져야 할 것은 어느 분의 불안인가요?"라고 조용히 질문할 때 일어난다. 이렇게 하는 한 가지 방법은, 적어도 처음에는, 치료사가 스티븐과 미란다에게 서로 이야기하는 대신 치료사에게 이야기하도록 하는 것이다. 그렇게 하면 두 사람이 서로에게 정서적이거나 자동적으로 반응하지 않는 데 도움이 된다. 두 사람의 정서적 반응을 낮추면 그들은 결국 지적 체계에 더 잘 개입할 가능성이 높아진다.

이렇게 '나' 입장 취하기는 또 다른 목표와 밀접히 연관되는데, 그것은 치료사가 가족의 현재 정서적 삼각관계 중 어떤 관계에 지나치게 개입하지 않도록 경계를 늦추지 않는 것이다. 이 목표의 성공적 달성을 위한 주요 요소는 치료사가 자기 자신의 관계 이슈를 지속적으로 성찰하고 자각하는 것이다. 이것은 일종의 자기자각으로서, 치료사는 부부가 더 잘될 것이라고 희망하는 것이다. 만일 치료사가 내담 가족의 정서적 과정에 휘말리면, 내담 가족의 체계에 대한 관점을 바라보고 이해하고 귀 기울일 수 있는 능력이 크게 감소된다. 이런 일이 일어날 때, 치료사는 그저 가족의 '자동적인' 정서 과정의 또 다른 구성원이 되고, 가족의 불안을 효과적으로 줄일 수 있는 능력을 상실한다.

일단 가족의 정서적 반응성의 일반적인 수준이 가라앉으면, 치료사는 정서체계가 어떻게 작동하게 되는지 그 원칙들을 부부에게 가르치는 작업을 하게 될 것이다. 보웬에 의하면 이것은 치료사가 가족체계에 대해 '정서적 코치'가 되는 것을 뜻한다. 주관적인 관계 불안의 일반적인 수준이 충분히 줄어들면, 스티븐과 미란다는 가족의 정서적 과정을 더 객관적으로 보기 시작할 수 있다. 이렇게 되면 더 의도적이고, 더 사려 깊으며, 더 효과적으로 행동하여 상황을 변화시킬 가능성, 가장 눈에 띄게는 자신의 행동과 반응을 변화시킬 가능성이 생긴다.

이런 목표들이 다소 충족되었을 때만 치료는 개인의 분화 수준 증가라는 다음 단계로 나아갈 수 있다. 이는 전적으로 다른 종류의 작업이며, 그것을 본격적으로 시작하려면 가족의 위기가 눈에 띄게 줄어야 한다. 경험에 의하면, 이전의 목표들이 치료에서 달성될 때 뚜렷한 안도감이 가족 전체에 흐른다. 그 결과, 개인은 자신의 '자기'에 대한 작업을 계속하고자 하는 동기가 극적으로 줄어든다. 그러나 보웬은 바로 이때가 가장 의미 있고 중요한 몇 가지 관계 작업이 일어날 수 있는 때이기도 하다고 했다. 즉, 자극을 받은 개인이 정서적 자율성을 높이려고 계속해서 열심히 하고자 할 때이기도 하다는 것이다. 이 사례에서 이런 종류의 작업에 가장 그럴듯한 후보자는 미란다일 것이며, 이런 종류의 예측은 거의 틀림이 없다. 가족체계의 개별 구성원들이 가족체계 내 자신의 위치를 발견하고 탐색하기 위한 초대를 어떻게 받아들일 것인지를 알기는 불가능하다.

미란다와 스티븐이 자기를 더 분명하게 정의하도록 작업할 때, 치료사는 분화가 무엇인지 가르치기도 하고, 할 수 있는 만큼 보여 주기도 할 것이다. 커와 보웬(Kerr & Bowen, 1988)에게 자기분화는 "존재방식으로 드러나는 사고방식의 산물로 정의된다. 그것은 기법이 아니다. 기법은 타인을 변화시키려는 노력으로부터 탄생한다."(p. 108) 자기분화는 각 개인이 인간관계의 네트워크에 서로 연결되어 있지만 여전히 한 개인이라고 이해하는 것이다. 처음에 스티븐과 미란다가 이를 파악하기는 상당히 어려울 것이다. 분화는 자신에게 초점을 두며 다른 누군가를 변화시키고자 시도하지는 않기 때문이다. 그래서 일반적인 관계 불안 수준이 낮을 때가 분화에 대해 가장 잘 작업할 수 있다. 스티븐과 미란다는 각자 상대방이 달라지기를 바라는 점들을 볼 수 있다. 예를 들어, 미란다는 스티븐이 자녀 양육에서 더 적극적인 역할을 맡아 주기를 원할 수 있다. 스티븐은 미란다가 자기 멋대로 의사결정하고 싶어 하는 것을 중단하기를 원할 수 있다. 서로가 어떤 것을 특정한 방식으로 시작하거나 중단하도록 시도하는 대신, 그들은 가족 내 원하는 변화를 가져오기 위해 그들 자신이(다른 사람이 아니라) 무엇을 할 수 있는지 곰곰이 생각해 보고 내면을 들여다보도록 자극을 받을 것이다. 그렇게 하는 한 가지 방법은 스티븐과 미란다가 그들 가족의 정서체계에 대한 각자의 지식을 갖추는 것이다. 그들이 각자의 확대가족체계를 연구하는 과정을 계속할 때 그런 일이 일어난다(Bowen, 1992).

이러한 분화 과정은 **직접적인 대면관계**(person-to-person relationship)를 더 많이 갖는 작업으로 볼 수 있다(Bowen, 1992). 보웬은 이것을 다음과 같이 정의했다. "직접적인 대면관계는 두 사람이 타인에 대해 말하지 않고(삼각화), 개인과 상관없는 '상황들'에 대해 말하지 않은 채로 서로 개인적으로 맺을 수 있는 관계다."(p. 540) 미란다에게 이것은 가족의 구원자가 되려고 노력하기보다는 동생들인 펴먼과 도로시가 그 둘 간의 이슈를 해결하도록 허용하는 것을 의미할 수 있다. 스티븐은 아버지 제임스에게 화를 내거나 더 좋은 할아버지가 되도록 요구하지 않고서 아버지와 관계를 맺으려고 하는 것일 수 있다. 이렇게 하는 일이 매우 어렵다고 할지라도, 치료는 가족구성원이 각자 어떻게 새로운 방식으로 다른 사람들과 상호작용하며 동시에 자신의 감정을 유지하고 정서적으로 반응적이지 않을 수 있는지에 초점을 둔다. 이 과정은 또한 한 사람의 관계 영역에 있는 사람은 개인이기도 하다는 점을 인식할 수 있는 능력을 요한다. 그처럼 다른 사람에게 그들의 문제를 해결하기 위해 무엇을 하며 혹은 무엇을 시도하는가를 말하는 것은 스티븐이나 미란다의 일이 아니다. 스티븐과 미란다는 정서적이고 감정적이며 주관적인 수준에서 다른 사람에게 반응할 수밖에 없다. 모든 사람이 그렇다. 그들이 할 수 있는 것은 덜 반응적이고 더 객관적인 방식으로 이런 반응을 처리할 능력을 높이는 것이다. 그렇게 하면 그들은 이전의 반응 혹은 자동적인 반응이 아니라 자신의 선택을 더 많이 기초로 해서 기능하게 될 것이다. 스티븐과 미란다가 할 수 있는 가장 중요한 일 중의 하나는 그들의 가족체계를 더 잘 관찰하려고 노력하는 사람이 되는 것이다(Bowen, 1992). 가족에 관해 관찰하고, 배우고, 생각하는 과정은 정서적 반응성을 줄인다.

스티븐과 미란다가 현재 코비에게 과잉 관여하는 것이 그들의 불안과 연결되어 있으므로, 그들이 코비에게 둔 초점을 돌려 가족의 역동을 더 많이 탐색하는 것으로 바꾸면 도움이 될 것이다. 커와 보웬(Kerr & Bowen, 1988)은 이것이 어떻게 가능할 수 있는지 다음과 같이 말했다.

> 불안을 지속시키는 주요 메커니즘이 한 자녀에게 과잉 개입하는 것이었다면, 부모가 자신의 원가족에 대한 미해결된 애착을 다루는 것이 특히 중요할 것이다. 한 자녀와의 정서적 개입은 종종 너무 강하고 복잡해서 부모가 서로 간의 관계 및 자녀와의 관계에만 초점을 맞춤으로써 그러한 개입에 대한 많은 관점을 갖지 못한다(p. 327).

스티븐과 미란다는 코비에게 무슨 일이 일어나고 있는지에 대해 말함으로써 치료를 시작할 것이다. 하지만 치료사는 각자의 원가족 내 정서적 반응성의 패턴을 탐색하도록 초점을 바꾸어야 할 것이다.

예 후

모슬리 씨 가족의 예후는 괜찮을 것 같다. 스티븐과 미란다는 둘 다 자신들을 위해 변화를 바라는 것 같다. 치료는 원가족으로부터 크게 단절하지 않은 사람들에게 더 잘 되기 때문에(Kerr & Bowen, 1988), 스티븐과 미란다는 가족구성원들을 참여시키고 정서적으로 중립을 유지하기 위해 노력할 수 있다. 미란다가 스티븐보다 원가족과 더 적게 단절되어 있다. 하지만 스티븐도 아직 대부분의 주요 원가족구성원과 연락하고 있다.

스티븐과 미란다가 서서히 그리고 각자 자신을 정의하는 작업을 하고 또 더 잘 분화됨에 따라, 둘은 불안에 대해 더 낮은 강도로 타인과 삼각관계를 맺을 것이다. 그렇게 되면 코비의 증상과 불안은 줄어들고 향상될 것이다.

사례 축어록

스티븐과 미란다만 첫 회기에 초대되었다.

치료사: 미란다와 스티븐 씨, 안녕하세요? 만나서 반갑습니다. 이곳은 문제없이 잘 찾으셨는지요? 여기까지 교통편은 어떠셨어요? 두 분 각자 자기 자신과 가족에 대해 조금 말씀해 주시면서 시작할까요?

치료사는 의도적으로 제시된 문제에 즉각 초점을 두지 않으면서 첫 회기를 시작한다. 이것은 치료 작업을 함께하기 위한 정서적 분위기를 만드는 데 도움이 되며, 가족치료가 단지 '문제를 고치는 것'은 아니라는 메시지를 전달한다.

미란다: 네, 제가 전화로 말씀드린 대로, 우리 아들 코비가 학교에 안 가려고 해요.

가족체계의 불안 수준이 매우 높기 때문에 미란다는 호소 문제에 대해 바로 이야기를 시작하자고 주장한다. 치료사가 가족체계 내 이러한 긴박함을 적절히 인식하고 적절히 반응하지 않으면 가족을 '잃을' 모험을 하는 것이다. 동시에 치료사는 이미 존재하고 있는 정서적 삼각관계에 과잉 개입하지 않도록 조금도 방심하지 않아야 한다.

치료사: 그렇군요. 조금 더 자세히 말씀해 주시겠어요?

미란다: 친정아버지가 약 일 년 전에 돌아가셨는데, 이거하고 그거하고 좀 관계가 있는 것 같아요. 코비는 아버지와 매우 가까웠거든요. 아버지 장례식이 끝난 이후에 한번도 코비가 자기 기분을 이야기한 적이 없어요.

치료사: 스티븐 씨도 똑같이 보시나요?

각자의 지각을 고려하는 질문이며, 가족의 정서체계에 대한 예비사정이 이루어지기 시작한다.

스티븐: 그렇습니다. 코비는 외할아버지와의 관계 외에는 늘 식구들과 좀 떨어져

있었어요.

치료사: 다른 식구들은 외할아버지의 죽음에 대해 어떻게 반응했나요?

치료사는 가족을 하나의 정서체계로 파악하고자 하며, 초점을 코비 밖으로 넓힐 수 있는지에 대해 사정하고자 시도한다.

미란다: 저도 아버지랑 가까웠기 때문에 힘들었어요. 다른 아이들인 테레사와 브랜든은 괜찮게 받아들이는 것 같았어요.

치료사: 그래서 어머니 외에는, 코비가 가장 큰 영향을 받은 사람이었을 거라고 생각하시는 거죠?

미란다: 맞아요.

치료사: 그럼, 코비가 학교에 가고 싶어 하지 않는 문제는 언제 시작되었나요?

미란다: 약 7개월 전에요. 하지만 최근에 훨씬 더 심각해졌어요.

치료사: 어머니 생각으로는 이 두 가지 일이 왜 관계가 있다는 것이지요?

치료사는 호소 문제를 가족에서 일어났던 일이라는 더 큰 맥락에서 놓고 보기 위해서 호소 문제의 역사를 수집하고자 한다. 치료사는 또한 가족체계의 사건들이 오랜 시간에 걸쳐 연결될 수 있다는 생각을 탐색하고 있고 또 강화하고 있다.

미란다: 왜냐하면 코비가 외할아버지랑 아주 가까웠고, 돌아가신 후에 코비가 달라졌거든요.

치료사: 코비에게 이런 문제가 있다는 걸 어떻게 아셨지요?

스티븐: 코비가 어느 날 밤에 몸이 아파서 다음 날 학교에 갈 수 없다고 했어요. 우리는 내일 아침에 기분이 어떨지 기다려 보자고 했지요. 그다음 날 아침에 코비는 여전히 몸이 아프다고 했고, 우리는 아이를 집에 있게 했어요. 그런데 그다음 날 밤에도 똑같이 그러려고 해서, 우린 뭔가 있다는 걸 알았죠.

치료사: 코비가 학교와 관련된 문제를 가진 건 이번이 처음인가요?

미란다: 네. 코비는 학교에서 늘 잘했어요. 전부 A를 받은 것은 아니었지만, 문제가 있었던 적은 한 번도 없었어요.

치료사: 코비는 얼마나 오랫동안 몸이 안 좋다고 했나요?

미란다: 그렇게 두 번째로 말했던 날 밤에 우린 코비에게 의사한테 가 봐야겠다고 말했죠. 아이는 그렇게 아프지는 않지만, 학교에서 집중할 수 없을 만큼 안 좋다고 했어요. 우리가 아이를 학교에 가도록 떠밀자, 엄청 화를 내더군요.

치료사: 화내는 걸 보고 어떻게 하셨죠?

치료사는 정서적으로 반응적인 스티븐과 미란다가 이 상황에서 어떻게 했는지 알아보고자 한다.

미란다: 뭐가 문제냐고 아이에게 물었죠. 아이는 말하지 않더군요. 몸이 안 좋다고 말한 세 번째 날 이후 아이를 데리고 의사한테 갔죠. 의사는 코비가 건강하며, 신경성인 것 같다고 말했어요.

치료사: 7개월 전에 그랬는데, 어떻게 해서 오늘 여기까지 가족치료를 받으러 오시게 되었죠? 이런 문제로 꽉 막혀 있다는 느낌을 가진 지 오래되었는데 말이에요.

치료사는 가족이 그들의 상황을 좀 가볍게 볼 수 있는지에 대해 사정하고자 시도한다. 그럴 수 있다면, 그것은 가족체계에 어떤 정서적 '놀이'가 있다는 긍정적인 진단 지표가 될 수 있다. 그럴 수 없다면, 그것은 가족구성원들이 그 상황에 대해 얼마나 '꽉 막혀 있다는' 느낌을 갖고 있는지에 관한 지표로 여길 수 있다.

스티븐: 지난해 말, 코비가 학교에 가고 싶지 않다고 불평했지만 갔거든요. 그다음에 여름방학이었고요. 그래서 별 문제가 없었어요. 이번 학년이 시작되고 코비가 더 단호하게 학교에 가지 않겠다고 하자, 우리가 아이를 학교에 가게 하려고 별 방법을 다 동원했어요. 외출 금지도 해 봤고, 코비의 물건도 치워 봤고, 협박도 해 봤어요. 하지만 어떤 방법도 소용이 없었어요. 그래서 우린 뭔가 다른 형태의 치료가 필요하겠다고 생각했죠.

이런 반응은 스티븐이 이 상황을 어떤 균형감이나 유머 감각 없이 아주 단순히 보고 있음을 보여 준다.

치료사: 집에서 코비는 어떻게 하고 있죠?

미란다: 별로예요. 대부분 자기 방에 있어요. 동생들과 잘 싸우고요. 우리가 바라는 만큼 말을 잘 듣지도 않아요.

치료사: 가족들 중 다른 사람들은 어떻게 하고 있죠?

이 질문은 가족구성원 간의 기능 수준을 탐색하기 위한 것이며, 모슬리 씨 가족의 정서적 과정에 대한 통찰을 제공할 것이다. 또한 이 질문은 가족이 코비에게 둔 정서적 초점을 거두는 것을 얼마큼 잘 받아들이는지 보기 위한 것이다.

미란다: 테레사와 브랜든은 괜찮아요. 브랜든은 자폐인데요, 코비가 소리를 질렀던 날 굉장히 혼란스러워했어요.

치료사: 두 분은 어떠신가요?

미란다: 정말 어려웠죠.

치료사: 어떻게요?

미란다: 저는 아직도 아버지가 돌아가신 것 때문에 힘들고 자폐인 아들을 돌봐야 해요. 일이 너무 많아요.

치료사: 스티븐 씨는요?

스티븐: 스트레스죠.

치료사: 그럼 스트레스를 어떻게 관리하시나요?

스티븐: 모르겠어요. 그냥 혼자 간직하는 것 같아요.

치료사: 그러시군요. 아마 두 분과 두 분 관계의 역사에 대해 조금 말할 수 있다면 큰 도움이 될 거라고 생각하는데요. 스티븐 씨부터 시작해 보시면 어떨까요?

이는 치료사가 가족평가 과정에서 핵가족의 역사를 탐색하기 시작하는 바로 그 시점이다. 이런 탐색은 대부분의 다른 치료적 접근 방법이 호소 문제의 해결을 회기의 초점으로 만들어서 회기 중에 이루어진다. 치료사는 관계의 렌즈를 넓힘으로써 호소 문제를 둘러싼 관계적인 면의 유관성에 대해 더 폭넓은 이해를 찾고자 한다.

스티븐: 네, 저는 세인트루이스에서 태어났고 그곳에서 쭉 살았어요. 우리 식구들은 모두 거기서 살고 있고, 저의 어린 시절도 괜찮았어요. 제가 어렸을 때 부모님이 이혼하셨습니다. 아버지는 알코올중독이었고, 어머니에게 약간

신체적 폭력을 하기도 했어요. 아버지는 재혼하셨지만, 어머니는 다시는 결혼을 안 하셨어요.

치료사: 부모님이 이혼하셨을 때 스티븐 씨는 누구랑 사셨어요?

스티븐: 어머니와 알리샤 누나랑요. 누나는 저보다 두 살 많아요.

미란다: 우리 부모님은 고등학교 때 만나 애인이 되어 결혼하셨고, 일 년 전 아버지가 돌아가시기 전까지 함께 사셨어요. 제가 첫째 아이고요. 남동생과 여동생이 있어요.

치료사: 두 분은 어떻게 만나셨지요?

미란다: 대학에서 만났어요. 졸업하기 직전에요.

치료사: 두 분의 관계 초기에 말이에요. 그 당시 심각한 문제는 혹 없었나요?

미란다: 졸업할 때 우리에게 약간의 문제가 있었죠. 남편은 세인트루이스로 가고 싶어 했고, 저는 캔자스시티로 돌아가기를 원했어요. 결국 여기가 더 좋다는 데 동의했어요. 제가 가족과 더 가깝고 또 일자리도 연결이 되어서죠.

치료사: 스티븐 씨, 부인 말씀에 대해 당신은 어떻게 보시죠? 부인 말이 정확한가요?

스티븐: 맞습니다. 처음에 저는 약간 화가 났죠. 캔자스시티는 전에 가 본 적이 없었고 거기서는 할 일이 아무것도 없었거든요. 직장조차도요. 그러나 우리 관계가 잘되기를 바랐어요.

치료사: 가족을 함께 이루기 시작하는 데 대한 결정을 어떻게 하셨는지 좀 말씀해 주시겠어요?

미란다: 저는 정말 아이들을 원했고 가족을 바로 이루고 싶었어요.

치료사: 스티븐 씨는 어떠세요? 당신도 바로 가족을 이루고 싶었습니까?

스티븐: 미란다만큼은 아니었지요. 하지만 코비가 태어났을 때 행복했어요.

치료사: 코비가 태어났을 때, 두 분 사이에서나 두 분과 당신 가족 사이에 혹시 어떤 문제가 있었나요?

미란다: 아니요. 우리 부모님이 너무 좋아하셨어요. 제가 일하러 갔을 때, 제 부모님이 많이 도와주셨어요.

스티븐: 그렇습니다. 장모님(소피아)이 코비를 보살펴 주셔서 미란다가 복직할 수 있었어요. 저는 전일제로 일해야 했고요. 장모님이 계셔서 돈이 절약되었죠.

치료사: 스티븐 씨, 당신 가족은 어떻습니까?

스티븐: 글쎄요. 우리 가족은 몇 시간 거리에 떨어져 살아서, 우리 아이들과 그렇게 많이 놀지 못했죠.

회기의 후반에…….

치료사: 유산을 한 다음에 어떻게 되었죠?

미란다: 좋지 않았어요. 마음을 집중할 수 없어서 일을 잘할 수 없었어요. 그리고 아이들을 돌보는 일에도 어려움이 있었어요. 친정엄마가 진짜 많이 도와주셨고, 결국 스티븐이 아이들을 더 많이 돌봐 주려 움직였어요.

스티븐: 무슨 뜻이지? 결국 움직였다는 것이?

미란다: 여보~ 당신이 그렇게 많이 애들을 보살폈던 건 아니라는 거 잘 알면서요.

스티븐: 내가 좋은 아버지가 아니라는 말이야?

미란다: 아니요. 내 말은 당신이 나를 위해 부모 역할의 책임 부분을 그냥 놔두었다는 거죠.

치료사: 이 문제에 대해 두 분이 이렇게 솔직하게 이야기한 적은 처음인 것 같군요. 조금 더 말씀해 주시겠어요?

치료사는 상담실 안에서 부부간에 쌓인 불안을 진정시키고자 한다. 이런 불안이 증가하면, 서로에게 사려 깊게 반응할 수 있는 둘의 능력은 줄어들 것이고, 그러면 두 사람은 서로에게 '자동적인' 반응적 입장을 취하게 될 것이다.

미란다: 물론이지요. 제가 아이들을 위해 모든 걸 해야 했어요.

치료사: 미란다 씨, 당신이 이런 경험을 했을 때, 스티븐 씨가 자기 임무를 다하지 않는다는 생각 때문에 화가 나면 대개 그 상황에서 어떻게 하시지요?

미란다: 모르겠어요. 아마 그저 불만스러워서 엄마한테 도와달라고 했죠.

치료사: 그런 경우가 흔한가요? 남편이 별 도움이 안 될 때 어머니에게 요청하시나요?

미란다: 잘 모르겠어요. 그 전에 별로 생각해 본 적이 없어서요.

치료사: 좋아요. 그래서 말인데요, 잠깐 시간을 내서 한번 생각해 보시죠. 당신이 스티븐에게 불만이 있을 때, 대개 어떤 일이 일어나죠?

미란다: 글쎄요. 남편이 셋째 아이를 진짜 원하지 않았을 때, 셋째 아이를 갖는 것이 나한테 얼마나 큰 의미인지 엄마한테 말했어요.

치료사: 그렇군요. 지금까지 미란다 씨 이야기를 들었는데요. 이제 스티븐 씨와 좀 이야기하고 싶군요. 당신과 부인 사이에 긴장이 있다고 느낄 때 당신은 어떠시죠? 어디에 가시며 누구에게 의지하죠?

스티븐: 모르겠어요.

치료사: 스티븐 씨, 저는 어떤 패턴 같은 것에 주목하는데요. 당신이 곤란하다고 느낄 때 좀 뒤로 물러서는 경향이 있는 것 같은데, 이것이 사실인가요? 그렇게 말하는 게 맞나요 아님 아닌가요?

치료사는 스티븐이 불안할 때 일어난다고 주지한 과정을 논의하기 위해 '나' 입장을 취하고 있다. 치료사는 이것을 사실로서 말하지 않고 자기 의견으로 말하고 있다.

스티븐: 그럴 수도 있어요. 저는 직면하는 걸 그렇게 많이 좋아하지 않아요. 하지만 제가 아이들에게 아무것도 안 한다고는 생각하지 않아요. 아내는 제가 좋아 보이지 않게 만들고 있어요.

미란다: 아니에요. 저 아니에요. 저는 단지 사실을 말하고 있어요. 당신, 아이들 기저귀 몇 번이나 갈아 줬어요? (치료사에게) 아버지라면 아이들에게 적극 관여해야 한다고 생각지 않으세요?

치료사: 부부마다 어떤 책임과 기대가 있어야 하는가에 대해서는 둘 사이에 해결할 필요가 있다고 생각해요. 이런 일이 일어날 때마다 모든 부부가 똑같은 수준으로 접근하지는 않지요. 제가 보기에는 부부가 자녀 양육과 가사노동을 어떻게 분담할 것인가는 부부마다 다르지요. 제 생각으론 그렇게 하는 유일하게 옳은 방법은 없습니다. 그래서 두 분의 집에서 어떤 일이 일어나기를 바라는지에 대해 두 분이 서로 어떻게 이야기를 나눌 것인지를 두 분이

결정하는 방식을 살펴보는 것은 흥미로운 부분이라고 생각합니다.

부부는 치료사와 삼각관계를 맺음으로써 불안을 낮추고자 하였다. 치료사는 중립적 입장을 유지함과 동시에 부부에게 개입하고 있다. 더욱이 치료사는 스티븐과 미란다가 이 문제를 해결하기 위해서는 그들 자신에 대해 생각해 볼 필요가 있음을 보게 하는 식으로 이 문제에 접근했다. 그들이 이것을 어떻게 하는지에 따라 전적으로 다른 상황이 될 것이다.

첫 회기의 마무리는…….

치료사: 두 분 가족에서는 어떤 분명한 패턴이 일어나고 있습니다. 그 패턴이 두 분 각자에게뿐 아니라 코비, 테레사, 브랜든에게도 영향을 미치고 있습니다. 우리가 함께 논의한 대로, 두 분과 코비 사이에 명백한 과정이 일어나고 있어요. 두 분이 가족의 역동을 조금 더 깊이 살펴보면 이런 패턴을 더 분명하게 볼 수 있다고 생각합니다. 그리고 전체 가족이 긴장이 높은 상태에 있을 때, 이런 패턴이 어떻게 더 분명해지는지도 볼 수 있습니다. 무엇이 일어나는지를 더 잘 이해할 때, 과거에 그랬던 것과 똑같은 방식으로 반응하지 않는 더 좋은 기회를 갖게 됩니다.

치료사는 가족 기능의 일면을 설명하고, 스티븐과 미란다가 학습의 과정으로 들어가도록 초대하며, 그리하여 결국 그들 각자는 어떻게 자기를 더 잘 정의할 것인지를 배우게 될 것이다.

Chapter 04

맥락적 가족치료

캐서린 듀커먼-나지 · 마이클 리터
(Catherine Ducommun-Nagy & Michael D. Reiter)

맥락적 가족치료는 보통 가족에 대한 치료에 적용되는 통합적 접근이다. 하지만 이 모델은 부부치료, 개인치료, 사회집단에 대한 개입에도 적용할 수 있다. 맥락적 치료는 가족치료의 선구자이자 이 모델의 창시자인 이반 보스조르메니-나지(Ivan Boszormenyi-Nagy)가 발전시켰다. 가족치료 분야에 대한 그의 주요 공헌은 관계에서 공평성과 상호성에 대한 기대가 타인에 대한 행동의 중요 결정요인이라는 임상적 발견이었다. 그의 제안에 의하면, 우리가 타인을 대하는 방식은 우리가 그들로부터 받았던 것과 그들을 위해 해 주었던 것에 달려 있다. 이 모델에서 충성심(loyalty)은 우리를 도와주지 않았던 사람들의 이익과 요구에 앞서 우리를 도와주었던 사람들의 이익과 요구에 대한 헌신으로 이해할 수 있다. 이는 상호성의 한 형태다. 보스조르메니-나지는 인간관계의 이 차원을 **관계윤리 차원**(dimension of relational ethics)이라고 하였는데, 이는 가치윤리와 반대된다(Boszormenyi-Nagy & Krasner, 1986; Boszormenyi-Nagy & Spark, 1984). 게다가 보스조르메니-나지는 개인과 관계를 이해하기 위해 개인심리학, 정신분석학, 체계이론의 공헌을 고려함으로써 통합적 접근을 구축하는 데 역점을 두었다. 이를 위해 그는 자신의 치료 모델에서 행동의 생물학적 결정요인의 장을 마련하고자 하였다(Ducommun-Nagy, 2002). 그 결과, 증상과 관계 문제의 원천을 설명하는 이론적 틀인 **관계적 현실의 다차원 모델**(multidimensional model of relational reality)이 형성되었다. 이 모델은 치료적 자원을 파악하기 위한 도구로도 사용된다.

원래 관계적 현실의 다차원 모델은 네 가지 차원을 포함하였다. 즉, 차원 I: 사실들(생물학적 및 사회경제적으로 정해진 요인들), 차원 II: 심리(의식적 및 무의식적 동기, 인지 능력), 차원 III: 체계와 상호교류(대부분의 가족치료사가 작업하는 차원), 차원 IV: 맥락적 가족치료의 초점이 되는 차원인 관계윤리(Boszormenyi-Nagy, Grunebaum, & Ulrich, 1991; Boszormenyi-Nagy & Krasner, 1986)다.

가장 최근의 이론에서 맥락적 치료는 차원 V인 **존재적 차원**(ontic dimension)을 포함하였다(Boszormenyi-Nagy, 2000). 이 새 차원은 자아의 변증법적 형태로부터 비롯된 것이다. 존재적(ontic)이라는 용어는 모든 인간이 분리된 자기로서의 실존을 확인하기 위해 타인과 관계를 맺어야 할 기본적인 필요성을 말한다. 이는 내적 충동의 만족 혹은 공평에 대한 기대와 같이 모든 다른 것에 앞서는 필요성을 뜻한다(Boszormenyi-Nagy, 1965; Ducommun-Nagy, 2002).

이와 같은 새로운 차원의 도입은 관계적 맥락에 대한 더 포괄적인 정의로 이어지기도 했다. 보통 맥락적 치료사는 관계적 맥락을 '주고받음'을 통해 서로 연결된 모든 사람의 총합으로 정의한다. 그것은 타인에게 돌봄을 제공함으로써 공로(merits)를 얻는 모든 사람을 포함하며, 타인으로부터 뭔가를 받았기 때문에 빚을 진 사람도 모두 포함한다. 누구든지 자기 조상들의 관대함의 수혜자일 수 있고 또 미래 세대의 복지에 관심을 둘 수 있기 때문에, 관계적 맥락은 지금 여기의 경계, 그리고 가족이 형성한 관찰 가능한 상호교류 체계의 경계를 넘어서까지 확대된다. 그래서 고전적인 체계론적 가족치료에서 말하는 상호교류체계보다 더 크다.

존재적 차원의 관점에서 관계적 맥락은 한 사람이 자기로서의 존재를 확인하기 위해서 타인(비자기)의 존재에 달려 있는 모든 관계의 총합에 의해서도 형성된다

(Boszormenyi-Nagy, 2002).

이 장은 맥락적 가족치료의 렌즈를 통해 모슬리 씨 가족을 살펴볼 것이다. 어떻게 모슬리 씨 가족이 현재의 증상을 발전시켰는지 탐색할 것이고, 더 윤리적인 방식으로 서로 관계를 맺는 가능한 경로를 찾아볼 것이다.

문제형성에 대한 관점

모슬리 씨 가족이 가족치료를 의뢰한 이유는 코비의 등교 거부, 부모에 대한 반항, 동생들에 대한 공격적 행동 등 코비의 최근 행동의 변화 때문이다. 모든 이가 그의 현재 행동은 가족의 문제와 관련이 있다는 생각에 동의하는 것 같다. 이 상황에서 맥락적 치료사는 어떤 차원이 그의 현재 문제에 가장 적합한 결정요인일지 살펴볼 것이다. 이론적으로 코비의 문제를 심리 차원 및 개인적인 정신병(예: 주요우울증, 불안장애, 초기 정신장애) 진단 때문이라고 할 수 있다. 그러나 그의 역사와 현재 임상적 문제의 어떤 것도 이런 가설을 분명하게 지지하지 않는다. 그의 상황에 비추어 볼 때 가족치료 의뢰는 적절해 보이며, 그의 많은 증상은 관계윤리 차원을 통해 설명될 수 있다.

반대로 브랜든의 학업 문제와 관계 문제는 누가 봐도 자폐증의 결과로 보인다. 자폐증의 원인에 대해 아직 더 많은 설명이 필요하지만, 이제 적어도 한 가지 점에 대해서는 동의하고 있다. 즉, 자폐증은 아동 가족의 관계 문제에 따른 것이 아니며 신경생물학적인 결정요인 때문이라는 것이다. 이것은 사실 차원에 속하며, 브랜든의 자폐 치료를 위해 가족치료를 권하는 사람은 없을 것이다. 다른 한편, 브랜든의 상황은 심리 차원인 그의 정서적 및 인지적 기능뿐 아니라 가족의 상호교류체계에도 영향을 미친다. 예를 들어, 가족 안에서 브랜든의 상황으로 미란다와 친정어머니라는 양육자들로 구성되는 하위집단이 형성되며, 이는 미란다와 스티븐의 부모체계 단위에 해가 된다. 이는 역시 코비가 동생을 창피해했기 때문에 형제 단위도

약화시켰다.

맥락적 치료는 더 나아가 개인의 신체기관 조건과 심리적 문제는 가족의 의사소통과 상호교류체계에 영향을 미칠 뿐 아니라 관계윤리 차원에도 직접적인 영향을 미친다고 본다. 이러한 문제들은 모든 가족구성원 간 주고받음의 균형에 영향을 미친다. 이는 또한 다른 가족원이 증상을 갖게 할 수도 있다. 맥락적 치료사의 과업은 어떤 임상적 상황이든 관계윤리 차원에 특히 초점을 두어 다차원적인 사정을 하는 것이며, 이를 통해 호소 문제의 모든 가능한 도화선을 파악하는 것이다.

일반적으로 관계윤리 차원에서 비롯되는 개인의 증상과 관계 문제는 두 집단으로 범주화할 수 있다. 그것은 가족충성심의 표현 영역에서의 문제(충성심 갈등, 분열된 충성심, 보이지 않는 충성심)와 불공평(injustice)이 가족관계에 미치는 영향이다. 이제 모슬리 씨 가족의 사례에 대해 자세히 살펴보자.

관계적 현실의 다섯 가지 차원

사실 차원

사실(facts)은 한 사람의 삶에서 주어진 것이다. 운명이 사람에게 가져다준 것이라고 말할 수 있다. 사실 차원은 특정 인종, 성별, 체형, 신체적 건강 혹은 병을 가지고 태어나는 것 같은 사건을 말한다. 가령, 가족 내 한 사람의 위치(맏아이, 중간아이, 막내 혹은 외둥이)도 주어진 것이다. 순수한 생물학적 가족, 입양가족, 혹은 스티븐의 경우처럼 이혼으로 끝난 가족의 일원이 되는 것도 마찬가지다. 또한 부유한 집에서 태어날 수도 있고, 미란다와 스티븐의 경우처럼 사회경제적 배경이 낮은 집에서 태어날 수도 있다. 모슬리 씨 가족에서 또 다른 주어진 사실은 스티븐이 세인트루이스로 돌아가기보다 캔자스시티로 이사하기로 결정한 것을 포함한다. 거기서 아이들의 삶의 장을 마련했는데, 스티븐이 처음 대학을 졸업하고 직업을 구할 때 어려움이 있었을 당시 부부가 경험했던 경제적 어려움을 포함하여 경제적 자원의 변화, 브랜든을 결국 임신하기 전에 미란다의 유산과 임신의 어려움, 브랜든의 자폐증, 최근 미란다의 친정아버지 에드워드의 죽음이 있었다.

한 사람의 삶에서 사실들은 그 사람의 개인적인 심리적 기능, 의사소통 스타일, 가족 안에서 일어나는 상호교류 스타일에 영향을 미친다. 예를 들어, 브랜든의 자폐증은 생물학적인 요인에 기초하지만 그의 정서적 및 인지적 기능에 영향을 미치며 또 가족 내 상호교류에도 영향을 미치는 '주어진' 것이다. 즉, 브랜든의 자폐증 때문에 미란다가 스티븐을 제외시키고 친정어머니 소피아와 더 가깝게 되었고, 이는 부부간 긴장의 원천이 되었다. 누군가의 삶의 사실적 요소들이 정의, 공평성, 의무의 견지에서 시사점을 갖는다는 점은 훨씬 더 분명하지 않다. 말하자면 사실적 요소가 관계윤리 차원에 영향을 미친다는 점은 훨씬 더 분명하지 않다.

개인 심리 차원

두 번째 차원인 개인 심리 차원은 가족의 각 구성원의 심리적 특성에 초점을 둔다. 이 차원은 사람들의 관찰 가능한 정서적 기능, 표현된 개인적 요구, 인지 능력, 발달단계를 포함한다. 모슬리 씨 가족에서 브랜든의 자폐증은 그의 정서표현 능력에 영향을 미쳤고, 정도는 덜하지만 그의 인지 능력에도 영향을 미쳤다. 이 차원은 또한 고전적인 정신분석과 대상관계이론에서 말하는 사람들의 무의식적 기능, 즉 무의식적 충동, 내적 갈등, 방어기제도 포함한다.

이 관점에서 볼 때, 행동의 무의식적 의미는 사람들이 치료사나 파트너를 부모 이미지의 대리인으로 사용하는 방식을 면밀히 분석함으로써만이 유추할 수 있다. 코비와 여동생 테레사의 애증관계는 엄마에 대한 무의식적 양가감정에 의해 결정되었다고 상상할 수 있다.

많은 가족치료사는 행동은 직접적인 관찰을 통해서만 이해될 수 있다고 가정한다. 맥락적 치료사는 한 사람이 타인과 상호작용하는 양식과 이런 행동의 의미 간에 구분을 지어야 한다고 주장한다(Boszormenyi-Nagy, 1987a). 예를 들어, 코비는 부모의 충고를 거부하고 가족원들에게 적대감을 보인다. 이것은 반항성 행동으로 보일 수 있다. 하지만 더 깊은 수준에서 보면 그것은 코비가 개별화할 수 있는 능력이 없음을 드러내는 것이다. 그는 부모를 과감하게 밀어내지 않으면, 다시는 부모에게서 분리할 수 없을 것이라고 느낄지 모른다. 사람들은 정서를 표현할 때 자신의 내적 감정을 표현할 뿐 아니라 그것을 타인에 대한 메시지로 사용한다(Boszormenyi-Nagy & Krasner, 1987a). 예를 들어, 미란다가 유산을 한 후에 울었고 기능을 하는 데 어려움이 있었을 때, 그것은 개인적인 반응이었을 뿐 아니라 스티븐이 가족에서 적어도 일시적이라도 더 많은 역할을 해야 한다는 신호이기도 했다.

이 차원에 대한 맥락적 치료의 초기 공헌은 가족관계에서 상실의 영향에 대한 논의에서 비롯한다. 보스조르메니-나지(Boszormenyi-Nagy, 1987a)는 청소년 자녀가 성인기로 갈 때 거의 소유적이지 않은 부모들조차 상실감을 경험한다고 하였다. 부모들은 때로 자녀들이 집을 떠나면 안 좋을 것이라는 교묘한 메시지를 자녀들에게 보낸다. 자녀들은 이것을 떠남에 대한 일종의 금기로서 무의식적으로 내면화한다. 이런 현상을 설명하기 위해 보스조르메니-나지는 **반자율적 초자아**(counterautonomous superego)라는 개념을 소개했는데, 이는 자녀들이 자율성에 대해 생각하기 시작할 때 느낄지 모를 죄책감이다. 죄책감은 그들의 개인적인 목표 달성을 방해할 수 있다. 이러한 무의식적 죄책감은 충성심의 중요한 요소이며, 관계윤리를 기초로 하는 것은 아니다. 자녀들에게서 충성심을 기대할 권리를 갖지 못하는 부모들조차 자녀가 자율성을 찾아 움직일 때 죄책감을 느끼도록 조정할 수 있다. 매우 소유적인 부모들은 자녀들이 그들을 떠나면 상처가 되거나 죽을 것이라고 자녀들에게 말할지 모른다. 이 경우 자녀들은 이런저런 방식으로 증상을 보이지 않고서는 성인기로 가기가 훨씬 더 어렵다는 것을 알게 된다.

코비가 학교에 가지 않은 것은 적절한 시기에 고등학교를 제때 졸업하지 않으려는 무의식적인 시도로 생각될 수 있다. 이렇게 졸업을 연기하는 것은 만일 그가 제때 집을 떠나면 부모님을 아프게 할지도 모른다는 데 대한 무의식적 죄책감으로부터 벗어나게 할 수 있다. 이런 죄책감은 부모의 기대에 대한 무의식적 내면화에서 비롯되며, 그래서 부모님이 떠나보내는 데 대한 애도 과정에 성공적으로 참여하고 자녀들이 집을 떠나는 것을 볼 준비가 될 때까지 지속될 수 있다. 더욱이 자녀들 역시 부모로부터 거리를 둘 때 상실을 경험할 것이기 때문에 애도 과정에 참여할 필요가 있을 것이다.

보스조르메니-나지(Boszormenyi-Nagy, 1987a)는 사람들이 가족원의 상실을 애도해야 할 때 그 시기를 연기하기 위해 사람들이 서로 어떻게 무의식적으로 공모하는지를 나타내기 위해 **애도의 연기와 개별화의 공모체계**(collusive system of postponed mourning and individuation)에 대해 말하고 있다. 코비의 등교 거부는 외할아버지가 돌아가신 지 그리 오래되지 않아 일어났다. 코비는 아마 학교를 빼먹음으로써 가족을 새로운 상실로부터 무의식적으로 지키려 했을지 모른다. 사실 만일 코비가 한 학년을 유급한다면, 가족이 에드워드의 죽음을 슬퍼하고 있을 바로 그 때에 코비가 대학 진학을 위해 집을 떠나는 상황을 맞지 않을 수 있다.

상호교류 차원

세 번째 차원인 **상호교류 차원**(dimension of transactions)은 고전적인 체계론적 가족치료에서 논의되었던 바대로 사람들 행동의 초개인적인 결정요인을 모두 포함한다. 이 차원은 개인의 행동, 증상 형성, 관계 문제에 대한 이해를 위해 체계이론과 의사소통이론의 모든 공헌을 포함한다. 이 차원에는 가족규칙, 삼각관계, 동맹, 경계선, 밀착, 단절 같은 개념이 포함된다. 삼각관계는 분열된 충성심 상황에서 뚜렷한 역할을 한다(Boszormenyi-Nagy & Krasner, 1986). 모슬리 씨 가족에서 그 예를 들면, 스티븐이 에스터와 제임스와 삼각관계를 맺은 것이다.

상호교류 관점에서 볼 때, **부모화**(parentification)는 부모와 자녀 간의 역할과 권력이 뒤바뀐 것으로 이해될 수 있다. 맥락적 가족치료사에게는 부모화 역시 주고받는 순서가 뒤바뀐 결과다. 즉, 자녀가 주는 사람이 되고, 부모가 받는 사람이 된다. 자녀로서 스티븐은 폭력의 희생자인 어머니의 곤란한 입장을 이해하도록 기대되었고, 반면 어머니는 분열된 충성심이라는 곤란한 입장에 처한 아이로서의 스티븐을 이해할 수 없었다. 어머니는 보호와 이해를 요구하는 아이처럼 행동했다. 스티븐에게 기대되었던 것은 약한 아이의 요구를 보살필 어른처럼 행동하는 것이었다.

고전적인 체계론적 치료사의 주요 가설 가운데 하나는 개인의 증상은 가족의 항상성 요구에서 비롯된다는 것이다. 고전적인 체계이론 시각에서 코비의 등교 거부는 가족의 변화 거부를 드러내는 것으로 이해될 수 있다. 사실 코비가 결석 때문에 한 학년을 유급해야 했다면, 그의 고등학교 졸업이 늦어졌을 것이고, 가족은 주요 변화(코비가 대학 진학으로 집을 떠남)에 직면해야 하는 시기를 연기해야 했다.

보스조르메니-나지는 충성심이 가족 항상성의 중요한 설명요인이라고 하였다(Boszormenyi-Nagy & Spark, 1984). 그는 시간이 지남에 따라 그리고 세대에 걸쳐서 가족을 함께 묶어 주는 것은 신비한 항상성적 힘이 아니라 서로에 대한 각 가족원의 적극적인 헌신이라고 믿었다. 이런 충성심은 모든 가족구성원 간에 특별한 유대감을 만든다. 그 결과, 각 가족원이 보이는 충성심은 누가 가족 단위에 속하고 또 누가 이런 형태의 헌신에서 혜택을 받지 않는 외부인인지를 재정의함으로써 가족의 경계를 수정한다. 반대로 불충(disloyalty)은 가족체계의 안정성에 대한 위협으로 인식될 수 있다.

코비의 등교 거부는 가족에게 보이지 않는 충성심을 드러내는 것일지 모른다. 표면적으로 그는 문제아로 보이지만, 앞서 논의한 대로 그의 행동이 집 떠나는 것을 늦출 것이므로 가족에게 간접적으로 충성하는 것일지 모른다. 다른 한편, 고등학교를 졸업하기보다 검정고시를 보고자 하는 그의 소망은 더 빨리 졸업할 수 있기 때문에 가족에게 직접 불충하는 것일 수 있다. 그래서 이는 왜 그렇게 아버지가 코비의 이런 생각에 그토록 부정적이었는지를 설명하는 이유일지 모른다.

관계윤리 차원

친밀한 관계에서의 상호성 관계윤리 차원은 친밀한 관계에서 공정성(fairness)과 상호성에 대한 사람들의 기대와 연관된 관계의 결정요인을 재편성한다. 사람들은 모두 타인에게 준 것과 타인에게서 받은 것에 관한 정신적인 통장을 가지고 있다. 타인에게서 적절한 관심을 받았던 사람들은 그들에게 의무를 갖게 되고, 하지만 은혜를 인정하기를 거부하면 불공평이 형성될 것이다. 모든 사람이 그런 통장을 가지고 있지만, 각자 무엇을 주고받았는지에 대해서는 서로 다른 평가를 한다. 예를 들어, 스티븐은 본가를 자주 방문하지 않은 데 대해 아버지로부터 비난을 받을 수 있지만, 아버지의 초기 행동에 비추어 볼 때 아버지와 완전히 단절하지 않고 자기가 이미 충분히 주고 있다고 느낄지 모른다. 이런 점에서 볼 때, 관계의 공정성 정도는 치료사와 같은 독립된 관찰자가 평가할 수 있는 것이 아니다. 공평성(justice)의 진짜 정의(定意)는 관계에 연루된 모든 사람 사이의 진실한 대화에서만이 비롯될 수 있고, 진실한 공정성은 사람들이 각자 자신의 관점에 대해 권리가 있음을 받아들일 수 있을 때 시작된다(Ducommun-Nagy, 2002).

부부관계에서 공정한 주고받음에 대한 기대는 비교적 대칭적 관계에서 일어난다(Boszormenyi-Nagy, 1987c). 예를 들어, 스티븐이 미란다에게 공감을 표현할 때, 미란다가 유산했을 때 그랬던 것처럼 그가 그녀에게 적절한 관심을 줄 수 있음을 보여 주는 것이다. 거꾸로 그는 자기가 어려운 상황에 처할 때 미란다가 자기를 지지해 주기를 기대할 것이다. 대부분의 부부 역시 파트너가 자기의 노력에 대해 오래지 않아 바로 보답해야 한다고 생각한다. 배우자 간 미묘한 형태의 불신은 자녀의 행동 문제를 불러일으킬 수 있다(Boszormenyi-Nagy & Krasner, 1986). 스티븐과 미란다는 겉으로 보기에 적대적인 관계는 아니다. 그러나 두 사람 사이에 겉으로 드러내지 않았던 미묘하고 심각한 갈등이 있었고, 이는 자녀들에게 영향을 미친 것 같다. 예를 들어, 코비와 테레사 간의 싸움은 부모들 간 긴장의 표현일 수 있다.

부부관계와 대조적으로, 부모-자녀 관계는 비대칭적이다. 이 관계가 어린 자녀들이 받은 돌봄에 대해 부모에게 보답할 수 없다는 사실 때문만은 아니다. 부모는 자녀에게 비대칭적인 의무를 부과한다. 부모는 자녀의 존재에 대해 책임이 있기 때문에 자녀를 보살필 책임을 져야 한다. 그 수준에서 자녀는 부모에게 아무 빚도 지지 않는다. 그러나 시간이 지나면서 부모와 자녀 사이에 대칭적 관계의 요소가 나타난다. 대부분의 경우, 자녀는 부모로부터 많이 받고 기꺼이 되돌려 준다. 가족의 각 발달단계에서 부모의 책무성과 자녀의 효성(filial loyalty)이 재협상된다(Boszormenyi-Nagy, Grunebaum, & Ulrich, 1991). 예를 들어, 어린 자녀는 줄 수 있는 것보다 더 많이 받는다. 성인자녀는 받은 만큼 부모에게 줄 수 있다.

모슬리 씨 가족에서 에스터와 소피아는 부모인 자신들이 이루었던 상황보다 더 나은 경제 상황에 틀림없이 도달할 것이라고 하면서, 자녀들이 어렸을 때 관심과 우려를 보였다. 이렇게 그들은 부모로서의 헌신으로 인해 공로를 받을 수 있다. 게다가 소피아는 현재 손자녀를 보살펴 주고 부양할 수 있다. 거꾸로 미란다는 아버지가 암 진단을 받았을 때 아버지를 보살피는 것을 도움으로써 부모에게 진 빚을 상환할 수 있었다. 또한 미란다는 자기 아이들, 특히 특별한 요구를 가졌던 브랜든에 대한 관심과 걱정을 보여 다음 세대에 헌신함으로써 부모에게 진 빚을 갚고 있다.

성장하는 동안에 스티븐은 미란다가 받았던 만큼 부모로부터 많은 돌봄을 받지 못했다. 그는 아버지의 알코올중독과 폭력 행동 때문에 아버지와 좋은 관계를 갖지 못했다. 에스터는 부부관계 문제와 경제적 어려움 때문에 스티븐에게 제한된 양의 관심만 줄 수 있었고, 이에 대해 스티븐에게 이해를 구했다. 게다가 스티븐은 부모 둘 다 서로 싸우면서 편을 들어줄 것을 당부했을 때 학대를 당했다.

일반적으로 한 사람의 삶 혹은 가족에게 해가 되는 사실적 요소를 **분배적 불공평**(distributive injustices)이라고 한다. 브랜든의 자폐증이 그런 경우다. 누구도 브랜든이 자폐증을 갖게 된 것에 대해 비난받을 수는 없지만, 그것은 일련의 불공평을 초래한다. 브랜든은 자폐가 아닌 형이나 누나와 또래들처럼 쉽게 공부하고 성공할 수 없다. 또한 미래에 그의 정서적 및 관계적 어려움으로 연애를 하고 가족을 꾸릴 기회가 줄어들 것이며, 반면 형이나 누나는 똑같은 어려움에 마주치지 않을 것이다.

마찬가지로 브랜든의 상태는 미란다와 스티븐에게도 불공평할 수 있다. 자폐가 아닌 아이를 키울 때보다 브랜든을 키울 때 더 많은 노력을 해야 하기 때문이다. 또한 그들의 노력에 대해 직접적인 보상도 더 적을 것이다. 브랜든은 결코 다른 아이들과 같은 수준의 성취를 하지 못할 것이기 때문이다. 또한 스티븐은 삶에 속았다고 느낄지 모른다. 그는 세 번째 아이를 갖겠다는 미란다의 소망을 이루도록 하는데 너그러웠는데, 그런 너그러움이 보상을 받지 못했다. 미란다와 더 가까워지는 대신에 그는 왠지 미란다를 브랜든에게 잃었고 또 그런 점에 화가 났다. 물론 그는 그 상황 때문에 브랜든을 비난하는 것이 전적으로 불공정하다는 걸 알고 있다. 브랜든의 상태는 형과 누나에게도 분배적 불공평의 원천이다. 코비와 테레사는 아마 더 좋은 상황에 있을 때보다 부모의 관심을 덜 받았을 것이다. 게다가 그들은 그 상황이 부모의 부부관계에 미친 영향의 결과로 인해 고통을 받고 있다.

스티븐과 미란다 둘 다 사회경제적 지위가 낮은 집에서 성장하였다는 사실도 역시 분배적 불공평이라고 할 수 있다. 그 상황은 거의 대부분 누구도 통제할 수 없는 일련의 역사적 요인으로부터 비롯되었지만, 그것은 다세대에 걸쳐 자녀들에게 부담을 지웠다. 고통을 경험한 부모들은 도움을 청하러 자녀들에게 기댈 필요가 있을 것이고, 그것은 자녀들에게 불공정한 짐이 될 수 있다. 스티븐의 어머니 에스터가 바로 그런 경우다. 그녀는 학교를 그만두고 부모를 돕기 위해 일을 해야 했다. 그녀는 어려서 결혼해서 가족에게 더 이상 짐이 되지 않아야 하는 기대를 받았다. 나중에 그녀는 열심히 일했고 그래서 자녀들은 대학에 다닐 수 있었는데, 그것이 그녀 입장에서는 너그러운 것이었다. 다른 한편, 스티븐과 누나에게는 부담이었는데, 둘은 어머니의 희생에 대해 어머니에게 계속 보답해야 했다. 그렇게 해서 결국 스티븐은 코비가 검정고시를 보겠다는 생각에 그토록 부정적이었다고 말할 수 있다. 그는 스스로 공부에 성공해서 어머니를 기쁘게 해야 했는데, 그래서 아들이 고등학교를 졸업하지 않음으로써 그를 기쁘게 하기를 거절할 수 있다는 것이 불공평하다고 느낄지 모른다. 부모들은 자주 자신이 받았던 것보다 더 많은 것을 자녀들에게 주려고 함으로써 자녀들에게 무심결에 부담을 지울지 모른다는 점을 보기가 어렵다.

이혼한 부모의 자녀가 되는 것 역시 분배적 불공평을 나타낸다. 아이들이 모두 이런 상황과 씨름할 필요는 없다. 스티븐은 부모의 불화로 얼룩진 세상에서 살아야 했고, 반면 미란다는 이런 경험을 할 필요가 없었다. 이혼이라는 단순한 사실은 자녀들에게 많은 어려움을 갖게 할 수 있고, 자녀들은 그런 상황을 피할 수가 없다. 예를 들어, 이혼한 부모들은 주거를 재정비하고, 자녀들은 선생님, 친구, 운동친구의 지지를 잃게 된다. 이는 자녀에게 상처가 될 수 있지만, 그것을 어느 누구의 잘못 때문이라고 할 수는 없다.

파괴적 권리 방금 분명히 서술했던 분배적 불공평에 처한 사람들은 여러 면으로 개인적인 영향을 받는다. 그러나 또 다른 불공평도 역시 가족관계에 장기적인 영향을 미친다. 맥락적 치료사들은 분배적 불공평과 재분배적 불공평을 구분한다. 분배적 불공평은 누군가의 잘못으로부터 비롯되는 것이 아니라, 누군가의 통제로도 안 되는 사건들로부터 비롯된다. 그것은 기회에서의 차이로 측정될 수 있다. 즉, 한 사람은 재난의 희생자이고, 다른 사람은 재난을 입지 않는다. 한 사람은 질병을 일으키는 유전자를 보유하고 있고, 다른 사람은 그렇지 않다. 반대로, **재분배적 불공평**(retributive injustices)은 사람들 간 착취의 결과 혹은 공정성 부족의 결과로 관계 안에서 일어난다. 이 경우 한 사람은 불공평의 가해자이며 다른 사람은 희생자로 파악할 수 있다.

맥락적 치료사는 **파괴적 권리**(destructive entitlement)를 이용해서 불공평의 관계적 영향을 설명한다. 상처를 입었거나 부당한 취급을 받았던 사람들은 공평성을 기대한다. 어느 누구도 그 상처에 대해 비난받지 않을 때 혹은 불공평의 가해자가 그것을 바로잡지 않을 때, 사람들은 두 가지 선택만 갖는다. 첫 번째 선택은 불공평에 대해 잊어버리는 것인데, 사실 잊어버리기란 쉽지 않다. 두 번째 선택은 주변인이 시정해 주도록 노력하는 것인데, 이 또한 그 사람이 불공평에 대한 책임이 없으므로 공정하지 못하다. 분배적 불공평과 재분배적 불공평 간에 직접적 관계가 있을 때도 종종 있다. 살면서 상처를 입었던 사람은 친밀한 관계의 맥락에서 그것을 바로잡으려고 노력한다. 그런데 이것은 파트너, 자녀, 미래 세대에 부당한 부담을 준다.

부당한 취급을 받았던 사람은 시정할 것을 적법하게 요구한다. 그래서 그들은 원인 제공도 하지 않은 불공정을 사람들이 수정해 주기를 기대할 때 그 사람들에게 부당한 부담을 지운다는 사실을 알지 못한다. 결국 주변인이 불공평의 희생자가 되고, 그들 역시 비슷한 방식으로 바로잡아 줄 것을 기대할 것이다. 이 모든 상황에서 공평성에 대한 적법한 주장이 때로는 몇 세대에 걸쳐서 관계에 파괴적으로 된다. 예를 들어, 충성심에서 자녀들은 부모에게 시간을 할애할 수 있다. 또한 부모가 주었던 상처를 수정하라고 부모에게 요구하는 대신 배우자나 자녀에게서 보상을 받으려 할 수 있다(Boszormenyi-Nagy & Krasner, 1986).

부모화 맥락적 치료사는 파괴적 권리의 특별한 형태를 설명하기 위해 부모화라는 용어를 사용한다. 부모로부터 적절한 돌봄을 받지 못했던 사람들은 자라면서 받지 못했던 사랑과 관심을 배우자와 자녀에게 기대서 받고자 할 것이다. 배우자는 흔히 그런 기대에 부정적으로 반응하고, 그렇게 이해해 주기를 바라는 기대를 거부한다. 그 결과, 이런 사람은 결국 자녀에게 의지한다. 이런 부모화 과정이 반드시 명백한 과정으로 이루어지는 것은 아니다. 사람들은, 어린 아이들조차, 교묘한 단서를 듣기 때문이다. 보스조르메니-나지와 크래스너(Boszormenyi-Nagy & Krasner, 1986)는 "아주 어린 아이들도 민감하게 알아볼 수 있다. 아이들도 부모가 언제 불안, 죄책감, 불신으로 과중한 부담을 갖는지 알고 있다. 더욱이 그들은 그 부담에 대해 뭔가를 하고자 한다."(p. 15)라고 하였다.

부모화는 자녀에게 부당한 부담을 지운다. 부모가 자녀를 부당하게 대할 때, 자녀는 두 가지 수준에서 영향을 받는다(Boszormenyi-Nagy & Krasner, 1987a). 현재 상태에서 자녀는 행동적 혹은 정서적으로 영향을 받을 수 있다. 아이들은 분노와 자기파괴적 행동을 보일 수 있다. 그들이 황폐해짐에 따라, 그들 역시 파괴적 권리를 쌓게 되고 부모와 똑같이 곤란한 상황에 처해 있는 자신을 발견하며, 결국 다음 세대에게 보상을 기대할 것이다.

맥락적 치료사는 역할 전도(顚倒)의 측면에서가 아니라 한 세대에서 다음 세대에 걸친 부당한 취급의 측면에서 부모화를 살펴본다. 예를 들어, 미란다는 동생들인 퍼먼과 도로시를 보살폈다. 본질적으로 미란다가 어른 같은 책임을 맡았다는 사실 그 자체가 불공정이나 부당한 취급에 대해 말해 주는 것은 아무것도 없다. 만일 소피아가 미란다에게서 받은 도움에 감사를 표현했다면, 미란다가 어머니로서 기능하는 것이 자부심의 원천이지 파괴적 권리의 원천은 아닐 것이다. 바로 이 사례의 경우가 그런 것 같다. 반대로 스티븐은 진짜로 부모화되었던 것 같다. 그는 부모의 요구에 맞춰 주어야 했지만, 부모는 그의 요구에 맞추어 줄 수 없었다. 예를 들어,

그의 부모는 부부로서 그를 보호하는 대신에 그를 심판자로 삼았다. 그렇게 스티븐은 어른 역할을 하였다. 또한 그는 매우 불공정한 상황에 놓였다. 왜냐하면 자녀는 한 부모를 제치고 다른 한 부모를 선택하도록 기대되어서는 안 되기 때문이다. 스티븐은 분열된 충성심이라는 곤경에 처했던 것이다. 그가 한 부모를 배반하는 데 대해 죄책감을 느끼지 않고 다른 한 부모에 대한 충성심을 자유롭게 표현할 수 없었다는 사실 역시 파괴적 권리의 근원이다. 그런 이유 때문에 그는 자신이 받았던 것보다 더 많은 것을 주도록 요구된다는 느낌없이 아버지됨의 요구와 마주하기가 어려웠을 것이다. 이런 상황은 부모됨의 이슈에 관해 미란다와 언쟁한 중요한 이유 중 하나였을 것이다.

코비 역시 부모화되었을 것이다. 부모는 코비가 받아 마땅한 모든 관심을 그에게 주는 데 어려움이 있었던 것 같다. 이는 부모가 처했던 어려움, 즉 브랜든의 자폐증과 스티븐의 직업 문제로 인한 부담 때문이다. 대신 코비는 부모를 지지해 주고 이해해 주기를 바라는 데 적응하도록 기대되었다. 미란다의 아버지인 에드워드의 죽음 후에는 특히 더 그랬다. 그는 또한 스티븐과 미란다 부부간의 긴장에 대해서도 알고 있고 또 부모의 갈등을 진정시킬 방법을 찾고자 했을 것이다. 이는 파괴적 권리를 초래할 수 있다. 때로 그것은 연령에 적합한 책임지기를 거부하는 것으로 드러난다. 코비가 학교에 갈 수 없다고 주장할 때, 부모는 어쩔 수 없이 선생님과 학교상담사과 관계를 맺어야 한다. 또한 부모는 학교 공부를 개인적으로 책임지기 시작해야 할 청소년 자녀의 부모에게서 기대할 수 있는 것보다 더 적극적인 부모 역할을 맡을 수밖에 없다.

충성심 친밀한 관계에 있는 사람들은 공평성뿐 아니라 충성심도 기대한다. 앞서 설명한 대로, 충성심은 사람들이 자기를 도와주지 않았던 사람들의 이익보다 자기를 도와주었던 사람들의 이익에 두는 헌신이다. 이 관점에서 볼 때, 자식으로서의 충성심은 어떠한 추상적인 도덕적 의무라기보다는 부모의 실제 공로를 바탕으로 한다. 충성심의 개념은 항상 두 사람 혹은 두 집단 간 선택에 관한 것이기 때문에, 정의상으로 볼 때 삼각화 개념이다(Boszormenyi-Nagy & Spark, 1984). 게다가 충성심의 개념은 충성심 갈등의 개념과 분리할 수 없다. 개인이 한 사람이나 한 집단에만 빚을 지기는 어렵기 때문이다. 예를 들어, 미란다는 자녀인 자기에게 부모가 헌신한 데 대해 부모에게 빚을 지고 있으며, 동시에 결혼에 헌신한 데 대해 스티븐에게도 빚을 지고 있다. 이때 맥락적 치료사는 수직적 충성심(원가족에 대한 충성심)과 수평적 충성심(배우자나 동료에 대한 충성심) 사이의 갈등을 말하고 있는 것이다. 스티븐이 미란다를 따라야 할지 아니면 고향으로 돌아가야 할지 결정하기 어려웠던 것은 아마 그러한 충성심 갈등의 결과일 것이다.

세대 간 유산 어떤 가족에서든 자녀들은 희망의 원천이다. 모든 다른 인간과 마찬가지로, 부모들도 세상에서 공정성을 추구하며, 모든 자녀는 실제로든 그렇지 않든 기대 속에서 태어난다. 삶의 어떤 시점에서 사람들은 가족의 유산 기대(legacy expectation)를 정리하고 이러한 기대를 다룰 방법을 찾아야 할 것이다(Boszormenyi-Nagy & Krasner, 1987a). 예를 들어, 미란다와 스티븐의 가족에서 모두 자녀들은 열심히 일하고 공부를 잘해서 삶의 역경을 극복하라는 기대를 받고 있다. 이 시점에서 코비는 이런 유산에 대처하기가 어렵다. 이 경우에 부모는 둘 다 개인으로서뿐 아니라 이런 유산을 공유한 원가족의 일원으로서 상처를 입는다.

보이지 않는 충성심 충성심은 직접적 혹은 간접적/보이지 않는(invisible) 형태로 표현될 수 있다. 직접적 충성심의 경우, 개인은 자기가 충성한 사람에게 줌으로써 쉽게 보일 수 있는 방식으로 행동한다. 미란다가 아픈 아버지에게 헌신한 것은 직접적 충성심의 좋은 예다. 아버지가 필요로 할 때, 미란다는 관심을 보여 주었다. 비록 그것이 스티븐과 보낼 시간을 줄였어도 말이다.

맥락적 치료사는 **보이지 않는 충성심**(invisible loyalties)을 간접적 형태의 충성심으로 이해한다. 어떤 상황에서는 개인이 충성심을 직접 보일 수 없다. 입양자녀의 경우 생물학적 부모와 상호작용할 방법이 없고 그들에 대한 충성심을 표현할 직접적인 방법이 없는 것이 좋은 예다. 부모에게 너무 상처를 입었거나 화가 나서 충성심을 보일 수 없지만 노골적으로 불충(不忠)할 여지가 없을 때도 그렇다. 보이지 않는 충성심은 부모에게 직접 충성하기를 거부하거나 혹은 여러 가지 이유로 직접 충성할 수 없는 사람들이 결국에는 중요한 관계를 고의로 망치거나 삶의 여러 기회를 놓칠 때 알 수 있다. 그 결과 그들은 새로운 헌신(우정, 결혼, 혹은 직업)을 할 수 있었을 때보다 부모에게 덜 불충실한다.

코비의 등교 거부 행동은 부모에 대한 보이지 않는 충성심에서 비롯된 것으로 볼 수 있다. 사실 부모에게 그의 태도가 충성스러운지 아니면 충성스럽지 않은지 묻는다면, 분명히 코비가 그들의 기대를 따르기를 거부했기 때문에 충성스럽지 않다고 느낄 것이다. 검정고시 이슈가 불거졌을 때 특히 더 분명하다. 그러나 그의 태도는 대학 입학 시기를 늦출 수도 있기 때문에, 실제로는 부모가 자기의 대학 입학에 따른 상실을 경험하지 않게 함으로써 부모에게 보이지 않는 충성심을 드러내는 것일 수도 있다.

분열된 충성심 이혼 후에 자녀들은 부모들의 불공정한 기대로부터 상처를 입고, 재분배적 불공평에 처한다. 결혼생활에 절망하거나 배우자에게서 상처를 입은 부모들은 때로 정서적 지지와 이해를 받기 위해 자녀에게 의지한다. 그런 부모는 자녀가 전배우자에 대한 자신의 부정적인 시각을 지지함으로써 충성심을 보여 주기를 기대한다. 게다가 자녀가 다른 부모에게 사랑을 보이면 배신감을 느낀다. 부모가 둘 다 비슷한 태도를 보이면, 자녀가 충성하지 않는다는 비난을 받지 않으면서 한쪽 부모에 대한 충성심을 표현할 수가 없다. 결국 자녀는 이러지도 저러지도 못하는 상황에 처하게 된다. 이런 경우에 맥락적 치료사는 **분열된 충성심**(split loyalty)에 대해 말한다. 스티븐의 경우가 그랬는데, 그것은 그가 맺은 관계에 오랫동안 영향을 미쳤다.

보스조르메니-나지(Boszormenyi-Nagy, 1987a)는 모든 자녀가 이혼 후에 분열된 충성심을 경험하는 것은 아니라고 하였다. 그러나 분열된 충성심이 일어날 때, 학교공포증, 중독, 식이장애 같은 개인적 증상이 발달할 수 있다. 스티븐은 분명 분열된 충성심을 경험했다. 스티븐의 아버지는 스티븐이 자기를 닮기를 바랐고, 또 스티븐이 엄마를 '부정한 여자'라고 부르게 했다. 반대로, 가정폭력의 희생자인 어머니는 스티븐이 아버지에 대해 부정적인 시각을 갖기를 바랐다. 어머니는 스티븐이 열심히 공부해서 "아버지 같이 되지 마라."라고 당부했다.

스티븐이 개인적으로 증상을 보이지는 않았지만, 분열된 충성심이라는 곤란한 상황은 그와 그의 가족에게 지속적인 영향을 미쳤다. 제임스가 술을 끊고 자기 행동에 대해 사과를 한 다음에, 스티븐의 부모관계는 좋아졌고 에스터는 제임스에게 부정적인 감정을 더 이상 표현하지 않았다. 그럼에도 불구하고 스티븐은 아버지의 새 가족을 받아들이기 어려웠다. 스티븐은 아버지와 다소 단절된 채 있었던 것 같은데, 이는 자기가 아버지와 더 가까운 관계를 가지면 어머니를 배신하는 것이라는 감정이 오락가락한 결과인 것 같다.

존재적 차원

자아에 대한 변증법적 정의 보스조르메니-나지(Boszormenyi-Nagy, 1965)는 초기 저술에서 성격에 대한 변증법적 이론을 제안했다. 이 이론에 의하면, 자아는 자아(正)와 비자아(反)의 변증법적 관계에서 비롯된다. 자아는 배경에 있는 자아 아닌 것 없이 존재할 수 없다. 보스조르메니-나지는 철학자인 마르틴 하이데거(Martin Heidegger)로부터 형용사 **존재적**(ontic)이라는 용어를 빌려 왔다. 듀커먼-나지(Ducommun-Nagy, 2002, p. 474)가 설명한 대로, 존재적은 스필버그(Spielberg, 1960)에 의해 "자체적으로 존재하여 내재하는 구조를 서술하는 것"으로 정의된다.

자아에 대한 변증법적 시각에서 자아는 정의상 자아로 존재하기 위해 자아 아닌 것과의 관계에 의존한다. 다른 방식으로는 존재할 수 없다. 이런 의존은 자아에 대한 변증법적 정의에 내재되어 있으며, 병리적이지 않다. 다른 한편, 자아의 지속성을 보장하기 위해 타인과 관계를 맺고자 하는 근본적인 욕구는 우리가 그런 관계를 맺는 방식과 구분되어야 한다. 보스조르메니-나지(Boszormenyi-Nagy, 1965)는 사람들이 여섯 가지 관계 맺음 방식에 따라 기능한다는 가설을 내세웠다. 이는 관계 맺음에 대한 두 가지 양식, 즉 **나-당신 대화**(I-Though dialogue)와 **나-그것 대화**(I-It dialogue)[1] 양식을 제안한 부버(Buber)와 대조를 이룬다. 사람이 기능하게 되는 이런 여섯 가지 양식은 관계적 요구의 판(relational need template)으로 작용하며, 사람은 보완적인 요구를 갖는 파트너를 찾을 것이다. 여섯 가지 양식만이 진정한 상호성을 허용하고 부버의 나-당신 대화에 필적한다. 대부분의 커플은 나-그것 대화 시간과 나-당신 대화의 짧은 시간 사이를 왔다 갔다 한다. 나-그것 대화는 각 파트너가 개인적인 요구를 성취하기 위해 상대방을 이용할 때 일어나며, 나-당신 대화는 각 파트너가 자신의 독특성 안에서 상대방을 진짜로 만날 수 있을 때 일어난다. 부모는 자신의 관계적 요구의 판에 따라 자녀들과 상호작용하며, 이것은 자녀가 발전시킬 관계적 양식의 형성에 중요한 영향을 미친다.

보스조르메니-나지가 보기에, 타인과 관계 맺을 필요성은 우선 자아의 지속성을 보장하고자 하는 요구에 기초하며, 두 번째로 내적 충동의 만족 혹은 공정성에 대한 기대 같은 다른 요구에도 기초한다. 사람들이 자율적인 자기로 존재하기 위해 타인에게 존재적으로 의존하는 것은 관계의 결정요인으로서, 관계의 다른 결정요인들과 구분될 수 있다(Ducommun-Nagy, 2002). 이렇게 관계의 결정요인을 설명하기 위해 보스조르메니-나지(Boszormenyi-Nagy, 2002)는 관계적 현실에 대한 4차원 모델(사실, 심리, 상호교류, 관계윤리)에 다섯 번째 차원을 새롭게 소개했다.

예를 들어, 모슬리 씨 가족에서 가족구성원들은 에드워드의 죽음을 아직도 슬퍼하고 있다. 외부인은 에드워드의 병이 모든 사람에게 부담이 되었을 테니, 그의 죽음으로 가족이 편안해졌을 것이라 생각할지도 모른다. 그러나 존재적 차원의 시각에서 볼 때, 그의 사망은 자기-타인 대화의 기회가 상실되는 것과 같다. 브랜든은

---

1) 역주: 부버(Buber)에 의하면, 나-그것(I-It) 관계는 비인격적 관계성을 의미하여 한 인간이 타자를 수단적 · 도구적 존재인 '그것'으로 보는 반면, 나-당신(I-Thou) 관계는 인격적 관계성을 의미하여 나와 너 사이의 상호 인격적인 관계 속에서 자신을 인식하고 타자 역시 하나의 인격으로 교류하는 것이다.

타인과 상호작용하는 방식에 제한이 있을 수 있다. 미란다가 아버지에게 보답할 수 있었던 만큼 브랜든이 부모의 돌봄에 많이 보답할 수 없을 것이다. 그러나 소중한 가족구성원인 그는 자기-타인 대화의 원천이다. 미란다가 브랜든을 보살핌에 따라 건설적 권리를 얻게 되고, 여기에 양육하는 어머니로서의 자기긍정이 증가하며 또 브랜든과의 자기-타인 대화의 파트너로서 자기를 더 많이 묘사하게 됨도 포함한다. 그리고 비록 코비가 브랜든을 부정적으로 말하더라도, 그는 브랜든이 자기 삶에 없었다면 결코 있을 수 없는 일인, 자신을 형으로 정의하는 브랜든과 자기-타인 대화를 하는 관계에 있다. 이는 그의 두 동생에게도 마찬가지다.

자율성에 대한 역설적 정의 일반적으로 자율성은 의존성의 부재로 정의된다. 그러나 성격에 대한 변증법적 모델에서 자아는 정의 그대로 자아로 존재하기 위해 타인과의 관계에 의존한다. 이렇게 해서 자율성에 대한 역설적 정의가 있게 된다. 이 시각에서 보면, 관계에 속한 각 개인은 타인과 대화를 해서 자기정의가 증가하며, 자율성은 단절을 통해서가 아니라 관계 맺음을 통해 이루어진다. 이 개념은 모슬리 씨 가족에 대해 임상적 시사점을 갖는다. 코비의 자율성 능력의 증가는 분명히 치료의 장기 목표다. 맥락적 치료의 관점에서 볼 때, 코비는 개인치료에 참여할 때보다 가족치료 회기에서 부모와 대화를 더 많이 함으로써 자율성을 더 많이 획득할 수 있다.

문화적 요인

맥락적 치료에서 민족성, 인종, 종교적 신념, 젠더 같은 변인들의 역할을 이해하기 위해서, 이 접근의 핵심 원리는 관계윤리를 다시 돌아봐야 한다. 가치윤리는 수많은 변인에 따라 달라지지만, 이와 대조적으로 관계윤리는 보편적으로 여겨질 수 있다.

이 세상 어느 문화에서든 모든 인간은—젊거나 나이 들었거나, 남성, 여성, 혹은 트랜스젠더이거나, 억압을 받거나 힘이 있거나—친밀한 관계에 대해 자신이 투자

한 것에 대한 보상으로 상호성과 충성심을 기대한다. 공정성이 전혀 해당되지 않은 사람을 상상하기는 어렵다. 왜냐하면 인간은 특별한 신경심리적 특성을 소유하고 있기 때문이다. 그런 특성으로 사람들은 자기가 타인에게 무엇을 주고받았는지 파악하게 되고, 또 상호성과 진실성의 견지에서 관계를 평가하게 된다. 이렇게 해서 협동과 진실성의 기초가 마련되고, 이는 인류의 성공적 진화에 기여해 왔다(Ducommun-Nagy, 2003).

최고의 훈련을 받은 치료사조차 어쩔 수 없이 몇 가지 문화적 차이를 고려하지 못하며 또 내담자의 요구와 반대되는 방식으로 작업하고 있음을 인식하기도 한다. 문화적 몰이해와 편견에 대한 맥락적 치료사의 해독제는 훌륭한 훈련과 슈퍼비전뿐 아니라 특히 더욱 다각적인 편향성이다. 다각적인 편향성(multidirected partiality)은 공감과 구분되어야 한다. 문화 혹은 생활 경험에서의 차이가 너무 클 때, 치료사는 내담자에 대해 진실한 공감을 끌어내기가 어려울 것이다. 맥락적 치료사가 확실히 할 점은 가족원들에게 공감을 느끼든 그렇지 않든, 가족구성원 모두에게 말할 기회를 주고 또 그들이 모두 불공평의 희생자가 될 수 있는지 확인하는 것이다. 이것은 치료사에 대한 코멘트에도 적용된다. 치료사는 가족원들이 오해받는다고 느낄 때 그리고 가족원들의 요구가 무심코 묵살될 때 그들이 우려하는 것을 표현하기를 원한다는 점을 가족원들이 확실히 알도록 해야 한다. 앞서 언급한 여러 변인 가운데 그 어떤 변인도 차별과 억압의 원천이 될 수 있다. 사람들은 젠더, 성적 지향, 민족성, 종교, 기타 요인을 바탕으로 따돌림을 당하거나 공격받거나 억압받을 수 있다.

문화, 인종, 사회적 지위, 종교, 젠더, 성적 지향을 바탕으로 한 차별과 억압은 관계적 현실의 다양한 차원에 영향을 미친다. 그것들은 실제 가족생활에 영향을 미친다(빈민가 혹은 경제적으로 제한된 지역에 사는 것, 교육이나 의료시설 기회의 감소 등). 그것들은 또한 가족구성원 개인의 심리에도 영향을 미치며 억압자에 대한 부정적 가치를 내면화시키는 결과를 낳고, 이는 낮은 자존감과 자기혐오, 만성적인 불신, 공격성 등을 초래한다. 결과적으로 가족구성원 간의 상호교류 그리고 가족원들과 타인들 간의 상호교류는 수없이 많은 방식으로 깊은 영향을 받는다. 그러나 맥락적 가족치료사는 차별과 억압의 가장 중요하고 지속적인 영향이 관계윤리 차원에 있다고 본다.

차별은 불공평의 크나큰 원천이다. 사람들은 뭔가를 잘못해서가 아니라 단지 있는 그대로의 자기 존재 때문에 벌을 받는다. 그들은 자신이 통제할 수 없는 무언가 때문에 처벌을 받는다. 예를 들어, 특정 지역에서 태어난 것, 특정 인종에 속한 것, 특정 젠더인 것, 특정 정서적 성향을 가지고 있는 것 등은 자신이 통제할 수 없는 것들이다. 그러나 맥락적 치료사에게 가장 큰 불공평은 차별과 억압이 심한 취급을 받았던 사람들뿐 아니라 차별이 멈추고 난 다음에도 오랫동안 다음 세대에 영향을 미치는 파괴적 권리의 원천이 된다는 사실에 있다.

맥락적 치료사는 억압의 다세대적 영향에 깊은 주의를 기울인다. 따돌림을 당했거나 부당한 취급을 받았던 사람은 아동기에 경험하지 못했던 사랑과 수용을 찾기 위해 자주 자녀에게 의지하며, 그렇게 하여 그들은 자녀가 필요로 하는 지원을 충족시켜 주는 데 힘든 시간을 보낼 것이다(부모화).

이미 논의하였듯이, 파괴적 권리의 비극은 불공평의 희생자가 스스로에게 상처를 입힘으로써 끝날 것이라는 점이다. 이는 그들이 단지 공평성을 추구하기 때문이지, 공격자와 자신을 동일시하고 부정적인 시각을 내면화하기 때문이 아니다. 이것은 다음 세대와 아마 전체 사회에 부정적인 영향을 입힐 것이다. 모슬리 씨 가족에서 노골적인 억압의 사례는 없다. 그러나 스티븐과 미란다의 원가족 모두 낮은 경제적 지위에서 비롯된 차별의 요소들을 가지고 있다. 이런 요소들은 분명 아내보다 스티븐에게 더 많은 영향을 미쳤다. 사회경제적 지위가 낮은 가정에서 자란 스티븐과 미란다는 모두 자신들이 원가족에서 교육을 받기 위해 애썼던 만큼의 빚을 그럴 필요가 없는 자녀들에게 지우는 기대를 하였을지 모른다.

많은 사람이 맥락적 접근을 자기의 종교적 가치에 필적하는 것으로 보기 때문에 이 접근에 매력을 느꼈을지 몰라도, 맥락적 치료에서는 영성을 직접 다루지 않는다. 영성은 관계윤리의 여러 차원 가운데 하나로 다루어지지 않는다. 보스조르메니-나지는 맥락적 치료사가 동원하는 자원(과학적으로 관찰 가능한 영역에 속해 있는 자원)과 다른 가능한 자원을 구분한다. 예를 들어, 병원의 목회자가 환자와 그 가족을 돕기 위해 함께 기도하면서 동원하는 자원은 가족치료사가 아픈 사람들을 도울 때 사용하는 자원과 본질적으로 매우 다르다. 가족치료사는 아픈 사람이 질병으로 인해 관계에서 받는 사람이 될 때에도 타인에게 줌으로써 받을 수 있음을 발견하도록 돕는다.

그럼에도 그의 주요 서적인 『보이지 않는 충성심(Invisible Loyalties)』에서 보스조르메니-나지는 종교를 공평성의 맥락에서 광범위하게 논의했다. 맥락적 치료사는 가족이 불공평을 어떻게 다루는지를 이해하고자 할 때 종교와 영성에 큰 관심을 둔다. 신(神)의 정의라는 개념에 의존하는 사람들은 불공평의 희생자가 되었을 때 실제 관계에서 그것을 바로잡으려는 노력을 더 적게 하는 경향이 있다. 환생을 믿는 사람들은 불공평을 자신이 전생의 부정적인 행동에 대한 응징으로서 현생에 처해 있는 것으로 보는 경향이 있다. 그리하여 타인에게 보상을 받으려고 기대하는 경향이 훨씬 더 낮을 것이다. 두 경우 모두, 일상의 인간관계에서 실제로 관찰되는 영역 밖에서 공평성을 바라는 것이 도움이 되므로 그들이 파괴적 권리에 의존하는 것을 줄여 준다. 공평성이 어디에서 비롯되든, 사람들이 공평성을 기대하는 것은 보편적이다.

문제해결에 대한 관점

치료 목표

건강의 정의 보스조르메니-나지와 크래스너(Boszormenyi-Nagy & Krasner, 1986)는 건강에 대한 관계적 정의를 다음과 같이 제안한다. “심리적으로 그리고 윤리적으로 건강하고 친밀한 관계에 있는 개인의 자기만족 능력은 그의 타인지향적(원심적) 관심으로 보완되어야 한다. 타인지향적 관심이란 친밀한 관계를 맺고 있는 사람으로부터 받은 돌봄에 보답해야 할 필요성이다."(p. 36) 건강한 관계는 원심력과 구심력을 모두 포함한다. 즉, 자기에 대한 초점과 타인에 대한 초점을 모두 포함한다.

모슬리 씨 가족에서 구성원들은 때때로 그리고 어느 정도 자신의 요구를 잊지 않고 있고, 또 타인을 고려할 수 있다. 예를 들어, 미란다가 유산을 한 후 스티븐은 그녀의 요구를 고려했고 가족에 좀 더 도움이 되도록 부모로서의 책임과 가사노동 책임을 약간 더 맡았다. 또 어떤 다른 때에 가족구성원들은 더 구심적인 방식으로 기능하여서, 타인을 희생하고서 자신의 요구에 집중하는 때도 있었다.

가족구성원이 타인과 긍정적인 관계를 맺을 때, 신뢰를 쌓게 되며 자유와 자발성이 증가한다. 가족구성원들이 신뢰할 수 있는 방식으로 서로와 관계를 맺으려고 할 때, 가족은 강화된다(Boszormenyi-Nagy, Grunebaum, & Ulrich, 1991). 착취, 비난, 소유욕, 자기 행동의 결과에 대한 책임 수용의 거절 같은 부정적인 관계 맺음은 불신을 불러일으키고 가족의 유대를 약화시킨다(Boszormenyi-Nagy & Krasner, 1986).

가족의 건강은 궁극적으로 구성원들이 타인에게 적절한 돌봄을 제공할 수 있는 능력뿐 아니라 미래 세대의 이익을 보호할 수 있는 능력으로 측정될 수 있다. 아마 맥락적 가족치료에서 가장 중요한 목표는 예방으로, 현세대에 대한 착취와 미래 세대에 대한 상처를 예방하는 것이다(Boszormenyi-Nagy, Grunebaum, & Ulrich, 1991).

이 목표는 파괴적 권리의 다세대적 영향을 고려할 때 특히 더 그렇다. 맥락적 치료사의 주요 목표는 부모들이 자기 부모에게서 받지 못한 것을 자녀들로부터 받기 위해 자녀들의 충성심을 사용하는 것보다 자녀들에게 적절한 돌봄을 주는 것에서 더 많이 얻을 수 있다는 것을 발견하도록 돕는 것이다. 보스조르메니-나지, 그룬바움과 울리히(Boszormenyi-Nagy, Grunebaum, & Ulrich, 1991)는 "주요한 치료적 움직임은 특정 기술을 배워서 일어나는 것이 아니라 모든 사람은 상호적 보상과 호혜적 교환에서 이익을 얻는다는 것을 배움으로써 일어난다."(p. 231)라고 말한다. 맥락적 치료사는 또한 사람들이 눈에 보이지 않고 파괴적인 충성심의 표현에서 벗어나 불충이나 단절보다 개인적 자유를 더 많이 줄 수 있는, 직접적이고 자기파괴적이지 않은 방식으로 충성심을 표현하도록 돕는 것을 목적으로 한다.

치료 목표 다른 모든 치료사와 마찬가지로 맥락적 치료사도 병리의 감소, 주관적 불평의 감소, 개인적 만족과 대인관계의 향상, 탄력성 수준의 회복에 목표를 둔다. 맥락적 치료사는 관계적 현실의 다섯 가지 차원에 따라 임상 상황을 사정하며, 다섯 차원의 어떤 차원에서든 적절한 치료적 자원이 있는지 파악하고자 노력한다. 예를 들어, 브랜든이 특별 수업을 받을 때 특별 프로그램에 등록한 것은 사실 차원의 자원이며, 그가 그 프로그램에서 인지 능력이나 정서 능력의 향상 면에서 이룬 이득은 심리 차원의 자원이다. 마찬가지로 미란다가 부모 지지집단에 참여하는 것은 이 두 차원 모두의 자원이다. 만일 코비가 주요 우울장애로 고통을 받고 있고, 우울증으로 학교에 가지 못한다면, 항우울제는 사실 차원의 자원이 될 수 있다. 미란다와 스티븐이 테레사의 이성교제를 제한하기 위한 결정에 대해 의논하고 그것에 대해 합의를 보고자 할 때, 부모 하위집단이 강화되고 가족 내에서 분명한 위계가 설정된다. 이것은 상호교류 차원의 자원이다. 핵가족이 온전하고 또 각 가족원이 자기-타인 대화를 위해 타인의 존재에 의존할 수 있다는 단순한 사실은 실존 차원의 자원이다. 그럼에도 불구하고 맥락적 치료에서 치료적 개입의 주요 초점은 관계윤리 차원에 있고, 구체적인 목표는 주고받음과 관련하여 발전시킨다.

치료는 현재 문제에 초점을 둔 단기적 개입 작업을 포함하여 두 방향으로 진행된다. 그러나 특히 더 중요한 것은 치료가 가족구성원, 특히 성인이 자기 행동의 결과에 대한 책임을 수용하도록 돕는 데 초점을 둔다는 점이다. 사람들이 관계의 중심에 진실성을 갖지 못할 때, 다른 가족구성원이 증상을 갖게 될 수 있다. 진실한 대화의 부족은 정서적 단절, 적대적 거리, 융합된 밀착의 경우에 볼 수 있다 (Boszormenyi-Nagy & Krasner, 1986).

보스조르메니-나지(Boszormenyi-Nagy, 1987a)는 몇 가지 치료 목표를 제시했는데, 이는 모두 다음과 같은 신뢰감 구축 전략의 원칙을 바탕으로 한다.

> 치료사의 공감과 진실성의 내면화, 구성원 간 책무성의 검토를 통해 공정한 상호성이라는 자원의 운용, 관련된 모든 사람을 재연결(rejunctive) 계획에 포함하는 것, 변화에 대해 사람들 모두의 저항과 작업할 수 있는 능력, 뿌리를 공유하고 있다는 바꿀 수 없는 사실과 사랑이나 증오, 우정이나 관계의 탈퇴 같은 변화무쌍한 정서적 태도를 구분할 수 있는 능력, 유산에 대한 기대와 정체된 대인관계 통장 모두에 현실적으로 재균형을 이룰 수 있는 능력, 보이지 않는 충성심의 수정과 재작업, 윤리적으로 부적절하게 대체한 경우를 바로잡는 것, 자녀의 탈부모화를 향한 작업, 수동적으로 의존적인 태도를 적극적으로 책임질 수 있는 시도와 계획으로 변형하기다(p. 209).

가족구성원이 진실한 대화를 시작하고 또 재연결을 향해 움직이도록 하기 위해서 치료사는 첫 번째로 가족구성원들이 관계에서 공평성의 균형을 재평가하고, 자기 행동의 결과에 대한 책무성을 수용하도록 도와야 한다. 이는 다른 사람들의 공헌을 인정하는 것도 포함한다. 두 번째 단계는 부모의 이익과 자식의 이익 간에 더 현실적인 균형을 이루는 데 초점을 둔다. 세 번째 단계는 유산에 대한 기대를 재방문하는 데 초점을 둔다. 전반적으로 일반적인 목표는 더욱 다방면적으로 신뢰로운 관계를 발전시키는 것이다(Boszormenyi-Nagy & Krasner, 1987a).

모슬리 씨 가족에서는 주고받음 간의 균형에 대한 탐색이 많이 이루어졌던 것 같다. 가족구성원은 자신의 개인적인 요구를 제시하고 다른 구성원이 자신에게 기대하는 바를 이해하고 반응할 수 있도록 자신의 입장을 정의할 수 있어야 한다. 이런 식으로 해서 가족원 각자는 서로 더욱 공평한 관계를 발전시키고 그 관계에 들어갈 수 있다.

가족구성원들 간의 공정성과 신뢰의 회복이 맥락적 가족치료사가 분명히 바라는 바이지만, 그것이 쉽게 이루어질 것이라고 믿는 것은 순진한 것이다. 흔히 불공평을 저질렀던 사람은 그것을 깨닫지 못한다. 또한 불공평을 바로잡으려 해도 불공평의 가해자가 더 이상 거기에 없는 경우도 많이 있다. 또 다른 경우 치료사의 크나큰 노력에도 불구하고, 부모들은 자신이 자녀들을 부당하게 대하였음을 잘 보지 못한다. 그러므로 성공적인 치료가 공평성의 회복 측면에서만 측정될 수는 없다. 성공적 치료는 치료사가 가족구성원들이 파괴적 권리에 의존하는 것에서 벗어나 자기의 정당한 권리를 주장하기보다 타인의 복지를 위한 돌봄으로부터 더 많이 얻을 수 있음을 깨닫도록 돕는 정도로 정의되어야 한다(Ducommun-Nagy, 2010).

이 모든 구체적인 목표는 **치료적 순간**(therapeutic moment)에 대한 엄밀한 정의와 관련이 있다. 이는 어떤 사람은 직접적인 보답을 기대하지 않고 주는 위험을 감수함으로써 이익을 얻는 순간이고, 또 다른 사람은 단순히 제공되는 것을 받기만 하는 것으로 이익을 얻는 순간이다.

건설적 권리 사람들이 타인에게 적절한 돌봄을 제공하고 자신이 관대하게 제공한 것에 대해 직접적인 보답을 바라지 않을 때, 맥락적 치료사가 **건설적 권리**(constructive entitlement)라고 하는 것을 얻는다. 그것은 일종의 공로로서 자존감과 긍정적인 자기묘사의 향상을 가져온다(Boszormenyi-Nagy & Krasner, 1986). 이 권리를 통해 사람들은 삶을 즐기고 개인적인 노력에서 성공하기 위해 증가된 내적 자유를 누릴 수 있다.

사람들이 돌봄에 투자함으로써 관계에서 공로를 얻을 때, 그들만이 수혜자는 아니다. 분명히 돌봄을 받는 자도 얻게 된다. 이 사람이 나중에 주는 사람에게 돌봄을 제공할 책임을 수용하면 관계에서 진실성이 증가한다(Boszormenyi-Nagy & Krasner, 1987b). 이 상황에서 주는 사람은 건설적 권리의 형태로 간접적인 보답을 받으며, 받는 사람은 직접적인 이익을 얻는다. 이러한 치료적 순간에 도달하기 위해서 맥락적 치료사는 주요 전략으로 다각적 편향성을 이용한다.

다각적 편향성

치료 계약 맥락적 치료사에게 다각적 편향성(multidirected partiality)은 방법이자 목표다. 이것은 치료 계약을 고유하게 맺는 것에 대한 이해에서 나온다. 개인치료에서 치료사는 한 사람과 계약을 하고, 배우자나 자녀를 포함하여 제삼자에 대한 계약의 의무를 갖지 않는다. 예를 들어, 만일 미란다가 결혼생활을 유지해야 할지 아니면 스티븐과 이혼해야 할지를 결정하는 데 도움을 받기 위해 개인치료를 요청했다면, 치료사는 스티븐과 계약할 의무가 없을 것이다. 맥락적 치료사는 치료사가 중립을 지켜서도 안 되고 편을 들어서도 안 되며, **다각적 편향성**을 보여야 할 것이라고 제안한다. 즉, 치료사는 가족원 각자의 편을 순서대로 들어주기 위해 각 가족원을 지지하고, 결과적으로 각 가족원 역시 타인에게 반응할 책임을 맡도록 기대된다. 관심의 상충에 대한 해결은 여러 구성원 간의 대화로부터 비롯된다고 가정하는 것이다.

다각적 편향성의 방법론 치료사는 각 개인의 불평을 경청하고 그들의 정당한 권리를 들음으로써 특히 첫 회기 시작 부분에서 다각적 편향성을 촉진하고자 돕는다 (Boszormenyi-Nagy, 1987c). 치료사는 한 사람에게 자기 입장에서 상황을 설명하고, 제시된 문제를 어떻게 이해하고 있는지 설명하며, 치료에서 무엇을 얻고자 하는지 말하라고 요청하면서 시작한다(Boszormenyi-Nagy, Grunebaum, & Ulrich, 1991). 치료사는 각 가족원의 어려움에 관심을 보이고, 그들이 삶에서 처했을 수 있는 불공평을 탐색한다. 첫 번째 단계에서 치료사는 한 사람의 이야기를 존중하고 경청하며, 그의 말을 지지하는 구체적인 예와 설명을 요청한다. 그러고 나서 치료사는 다른 가족원에게 첫 번째 사람의 말에 반응하라고 요청한다. 만일 누군가가 논의된 주제에 대해 우스갯소리를 하려고 하거나 다른 사람에게 불손하다면, 치료사가 자기는 각 가족원을 기꺼이 이해하고자 하기 때문에 각 가족원이 다른 가족원을 진지하게 받아들여야 한다고 말할 것이다.

편향성은 대개 부모에게 먼저 보여 주고 그다음에 자녀에게 보여 준다. 이것은 치료사가 다음 세대에서의 불공평을 탐색하고자 할 때 매우 중요하다. 만일 치료사가 처음에 자기는 부모에게 별 관심이 없다고 말하면, 자녀는 치료사가 자세히 탐색하는 행동에서 부모를 보호함으로써 부모에 대한 충성심을 보일 것임에 틀림없다. 이 경우, 자녀는 자신에게 상처가 된 것을 드러내지 않거나, 혹은 상처를 최소로 줄일 것이다. 거꾸로 치료사가 자기는 부모에게 관심이 있으며 부모의 행동이 비록 상처가 되었다고 하더라도 이해를 받을 가치가 있는 분으로 대하고자 한다고 말하면, 자녀는 부모에 대한 불충의 위협을 무릅쓰지 않고도 자신의 상처를 더 자유롭게 드러낼 것이다(Boszormenyi-Nagy & Krasner, 1986).

다각적 편향성 전략 다각적 편향성은 두 갈래의 전략을 수반한다. 처음에 치료사는 상처를 입고 또 파괴적 권리를 축적한 사람에 대한 이해를 제공한다. 치료사의 이런 제스처는 부당한 취급을 받았던 사람들이 경험한 몇 가지 불공정을 줄인다. 이러한 움직임 다음에, 치료사는 이 사람이 다른 가족원에게 비슷한 배려를 기꺼이 제공하고자 하는지 여부를 질문할 수 있는 더 좋은 입장에 있게 된다. 파괴적 권리에도 불구하고 타인에게 배려를 제공할 위험을 수용하는 사람들은 만일 그 권리를 단순히 주장하였다면 얻지 못했을 무언가(향상된 자존감과 자기정의)를 얻는다는 것을 알게 될 것이다. 더욱이 타인을 더 많이 돌봄에 따라, 그들은 긍정적인 반응을 더 많이 이끌어 내는 경향이 있다. 이것은 결국 파괴적 권리에 기댈 필요성을 줄일 것이다. 각 가족원이 비슷한 변화를 이루도록 자극을 받게 되면서, 치료사는 전체 가족을 불공정한 착취와 복수의 세계로부터 공정성과 진실성의 세계로 천천히 이동시킬 수 있을 것이다.

예를 들어, 치료사는 스티븐에게 편향성을 제공할 수 있다. 스티븐은 그의 아버지 제임스가 당시 음주 문제가 있었고 그의 일상생활에 없었기 때문에 아이로서 아버지의 지지 없이 자랐다. 치료사가 이것이 불공평임을 인정하기 때문에, 스티븐에게 코비가 진짜 필요로 하는 것을 기꺼이 들어 줄 것인지를 질문할 더 좋은 입장에 있게 된다. 코비는 그 시점까지 가족에게 알리지 않았던 몇 가지를 제공할지 모른다. 예를 들어, 코비는 작은 키에 대해 아버지와 이야기하고 싶다고 요청할지 모르며, 아버지 자신이 10대였을 때 친구들이 놀리는 걸 어떻게 다루었는지 듣고 싶다고 할지 모른다. 아버지는 자기 아버지와 절대 그러지 못했던 부자간의 대화에 참여함으로써 관대함을 보일 것이고, 이런 제스처를 통해 건설적 권리를 얻게 된다.

다각적 편향성을 통해 가족구성원들은 가족관계에 대해 신선한 관점을 갖게 된다(Boszormenyi-Nagy & Krasner, 1987a). 대개 사람들은 자신의 관점을 통해 세상을 본다. 치료사가 처음에는 가족의 한 구성원 편을 들고 그다음에는 다른 구성원의 편을 들면, 가족구성원들은 일어났던 일들을 다르게 듣고 서로에게 새롭게 반응하는 방법을 찾을 기회를 갖는다.

치료 과정

맥락적 치료사는 모든 가족구성원이 치료에 와야 한다고 주장하지 않는다. 하지만 가족구성원들이 더 많이 가족치료에 직접 참여할수록 동원할 수 있는 관계 자원이 더 많다고 믿는다. 가족구성원들이 함께 작업하러 더 많이 올수록 가족이 공평한 관계 맺음 방식으로 움직이도록 도울 기회가 더 많아진다(Boszormenyi-Nagy, Grunebaum, & Ulrich, 1991). 다른 한편, 치료사가 치료에 참석하지 않은 가족원의 이익에 관심을 두는 한 상담실 안에 한 사람만 있어도 치료가 생산적이 될 수 있다.

치료사가 공정성의 옹호자가 될 때, 치료사는 가족에게 진실하게 되는 것이다(Boszormenyi-Nagy, Grunebaum, & Ulrich, 1991). 모슬리 씨 가족과 작업하는 치료사는 스티븐, 미란다, 코비, 테레사, 브랜든의 이익을 염두에 두어야 한다. 이들은 모두 제시된 문제가 일어나고 있는 핵가족의 일원이다. 게다가 치료사는 에스터, 제임스, 소피아, 알리샤, 퍼먼, 도로시에게 편향성을 제공함으로써 양쪽 원가족의 이익을 모두 염두에 두어야 한다. 이것은 그들이 가족치료 회기에 참석하는지 여부와 상관없이 이루어져야 한다. 치료사는 또한 제임스의 두 번째 부인인 아만다의 요구와 그의 아들인 윌리엄의 요구까지 살펴봐야 할 것이다. 예를 들어, 만일 제임스가 윌리엄에 대한 아만다의 부모 역할을 지지하게 하는 자극을 받을 수 있다면, 아만다는 결국 제임스가 스티븐 가족의 가족치료에 시간과 에너지를 투자하는 데 있어서 제임스를 지원할 여지가 더 많을 것이다.

치료사는 가족원들이 현실적으로 어떻게 충성심을 유지하고 또 에드워드처럼 돌아가신 분의 유산을 성취할 것인지 평가하도록 도와야 한다. 때로는 10대들이 가족치료에 참석하는 것의 이점을 찾아내기가 어렵다. 치료사는 단지 현재의 어려움에만 초점을 두고 싶지 않으며, 다음 세대에 부모가 될 사람으로서 10대들을 진지하게 대하고자 한다고 말할 수 있다. 그러면 10대들이 깜짝 놀랄 수 있지만, 자신이 미래의 성인으로서 진지하게 받아들여지고 있다는 느낌을 받을 것이다.

발달단계는 가족구성원들이 주고받음을 보는 방식과 다른 구성원에게 반응하는 방식에 중요한 역할을 한다. 예를 들어, 10대인 테레사는 이성교제를 할 권리가 있다는 데 초점을 둘 것이며, 자기를 이해하지 못하는 부모를 비난할지 모른다. 그녀는 부모님이 한계를 엄하게 정하고 위험으로부터 보호하고자 할 때, 자기에 대한 부모님의 돌봄을 보지 못할 수 있다.

치료는 대개 치료에 가져온 문제에 대한 가족구성원들의 관점을 살펴보는 것으로 시작한다(Boszormenyi-Nagy & Krasner, 1986). 이 과정이 어떤 사람에게는 어려울 수 있다. 왜냐하면 오래된 상처와 고통스러운 현실을 살펴보자는 질문을 받기 때문이다. 이 과정이 전개되면서 치료사는 가족구성원이 현재에서 과거로 돌아가 보도록 도울 수 있다. 이것은 개인이 과거의 상처를 살펴보게끔 하기 때문에 중요하다(Boszormenyi-Nagy, Grunebaum, & Ulrich, 1991). 이 과정은 각 가족원의 고유한 입장을 드러내는 데도 도움이 된다. '괴물'로 여겨진 사람조차도, 치료사가 그 사람이 어떻게 해서 불공평의 희생자가 되었는지 살펴보기 위해 그 사람 편을 들면, 그 사람이 새로운 시각에서 보일 수 있다(Boszormenyi-Nagy & Krasner, 1986).

가족 내 부모화가 있었다면, 치료사는 자녀가 부모를 보살폈던 방식을 부모가 인정하도록 돕는다. 만일 부모가 그렇게 할 수 있으면 가족구성원 간에는 신뢰가 증가한다(Boszormenyi-Nagy, Grunebaum, & Ulrich, 1991). 예를 들어, 코비는 동생들을 괴롭힌 오빠이자 형으로 묘사되고, 부모는 이에 대해 불평한다. 대신 스티븐과 미란다는 부부가 브랜든을 보살피느라 바쁠 때 코비가 부모에게 부담을 주는 대신에 그런 요구를 자기 혼자 간직했음을 인정할 수 있다. 이것은 공정한 인정일 것이며,

가족 내 신뢰를 높일 것이다.

한 회기 혹은 몇 번의 연속 회기 동안, 치료는 치료사와 가족원 간의 대화로부터 가족원들 간의 더욱 직접적인 대화로 바뀐다(Boszormenyi-Nagy & Krasner, 1986). 시간이 지나면서 가족원들은 서로에 대해 발전적인 방향으로 더 자발적이 된다. 스티븐과 미란다가 첫 회기에 서로 이야기했다고 하더라도, 그것이 곧 진실한 대화를 했음을 의미하지는 않는다. 그들은 아마 서로에게 그저 불평을 했을 것이다. 진실한 대화는 두 사람이 그들의 신념을 더 잘 지킴과 동시에 상대방의 관점을 이해할 수 있을 때 이루어질 것이다. 다른 사람이 자신의 관점을 가질 권리가 있음을 각자 인정할 때 진정한 공정성이 나온다.

관계에서 무엇이 공정하고 불공정한지를 정하는 것은 치료사의 역할이 아니다. 각 가족원은 자신의 입장을 말할 책임이 있고 다른 사람이 그 상황을 어떻게 보는지를 들을 책임이 있다. 치료사는 이런 대화를 촉진하지만, 무엇이 공정하고 불공정하게 여겨지는지를 결정할 책임은 없다(Boszormenyi-Nagy & Krasner, 1986). 마찬가지로 사람들에게 합당한 신용을 주는 것도 치료사의 일은 아니다. 대신 가족구성원들은 서로 합당한 신용을 줄 수 있어야 한다.

이것이 모슬리 씨 가족에게는 어려울 수 있다. 예를 들어, 만일 제임스가 치료에 참석해서 자기를 보러 정기적으로 와 주지 않은 것에 대해 스티븐을 비난하기 시작한다면, 치료사는 스티븐에게 힘들었던 점이 무엇이었는지를 제임스가 들어볼 의향이 있는지 살펴볼 것이다. 만일 스티븐이 아버지의 알코올중독과 폭력에 의해 상처를 입었음을 제임스가 알게 된다면, 그는 스티븐이 적어도 아버지와 완전히 단절하지 않은 데 대해 신용을 줄 수 있다. 이렇게 공정하게 인정함으로써 부자간 신뢰 회복의 먼 길을 갈 수 있다. 치료사가 이와 비슷하게 인정하는 것이 스티븐으로 하여금 세상에 존재하는 어떤 공평성을 회복하게 할 것이지만 부자관계를 향상시키지는 못할 것이다. 또한 치료사의 성급한 인정은 제임스가 아들에게 공정하게 되고자 함으로써 건설적 권리를 얻을 수 있는 기회를 박탈할 것이다.

맥락적 치료사는 충성심 갈등이 모든 가족에 존재한다고 가정한다. 흔히 충성심 갈등은 너무 많은 문제 없이 해결된다. 예를 들어, 수직적 충성심과 수평적 충성심 간 갈등은 피할 수 없고, 부부는 둘 다에 대처할 준비를 해야 한다. 미란다는 소피아에게 충성심을 가질 것이고, 스티븐은 에스터에게 그럴 것이다. 부부는 충성심 갈등이 부부관계에 미치는 영향을 줄이도록 서로 도울 수 있다. 만일 에스터가 손자녀와 더 많이 접촉하도록 도울 수 있는 방법을 스티븐이 찾아보도록 미란다가 그를 도울 수 있다면, 이것은 스티븐이 자기 어머니에게 불충한다는 느낌 없이 소피아가 그들의 인생에서 큰 역할을 한다는 것을 받아들이는 데 도움이 될 것이다. 이는 결국 미란다가 친정어머니와 남편 사이에서 고민을 덜 하게 될 것이기 때문에 미란다에게도 도움이 될 것이다.

코비는 부모에 대한 보이지 않는 충성심에 의해 교육을 망치려 할지 모른다. 표면적으로 그는 학교로 돌아가지 않으려 함으로써 부모에게 불충한다. 다른 한편, 적어도 일정 수준에서 그는 부모의 궁핍함과 취약함을 지각하고 집을 떠날 기회를 약화시키고 있을지 모른다. 여기서의 해결은 부모가 코비를 충성심 있는 아들로 보는 면이 있는지 찾아보도록 돕는 것이다. 만일 코비가 충성심 있는 아들로서 부모에게 헌신하고 있다는 점을 부모가 깨달을 수 있다면, 코비가 집을 떠나는 데 대해 부모는 위협을 덜 느낄 것이다.

반대로 코비는 부모에 대한 자신의 충성심을 보여 주기 위해 더 직접적인 방법을 찾으려 노력할 수 있다. 약간의 협상 후에 그는 적어도 부모의 몇 가지 기대를 충족시킬 것을 받아들일 수 있다. 그는 부모가 소중히 여기는 몇 가지 명분을 지지한다고 할 수도 있다. 그래서 결국 코비는 자기 인생을 밀고 나가는 데 대해 죄책감을 덜 느끼게 될 것이다. 따라서 가족충성심은 개별화를 향한 길의 장애물이 아닌 진정한 관계 자원이다(Ducommun-Nagy, 2002).

분열된 충성심의 경우에 치료사는 자녀가 처하게 되었던 곤경을 부모가 볼 수 있도록 돕기 위해 노력한다. 이 작업은 꽤 어려울 수 있다. 이런 부모들은 성장 과정에서 흔히 비슷한 경험을 했으며, 따라서 황폐해져 있다. 만일 치료사가 부모의 파괴적 권리를 극복하고 주는 위험을 감수하도록 도울 수 있으면, 개선의 기회가 있다. 만일 부모가 이전 배우자에게 충성심을 보이는 자녀를 비난하고 싶은 충동을 극복할 수 없을 때, 치료사가 자녀는 부모 둘 다에게 충성심을 표현할 권리가 있다고 자녀를 안심시키는 길밖에 없다. 스티븐의 경우는 부모인 에스터와 제임스 둘 다에게 충성할 권리가 있음을 받아들일 능력이 향상되었다. 그러나 스티븐이 성장할 때 그를 매우 어려운 곤경에 처하게 하였음을 부모가 인식하도록 하기는 훨씬 더 어렵다.

치료사 역할

다각적 편향성의 작업을 이해할 수 있기 위해서 치료사는 자신의 전문적 경험과 개인적 생활 경험을 합하여 일련의 확신을 발전시켜야 한다. 첫째, 치료사는 진실성이 개인적 경험이 아닌 관계적 요인임을 이해해야 한다. 둘째, 진실성은 신뢰감을 바탕으로 하는 것이 아니라 쌓은 공로를 바탕으로 한다. 셋째, 사람들과 가족들의 삶은 가족구성원 간 신뢰와 배려의 다각적인 투자가 있을 때 향상된다. 넷째, 치료사는 구성원들이 가족관계에 다각적으로 투자하도록 해야 한다. 다섯째, 사람들이 물려받은 유산은 그들에게 영향을 미치며, 사람들은 물려받은 유산을 잘 다루어서 다음 세대에 부정적인 영향을 미치지 않도록 해야 한다. 여섯째, 자녀와 부모는 비대칭관계에 있고, 자녀는 돌봄을 마땅히 받아야 하며 불공평한 착취로부터 보호되어야 한다(Boszormenyi-Nagy & Krasner, 1987b).

기술적인 면에서 보면, 맥락적 치료사는 상담실에서 적극적 중개인이지만 가족구성원에게 지시나 과업을 주려고 하지는 않는다. 치료사는 사람들의 태도를 해석하는 것을 삼간다. 맥락적 치료사는 순환적 질문을 사용하지 않는다. 각 개인이 자기가 느끼거나 원하는 것을 표현할 책임을 지도록 기대하기 때문이다. 맥락적 치료사는 솔직하게 말하는 모험을 가장 크게 무릅쓰고자 하는 사람에게 말할 기회를 주며, 치료사에게 가장 많은 관심을 받고자 하는 사람들에게는 기회를 주지 않는다. 맥락적 치료사가 개발해야 하는 가장 중요한 기술은 개입의 적절한 시기를 중심으로 이루어진다. 치료적 순간, 즉 한 사람은 줄 수 있고 다른 사람은 받을 수 있는 바로 그 순간에 도달하기 위해 치료사는 일정한 순서로 가족원들에게 편향성을 제공해야 하며, 또 가족원들이 언제 타인에게 관대함을 보일 모험을 무릅쓰기를 기대할 것인지 알아야 한다.

치료의 종결

맥락적 치료는 단순히 증상을 제거하기 위한 노력을 기초로 이루어지는 것이 아니라 가족구성원 간 진실한 대화를 바탕으로 하기 때문에 상호 간 공평성과 상호 간 배려 정도의 개선 측면에서 치료적 진전을 측정한다. 치료사의 지원 없이 서로 이야기할 수 있는 능력이 진전됨에 따라 가족구성원들은 치료 없이도 자발적으로 그렇게 할 수 있다는 결론을 내린다. 많은 경우, 가족은 적절한 시기에 치료를 중단하고, 언제 다시 도움을 구할 필요가 있는지 알고 있다. 예를 들면, 모슬리 씨 가족의 경우, 코비와 가족의 관계는 도움이 더 이상 필요하지 않을 때까지 향상될 수 있다. 그러나 만일 테레사가 더욱 도발적이 되고 부모와 단절하려고 한다면 새로운 어려움에 처할 수도 있다. 그렇게 되면 단기치료를 다시 시작할 상황이 될 것이다. 긍정적 경험을 했고 또 치료사의 도움을 어떻게 이용하는지를 아는 사람은 시간을 덜 쓰고서도 새로운 이슈를 해결할 수 있을 것이다.

치료사의 관점에서 보면, 성공적인 종결의 예측요인은 두 가지다. 한 가지 좋은 예측요인은 가족의 여러 구성원이 파괴적 권리에 의존하는 것이 줄어들고 진실하게 줄 수 있는 능력이 더 높아지는 것이다. 다른 하나는 **면죄**(exoneration)다(Boszormenyi-Nagy & Krasner, 1986).

면죄 보스조르메니-나지, 그룬바움과 울리히(Boszormenyi-Nagy, Grunebaum, & Ulrich, 1991)는 치료적 성공의 가장 중요한 예측요인은 아마 가족 내 성인이 자기 부모에게 면죄할 수 있는 정도라고 하였다. 사람들은 부모가 상처를 준 것이 악의에 의해서가 아니라 부모 자신이 삶에서 받았던 것보다 더 많이 줄 수 없었기 때문이었음을 깨달을 때, 부모의 약점을 더 이해할 수 있고 자녀가 처한 불공평의 본질이 변한다. 불공평한 처지에 있던 사람(재분배적 불공평)이라기보다 심한 한계를 가진 부모(분배적 불공평)에게서 태어났기 때문에 자녀들은 운명의 희생자가 된다. 그럴 경우에 부모의 잘못을 용서하는 데 필요한 관대함은 줄어들고, 사람들은 부족함을 느끼지 않고 다음 세대에 베푸는 것이 더 쉽다는 것을 알게 된다(Ducommun-Nagy, 2010).

아버지에 대한 스티븐의 시각은 시간이 지나면서 바뀌었다. 부분적인 이유는 아버지가 했던 바에 대해 아버지를 용서하려고 노력했기 때문이었다. 그는 또 제임스(아버지)가 술을 마시고 어머니를 때렸던 단순히 나쁜 남자가 아니라, 낮은 사회경제적 지위에 속한 남성으로서 많은 압박감을 받고 또 술을 마실 위험에 처해 있던 맥락의 일원으로 보게 될 것이다. 또 제임스는 다른 세대에 속한 어른이자 아버지였다. 그 세대에서 사회는 가족을 위해 남성이 무엇을 하고 무엇을 주어야 하는지에 대해 다른 기대를 하였다. 만일 스티븐이 아버지가 악의가 아닌 한계 때문에 그에게 상처를 준 것이라는 점을 볼 수 있다면, 그가 아버지에게서 받지 못했던 것을 아내와 자녀들에게서 받으려고 하는 경향이 더 적을 것이다. 또한 그는 고갈된 느낌 없이 타인에게 더 자유롭게 줄 수 있게 될 것이다.

사례 축어록

전화상으로 치료사는 핵가족의 모든 구성원이 첫 번째 가족치료에 오면 가장 좋겠다고 했고, 확대가족의 구성원도 합류하도록 제안했다. 소피아도 초대되었지만, 스티븐은 자기의 부모가 오지 않을 것이라고 생각하여 부모에게 물어보지 않았다. 더욱이 그는 부모에게 현재 가족의 문제를 이야기하는 것이 편안하지 않았다.

치료사: 당신 가족에 대해 잘 알지 못하지만 오늘 이렇게 모두들 오셔서 너무 기쁩니다. 소개하는 것으로 시작해 볼까요? 그 전에 몇 가지 짚고 넘어가겠는데요. 우선, 저는 누군가를 비난하기 위해 여기 있는 것이 아닙니다. 가족에게 도움이 되는 게 주요 목적이지요. 이제 부모님이 먼저 소개해 주시고요, 그다음에 다른 분들이 소개해 주시지요.

미란다: 전 미란다이고요, 여기 우리 아이들이에요. 코비, 테레사, 브랜든이에요.

스티븐: 스티븐입니다.

소피아: 저는 소피아고요, 애들 할머니예요.

치료사: (소피아에게) 누구 엄마시죠?

소피아: 미란다 엄마예요.

치료사: 스티븐 씨, 당신 가족은요?

스티븐: 부모님에게 오시라고 여쭙지 않았어요. 세인트루이스에 사시거든요. 게다가 우리가 여기 온 것은 코비 때문이어서요.

치료사: 더 진행하기 전에 뭐 좀 여쭈어 볼게요. 여러분 각자 이름으로 부를게요. 하지만 그렇게 되면 어떤 세대인지 놓칠 수 있겠지요. 그래서 미란다 씨, 당신은 엄마로 부르고, 스티븐 씨, 당신은 아빠로 불러도 될까요? 그러면 소피아를 할머니라고 불러야겠는데요. 이렇게 해도 괜찮겠어요?

(미란다, 스티븐, 소피아는 동의하고, 아이들은 낄낄 웃는다.)

맥락적 치료사는 분명한 세대 간 경계선을 확립하고자 한다. 그러나 자신의 관점을 가족에게 강요하지는 않는다. 여기서 치료사가 제안을 하고, 만일 가족이 받아들이지 않으면, 치료사는 그것을 다룰 것이다.

치료사: 이제, 부모님 중 한 분이 오늘 무엇 때문에 치료에 오셨으며, 무엇이 좀 도움이 되겠는지 말씀해 주시면 좋겠습니다. 그다음에 자녀분들에게 각자의 관점을 질문하고 싶습니다. 다시 말씀드리지만 저는 가족 안의 모든 사람을 돕고자 하는 것이 목적입니다. 스티븐의 부모님처럼 여기 오시지 않아도 그분들에게 도움이 되고 싶습니다. 할 수 있는 한 말이죠. 자, 오늘 어

디서부터 시작할까요?

치료사는 부모님이 치료 과정에서 앞장설 필요가 있다고 말한다. 이렇게 하면 자녀들은 부모님이 말하고 싶지 않은 사안을 이방인(치료사)에게 말함으로써 부모님에게 불충하지 않아도 될 것이다. 또한 위의 첫 진술에서 치료사는 다각적 편향성의 단계를 밟는다.

미란다: 우리는요, 코비에 대해 매우 걱정하고 있어요. 코비가 학교에 가지 않겠다고 하고, 식구들하고 쭉 갈등이 있어요. 여동생하고 싸우고, 브랜든에게도 나쁘게 대해요.

치료사: 이런 모든 일에 대해 코비에게 뭐라고 하시나요?

미란다: 미래를 위해 학교에 가야 하고, 사람들에게 좀 더 친절하라고 말하죠.

치료사: 이제 제가 남편분에게 어떻게 생각하시는지 여쭈어 봐도 될까요? 아니면 조금 더 말씀하시겠어요?

치료사는 다음 사람에게 편향성을 제공하기 전에 한 가족원이 말을 끝냈는지 여부를 조심스럽게 살핀다.

미란다: 아니에요. 지금은 아니에요.

치료사: 코비야, 이제 아빠에게 말씀해 보시도록 부탁드릴 거고, 그다음에는 너한테 갈 거야.

치료사는 스티븐과 이야기하는 동안 코비를 개입시키고 싶어 한다.

스티븐: 저도 이 상황을 아내와 똑같이 보고 있어요. 하지만 코비가 검정고시를 보겠다는 생각에 화가 나요. 그건 핑계라는 생각이 들고, 진짜 걱정이 되는 것은 앞으로 직장을 구하는 것이 정말 어려울 거라는 사실이죠.

치료사: 뭐 더 하시고 싶은 말씀은요?

스티븐: 없어요. 코비 말을 듣고 싶군요. 왜 저 아이가 내 말을 안 듣는지 도대체 알 수가 없어요.

치료사: 코비야, 무슨 말을 하고 싶니?

코 비: 왜 모두들 저렇게 화를 내고 있는지 모르겠어요. 제가 약물을 하는 것도

아니고 나쁜 친구랑 어울리는 것도 아닌데요. 저도 교육받기를 원하죠. 단지 학교 건물에 가야 하는 게 싫다는 거예요.

치료사: 그러면 너는 교육을 어떻게 받을 계획이니?

코 비: 온라인으로 마치는 프로그램을 통해서요.

치료사: 좋아, 그래서 너한테도 교육을 받는 게 중요하구나.

코 비: 네.

치료사: 코비야, 부모님도 그걸 알고 계신다고 생각하니?

코 비: 그렇게 생각 안 해요. 말씀드렸듯이, 제가 약물을 하는 것도 아니고 나쁜 짓을 하는 것도 아니에요. 그런데 부모님은 그걸 못 보시는 거죠.

치료사: 아빠에게 여쭈어 볼게. 코비가 문제를 안 만들려고 노력하고 있다는 걸 아시나요?

스티븐: 무슨 의미죠? 저 애는 지금이 바로 문제예요. 학교로 돌아가지 않으면 한 학년을 유급해야 할지 몰라요. 집에서도 브랜든과 테레사에게 더 잘 대해야 해요.

치료사: 제가 좀 다른 걸 여쭙고 싶군요. 최근에 코비가 브랜든에게 잘 대하지 않았던 적이 있다고 알고 있는데요. 그런데 코비가 브랜든을 실제로 도와줬던 때가 있나요? 도와줬던 예 말이에요. 반드시 최근일 필요는 없겠군요. 언제든지요.

스티븐: 못 봤어요. 하지만 한 가지 말씀드릴 수 있는 것은 최근까지는 코비가 브랜든을 그렇게 나쁘게 대하지 않았다는 거죠.

치료사: (스티븐에게) 그렇군요. 이제 어머니에게 여쭈어 볼게요. 똑같은 질문을요. 코비가 식구들 중 누군가를 도와주거나 친절하게 대했던 때를 기억하시나요?

치료사는 부모님이 공평한 인정을 할 수 있는지 살펴보고자 한다. 스티븐은 그렇게 하는 데 어려움이 있다고 보이기 때문에 미란다에게 주의를 돌린다.

미란다: 친정아버지가 돌아가시기 전에 코비는 친정아버지와 많은 시간을 보냈어요.

치료사: 누구에게 더 많이 도움이 되었다고 생각하시죠? 코비인가요 아니면 친정 아버지인가요?

미란다: 당연히 코비가 더 많이 얻었죠. 그렇지만 친정아버지도 병을 잊어버릴 수 있어서 도움이 되었어요.

치료사: 코비야, 너는 이 일에 대해 어떻게 생각하니?

코 비: 외할아버지랑 많은 걸 했어요. 낚시도 하고 이야기도 하고. 제가 아는 사람들은 저랑 외할아버지 사이 같은 관계를 갖지 못할 걸요.

치료사: 외할아버지도 그렇게 보실까?

코 비: 그럼요, 외할아버지도 저랑 함께 보냈던 시간을 인정하실 거라 생각해요.

치료사: 그걸 어떻게 알지?

코 비: 외할아버지가 가끔 말씀하셨어요. 암에 대해 생각하지 않게 해 주어서 할아버지한테 도움이 된다고요.

치료사: 그래서 너도 외할아버지에게 줄 수 있었구나. 단지 받기만 한 것이 아니고.

코 비: 그런 것 같아요.

치료사는 먼저 부모로부터 인정을 끌어내려 노력한다. 자녀에게 공평하게 됨으로써 부모가 권리를 얻는 데 도움이 될 것이고, 자녀는 공평한 대접을 받는 것만으로도 도움이 될 것이기 때문이다. 이 경우, 스티븐은 코비의 공로를 인정하는 데 어려움이 있다. 그 자신의 파괴적 권리 때문이다.

치료사: 아빠가 네 말에 대해 뭐라고 생각하실지 궁금하구나.

스티븐: 네 말이 맞을지도 모르지. 하지만 이렇게 이야기 나누는 목적이 무엇인지 모르겠어요. 우리는 코비가 학교에 가지 않으려 하는 것을 이야기하러 여기 왔는데요.

치료사: 맞습니다. 그런데 상황에 대해 좀 더 자세히 듣고 싶군요. 가족 모두가 그 상황에 대해 어떻게 하려고 노력했는지, 그리고 가족이 만났던 전문가들은 뭐라고 생각하는지를요. 예를 들면, 가정의학과 의사가 개입했다고 알고 있는데요. 그 의사가 어떤 인상을 받았는지 듣고 싶어요. 의사가 우울

증이나 뭐 의료 문제 같은 것에 대해서도 이야기했는지 듣고 싶네요. 하지만 그 전에 코비가 맨 처음에 했던 말로 돌아가고 싶어요. 코비가 아무 나쁜 짓도 하지 않았고, 약물 같은 것도 하지 않았다고 했잖아요. 아버님, 궁금한 게 있는데요. 자랄 때 아버님께서 꽤 잘하셨는데 그걸 사람들이 그저 당연하게 받아들였던 때가 있었는지 궁금해요. 사람들이 아버님께서 기울였던 노력을 전혀 보지 못했던 때도 있었는지요.

스티븐: 부모님이 이혼하셔서 어머니가 혼자 저를 기르셨어요. 아버지는 우리한테 돈을 많이 주지 않았어요. 어머니가 우리를 학교에 보내려고 열심히 일하셔야 했죠. 그래서 제가 열심히 일했던 건 당연했던 것 같아요.

치료사: 우선 한 가지만 말씀드리죠. 제가 누구를 비난하려는 것이 아니고요. 시간이 좀 더 있다면, 스티븐 씨 부모님의 인생에 대해 더 많이 이해하고 싶은 겁니다. 하지만 지금은 제 질문으로 다시 돌아가죠. 아까 말씀하신 것으로 보아, 어린 나이에 스티븐 씨 혼자 알아서 공부할 책임을 져야 했고 그래서 어머니가 스티븐 씨를 지켜보지 않아도 되었다는 말씀이지요. 그걸 어머니는 대부분 당연하게 여기셨다는 것이지요?

스티븐: 그렇습니다. 어머니는 그것에 대해 아무 말씀도 안 했어요. 때로 저는 제가 학교에서 잘하려고 얼마나 열심히 하는지 아무도 모른다고 느꼈어요.

치료사: 스티븐 씨가 열심히 하는 데 대해 약간의 인정을 받고 싶으셨다는 말씀인가요?

스티븐: 그런 것 같아요.

치료사: 코비가 나쁜 짓을 하지 않으려고 하는데 그 누구도 그 아이의 노력을 알아주는 것 같지 않다고 말할 때, 그건 스티븐 씨가 자랄 때와 같은 처지인 건가요?

스티븐: 확실히 그런지는 모르겠지만, 선생님 말씀이 맞는 것 같아요.

치료사: 코비가 한 노력에 대해 코비를 좀 인정해 주는 것이 더 좋겠어요? 아니면 스티븐 씨는 한 번도 받아 보지 못한 뭔가를 코비한테 주라고 요청하는 것

이 공평하지 못하다고 느끼시나요?

스티븐: 나는 코비에게 공평하게 하는 편이라고 생각해요. 그래도 아직 코비가 학교에 가지 않아 속상해요.

치료사는 아버지와 아들이 도달할 수 있었던 치료적 순간을 이끌어 내고자 한다. 하지만 아버지는 자신의 파괴적 권리 때문에 코비에게 완전히 인정해 줄 수가 없다. 치료사는 코비가 아버지에게 책임을 묻지 않기를 시작하도록 도움으로써 또 다른 장을 마련하고자 한다. (그 나이의 코비가 부모님을 객관적으로 볼 수 있다고 기대하기는 어렵다. 그러나 코비는 부모님도 단점이 있는 인간으로서 조금 더 이해할 수 있게 된다.) 이 시점에서 치료사는 수많은 선택을 할 수 있다. 하지만 치료사가 소피아 앞에서 스티븐의 분열된 충성심 이슈를 살펴보는 것은 현명한 선택이 아닐 것이다. 왜냐하면 스티븐은 자기 부모님에 대한 불충감을 느끼지 않고서 장모님 앞에서 부모님의 결점을 자유롭게 이야기할 수는 없기 때문일 것이다. 미란다도 마찬가지일 것이다. 그래서 어떤 맥락적 가족치료사는 스티븐을 별도로 만날 것이다. 한편, 미란다와 자녀들이 스티븐의 어려운 처지에 대해 더 많이 안다면 스티븐을 더 잘 이해할 것이다. 이건 아마 코비와 테레사에게는 거의 맞을 것이지만, 더 어린 브랜든에게는 훨씬 덜 그럴 것이다.

치료사: 이제 테레사에게 가 볼게요. 너도 분명히 할 말이 많을 거야. 너한테도 시간을 좀 줄게. 그런데 바로 지금 네가 지금까지 우리가 한 이야기를 잘 따라왔는지 알고 싶구나.

테레사: 그런 것 같아요. 그렇지만 코비 오빠가 저한테 좀 더 친절해야 한다고 생각해요. 오빠에게 상처 주려고 나쁜 짓을 한 건 없거든요.

치료사: 코비, 뭐라고 좀 대답하겠니?

코 비: 테레사가 저를 존중해야죠. 제가 나이가 더 많고, 부모님이 테레사 때문에 말싸움을 하실 때 부모님의 이야기를 들으며 참아야 했던 사람은 바로 저인데, 부모님한테서 뭔가를 얻어 갈 사람은 자기라고 테레사가 생각할 때 저는 화가 나요. 제가 집에서 부모님이 테레사의 데이트 문제로 똑같은 이

야기를 하고 또 하는 걸 듣거든요. 그런데 테레사는 상관도 안 해요. 그래서 정말 화가 나는 거죠.

부모화된 자녀들은 흔히 자신의 파괴적 권리를 형제자매에게 퍼붓고, 치료사는 양편을 다 지지해 주기 위해 노력한다.

치료사: 테레사, 부모님이 싸우실 때, 코비가 그 상황을 좀 진정시킬 책임을 느낀다고 하네. 집에서 일어나는 긴장으로부터 너를 보호해 주려는 방식으로 말야.

테레사: 아마도요. 그렇지만 오빠가 그럴 필요는 없죠.

테레사가 코비에게 많은 신용을 주지 않더라도, 코비는 치료사가 자기 편을 들어주는 것을 통해 신용을 얻게 되고, 그래서 파괴적 권리에 의존할 필요가 줄어들 것이다. 가족합동치료 회기에서 모든 가족구성원은 치료사와 한 가족구성원 간의 상호교류에 반응한다. 반응하라는 요청을 받았든 그렇지 않든 말이다.

치료사: 브랜든을 제쳐 버리고 싶지 않군요. 브랜든, 우리가 모두 이야기하는 동안 조용히 있어 준 것을 칭찬하고 싶구나. 이제 너도 뭔가 하고 싶은 말이 있는지 묻고 싶어. 말하고 싶지 않아도 괜찮아. 하지만 원하면 네 마음에 떠오르는 뭐라도 이야기해 보렴.

브랜든은 어리고 자폐증이 있기 때문에, 치료사는 어떤 부담도 지우고 싶지 않으며, 단지 약간의 공간을 제공해 주고자 한다.

브랜든: 코비 형이 학교에 안 가요. 저는 학교 좋아요.

치료사: 그렇구나. 이제 말인데, 코비가 너를 도와준 적이 있는지 부모님에게 내가 여쭈어 봤던 것 들었지? 지금 말고 그 전에 말야. 어떻게 생각하니?

브랜든: 그 전에 어떤 때 코비 형이 나하고 비디오게임을 하며 가르쳐 준 적이 있어요. 그런데 형은 더 이상 나랑 같이 많이 안 놀아요.

정신병 이슈가 있는 아이들과 사람들도 똑같이 공평성을 중요하게 여긴다. 브랜든은 부모님보다 코비에게 더 많이 공평할 수 있다. 코비가 동생에게 한 것이 참작된다는 점을 들으면 도움이 될 수 있다.

치료사: 그렇구나. 네가 그걸 기억하고 있다니 놀랍구나! 이제 외할머니에게 여쭈어 볼게요. 할머니가 가족하고 많은 시간을 보낸다고 했으니까요. 할머님, 이 시점에서 어떤 말씀을 좀 하고 싶으신가요?

소피아: 미란다와 스티븐이 코비를 너무 많이 걱정하고 있거든요. 선생님이 좀 도와주시기 바랍니다.

치료사: 도움이 된다는 것이 어떤 거라고 생각하세요?

소피아: 난 말을 많이 하고 싶지 않아요. 이미 너무 많이 개입하고 있는 것 같고, 그래서 미란다와 스티븐이 힘들 겁니다.

치료사: 이 말씀에 대해 누가 좀 코멘트하시겠어요?

미란다: 엄마는 하늘이 준 선물이세요. 우리 가족이 정말 많은 도움을 받고 있죠.

치료사: 남편분도 동의하시나요? 아니면 미란다 씨가 때로 친정어머니와 남편 사이에 끼어 있다고 느끼시지는 않나요?

미란다: 때로 저는 약간 죄책감이 들어요. 제가 남편보다 친정어머니와 더 많은 시간을 보내기 때문이죠. 친정아버지가 돌아가셨을 때 특히 그랬죠.

치료사: 어머니에게 빚을 졌다고 느끼세요?

미란다: 그런 것 같아요.

치료사: 그렇군요. 어머니께 여쭈어 볼게요. 따님이 어머니랑 시간을 함께 보낸 데 대해 어머니께 빚을 졌다고 생각하세요?

소피아: 딸이 나한테 빚 갚을 건 아무것도 없어요. 부모는 아이들이 필요할 때 주게 되어 있죠. 그게 전부예요. 아무튼 제 딸은 착한 딸이고 좋은 엄마예요. 그래서 자랑스럽죠.

치료사: 아마 따님이 어머니에게 충분히 해 드리지 못해 어머니보다 더 많이 걱정을 하는 것 같군요.

소피아: 맞아요.

치료사는 미란다의 친정어머니(소피아)에 대한 직접적 충성심을 소피아가 신뢰할 수 있는지 여부를 살펴보고자 한다. 그런 것 같으며, 그래서 이는 미란다가 스티븐에게 헌신하는 데 대해 죄책감을 느끼는 모험을 감소시킨다.

치료사: 이야기 나눌 것이 아주 더 많습니다. 그래서 여러분 모두와 그런 이야기를 나누도록 다시 돌아갈게요. 가능하다면 스티븐의 가족과도 더 많은 이야기를 나누고 싶군요. 그렇지만 이 시점에서 제가 드렸던 처음 질문으로 돌아가고 싶습니다. 다른 전문가들이 코비와 여러분 모두를 돕기 위해 무엇을 발견했거나 제안했는지 말이에요.

일단 치료사가 가족구성원 각자에게 편향성을 보이고, 또 공평성과 진실성의 이슈를 둘러싼 작업 단계를 설정하면, 관계윤리 차원의 관점을 잃어버릴 위험 없이 제시된 문제의 다른 가능한 결정요인을 탐색하기가 더 쉬워진다. 회기의 나머지 부분에서는 가족구성원들이 정당한 신용을 줄 수 있는 방식을 계속해서 탐색할 것이다. 가족구성원들이 관계에서 보다 더 공평하게 주고받을 여지가 있는지를 알기 위해서다.

Chapter **05**

사티어 경험적 가족치료

마이클 리터 · 진 맥렌던
(Michael D. Reiter & Jean McLendon)

버지니아 사티어(Virginia Satir)의 작업에 기초한 사티어 성장모델의 경험적 가족치료는 치료사와 가족구성원이 내담자 체계 안에서 심신의 안녕을 촉진하기 위해 관계를 맺는 과정 모델이다. 이 접근의 필수적인 면은 가족의 각 구성원과 접촉을 하는 것이다. 치료사에 의한 적극적이고 진실한 연결은 치료 작업을 위해 성장을 이루는 매개체가 된다. 자기 자신을 이용함으로써 치료사는 자기가치감, 자기책임감, 일치적 의사소통이 일어나도록 돕는 치료관계를 촉진하는 과정에서 리더십을 발휘한다. 변화는 상담실 안에서 치료사와 내담자가 서로 일치적으로 관계를 맺을 때 일어난다. 치료사가 안전감을 느끼도록 작업하면, 내담자는 치료사와 가족구성원들에게 진정성과 개방성을 무릅쓸 수 있게 된다. 내담자가 자기 세계에서 이러한 의사소통을 하기 위해서는 치료사로부터 지지, 도전, 격려를 필요로 할 것이다. 치료에서는 가족구성원이 자신의 고유성을 키울 수 있도록 건강한 의사소통을 지속할 수 있는 기술을 발전시킨다. 이 장은 우선 사티어 성장모델을 통해 모슬리 씨 가족을 살펴본다. 말하자면 어떻게 해서 가족구성원들이 자신과 다른 구성원들의 전반적인 표현과 기능을 제한하였는지 살펴본다. 그다음에는 사티어 치료사가 모슬리 씨 가족이 더 새롭고 더 완전한 방법으로 자기 자신을 경험하도록 돕기 위해 어떻게 사례개념화를 할 것인지 살펴보고자 한다.

문제형성에 대한 관점

가족들

개인은 고립된 존재가 아니다. 개인의 발달은 대부분 양육에 의해, 그리고 타인과의 관계에 의해 형성된다. 사람은 관계를 통해서 자기와 타인과 세상에 대해 배운다. 스티븐, 미란다, 코비, 테레사, 브랜든이 각각 태어났을 때, 그들은 오늘날과 같은 사람들이 아니었다. 그들은 많은 요인을 바탕으로 해서 자기에 대한 인식을 갖게 되었다. 특히 가족구성원들이 그들과 어떻게 상호작용했는지가 중요하다.

사티어(Satir, 1988)는 네 가지 상호작용 측면을 통해 가족생활을 살펴보았다. 첫 번째 측면은 자기가치다. 이것은 가족원 각자가 자기에 대해 어떻게 느끼는지를 말한다. 두 번째 측면은 의사소통으로, 가족구성원들이 서로 의미를 어떻게 연결하는가다. 세 번째 측면은 가족체계이며, 사람들이 어떻게 함께하게 되어 서로 관계 맺는 방식에 대한 규칙을 발전시키는가다. 네 번째 측면은 사회와의 관계, 즉 가족이 가족 단위 밖의 체계와 어떤 관계를 맺는가다.

가족 단위에서 구성원들이 맺는 관계는 서로를 연결해 준다. 가족은 대개 자녀, 부모, 조부모를 포함하여 몇 세대를 포함한다. 가족 안에는 하나 이상의 주요 삼자관계(triad)가 있다. 1차 삼자관계는 아버지, 어머니, 자녀의 관계체계다(Satir et al., 1991). 사티어에 의하면, 사람이 출생 후 갖는 첫 번째 관계체계는 자기, 타인, 세상에 대한 학습을 위해 가장 중요한 맥락이다. 핵가족 내 사람들의 수에 따라 삼자관계는 많아지고 다양해진다. 오늘날 정자와 난자 기증자, 동성관계, 한 부모됨이 퍼져 있는 세계에서도 사티어는 과거 1차 삼자관계에 대해 말했던 것과 똑같은 방식으로 부, 모, 자녀의 삼자관계에 대해 말할 것이다. 모슬리 씨 가족에서 1차 삼자관계는 스티븐과 미란다와 코비, 스티븐과 미란다와 테레사, 스티븐과 미란다와 브랜든, 소피아와 에드워드와 미란다, 에스터와 제임스와 스티븐이다.

어머니–아버지–자녀 삼자관계는 자녀가 자아정체감을 발달시키는 맥락이다(Satir & Baldwin, 1983). 대개 의사소통은 삼자가 있는 데서 한 번에 두 사람 간에 일어난다. 이 말은 한 사람은 소외되었다고 느낄 가능성이 있다는 의미인데, 그렇게 해서 자녀는 소속과 소외를 학습할 수 있게 된다. 스티븐과 미란다와 코비의 1차 삼자관계는 코비가 자신과 다른 사람을 어떻게 경험하는지를 학습했던 주요 맥락이다. 그것은 코비가 관계 상황에서 소외감을 학습했을 수 있는 삼자관계이기도 하다.

부부가 서로를 편안해하고 신뢰할 때, 가족의 기능적인 삼각관계에 개입할 수 있고, 자녀가 소외당하는 데 대한 두려움을 효과적으로 다룰 수 있다(Satir, 1983). 이 상황은 역기능적인 가족의 삼각관계와 반대인데, 역기능적인 가족에서 부부는 자존감이 낮고 어머니와 자녀 혹은 아버지와 자녀 간 상호작용 같은 특정 상황에서 소외당하는 것에 대해 불편해한다.

가족체계에서 가장 중요한 관계는 아마 부부관계일 것이다(Satir, 1983). 남편과 아내 간에 고통이 있을 때, 대개 어떤 형태의 역기능적 부모됨이 초래된다. 그 영향을 가장 많이 받는 사람은 확인된 환자(identified patient: IP)다. 사티어는 "IP의 증상은 부모의 고통을 줄이거나 흡수하기 위한 시도의 결과로서 자신의 성장을 방해하고 있다는 메시지다."(p. 2)라고 하였다. IP만 고통을 경험할 뿐 아니라 가족의 다른 구성원들도 역시 어떤 식으로든 고통을 경험한다(Satir, 1983). 모슬리 씨 가족에서는 코비가 겉으로 증상을 경험하는 사람일지라도, 전체 가족이 스트레스를 받고 있다.

겉으로 보기에 스티븐과 미란다의 관계에는 갈등이 없는 것 같다. 그러나 자세히 보면, 두 사람은 분명하고 솔직한 대화를 하는 데 열려 있지 않다. 대신 두 사람은 주로 비일치적으로 관계를 맺고 있다. 코비는 부모의 이러한 불화를 감지하고 있으며, 무의식적으로 그 상황을 바로잡고자 노력하고 있다. 비록 다른 형태의 고통을 가져오는 방식으로 그렇게 하지만 말이다.

증상

가족은 현재의 대처방법에 의해 고통이 줄어들지 않기 때문에 좌절과 절망에 빠져 치료에 온다(Satir & Baldwin, 1983). 모든 가족은 문제를 가지고 있는데, 문제 자체가 문제가 되는 것은 아니다. 가족이 문제에 꼼짝 못하게 되는지 아니면 새로운 존재방식을 발전시키게 되는지를 결정하는 것은 가족이 문제에 어떻게 대처하는가다.

가족이 치료에 올 때는 대개 IP, 즉 가족에서 증상을 나타내는 사람이 있다. 모슬리 씨 가족의 경우에 코비가 IP다. 겉으로 보기에 그가 증상을 경험하고 있고, 전체 가족은 스트레스를 받고 있다. 가족구성원들은 현재 일어나고 있는 것이 가족에게 분명히 영향을 미친다고 볼 것이지만, 가족원들도 모두 어떤 형태의 고통과 불화를 경험하고 있다.

치료에 오는 가족은 몇 가지 유사점이 있다(Satir, 1988). 여러 가족원의 자존감이 낮고, 구성원 간의 의사소통이 명확하거나 정직하지 않으며, 가족규칙이 경직되어 있고, 가족은 사회체계와 효과적인 관계를 맺고 있지 못하다. 반대로 잘 기능하는 가족은 구성원들의 자존감이 높으며, 명확하고 정직한 의사소통을 하고, 규칙이 융통적이며, 사회와 희망적인 관계를 맺고 있다. 모슬리 씨 가족에서 많은 구성원은 자존감이 부족해 보이며, 특히 스티븐, 미란다, 코비가 그렇다. 모슬리 씨 가족은 서로에 대해 개방적이거나 솔직하지 않다. 구성원들이 메시지를 정확하게 주고받을 때도 있지만, 일상적인 삶 속에서 그들의 기대, 희망, 소망, 감정을 나누는 것 같지는 않다.

증상은 한 사람 이상이 새로운 환경에 적응하고자 하는 노력이다(Satir, 1986). 대개 증상은 개인, 가족 혹은 둘 다에게 일어난 어떤 스트레스 생활사건 혹은 중요한 전이가 일어나는 동안이나 그 후에 나타난다. 한쪽 혹은 양쪽 원가족에서 일어난 변화가 그것일 수도 있다. 조부모의 사망, 핵가족을 형성하거나 떠나는 사람, 청소년기 도달 같은 생물학적 변화, 가족의 사회적 맥락이 예가 될 수 있다. 생활사건은 가족에게 영향을 미치며 가족의 대처기제를 시험한다. 대처의 성공은 특정한 모든 이자관계(dyad)가 얼마나 잘 재적응하는지에 달려 있다. 부부관계는 가족의 변화하는 요구에 맞추어 변화해야 한다. 모슬리 씨 가족의 현재 증상은 미란다의 친정아버지 에드워드의 죽음에 대한 반응일 수 있다. 가족은 가족 내 코비의 위치를 재협상으로 에드워드의 상실에 잘 적응하지 못했을 수 있다. 코비가 외할아버지와 가장 가까운 가족으로 보였기 때문이다. 에드워드의 죽음은 가족에게 중요한 사건이었고, 가족이 효과적으로 대응할 능력에 대한 도전이었다.

에드워드의 죽음은 가족의 1차적인 삼자관계에서 일어나는 역기능을 부각시켰을 것이고, 그리하여 코비의 문제 행동이 나타났을 것이다. IP의 행동은 가족 내에 역기능적인 뭔가가 있다는 신호인데, 대개는 어느 정도 양육을 제공했던 사람들 사이의 상호교류에 역기능적인 뭔가가 있다는 신호다. 사티어(Satir, 1971)는 "자녀의 증상이 부부관계의 역기능을 어떻게 보여 주는지"(p. 129)에 대해 말했다. 코비의 등교 거부는 스티븐과 미란다의 역기능적인 의사소통과 연관이 있을 것이다. 두 사람은 서로의 자존감을 인정하기 위해 지지할 수가 없었다. 그래서 두 사람은 코비의 고유성과 인간성을 깎아내리는 방식으로 상호작용한 것이다.

코비가 비록 증상 행동을 보이고 있지만, 그 증상은 가족체계를 위한 어떤 목적을 갖는다(Satir, 1983). IP의 행동은 부부관계의 갈등과 같은 가족의 다른 영역으로부터 초점을 돌리게 하기 때문이다. 사티어는 "IP는 부모 개인의 갈등과 부모 간의 주요 갈등을 드러내 보인다. 그래서 부모가 유발했던 특징들을 IP가 보일 때, 그리고 부모가 자신과 서로에 대해 두려움을 보일 때, 자녀는 부모 불안의 대상이 되고 부모의 기대가 실현되도록 한다."(p. 49)라고 말한다. 증상이 있는 사람은 이미 자존감이 낮으며, 가족 안에서 자신의 무가치함을 강화하는 문제가 있는 사람으로 불리고 있다. 코비는 증상이 시작되었을 때 이미 자존감이 낮았다. 신체적으로 그는 대부분의 또래보다 키가 더 작았으며, 때로 키 때문에 놀림도 받았다. 그는 또한 엄마가 자기보다 동생에게 더 많은 관심을 기울이는 경험도 하였다. 부모가 그의 자아감을 다루지 않고 학교에 가도록 압력을 가했기 때문에, 코비는 더 낮은 수준의 자존감을 느끼고 있을지 모른다.

모슬리 씨 가족구성원들 각각은 때로 자신이 고유하고 가치 있는 사람으로 대해지지 않는다고 느꼈을 것이다. 브랜든은 최근 코비가 자기에 대해 당황스럽다는 말을 했을 때 자기가치가 절하되었다고 느꼈다. 테레사의 자기가치는 데이트 가능 여부에 대해 아빠가 자기와 대화하려고 하지 않았을 때 도전을 받았다. 코비의 자기가치는 부모가 그에게 약간의 자율성도 허락하지 않고 학교에 가도록 요구했을 때 도전을 받았다. 스티븐의 자기가치는 미란다가 그의 처지를 인정해 주지 않고 아이를 한 명 더 가졌을 때 도전을 받았다. 미란다의 자기가치는 스티븐이 그녀의 생각과 감정에 실제로 관심이 있음을 보여 주지 않을 때 도전을 받는다. 이것들은 모슬리 씨 가족의 다양한 구성원이 서로와의 관계에서 성장할 수 없었던 수많은 방식 중 몇 가지에 불과하다.

자기가치

자기가치감이 낮은 사람은 자율성과 개별성을 보이지 못하는 경향이 있어서(Satir, 1983), 타인이 자기를 어떻게 보는지에 지나치게 초점을 둔다. 그들은 또한 타인이 그들을 실망시킬까 봐 두려워한다. 자기가치감이 낮은 사람은 자기 스스로에게 부여하지 못하는 자기감과 가치를 타인이 제공해 주기를 기대하는 경향이 있다(Satir, 1988).

자기가치는 개인적인 사안이지만, 높은 자존감은 개인적 차이와 고유성을 가치있게 여기는 가족 안에서 발달한다(Satir, 1988). 이런 가족은 대개 규칙이 융통적이고, 의사소통이 명확하며, 구성원들은 자신의 행동에 대한 책임을 져서 자기 자신, 자기의 강점과 단점, 타인의 강점과 단점을 수용할 수 있다. 이런 사람은 자기 힘으로 설 수 있고, 자기의 삶과 자신의 고유성을 발달시키는 과정에 대한 책임을 지며,

다른 사람들에 대해서 책임 있고 반응하는 인간이 되는 인생의 시기인 '제3의 탄생'의 삶을 잘 걸어간다(Satir, 1979).

모슬리 씨 가족에서 구성원들은 그들이 가족 내 다른 사람들에게 개방적이고 솔직할 수 있다고 느끼지 못했다. 그들은 자기 자신을 드러내지 못하고 있으며 자신의 약함을 못 보이고 있다. 이 가족에서 구성원들은 실제로 서로를 잘 알고 이해하는 경험을 하지 못하며, 그래서 진실한 접촉이 이루어지지 않고 있다.

의사소통

의사소통은 개인발달과 가족 기능의 중요한 측면이다. 의사소통의 명확성은 중요하다. 하지만 많은 사람은 타인과 상호작용할 때 불일치를 경험한다. 의사소통을 할 때 개인은 적어도 세 가지 선택권을 갖는다(Satir et al., 1991). 첫째, 개인은 일치적인 정서를 사용하면서 불일치적인 단어를 사용할 수 있다. 둘째, 불일치적인 정서를 사용하면서 일치적인 단어를 사용할 수 있다. 셋째, 일치적인 정서를 사용하면서 일치적인 단어를 사용할 수 있다. 이 중 가장 효과적인 방식은 세 번째 의사소통 방식이다.

가족 내 명확한 의사소통은 중요하다. 왜냐하면 명확한 의사소통에 의해 사람들은 연결감, 이해, 요구 충족을 촉진하는 방식으로 정보를 교환할 수 있기 때문이다(Satir, 1983). 모슬리 씨 가족에서는 질 높은 의사소통이 이루어지지 못했다. 구성원들은 서로에게 완전한 주의를 기울이지 못했고, 자주 판단적이었다. 비록 겉으로 드러나지는 않았지만, 각 구성원은 가족의 다른 구성원을 비난하는 경향이 있다.

의사소통을 효과적으로 하지 못하는 사람은 역기능적인 관계를 맺는다(Satir, 1983). 이와 같은 잘못된 의사소통은 대개 낮은 자존감에 기초하며, 또 자기와 타인 및 상황에 대한 자각의 부족에 기초한다. 이 세 가지 요소 중 하나가 간과될 때, 상호작용할 때 일치성에 필요한 요소가 없어진다. 낮은 자존감을 가진 사람들은 역기능적인 의사소통을 하는 경향이 있고, 타인과의 차이를 받아들이는 데 어려움이 있다. 사람들이 자신과 자신의 파트너가 고유하면서 동시에 차이가 있음을 인식할 때, 가치의 평등으로 이어져서 모두가 변화를 환영할 수 있게 된다(Satir et al., 1991).

의사소통 유형

사람들은 자신의 자존감 수준을 고유한 방식으로 의사소통한다. 마찬가지로 의사소통은 개인이 자기, 타인, 상황이라는 세 가지 렌즈를 통해 보일 수 있는 자기가치감을 유지하도록 돕는다(Satir et al., 1991). 사티어는 의사소통 유형을 다섯 가지로 구분했는데, 회유형, 비난형, 초이성형, 산만형, 일치형이 그것이다(Satir, 1975a, 1988; Satir et al., 1991). 이 중 처음 네 가지는 어떤 형태의 위협이 있다고 여겨질 때 자존감을 보호하거나 방어하기 위해 쓰이며, 스트레스에 비생산적으로 대처하는 방식이다. 의사소통의 이러한 입장은 사람들이 실제로 경험하는 것을 표현하도록 허용하지 않는다. 다섯 번째 입장인 일치형은 방어적이지 않으며 높은 자존감을 바탕으로 한다. 이 유형의 의사소통은 진실한 관계의 기회를 최대한 활용한다. 이 입장은 적극적이고 현재에 초점을 두며, 타인을 대화에 개입시킨다.

회유형은 개인이 타인의 요구에 동의하지 않는데도 그 요구에 동의하는 경우다. 회유할 때, 사람들은 상황과 타인을 강조하지만, 자신의 감정과 욕구와 생각을 무시한다. 회유형은 그 순간 타인으로부터의 인정을 강하게 필요로 한다. 모슬리 씨 가족에서 스티븐은 회유하는 입장에서 가장 자주 기능하는 사람이다. 자신과 미란다 사이에 중요한 의견 충돌이 있는 상황에서 스티븐은 자기의 바람을 포기했고, 미란다가 원하는 대로 따라갔다. 이런 입장은 그의 아버지인 제임스와의 초기 상호작용에서 비롯되었을 것이다. 아버지는 그가 충분히 가치 있는 사람이 아니라는 생각을 하게 하였다. 스티븐은 그가 동의하지 않을 때조차 미란다에게 동의함으로써 미란다의 인정을 추구하였을 것이다.

비난형은 누군가를 비난하고 또 자신의 행동이나 상황에 대한 책임을 수용하지 않는 경우다. 자기가 전경에 있고, 반면 상황과 타인은 먼 배경에 있다. 사람들은 자신을 보호하기 위해 비난을 하고 그래서 타인을 괴롭히고 깎아내린다. 비난을 할 때, 개인은 겉으로는 매우 강해 보이지만 실제로는 매우 외로우며, 내면에서는 걱정을 한다. 청소년은 비난하는 입장을 취하는 경향이 있다. 그 입장이 자신에게 지배감을 주기 때문이다(Satir et al., 1991). 모슬리 씨 가족의 다섯 구성원 모두 때로 비난하는 입장에서 기능한다. 비록 코비는 겉으로는 누군가를 깎아내리지 않지만, 자신의 불안전에 대해 타인을 비난할 것이다. 테레사와 브랜든은 가족에 문제를 끌어들인 사람이 바로 코비라고 생각한다. 스티븐과 미란다는 만일 코비가 학교에 간다면, 가족의 문제는 해결될 것이라고 생각한다.

초이성형은 컴퓨터형이라고도 알려져 있는데, 외부세계와 내적 경험 간의 단절을 수용한다. 상황을 고려하지만, 타인과 자기는 고려하지 않는다. 겉으로 보기에는 조용해 보이지만, 내면으로는 통제의 상실과 취약성을 느끼고 있다. 초이성형 자신은 어떤 감정도 없는 것처럼 보인다. 모슬리 씨 가족에서 초이성형 입장에서 자주 기능하는 사람은 미란다일 것이다. 미란다는 일이 어떻게 돌아가야 하는지에 초점을 두는 경향이 있다. 그러나 삶의 여러 시기에 문제가 좀 있었고 기능을 잘할 수 없어서, 산만형 입장을 취하기도 했다.

혼란형으로도 알려져 있는 **산만형**은 자기, 타인, 상황과 연결되지 못하고, 누구도 자기를 보살핀다고 느끼지 않는다. 자기가 무슨 말을 하고 있는지와 타인이 무슨 말을 하고 있는지 사이의 연결이 왜곡되어 있다. 강한 위기의 시기에 미란다 외에는 모슬리 씨 가족의 어느 누구도 이 입장에서 기능한 것 같지 않다.

일치형은 기능적이다. 사티어(Satir, 1988)는 이 입장을 균형잡힘 혹은 물 흐르는 듯함이라고도 하였다. 일치적 의사소통을 하는 사람은 자기 내면에서 무엇이 일어나고 있고, 타인에게 무엇이 일어나고 있는지, 그리고 자신의 행동이 타인뿐 아니라 상호작용이 일어나고 있는 상황에 어떤 영향을 미치는지 자각하고 있다. 그들은 자기가 느끼고 있는 것을 스스로 표현하고 말한다. 일치형의 사람은 자기의 생각과 감정을 자각할 수 있고, 그래서 그 생각과 감정으로 무엇을 할 것인지 선택할 수 있다(Satir & Baldwin, 1983). 현재 모슬리 씨 가족의 누구도 일치형 입장에서 기능하는 것 같지 않다. 일치형 입장에서 기능하도록 하는 것이 치료의 목표일 것이다.

연합성

의미 있는 관계는 신뢰와 사랑을 바탕으로 한다(Satir, 1975b). 가족의 상호교류가 사랑에 대한 한 사람의 이미지와 맞지 않을 때, 그는 스트레스를 경험한다. 예를 들어, 부모를 수용하는 대신에 부모를 비난하는 자녀는 스트레스 상황에 대처하기 위해 역기능적인 대처기제를 사용한다(Satir et al., 1991). 현재 코비는 그의 행동을 변화시키려는 부모의 시도를 사랑이 아닌 통제에서 비롯된 것으로 경험하고 있다. 그는 상황과 관계에 대한 자기의 두려움을 부모에게 표현할 수가 없다.

사람들은 타인과 연결되어 있지 않을 때 고통을 경험한다(Satir, 1975c). 사람들이 연결되지 못하고 고립되어 있으면 자아감이 도전을 받아서, 역기능적인 의사소통을 하게 되고, 솔직해지고 약해지는 것을 신뢰하지 못한다. 코비는 외할아버지에게서 많은 사랑을 받았다고 느꼈고, 외할아버지가 돌아가셨을 때 상실감과 고립감을 느꼈다. 가족 내 불일치한 의사소통은 에드워드의 사망 후 더 강해진 것 같다. 가족규칙 중 하나가 서로에게 도전하지 않는 것이라는 점을 놓고 볼 때, 코비는 수용받았다고 느끼지 못했고, 외할아버지가 그를 수용했던 만큼 부모가 자기를 수용한다고 믿을 수 없었다.

진실로 연결될 수 없었던 모슬리 씨 가족의 다양한 구성원은 서로에 대해 좌절과 분노를 느꼈다. 코비가 학교에 가기를 거부할수록 스티븐과 미란다는 더 많이 걱정하고 화를 냈다. 스티븐과 미란다가 코비를 학교에 가도록 강요할수록 코비는 더 많이 화를 내게 되었다. 사람들의 분노 경험은 대개 상처와 고통에 반응하는 것이다(Satir & Baldwin, 1983). 분노는 아마 사람들이 자신의 자존감을 보호하기 위해 사용하는 가장 흔한 반응일 것이다. 스티븐, 미란다, 코비는 자신의 두려움과 실망보다 분노를 표현하기가 더 쉬웠다.

가족의 가장 큰 장애물 가운데 하나는 구성원들이 오로지 하나의 반응방식만 갖고 있다고 믿는 경우다. 이렇게 구성원들 사이에 창조성과 자유가 제한되는 것은 가족구성원의 성장을 허용하지 않는 가족규칙을 바탕으로 한다(Satir & Baldwin, 1983). 스티븐과 미란다는 자신들의 유일한 선택은 그들이 코비에게서 기대하는 바가 이루어지지 않으면 대가가 클 것이라고 하면서 코비를 학교에 가게 하는 것이라고 생각한다. 코비는 그와 가족이 처한 위기에 대처할 수 있는 유일한 선택만 경험하고 있다. 즉, 학교에 가기를 거부하는 것이다.

인간에 대한 철학

사람은 선천적으로 성장을 향해 움직인다(Satir & Baldwin, 1983). 사람들이 반드시 실패하게 되어 있는 것은 아니다. 문제는 대개 일시적인 상황일 뿐이며, 사람들은 모두 있는 그대로의 자신을 변화시킬 수 있기 때문이다. 사람들에게 필요한 것은 앞으로 나아가기 위해 자신과 재연결하는 것이다. 사람은 변화가 일어나기 위해 필요한 모든 자원과 선택 능력을 자신 안에 가지고 있다(Satir et al., 1991). 이는 예속상태(unfreedom)가 아닌 자유에 초점을 둠으로써 일어난다. 본질적으로 사람은 자신이 어떻게 되어야 한다고 자신이나 타인이 생각하는 대로가 아니라 있는 그대로의 자신을 경험할 수 있다.

모슬리 씨 가족의 구성원들은 자유가 아닌 예속상태 입장에서 주로 기능하고 있다. 스티븐과 미란다는 실제로 서로 어떻게 행동하는지보다 각자 남편과 아내로서 어떻게 행동해야 하는지와 같은 어떻게 되어야 하는지의 입장에서 더 많이 상호작용한다. 코비는 자기 상황에 대해 긍정적인 행동을 취할 입장에 있지 않다. 그는 자기에게 무엇이 일어나고 있고 또 왜 학교 가기를 거부하는 것이 필요한지 자각하고 있지 못할 것이다.

사람들은 자유가 부족한 상태에서 더 많은 일을 할 수 있지만, 순간순간 최선을 다하고 있는 것이다. 사람들은 흔히 자신이 타인에게 보낸 메시지를 잘 자각하지 못한다. 사티어(Satir, 1983)는 사람들이 행하는 것은 자신이 무엇에 주의를 기울이며 상황을 어떻게 해석하고 사건을 어떻게 경험하는지를 반영한 것으로, 그래서 결국 사람들이 어떻게 대처하는지와 관계가 있다고 하였다. 그러나 때로 사람들의 선택은 낮은 자존감을 기초로 하기 때문에 도움이 되지 못한다.

원가족의 가족규칙을 통해 스티븐과 미란다는 자신이 인간으로서 누구이며, 또 타인 및 외부세계와 어떻게 관계를 맺는지를 학습하였다. 이러한 학습은 가족구성원들 사이에 자기가치감이 발달하도록 돕는다. 스티븐의 자기가치는 다소 낮았다. 스티븐의 아버지가 스티븐이 어머니를 더 많이 닮은 데 대해 그를 업신여겼기 때문이었다. 부부관계에서 스티븐과 미란다는 비일치적으로 의사소통하며, 상대방을 인정하지 않는다. 그리하여 그들의 자존감이 낮아지고 결국 자녀들에게 전달되어, 어떤 이유에서든 코비는 형제 중 자기가치감을 다루는 것이 가장 어렵다는 것을 알게 된 자녀가 된 것 같다. 그의 등교 거부는 가족구성원들이 어떤 이유에서든 그들 자신이 될 수 없고, 또 솔직하고 일치적인 방식으로 서로 연결될 수 없음을 보여 주는 신호다.

문화적 요인

사티어 이론은 다양성과 문화의 관념을 암묵적으로 포함한다. 사티어 이론에 의하면 각 개인은 가정교육에 대한 규칙, 기대, 열망, 경험에 의해 형성되는 고유한 기적이다. 사티어(Satir, 1988)는 가족과 사회는 서로의 버전(version)이라고 믿었다. 모슬리 씨 가족이 자신과 타인에 대해 가지고 있던 시각은 그들이 성장한 문화와 사회 안에서 가족의 이전 세대의 경험에 의해 형성된 것이다.

사티어는 자기, 타인, 상황 사이의 연결을 높이 의식하였다. 개인은 타인과 관계를 맺고 있는 동안 이 세 가지와 조화를 이루어야 한다. 문화적 맥락은 이 세 가지의 중요한 부분이다. 사티어 치료사는 모슬리 씨 가족의 문화가 자신을 알게 되었던 하나의 영역으로 이해할 것이다. 가족구성원이 어떤 문화 출신이고 또 그 문화의 일원으로 얼마나 가깝게 동일시하는지에 따라, 치료사는 그들이 문화적 토대를 얼마만큼 고수하는지 살펴볼 수 있다. 그렇지만 각 문화 안에서, 그리고 각 가족 내에서 각 개인은 고유하다. 모슬리 씨 가족이 어떤 문화에 적응하고 동화되었든 간에, 치료사는 문화를 각 가족원이 누구인지의 일면으로서 이해할 뿐 그가 누구인지의 전부로 이해하지는 않을 것이다.

문제해결에 대한 관점

치료 목표

개인이 증상을 경험하는 1차적인 이유는 가족규칙과 역기능적인 의사소통이 진짜 자기의 고유한 표현을 제한하기 때문이다. 개방성이 제한될 때 관계 네트워크는 깊이 있는 연결을 할 수가 없다. 그러므로 치료는 인간의 기본적인 열망의 표현을 감추는 근본적인 대처 패턴에 초점을 둠으로써 의사소통을 변화시키는 데 맞춰져 있다. 치료는 사람들이 성장하고 성숙할 수 있는 경험을 창조하는 것이다.

이러한 성숙 과정에는 이미 장애물이 자리 잡고 있다. 치료사는 개인들의 어떤 것을 제거하는 것이 아니라 그들이 이미 알고 있는 것에 어떤 것을 더 첨가한다(Satir et al., 1991). 이 과정은 정교하게 이루어진다. 성장을 향한 각 가족원의 요구가 가족체계와 연결되어 모든 사람이 전체성을 향해 나아갈 수 있기 때문이다(Satir & Baldwin, 1983).

치료 목표는 각 가족원이 변화에 대한 희망을 의사소통하고, 일치적으로 나누기 위해 필요한 의사소통 기술을 발전시키는 것과 관련이 있다(Satir, 1971). 치료사는 의사소통에 관해 세 가지 변화를 이루고자 노력한다. 첫째, 각 개인은 타인에게 자신과 타인에 대한 자기의 경험을 정직하게 표현할 수 있어야 한다. 둘째, 각 개인은 자신의 고유성을 바탕으로 해서 타인과 의사소통한다. 셋째, 사람 간의 어떤 차이든 끌어들여서 성장을 위한 수단으로 활용한다. 이를 위해서 치료사는 개인이 자신의 가치를 이해하고 또 지구상의 그 어떤 사람도 그와 똑같지 않은 존재라는 기적을 알 수 있도록 돕는다. 사람들이 세상에서 자신의 생명력을 어떻게 드러낼지에 대한 선택권을 갖는다는 점을 이해할 때, 사람들은 변화되고 역량이 강화된다. 치료사는 사람들이 방어적인 이중 메시지를 표시할 때 인식하는 법을 배우도록 도와서, 더 분명하고 더 개방적이며 더 일치적으로 의사소통할 수 있도록 돕는다(Satir et al., 1991).

가족을 위해서 치료사는 내담자에게 의사소통의 모델이 되는 자원이 풍부한 사람이다(Satir, 1983). 치료사는 내담자가 의사소통에서 의도했던 의미가 실제로 잘 받아들여졌는지 확인하도록 함으로써 명확한 의사소통을 가르친다. 치료사는 모슬리 씨 가족이 어떻게 상호작용하고 있으며, 또 의사소통이 일치적인지 여부를 관찰할 것이다. 가령, 스티븐이 코비에게 성숙하게 행동하고 옳은 일을 해야 한다고 말했고, 그다음에 코비에게 정확하게 무엇을 해야 하는지 말했다면, 치료사는 코비가 특정 행동을 하라는 요구를 받음으로써 실제의 자기 나이보다 더 어린아이 취급을 받는다는 이중 메시지를 받고 있음을 지적할 수 있다. 이것은 코비가 성숙하고 독립적인 선택을 할 수 있는 것과 반대가 된다.

개인의 선택은 사람들에게 매우 중요한 목표다. 현재 모슬리 씨 가족의 구성원들은 자신들이 다양한 선택권을 가지고 있다고 보지 않는다. 결과적으로 그들은 상황을 다루기 위해 문제가 되는 대처기제를 사용하고 있다. 치료사는 모슬리 씨 가족이 그들의 선택권을 인식하도록 함으로써 만족스러운 대처 과정을 발전시키도록 도울 것이며, 그러면 그들은 새롭고 더욱 효과적인 방식으로 반응할 수 있다. 코비는 등교 거부만 할 수 있는 것이 아니며, 스티븐과 미란다는 코비가 학교에 가도록 강제만 할 수 있는 것은 아니다. 테레사는 코비가 자기에게 화낸 데 대해 반응적이기만 할 필요는 없다. 브랜든은 착한 아이의 역할만 할 수 있는 것은 아니다. 가족의 각 구성원은 행복, 서로에 대한 사랑, 서로의 연결 부족에 대한 실망 등 온갖 감정을 다 표현할 수 있다.

치료사는 가족구성원과 협력하여 서로의 인간성과 돌봄에 연결되도록 돕는다

(Satir, 1988). 이것이 중요한 까닭은 누군가를 통제하거나 위협함으로써 변화하도록 도우면 부정적인 부작용이 생길 것이고 지속 가능한 학습과 성장을 위한 지원이 거의 이루어지지 않기 때문이다. 치료사의 목표 중 하나는 사람들이 자신의 더 깊은 차원의 경험에 대해 알도록 해서, 자신과 타인의 자아감과 자기가치감을 존중함으로써 타인과 관계를 맺도록 돕는 것이다. 그러나 자각은 변화를 위해 할 수 있는 한 가지 측면일 뿐이다.

사람이 인지 과정을 통해 무언가를 이해하도록 돕는 것은 변화를 위해 충분하지는 않다. 뿌리 깊은 대처 유형을 변화시키는 것은 경험적으로 일어난다(Satir et al., 1991). 치료사가 증상 행동의 발생으로 이끌었던 대처 과정을 가족구성원들이 변화시키도록 도울 때, 증상은 가족을 위해 더 이상 필요 없게 될 것이다(Satir & Baldwin, 1983). 모슬리 씨 가족을 대상으로 한 치료는 다양한 가족원이 가지고 있는 지각에 초점을 두는 것으로 시작할 수 있다. 그러나 구성원들이 자아의 깊은 수준에 도달하는 데 도움이 되는 것은 경험적인 과정 속에서 자신에게, 서로에게, 치료사에게 적극적으로 개입하는 것이다.

치료에서 변화는 개인의 성장, 혹은 각 개인의 재구축에 초점을 둔다. 뿐만 아니라 전체 가족으로 존재함과 동시에 가족구성원 개인이 서로 자기 자신이 되도록 허용하는지에 초점을 둔다. 사티어(Satir, 1975c)는 치료사가 개인을 세 가지 영역에서 재구축하도록 돕는다고 믿었다.

첫째, 의사소통이다. 가족의 의사소통을 살펴보면 구성원들이 서로의 관계를 어떻게 경험하며, 친밀감을 어떻게 표현하고, 각 개인은 의사소통에 어떻게 의미를 부여하는지 경험할 수 있다. 치료사가 일단 가족 내 의사소통 유형에 대해 잘 이해하면, 비일치적 의사소통에 대해 코멘트하고, 각 가족원이 자신을 더욱 일치적으로 표현하도록 도울 수 있다(Satir, 1983). 가족의 의사소통에 대해 논의할 때, 치료사는 개인이 의도는 좋지만 의사소통이 좋지 않다는 것으로 상황을 재구성할 수 있다. 예를 들어, 스티븐과 미란다가 코비를 통제하려는 시도는 성실한 부모가 되려는 시도로 재구성할 수 있다.

둘째, 치료사는 자신에 대한 믿음 및 성장과 변화의 능력에 대한 사람들의 믿음을 변화시키려고 한다. 사람이 문제가 되는 의사소통을 하는 한 가지 이유는 자신의 자기가치감 수준에서 자신의 결점을 상쇄하고자 하기 때문이다. 따라서 개인의 자존감을 높이면 자신을 인정하고, 또 더 일치적인 방식으로 타인을 존중하게 된다.

셋째, 치료사는 감각기능(senses)을 회복하도록 돕는다. 사람들은 자기가 보고, 듣고, 접촉하고, 그래서 경험하는 것으로부터 단절되었다. 치료사는 사람들이 다르게 듣고, 서로 다르게 접촉하고, 혹은 다른 방식으로 자신을 조율하도록 요구할 수 있다. 그렇게 하면 그들은 자기와 타인에 대해 다른 경험을 할 수 있다. 즉, 자신의 고유성을 찾을 수 있고 타인의 고유성을 인정할 수 있다.

치료는 사람들이 자기에 대한 지식을 얻도록 도우며, 이로 인해 삶의 다른 상황으로 이동할 수 있다. 그래서 치료는 한 가지 특정 문제에 초점을 두지 않고, 존재방식에 초점을 둔다. 이것은 사람들의 호기심과 변화에 대한 소망을 높임으로써 일어난다. 내담자가 무엇을 바라보는지 혹은 의미를 어떻게 만드는지를 바꾸도록 치료사가 도울 때 그리고 새로운 선택권을 볼 수 있을 때, 내담자는 새롭고 더 효과적인 대처기제를 발전시킬 것이다(Satir, 1983).

모슬리 씨 가족이 사용해 왔던 한 가지 문제 있는 대처 과정은 서로를 인정해 주려고 하기보다는 자신에 대해 더 좋게 느끼기 위해 비일치적인 방식으로 타인과 관계를 맺은 것이다. 이것은 회유형, 초이성형, 산만형, 비난형의 의사소통 입장을 사용하는 데서 보인다. 모슬리 씨 가족에 대한 치료는 여기 현재에 더 많은 초점을 둘 것이고, 또 그들의 고통을 더 쉽게 다루기 위해 고통을 상쇄하는 데서 벗어나 그들이 현재 서로를 어떻게 경험하는지에 초점을 둘 것이다. 치료에서 가족구성원들은 정직과 개별성을 존중하는 정직한 방식으로 서로 관계를 맺도록 요구될 것이다.

이러한 변형을 촉진하기 위해서 초점을 증상에 두지 않고 가족원들 간의 상호작용, 그리고 개인이 핵심 자기를 어떻게 경험하는지에 둔다. 잘못된 의사소통과 비난에서 뒹구는 대신에 구성원들은 서로를 어떻게 존중하고 모든 사람의 자기가치를 어떻게 높이는지 배운다. 스티븐과 미란다는 각자 결혼생활의 파트너를 그리워하고 있다. 그들은 현재 함께 살고 있다는 타성에 젖어 있을지 모른다. 하지만 두 사람 다 결혼 당시 바랐던 지지적인 배우자가 된 것은 아니었을 것이다. 코비는 인정과 소속감을 그리워하고 있다. 그의 이런 부분은 에드워드와의 연결을 통해 만족되었으나, 그러한 연결감이 없는 지금 그는 가족에서 소외되었다고 느낄 것이다. 테레사는 남동생과의 관계를 잘 받아들이는 것으로 보아 오빠와의 긍정적인 관계를 그리워했을지 모른다. 브랜든은 형으로부터의 인정과 아버지와의 더 많은 연결을 그리워할지 모른다.

치료사라는 사람

치료사는 자기라는 도구를 사용하여 성장의 모험을 무릅쓰기 위해 안전한 맥락을 만든다(Satir, 1975a). 치료사는 효과적인 의사소통 기술을 활용하여 가족구성원이 자신 및 서로와 더 잘 연결될 수 있도록 돕는다. 모슬리 씨 가족에 대해 치료사는 자기의 메시지를 어떻게 의사소통하며 또 경청 과정을 어떻게 중요하게 여기는지 시범을 보일 필요가 있다.

사람들이 일치적으로 되기 위한 기술을 갖추고 있는 것이 중요하다. 그러면 사람들은 자기가 말하고자 하는 것을 말할 수 있고 타인의 반응을 경청할 수 있다(Satir & Baldwin, 1983). 이렇게 하기 위해 치료사는 모슬리 씨 가족이 자신의 감정을 인정하고 자신에 대한 소유권을 가지며, 그래서 자기를 어떻게 표현하고 싶어하는지 선택할 수 있도록 도울 것이다. 스티븐, 미란다, 코비, 테레사, 브랜든은 사람들이 무엇을 할 수 있는지, 그리고 그것을 어떻게 할 수 있는지를 제한하는 가족규칙이 있는 집에서 함께 살고 있다. 일치형의 입장에서 작업하는 치료사는 가족구성원들에게 어떻게 일치적이 되는지의 모델이 될 수 있는데, 이는 가족구성원들에게 반응 선택권을 열어 준다.

그처럼 치료사가 누구이며, 또 세상을 어떻게 보는지는 효과적 치료에 중요하다. 사티어는 치료사의 가치는 헌신, 일치성, 양립성, 협력, 연민, 자각, 지역사회를 포함해야 한다고 했다(Satir & Baldwin, 1983). 핵심적으로 이러한 헌신은 치료사가 자신과 타인을 존중하고, 모든 사람은 삶에서 앞으로 나아갈 수 있는 능력이 있음을 믿을 수 있어야 한다.

치료 과정

부모와 자녀가 모두 참석하면 치료는 특히 도움이 될 수 있는데, 치료 회기에 더 많은 정보를 가져오기 때문이다(Satir, 1983). 증상은 한 사람의 고통일 뿐 아니라 구성원 모두의 고통이기 때문에 모든 사람이 치료에 참석하면 각자 어떻게 대처하며, 또 각 구성원이 어떤 변화를 원하는지 탐색할 수 있다. 모슬리 씨 가족과 작업하는 치료사는 대부분 첫 회기에 스티븐, 미란다, 코비, 테레사, 브랜든을 초대할 것이다. 그다음 회기에는 가족원들을 좀 다른 조합으로 부를 것이지만, 대부분의 회기는 다섯 명 전부를 포함할 것이고 확대가족도 부를 수 있다.

치료 과정의 첫 번째 기초 중 하나는 신뢰의 발전이다(Satir, 1975c). 구성원들은 치료 상황이 안전하다고 느낄 때 모험을 무릅쓸 것이다. 이것을 촉진하는 한 가지 방법은 이름을 부르겠다고 요청하는 것이다. 이렇게 하면 치료사와 내담자 간의 일대일 연결이 이루어진다. 치료사는 각 개인을 특별하고 고유한 인간으로 인정함으로써 각 개인과 나-당신 관계를 발전시키고자 노력한다(Satir & Baldwin, 1983). 치료는 대개 치료사가 모슬리 씨 가족의 각 구성원들과 악수를 하고, 어떤 이름으로 불러 주기를 바라는지 알아보는 것으로 시작할 것이다.

치료 회기에서 치료사는 진솔하고 일치적이어야 한다. 이렇게 되는 한 가지 방법은 치료사가 비공식적이고 개인적인 태도를 유지하는 것이다(Satir, 1983). 이것이 나-당신 관계로서, 치료사는 자기 행동에 대한 소유권을 가지며, 다른 사람이 자기 선택에 책임을 지도록 허용한다. 그래서 치료사는 가족구성원들에게 어떻게 되어야 하는지에 대해 말하지 않는다(Satir & Baldwin, 1983). 치료사가, 말하자면 가족구성원들에게 질문을 하거나 다양한 개입에 관여하도록 요청함으로써 지시적일 수는 있지만, 내담자는 자기 삶에서 어떻게 되기를 원하는지 스스로 결정해야 한다. 예를 들어, 스티븐은 자기가 뭘 원하고 또 상대방에게 어떻게 되기를 원하는지 결정해야 한다. 그는 큰아들 코비, 딸 테레사, 막내아들 브랜든, 어머니 에스터 등과는 다른 방식으로 아내 미란다와 상호작용할 것이다. 미란다는 자신을 어떻게 표현하는지 선택해야 할 것이고, 자신의 개별성뿐 아니라 타인의 개별성을 인정하기 위해 타인과 어떤 관계를 맺어야 할지 선택해야 할 것이다. 코비는 현재 자신이 느끼고 있는 압박감에 어떻게 반응하고 싶은지 결정해야 할 것이다.

가족은 대개 호소 문제를 가지고 오지만, 치료사는 그것 이상을 봐야 한다. 사티어는 대부분 각 구성원이 호소 문제에 부여했던 의미와 그 의미가 구성원 각자에게 어떤 영향을 미쳤는지에 관심이 있었다(Satir & Baldwin, 1983). 그렇게 시각의 변화를 촉진하기 위해, 사티어는 흔히 첫 회기를 시작할 때 각 구성원에게 "당신은 뭐가 좀 달라지고 싶은가요?"라고 질문했다. 시작할 때부터 구성원들은 자원을 가지고 있으며 성장을 지향한다는 관점을 강조하기 때문에 치료 과정은 긍정적이다.

첫 번째 회기를 시작할 때, 모슬리 씨 가족, 특히 스티븐과 미란다는 아마 코비의 등교 거부에 대해 이야기할 것이다. 치료사는 스티븐과 미란다가 증상을 넘어 그들의 자기가치를 탐색하고 코비를 학교에 보내는 데 성공하지 하지 못한 것에 대해 어떻게 느끼는지 살펴보도록 도울 것이다. 증상 아래로 내려가 열망과 인간성을 찾아내기 위해 치료사는 가족이 어떻게 의사소통하고 있고, 구성원들은 서로 어떻게 연결되고 분리되어 있는지 관찰한다.

사티어(Satir, 1975c)는 치료 과정의 몇 단계를 제공했다. 첫 번째 단계는 치료사가 내담자와 치료사 사이에 신뢰를 쌓기 위해 비판단적 입장을 취하는 것이다. 가족체계에 이미 일정 수준의 불신이 있기 때문이다. 모슬리 씨 가족의 구성원들이 서로를 비난하려 하면, 치료사는 그 기저에 있는 불안을 탐색하기 위해 개입할 것이고, 그렇게 하면 신뢰하는 상황이 만들어진다. 이 과정은 한 구성원이 자기와 타인을 수용하기 시작할 때 개선된다. 예를 들어, 만일 미란다와 스티븐이 일치적인 방식으로 상호작용하면 스티븐은 미란다의 자기가치를 중히 여기는 방식으로 미란다와 상호작용하는 경향이 더 높을 것이다. 그러면 두 사람 모두 타인, 특히 코비가 자기가치를 이해할 뿐 아니라 경험하도록 허용하는 방식으로 상호작용할 용기를 갖게 될 것이다.

두 번째 단계는 자각을 발전시키는 것이다. 사람들은 자각을 할 때 새로운 이해를 할 수 있고 색다른 선택을 할 수 있다. 치료사가 내담자의 표면적인 의사소통의 내용 너머 그 뒤에 있는 의도로 나아갈 때, 이러한 일이 일어난다. 모슬리 씨 가족은 서로 무엇을 경험하고 있는지 잘 알고 있다고 믿을지 모른다. 그러나 조심스럽게 살펴보면, 그들은 삶의 표면에 주로 초점을 두고 있음을 알게 될 것이다. 미란다는 자신에 대해 잘 알고 있다고 생각하는 구성원일지 모른다. 그러나 치료에서 그녀는 스티븐의 자아감을 살펴보려 하기보다 자기 의견을 밀어붙이는 방식을 아마 드러낼 것이다. 스티븐이 자기 감정과 접촉하기 시작하면 자신의 선택을 통제할 수 있을 것이다. 코비는 학교에 가기를 거부함으로써 반항하고 있음을 자각하게 될 것이다. 그러면 그는 자신을 표현하고 타인과 관계 맺는 다른 방법을 찾을 것이다.

치료 과정의 세 번째 단계는 사람들이 스스로 새로운 이해를 적용할 때 일어난다. 치료는 사람들이 효과적이지 못하고 역기능적인 방식으로 계속해서 관계를 맺는 한 도움이 되지 못한다. 사티어(Satir, 1975c)는 치료 단계를 "신뢰 개발하기, 경험을 통해 자각을 발전시키기, 가능한 새로운 이해를 할 수 있게 하기, 그러한 이해를 표현하고 적용하기, 그것을 실제 사용하여 경험하기 혹은 배웠던 것을 실천하기" (p. 135)로 요약하였다. 모슬리 씨 가족의 구성원들이 자신의 자아뿐 아니라 타인의 자아를 인정할 수 있을 때, 치료는 성공적인 것으로 여겨질 수 있다.

치료 단계

치료는 세 단계로 구성된다(Satir & Baldwin, 1983). 첫 번째 단계인 **접촉하기**에서 치료사는 신뢰 상황을 구축하기 위해 각 가족원과 관계를 맺고자 한다. 역기능적 가족의 구성원들은 과소평가되고 아마 소외되었다고 느끼는 경향이 있기 때문에,

치료사가 각 가족원과 그리고 모든 가족원과 관계를 맺는 것이 특히 중요하다. 현재 코비는 아마 자신이 가족에서 가장 고립되었다고 느낄 것이다. 스티븐 역시 고립감을 느끼고 있을 것이다. 자녀들, 장모님 그리고 깊이 들여다보면 아내와도 깊은 관계를 맺고 있지 못하기 때문이다.

접촉을 하는 단계에서 치료사는 각 개인이 스스로 고유한 존재임을 알도록 시도한다. 접촉하기는 치료사가 각 구성원에게 시선을 접촉하고, 신체적으로 접촉하며, 똑같은 수준에서 관계를 맺고, 각 개인의 이름(각자 불리고 싶은 이름)을 부를 때 일어난다(Satir et al., 1991). 비록 이 단계는 치료사가 그저 정보를 수집하는 단계인 것처럼 보일지라도, 치료사는 사람들의 기존 기술을 사용하는 동시에 이를 기반으로 기술을 쌓아 간다는 개념을 도입한다. 접촉하기 단계는 치료사가 신뢰를 구축하고 앞으로 나아갈 정보를 충분히 얻었을 때 끝난다.

두 번째 단계는 혼란 단계라고 하는데(Satir & Baldwin, 1983), 한때 조용하였던 곳이 이제 혼란하게 된다. 이 지점에 이르기까지 가족은 문제를 경험하는 동안 줄곧 현상을 유지하였다. 치료사는 혼란 단계를 이용하여 구성원들이 그들의 안전지대에서 벗어나도록 돕는다. 치료에서 가족구성원들은 다른 구성원에게 자신을 공개하고 드러내도록 도전을 받을 것이며, 그래서 그들의 고통에 대해 더 깊은 대처 수준까지 접근할 수 있게 된다. 스티븐과 미란다는 코비를 학교에 가게 하는 것이 그들의 일이라고 믿는 부모 역할의 의무를 편안하게 받아들이고 있다. 그들은 아마 자신의 감정, 희망, 실망, 기대에 대해 잘 알지 못할 것이다. 이런 이슈들이 드러나는 것은 그것들을 드러내서는 안 되며 약해서는 안 된다는 가족규칙을 거스르는 일인데, 이때는 아마 각자가 상황에 대해 높은 수준의 불확실성을 느낄 것이다. 친밀한 관계를 맺을 수 있는 아버지가 없고, 또 아들과도 친밀한 관계를 맺고 있지 못한 데 대한 실망을 이야기하기 위해 스티븐은 가족이 자기와 분리되어 있지 않고 연결되어 있는 것으로 가족을 진짜로 신뢰해야 할 것이다. 그는 가족, 특히 미란다가 자기에게 지지를 보여 줄 것인지 여부를 궁금해하면서 큰 불안을 경험할 것이다. 미란다는 부부관계와 스티븐의 아버지 역할에서의 실망에 대해 스티븐과 이야기하기를 주저하는 것을 넘어서야 할 것이다. 이것은 처음에는 비난으로 나올 수 있다. 하지만 미란다가 부부 상호작용에서 자신의 책임에 대해 이야기할 수 있을 때, 그녀는 취약한 입장에 있게 될 것이다. 코비 역시 혼란 단계에서 도전을 받을 때는 가족 내 자기 위치와 가족과의 연결 부족에 대해 말하기 시작할 것이다. 스티븐, 미란다, 코비의 1차 삼자관계가 치료에서 많은 초점이 되겠지만, 테레사와 브랜든도 다른 가족원들과의 관계에서 그들 자신의 희망과 두려움에 대해 이야기하도록 격려될 것이다. 예를 들어, 테레사는 데이트에 대해 상의할 때 스티븐에게서 도망가면서 얼마나 두려웠는지 이야기할 수 있고, 브랜든은 다른 사람과 다르다는 데 대한 자기 감정을 드러낼 수 있다.

모슬리 씨 가족의 사람들은 불확실성을 불편해하는 경향이 있었다. 혼란 단계는 가족구성원들이 이전에 들어가 보지 않았고 앞으로 뭐가 일어날지 모르는 영역으로 들어가도록 모험을 무릅쓸 때다(Satir & Baldwin, 1983). 이 단계의 치료는 초점을 과거에서 현재로 바꾼다. 그러면 사람들은 자신의 경험 및 다른 구성원의 경험과 더 많이 접촉하게 된다. 모슬리 씨 가족의 경우에 이 단계는 코비가 어떻게 학교에 가기를 거부했고 나머지 가족원들이 그에게 어떻게 반응했는지로부터 치료에서 구성원들은 서로 새로운 방식으로 어떻게 접촉할 수 있는지 변화하는 것으로 이루어질 것이다.

세 번째 단계는 **통합** 단계라고 한다(Satir & Baldwin, 1983). 이 단계는 치료사와 가족이 혼란 단계에서 탐색했던 이슈에 대해 어떤 형태로든 종결하게 되는 때다. 통합 단계에서는 가족 내에 희망찬 기운이 있다고 강조할 수 있는데, 구성원들은 새로운 존재방식과 행동방식을 시도한다.

치료사는 대개 전체 가족이 치료에, 특히 첫 회기에 오도록 제안하기 때문에 모슬리 씨 가족은 변화를 향한 많은 길이 있을 것이다. 치료사가 각 가족원의 개성을 높이도록 노력하겠지만, 변화는 가족원 중 한 사람으로부터 시작될 필요가 있다. 가족의 한 부분에서의 변화는 다른 부분에서의 변화, 특히 사람들이 서로 상호작용하고 의사소통하는 방식에서의 변화를 가져올 것이기 때문이다. 예를 들어, 만일 스티븐이 미란다와 회유형으로 대화하지 않고 자신의 상처와 약함을 표현한다면, 미란다는 더 강한 자기가치감을 느낄 것이다. 그러면 미란다는 코비와 다르게 상호작용할 것인데 아마 코비의 자기가치를 높이는 방식으로 상호작용할 수 있다. 그러면 코비는 테레사와 브랜든의 자기가치감을 높이는 방식으로 상호작용할 것이다.

치료 기법

치료 기법은 상담실에서 그 순간에 무엇이 일어나고 있는지와 맞아야 한다(Satir, 1975c). 치료사는 기법을 어떻게 실행할 것인지 알고 있겠지만, 그것이 시기적절하지 않으면 별 효과가 없을 것이다. 치료사는 진실한 온정과 치료 기법이 가족구성원들에게 긍정적인 뭔가를 제공한다는 신념을 가지고 가족구성원이 치료 기법에 참여하도록 초청해야 한다. 기법이 어떻게 사용되는지에 대한 공식은 없다. 치료 회기의 흐름에 따라 가장 적절한 길을 택해야 할 것이기 때문이다.

치료사가 어떤 기법을 사용하든, 모든 기법은 가족구성원의 성장과 성숙을 도와서 그들이 차이를 자각하고 인정하고 존중하도록 도울 수 있게끔 고안된다. 사티어는 자신의 치료적 개입의 요지를 다음과 같이 말했다. "나는 자존감을 높이고, 일치적 의사소통을 발전시키고, 풍부와 무한, 인간으로서의 생득권을 바탕으로 유용한 가이드를 제공하는 개입을 한다."(Satir & Baldwin, 1983, p. 156) 스티븐, 미란다, 코비, 테레사, 브랜든은 서로에게 자원이 된다. 그들은 자신을 존중하고 타인을 존중하는 방식으로 상호작용함으로써 그들의 자존감을 높이도록 서로 도울 수 있다. 치료사가 사용하는 어떠한 기법이든 구성원들이 일치적 의사소통을 통해 자기와 타인을 수용하도록 변화하는 데 목적이 있다.

기법은 내담자에게 경험적 활동에 개입하는 방법을 제공하기 때문에 도움이 된다(Satir & Baldwin, 1983). 경험적인 존재방식은 사람의 한 면만이 아닌 전체적인 면을 목표로 한다. 스티븐과 미란다는 상황을 변화시키기 위해 인지적 수단을 사용해왔다. 그들은 코비에게 학교에 가야 하는 것의 중요성과 학교에 계속 가지 않으면 어떤 일이 일어날 수 있는지를 설명해 왔다. 그러나 이러한 인지 활동은 별 도움이 되지 않았다. 왜냐하면 가족구성원들은 더 깊은 수준에서 연결될 필요가 있기 때문이다. 가족구성원들이 깊은 수준에서 연결되면, 각 구성원이 전체성과 연합성을 추구하는 생명력의 고유한 징표임을 발견할 수 있다.

가족에서 무엇이 일어나고 있는지 이해하려 할 때 치료사는 구성원들과 **가족생활연대기**(family life chronology) 작업을 할 수 있다(Satir, 1983). 이 기법은 가족의 역사를 탐색하는 것으로, 가족의 내적 사건(예: 할아버지의 사망)과 외적 세계의 사건(예: 가족의 경제 상태의 변화)에 초점을 둔다. 치료사는 가족원의 이름, 사건 발생 날짜, 가족의 역사와 같은 가족에 대한 사실들로 시작한다. 이는 위협적이지 않은 질문들로 이루어지므로 가족은 치료사에게 편안하게 된다.

가족생활연대기는 대개 부부가 어떻게 만났는지에서부터 시작한다(Satir, 1983). 이는 부부가 된 경위, 결혼생활, 자녀 출산 전의 생활, 자녀와의 생활 등을 다룬다. 연대기는 또한 부부 각자의 원가족 부모에게 초점을 둔다. 가족생활연대기는 3세대를 기초로 하며(Satir et al., 1991), 자녀들인 코비, 테레사, 브랜든으로 시작하여 스티븐과 미란다로 갔다가, 그다음에 조부모, 고모/이모, 삼촌, 사촌으로 간다.

연대기를 작성해 가는 가장 중요한 측면 중 하나는 가족구성원들의 대처방식에 초점을 두는 것인데, 그것이 가족구성원들의 자존감을 보여 주기 때문이다. 대처방식은 가족의 암시적 규칙의 표현이기도 하다. 치료사는 가족생활의 다양한 전환기와 가족구성원들이 그 전환기에 어떻게 반응했는지에 초점을 둔다. 스티븐과 미란다가 대학 졸업 후 함께 이사하기로 결정한 것, 자녀를 가질 것인지, 그리고 몇 명이나 가질 것인지에 대한 결정, 미란다의 유산, 에드워드의 사망 같은 가족 내 사건들은 모두 가족구성원이 살아가면서 어떻게 대처했는지를 이해하도록 돕는 데 사용될 수 있다.

면담을 하는 동안 줄곧 치료사는 모슬리 씨 가족의 각 구성원에게 그들이 말하는 것을 듣고 이해했음을 알린다. **재생**(playback)이라고 알려진 이 과정(Satir & Baldwin, 1983)은 내담자가 말한 것이 중요하며 또 치료사가 잘 들었음을 내담자가 알도록 하는 것이다. 만일 치료사가 무엇을 들었는지 정확하게 이해하지 못했다면, 그것을 바로잡을 상황이 되기도 한다. 재생에 개입함으로써 치료사는 모슬리 씨 가족에게 모델이 되는데, 누군가의 말을 완벽하게 주의를 기울여 어떻게 경청하는지, 타인의 시각을 이해하기 위해 어떤 노력을 하는지, 개인이 판단적이지 않은 대화를 어떻게 하는지의 모델이 된다.

사티어 모델의 가장 상징적인 기법 중 하나는 **조각하기**(sculpting)다. 조각하기는 개인의 내적 대처방식을 겉으로 표현하는 방식이다(Satir et al., 1991). 암묵적인 것이 명백하게 된다(Satir & Baldwin, 1983). 조각하기 기법에서 치료사는 가족구성원 한 사람에게 가족에서의 경험을 표현하기 위해 그와 다른 구성원들을 상담실 안에서 이동하여 배치하고 또 여러 신체적 자세를 취하도록 요청할 수 있다. 가족원들이 일단 그 자세에 있게 되면, 모슬리 씨 가족은 주로 인지를 사용하기보다 그들이 서로 어떻게 연결되어 있는지를 경험적인 입장에서 더 많이 작업할 수 있을 것이다. 치료사는 여러 가족원에게 그들이 그린 그림을 조각해 보라고 요청할 수 있고, 혹은 치료사는 자기가 그린 가족의 그림을 조각할 수도 있다. 예를 들어, 치료사는 코비에게 집에 있는 것이 자기에게 어떤 느낌인지에 대한 그림을 조각해 보라고 요청할 수 있다. 그러면 코비는 테레사와 브랜든을 함께 움직여서 자기를 향해 혀를 내밀게 조각할지 모른다. 그리고 자기를 향해 집게손가락을 가리키고 있는 동생들 뒤에 부모님이 서 있게 할지 모른다. 그리고 그는 가슴에 팔짱을 끼고 부모님을 쳐다보고 있는 것으로 조각할 것이다. 치료사는 스티븐과 미란다에게 이런 그림을 그리고 있는 아들을 보고 어떤 느낌인지 질문할 수 있다. 테레사와 브랜든도 이런 입장이 있는 것이 어떤 느낌인지에 관한 질문을 받을 수 있다. 이 그림은 수많은 가능성 가운데 하나인데, 가족 면담에서 가족을 연결하는 주제가 될 수 있다.

그 자체로 하나의 기법으로 여겨질 수는 없지만, 치료사는 내담자와 의사소통하는 비언어적 방법으로 신체 접촉을 사용한다(Satir & Baldwin, 1983). 신체 접촉은 대개 치료 초에 치료사가 각 내담자와 악수를 하는 것으로 시작한다. 사티어는 손이 가장 중요한 치유 자산이라고 믿었는데, 그 이유는 손을 사용하여 내담자와 관계를 맺을 수 있을 뿐 아니라 가족원들이 자신과 다른 가족원을 지지하기 위해 손과 신체를 사용하는 방법을 배울 수 있기 때문이다.

치료의 종결

치료는 특정한 행동 변화에 관한 것이 아니라 성장과 깨달음에 관한 것으로, 기간이 정해져 있지 않다. 어떤 가족은 구성원들이 자기와 타인을 수용하도록 변화하기 위해 단 한 번의 회기면 충분하다. 또 다른 가족은 가족규칙과 역기능적 대처 패턴이 얼마나 깊게 뿌리내리고 있는지에 따라 몇 달이 걸릴 수도 있다. 실제 치료 회기는 경험적 활동을 시작하고 개입하고 처리하는 데 걸리는 시간 때문에 보통의 50분 회기보다 더 길다.

모슬리 씨 가족이 지지적이고 인정하는 방식으로 상호작용할 수 있을 때 치료는 끝날 것이다. 이는 각 구성원이 자신의 현재 존재에 대해 안전감을 느끼고 타인을 존중할 수 있고, 그래서 나-당신 관점에서 기능할 수 있을 때 일어난다. 그러면 미란다, 코비, 테레사, 브랜든이 스티븐의 가치를 인정해 줄 것이므로, 스티븐은 자신의 가치를 확인하기 위해 굳이 치료사가 필요하지 않을 것이다. 미란다는 스티븐과 새로운 방식으로 관계를 맺음으로써 자존감을 높일 수 있을 것이다. 코비는 집에서 더 안전감을 느낄 것이다. 왜냐하면 그는 동생들을 지지할 수 있고 동생들은 부모로부터의 지지도 받아들일 수 있기 때문이다.

치료의 초기 지표 중 하나는 부부가 그들의 고통에 대해 서로 얼마나 쉽게 이야기할 수 있는가다(Satir, 1983). 부부관계에서 고통을 솔직하게 표현할 수 있는 파트너들은 부부관계에 초점을 두는 것이 어려워서 IP에 초점을 두는 파트너들보다 예후가 더 좋다. 모슬리 씨 가족과 작업하는 치료사는 스티븐과 미란다가 코비에게 집중하기를 그만두고 둘의 부부관계를 탐색할 정도로 충분히 안전감을 느낄 필요가 있는 신뢰 맥락을 제공하기 위해 두 사람과 지속적으로 연결되어 있어야 한다. 그들이 단독으로 이를 수행할 수는 없다 하더라도, 치료 상황에서 이러한 방향으로 나아갈 수는 있을 것이다.

모슬리 씨 가족이 치료를 종료할 때 정확히 어떠한 모습일 것인지는 확실하지 않다. 그러나 현재 일어나고 있는 것과는 다른 몇 가지 과정이 일어날 것이다. 모슬리 씨 가족은 서로에 대한 실망과 소망을 표현하지 않던 가족규칙을 바꾸어 서로 더 정직한 방식으로 관계를 맺을 가능성이 가장 크다. 비난을 하지 않고 더 많은 연결을 진실로 원하는 입장에서 상대방에게 자신의 관점을 알릴 수 있다. 구성원들은 존중과 인정의 입장에서 서로 관계를 맺을 것이고, 다른 사람을 고유한 존재로 인정할 것이다. 그렇게 각자의 자존감을 인정할 것이다. 모슬리 씨 가족은 일차적으로 일치적 의사소통 입장에서 상호작용할 것이며, 그들 스스로 접촉을 하며 살아갈 것이고, 다른 구성원에게 무슨 일이 일어나고 있는지에 관심을 둘 것이다. 그렇게 하면 개인과 전체로서의 가족에 더 큰 활기가 있게 될 것이다. 구성원들이 서로 존중하고 인정하는 방식으로 관계를 맺을 수 있게 되면, 증상은 이런 새로운 맥락에서 의미가 없어질 것이고 결국 사라질 것이다. 그리하여 코비는 아마 가족 안에서의 경험에서 안전감을 느낄 것이고, 공립학교 제도에 재진입하기로 결정할 수 있을 것이다.

사례 축어록

치료 회기에 스티븐, 미란다, 코비, 테레사, 브랜든이 참석했다.

치료사: 아직 저는 여러분을 잘 모릅니다. 제 이름은 바네사이고요. 모두 뵙고 싶었습니다.

(치료사가 브랜든에게 다가가서 몸을 기울인다. 손을 내밀자 브랜든이 악수를 한다.)

치료사: 네 이름이 뭐니?

브랜든: 브랜든이요.

치료사: 안녕, 브랜든. 만나서 반가워.

(치료사는 돌아가며 모두와 악수하고 자신을 소개한다.)

이것은 치료사가 접촉하는 것을 보여 주는 것이다. 치료사는 상담실의 각 개인이 모두 중요하며 모두 참석해서 고맙다는 것을 알려 주기 위해 개입한다.

치료사: 여러분 각자 오늘 여기 오셔서 무엇을 원하는지 궁금합니다.

이 질문은 상담실에 가족구성원이 다섯 명이 있고 각자 나름의 관점과 바람이 있음을 인식시키는 것이다. 치료의 처음 시작부터 치료사는 각자의 고유성을 분명히 하고 또 치료 과정을 긍정적인 방향으로 안내한다.

미란다: 우리는 코비 때문에 여기 있는 것 같아요. 코비가 학교에 가기를 거부하고 있고 동생들에게 잘 대하지 않아서요.

치료사: 그렇군요. 그래서 미란다 씨는 코비가 계속 학교에 가도록 어떻게 도울 수 있는지, 그리고 동생들과 더 좋은 관계를 갖게 하기 위해 어떻게 도울 수 있는지 알고 싶으시군요.

치료사는 미란다가 말한 것이 미란다가 사용했던 '우리'의 의견이라기보다 미란다 자신의 의견이었음을 강조한다. 그러고 나서 미란다의 말을 잘 들었는지 확인하고 또 미란다의 관점을 입증하기 위해 그녀가 한 말을 되풀이해 준다. 치료사는 코비를 문제로 보는 미란다의 부정적인 의견을 희석한다. 치료사는 호소 문제 아래로 내려가서 코비가 변해야 한다는 것만이 치료적 변화가 아니라는 데 뜻을 같이하며 미란다가 긍정적 방향의 목표를 갖게 한다.

치료사: 스티븐 씨, 당신은 어떠시죠?

스티븐: 저도 같은 의견입니다. 우리는 코비가 매우 걱정돼요. 왜 이런 일이 일어나고 있는지 잘 모르겠어요.

스티븐도 역시 '우리'라는 반응을 사용한다. 그래서 치료사는 이 집 사람들은 의견을 달리할 수 없고 자기 자신의 입장을 가질 수 없을지 모른다는 실마리를 잡게 된다.

치료사: 스티븐 씨도 미란다 씨와 원하는 게 같은 것 같군요.

스티븐: 네. 그렇다고 말할 수 있죠.

치료사: 그래요, 스티븐 씨와 미란다 씨 이야기를 들었는데요. 그래서 이제는 나머지 사람의 이야기를 들어 볼까요? 여기 모두 있고 또 가족의 일원이니까요.

테레사: 코비 오빠가 변했어요. 예전처럼 저나 브랜든에게 친절하지 않아요.

치료사: 오빠랑 좀 더 가깝게 지내고 싶은 거구나?

치료사는 코비가 친절하지 않다는 테레사의 말을 재구성하여 테레사가 원하는 것이 무엇인지에 그리고 특히 상호작용에 초점을 둔다.

테레사: 네. 우린 정말 친했어요. 서로에게 그렇게 함부로 한 적이 없었죠.

치료사: 그래서 이 상황이 뭔가 새롭고 뭔가 다르게 되고 싶은 어떤 것이로구나. 좋아, 브랜든, 지금 테레사 옆에 앉아 있는데, 다음으로 너한테 질문할게. 오늘 이 만남에서 넌 무엇을 바라니?

브랜든: 평화를 원해요. 지금은 그렇지 못해요.

치료사: 모든 사람이 서로 잘 지내기를 바란다는 거니?

브랜든: 네.

치료사: 모든 사람이 항상 잘 지낼 수 있도록 내가 도울 수 있을지는 잘 모르겠구나. 그렇다면 내가 마술사겠지. 그렇지만 서로에게 어떻게 좀 다르게 대할 수 있을지 이야기할 수는 있을 거야.

치료사는 유머를 사용해서 사람들이 모두 항상 서로 잘 지내야 한다는 가족신화에 도전한다.

치료사: 코비야, 맨 끝에 앉아 있구나. 여기 어떤 생각으로 왔으며 오늘 여기서 무엇을 가져가고 싶니?

코 비: 그냥 식구들이 나한테서 좀 떨어져 나가면 좋겠어요.

치료사: 누구를 말하고 있는 거니?

코 비: 엄마랑 아빠요.

치료사: 좋아. 엄마, 아빠, 테레사, 브랜든이 네가 상처를 입었음을 알기를 바라고 또 네가 어떤지 잘 이해하지 못한다는 거로구나. 여러분 모두 지금 일어나고 있는 일 때문에 어떤 고통을 겪고 있군요. 그러나 여러분 모두 가족에

서 그다지 상처가 되지 않았던 시기도 있었던 것 같아요.

치료사는 이런 이해에서 모든 가족구성원을 포함하여 가족이 경험하고 있는 상처에 대한 생각을 끄집어냈다.

치료사: 코비, 너는 상처를 입을 때 어떻게 하니?

코 비: 무슨 말씀하시는지 잘 모르겠어요.

치료사: 너한테 상처가 되는 어떤 일, 말하자면 네 안에서 상처가 되는 어떤 일이 일어날 때, 넌 그걸 어떻게 다루니?

코 비: 그냥 제 방으로 들어가 음악을 듣거나 뭐 그런 걸 할 걸요.

치료사: 이 집에서 너는 아주 많은 방식으로 고립되었다고 느끼는 것 같구나.

코 비: 그런 것 같아요.

치료사: 너한테 괜찮다면, 약간 이상하게 보일지도 모르지만 너하고 뭔가를 하고 싶구나. 그렇지만 우리는 늘 이상한 일을 하지.

치료사는 경험적 기법을 도입하고 있다. 그러나 '우리는 늘 그렇게 이상한 일을 하지.'라는 사람들의 인간성을 내어놓는 방식으로 그렇게 한다. 또 이는 치료 회기의 접촉 단계로부터 혼란 단계로 변화가 시작되는 것이다. 혼란 단계에서 가족구성원들은 자신을 이해하는 새로운 방식을 경험하게 될 것이다.

미란다: 좋습니다.

치료사: 좋아요. 모두 일어서시겠습니까? (모두 일어선다.) 좋아요. 코비, 이 가족에서 너의 삶이 어떤 것 같은지에 대한 그림을 그려 보면 재미있을 것 같아. 네 머릿속에 어떤 그림이 있을 거야. 너의 그림을 보여 주는 위치로 식구들을 이동시킬 수 있겠니?

이는 가족조각을 해 보라는 요청이다. 면담 내내 여러 가족원이 조각의 감독이 되어 달라는 요청을 받을 수 있다. 아니면 치료사가 감독을 할 수도 있다. 이 연습에서 코비에게 감독을 하게 한 결정은 그가 가족 안에서 더 많은 목소리를 가져도 되도록 허용하기 위함이었다. 치료사가 느끼기에 그의 목소리는 침묵을 하였기 때문이었다.

코 비: 음~ 브랜든은 저쪽에 있을 거고요.

치료사: 말하지 말고 해 봐. 식구들을 신체적으로 이동시켜서.

(코비는 브랜든을 데리고 의자에 앉힌다. 그리고 미란다를 데리고 가서 브랜든 뒤에 서 있게 하고, 한 손으로 브랜든을 보호하기 위해 안고 다른 한 손은 코비를 향하게 한다. 다음으로 테레사가 엄마 뒤에 서 있게 하고 혀를 내밀어 메롱을 하게 한다. 그러고 나서 스티븐이 그들 약간 뒤에 서 있게 하고 손가락으로 역시 코비를 가리키게 한다. 그리고 코비 자신은 무릎을 턱 밑에 세우고 소파에 앉아서 머리를 거기 기대고 두 팔로 다리를 감싼다.)

치료사: 좋아. 잠시 거기서 꼭 잡고 있어. 조각처럼 있어야 해. (치료사는 약 20초 동안 그대로 있게 한다.) 미란다 씨, 이것이 그전에 일어났던 광경인가요?

미란다: 이런 것 같지는 않은데요. 코비가 말하고 싶어 하지 않을 때도 있어요. 그래서 실제로는 저렇게 앉아 있죠.

치료사: 코비가 저렇다고 볼 때 당신은 어떻게 하죠?

미란다: 코비에게 무슨 일이냐고 물어보죠.

치료사: 어떻게 하시는지 보여 주실 수 있어요?

미란다: 글쎄요, 제가 "코비야, 무슨 일이니?"라고 하며, 코비는 대개 "아무것도 아니에요."라고 말하죠.

치료사: 하지만 당신은 저렇게 서 있나요? 브랜든을 안고 또 손가락으로 코비를 가리키고요?

미란다: 아니죠.

치료사: 그럼 당신이 보통 어떻게 하는지 보여 주세요.

(미란다가 앞으로 몇 발자국 가서 코비 앞에 선다. 그러고는 코비를 내려다본다.)

미란다: 코비야, 무슨 일이니?

치료사: 여러분 모두 말하고 했던 것들에서 볼 때 이 집 사람들은 여러 번 다소 서로 단절되어 있다고 느끼는 것 같아요. 미란다 씨, 저는 당신이 뭔가를 하면 좋겠어요.

미란다: 좋아요.

(치료사가 앞으로 움직여 코비 옆에서 무릎을 꿇는다.)

치료사: 미란다 씨도 여기 저하고 함께 꿇으시겠어요?

(미란다가 무릎을 꿇는다.)

치료사: 코비야, 잠깐 네 손을 잡아도 괜찮겠니?

치료사는 한 사람과 연결되어 지지하기 위한 한 가지 방법으로서 신체적 접촉을 사용한다. 이런 행동은 코비를 인정하는 것이며, 동시에 서로에게 그랬을지도 모를 다른 가족원들에게 모델이 된다.

코 비: 괜찮을 것 같아요.

(치료사는 코비의 손을 꼭 잡는다.)

치료사: 코비야, 네가 상처를 입고 외로워 하는 것 같구나. 그것이 너한테 어떤 느낌인지 알고 싶어.

코 비: 때로 저는 여기 잘 어울리지 못하는 것 같은 느낌이에요. 식구들이 이상하다는 게 아니고요. 하지만 잘 모르겠어요.

치료사: 미란다 씨, 똑같이 하실 수 있겠어요? 코비의 손을 잡고 코비에 대해 당신이 느끼고 있는 사랑을 말해 주세요. 아드님에게 다가가고 싶었던 그 느낌이요.

치료사는 미란다와 나머지 가족에게 가족 내 누군가를 지지하기 위해 다가갈 수 있는 한 가지 방법을 가르치고자 하였다. 또 치료사는 미란다의 질문을 사랑과 다가감의 행동으로 재구성했다.

미란다: (코비의 손을 잡는데, 코비가 손을 조금 빼자 손이 빠진다.) 코비야, 왜 그래?

치료사: 미란다 씨, 코비 손을 잡았을 때 무엇을 알게 되었나요?

미란다: 네, 코비가 나한테서 물러났어요.

치료사: 코비가 당신한테서 조금 뒤로 물러섰을 때 어떤 느낌이 드셨어요?

미란다: 실망이죠.

치료사: 왜 실망하게 되나요?

미란다: 코비와 좀 더 가까운 관계를 원하니까요.

치료사: 다른 자녀들하고는 어떤가요?

미란다: 아주 가까운 관계죠.

치료사: 남편하고는요?

미란다: 괜찮은 관계예요.

치료사: 남편의 손을 잡고 그에게 당신의 상처에 대해 이야기할 수 있을까요?

미란다: 그렇게 해 본 적이 없어요.

치료사: 어째서요?

미란다: 모르겠어요.

치료사: 자, 남편분이 여기 바로 앉아 있어요. 아마 당신은 지금 바로 시작할 수 있죠.

치료는 사람들이 자기 및 다른 사람들과 접촉하는 것에 관해 진행되고 있다. 그냥 말만 하는 대신, 치료사는 부부가 이 순간 서로를 경험할 수 있게 한다.

(미란다가 스티븐 쪽으로 몸을 돌린다.)

미란다: 여보, 이 상황에서 어떻게 해야 할지 모르겠어요.

치료사: 남편에게 조금 더 가까이 가시겠어요? 손을 잡고?

(미란다가 스티븐 쪽으로 더 가서 그의 손을 잡는다.)

스티븐: 우린 이렇게 계속해야 해.

치료사: 여기서 잠깐만요. 아내분이 당신에게 마음을 열고 겁이 난다고 말했죠. 그리고 당신은 아내를 기분 좋게 하려고 노력하고 있고요. 당신이 아내의 고통을 그저 듣고 있음을 알려 주실 수 있나요? 그리고 당신이 아내와 함께 있다는 것을 그저 알게만 해 줄 수 있나요?

스티븐: 미란다, 이게 당신을 속상하게 한다는 것 알아. 여기 내가 당신과 함께 있어.

치료사: 미란다 씨, 남편을 믿으시나요?

미란다: 네.

치료사: 남편이 지지하고 있다는 느낌이 드세요?

미란다: 이 상황에서는 그렇습니다.

치료사: 다른 상황에서는요?

미란다: 이만큼은 아니에요.

치료사: 당신이 지지받고 있다는 느낌이 안 든다고 남편에게 알려 줄 수 있나요?

미란다: 못할 것 같아요.

치료사: 남편에게 연결되기를 주저하는데, 어째서 그러신가요?

미란다: 글쎄요, 남편이 저를 지지하고 있지 않다는 걸 남편이 알아야죠.

치료사: 우리 모두가 마음을 읽을 줄 알면 얼마나 좋겠어요. 불행하게도 세상은 그렇게 돌아가지 않습니다. 당신이 뭘 필요로 하는지 남편에게 알려 줄 수 있나요?

치료사는 또다시 유머를 사용해 가족과 연결되고자 하고 가족신화를 없애고자 한다. 치료사는 가족원들이 서로 좀 더 활발한 관계를 맺기 위해 노력하도록 격려하고 있다.

미란다: 아마도요.

치료사: 다시 돌아가서 남편 손을 잡고 당신이 무엇을 열망하는지 알려 주세요.

미란다: 나는 당신이 나를 지지해 주기를 원해요.

스티븐: 당신을 지지하고 있어.

치료사: 미란다 씨, 남편에게 무엇을 해 달라고 말하지 말고 당신 안에서 무슨 일이 일어나고 있는지 말하세요.

미란다: 우리 관계에서 안전하다는 느낌을 갖고 싶어요.

치료사: 그렇게 말할 수 있으니까 어떤 느낌이 드세요?

미란다: 좋아요. 한동안 우리는 이렇게 말할 수 없이 지냈지요. 우리 모두 이걸 원한다고 생각했지만요.

치료사: 스티븐 씨, 아내에게 무슨 말을 하고 싶으세요?

스티븐: 나도 당신하고 연결되고 싶어. 내가 그러고 싶은 만큼 잘 보여 주지 않은 것 같아.

치료사는 가족구성원들이 서로 연결되도록 격려하였다. 과거에 그들은 서로 분리되어 서로 멀어져 있었던 것 같다. 치료사의 개입과 격려를 통해서 가족원들은 일치적 의사소통을 더 잘할 수 있고, 과거에 하지 못했던 방식으로 말하고 들을 수 있게 된다.

치료사: 제가 맞는지 모르겠지만 그걸 경험하고 있거든요. 이 집 식구들 모두 아마 자주 자기 말을 잘 듣지 않는다고 느낀 때가 있다는 느낌이 듭니다. 맞는 말인가요? 테레사는 어때?

치료사는 가족을 어떤 특정 방식으로 경험했고, 나-당신 관점을 보여 주는 의사소통을 하였다. 치료사는 가족에서 무엇이 일어나고 있는지에 대해 자기가 어떻게 지각하는지를 가족에게 말했고 그러고 나서 다른 사람들의 관점을 듣고 싶다는 피드백을 요청했다.

테레사: 네, 가끔은요.

치료사: 누구랑 이야기하는 것이 어렵니?

테레사: 코비 오빠랑 아빠요.

치료사: 그렇구나. 코비한테 그렇다고 알려 줄래?

테레사: 오빠…….

치료사: 잠깐만. 코비한테 가서 눈을 바라보고 말하렴.

치료사는 사람들이 다른 사람에게 주의를 기울이고 경청하기 위해 충분히 노력할 것임을 보여 주기 위해 신체를 사용하도록 도와주고 있다.

테레사: (코비에게로 간다.) 오빠, 오빠가 내 말을 잘 듣고 있지 않다거나 별로 듣고 싶어 하지 않는 것 같다는 생각이 들 때가 있었어.

코 비: 내가 왜 그래야 해?

치료사: 테레사, 코비가 저렇게 말할 때 어떤 느낌이 드니?

테레사: 오빠가 저를 전혀 상관하지 않는다는 거요.

치료사: 그렇구나. 그렇게 이해할 수도 있지. 나는 조금 다르게 들었어. 그 말 안에 어떤 바람이 있다고 들었지. 코비, 테레사가 너한테 자기 내면에서 어떤 일이 일어났는지 알려 주려고 했을 때 어떤 기분이 들었니?

치료사가 한 가지 지각을 재구성하여 누군가의 행위에 대해 좀 다르게 이해할 수 있도록 하였다. 이러한 새로운 이해는 겉으로 드러난 대처기제의 말을 파고들어 타인의 취약성을 살펴보게 한다.

코 비: 잘 몰라요.

치료사: 그래. 때로 다른 사람들과 연결되는 것뿐 아니라 자기 자신과 연결되는 것도 어려울 수 있어. 시간을 좀 갖고서 이 경험이 너에게 어떤 것인지 곰곰이 생각해 보렴.

코 비: 좀 좌절되는 것 같아요.

치료사: 좌절이 된다고?

코 비: 네. 테레사가 노력하고 있는 것 저도 알아요. 다른 형제자매들처럼 우린 왜 사이좋게 지내지 못하는지 저도 모르겠어요.

치료사: 그래, 여동생이 너에게 뭔가를 주려고 노력하고 있었지. 코비야, 이 말을 테레사에게 할 수 있을 것 같은데.

코 비: 네가 노력하는 것을 나도 알아.

치료사: 테레사, 너희 둘이 왜 사이좋게 지내지 못하는지 코비가 잘 모른다고 하지만 네가 노력하고 있다는 걸 안다고 코비가 말하는 걸 들으니 어떠니?

테레사: 기분 좋아요.

치료사: 이 가족에서는 상대방이 진짜로 무슨 말을 하는지 알기를 원하는 것 같군요. 이 집에서 식구들이 무슨 의미로 말하는지 당신은 어떻게 알지요?

스티븐: 때로 그게 어려워요.

치료사: 잠깐만요. 브랜든이 열 살인데 아직 브랜든과는 별 이야기를 하지 않았군요. 브랜든, 여기서 일어났던 일에 대해 너는 어떻게 생각하니?

브랜든: 모르겠어요. 조금 도움이 될 것 같기도 하고요.

치료사: 확실히 잘 모르겠지만, 이렇게 새로운 방식으로 이야기하는 것이 도움이 될 거라 생각해.

치료사는 가족 내 각 개인을 인정하고 각자 치료에서 무엇을 바라는지 확실히 짚는다.

치료사: 저는 이 방에 있는 사람들 모두에 대해 알아봤어요. 하지만 당신들의 삶에서 중요한 다른 사람들도 있지요?

간단히 진행하기 위해서, 온전한 가족생활연대기는 여기서 제시하지 않았다. 치료의 이 시점에서 치료사는 확대가족을 포함하기 위하여 가족사에서 얻었던 정보를 확대한다.

미란다: 친정어머니가 많이 도와주세요. 그리고 친정아버지와 코비가 아주 가까운 관계였어요. 하지만 친정아버지가 얼마 전에 돌아가셨고, 우리 모두 엄청 힘들었어요.

치료사: 미란다 씨, 친정아버지가 가족에게 매우 중요한 분이셨던 것 같군요. 당신은 친정아버지의 사망에 어떻게 대처하셨나요?

미란다: 저요, 잘 못했지요. 코비 역시 진짜 상처를 받았어요. 친정아버지가 스티븐보다 코비에게 훨씬 더 아버지 같았으니까요.

스티븐: 미란다, 당신이 그렇게 말하는 걸 나는 받아들일 수 없어. 코비는 내 아들이고, 난 코비에게 좋은 아빠가 되기 위해 엄청 노력했어. 코비는 나한테 엄청 중요해.

미란다와의 관계에 대한 스티븐의 신뢰는 그가 좀 더 일치적인 의사소통을 할 수 있게 한다. 스티븐의 반응은 미란다의 친정아버지의 죽음이 중요하다는 치료사의 짐작을 확인시켜 주었는데 치료 회기 내내 이것이 확실하다는 것이 드러났다. 이는 또한 치료가 혼란 단계에서 통합 단계로 진행되는 전환기이기도 하다.

치료사: 친정아버지의 죽음이 이 가족에서 매우 중요했던 것 같습니다. 다음 번에 우리가 만날 때는 다른 것에 대해 얘기해 보죠. 이제 이번 상담이 끝날 시점인 것 같아요. 하지만 끝내기 전에 오늘 여기 참여한 경험이 어떠셨나요? 아마 여러분 각자 이렇게 시작한 것이 어땠는지 할 말이 있겠지요.

미란다: 가능성요.

스티븐: 제가 기대했던 것은 아니에요. 단 한 마디도 찾을 수가 없네요.

브랜든: 괜찮아요.

코　비: 그럭저럭요.

테레사: 잘 모르겠지만 희망적이에요. 그렇게 세 마디죠.

치료사: 좋습니다. 오늘은 여기서 끝내지요. 우리는 제가 생산적인 시작이라고 생각한 바대로 진행하였어요. 저는 이렇게 두 마디만 하죠. 여러분 각자 더 긍정적인 관계를 맺고 또 서로 이해하기를 아주 많이 바라고 있음에 감사드립니다. 다음 번 상담에서 뵙기를 고대하겠습니다.

치료사는 각 가족원의 노력과 희망을 인정한다. 초점이 코비에서 벗어나 가족으로 확대되었다. "두 마디만 하죠."라고 맞장구치는 말은 치료사에 대한 신뢰와 연결을 더 촉진한다. "다음 번 상담에서 뵙기를 고대하겠습니다."라는 말은 따스함과 보살핌을 표현한다.

Chapter 06

MRI 단기 가족치료

마이클 리터 · 웬들 레이
(Michael D. Reiter & Wendel A. Ray)

MRI 단기 가족치료는 그레고리 베이트슨(Gregory Bateson)의 사이버네틱스 관념으로부터 발전되었고 돈 잭슨(Don Jackson), 존 위클랜드(John Weakland), 폴 바츨라비크(Paul Watzlawick), 리처드 피쉬(Richard Fisch) 등에 의해 치료이론으로 탄생했다. 이 접근은 의사소통이론에 대한 이해와 반복적인 행동 과정에 개입하는 방식에 대한 이해를 바탕으로 한다. MRI 단기치료사는 통찰을 발전시키려고 하기보다는, 문제의 증가나 유지로 이끌었던 문제들을 해결하기 위해 사람들이 시도했던 비효과적인 방식을 무너뜨리고자 시도한다. 치료사는 가족 내 무엇이 일어나고 있고, 치료사가 어떻게 개입할 수 있는지 결정하기 위해 더욱 적극적인 접근을 취한다. 가족원들이 과거에 문제를 해결하기 위해 시도했던 방식과 반대되는 행동에 개입할 때 변화는 상담실 밖에서 일어나는 경향이 있다. 이 장은 MRI 의사소통이론을 통해 모슬리 씨 가족을 살펴볼 것이다. 그다음에 MRI 단기치료사들이 가족으로 하여금 문제가 되는 변화 시도로부터 유용한 변화 시도로 바꾸도록 돕기 위해 2차 변화에 개입하는 방식을 보여 줄 것이다. 이는 먼저 내담자의 언어와 준거틀을 이해함으로써 주로 일어난다. 그리고 나서 문제를 해결하기 위해 행했던 시도들을 중단할 의도가 있는 몇 가지 제안을 할 것이다.

문제형성에 대한 관점

사람들은 살아가면서 누구나 어려움에 직면한다. 그러나 모든 사람이 다 치료에 오는 것은 아니다. 어려움과 문제 간에는 차이가 있기 때문이다. 어려움은 바람직하지 않는 상태로서, 1차 변화 시도로 변화될 수 있다(Watzlawick, Weakland, & Fisch, 1974). 이 말은 체계의 현재 규칙 구조 안에서 행동이 충분히 변화될 수 있으며, 그러면 어려움은 더 이상 관심사가 아님을 뜻한다. 그러나 문제는 어려움을 잘못 다루어서 생긴 곤경 상태다. 이렇게 문제를 잘못 다루는 것은 상호작용을 통해 일어난다. 인간의 상호작용은 직선적 과정이 아닌 순환적 혹은 회귀적 과정으로 일어난다. 그래서 사람들은 상호적으로 영향을 주고받는다.

모슬리 씨 가족은 인간의 상호작용 체계로서, 그 안에서 모든 구성원은 서로에게 반응하고 서로에게 영향을 준다. 그들은 현재 코비의 등교 거부 상황을 1차 변화 시도(가족의 현재 규칙 구조 안에서 해결을 시도함)로 다루고자 노력하고 있다. 스티븐과 미란다는 이 가족의 규칙 구조에서 기능하고 있는데, 여기서 그들은 이 가족의 부모다. 그래서 두 사람은 그들이 옳다고 생각하는 것을 자녀들이 하도록 확실히 하기 위해 권위를 갖는 것을 그들의 책임으로 본다.

문제의 그다음 구성요소는 문제가 반복적이라는 것이다(Fisch, Weakland, & Segal, 1982). 사람들과 가족이 계속해서 문제를 보이는 한 가지 이유는 실제로 2차 변화가 필요할 것 같을 때 1차 변화 전략을 계속 사용하기 때문이다(Watzlawick et al., 1974). 1차 변화 전략은 어떤 형태의 변화 시도를 하지만, 전체 체계에는 변화가 없는 전략이다. 2차 변화 전략은 체계 내 변화를 제공하며, 특히 체계의 규칙의 변화를 제공한다. 모슬리 씨 가족은 일정 기간 동안 현재 문제와 싸워 왔고, 문제를 해결하기 위해 반복적으로 노력해 왔지만, 성공하지 못했다. 스티븐과 미란다는 계속적으로 1차 변화를 시도하고 있고, 부모의 범위 안에서 자녀가 그들의 지시를 따르도록 하고 있다. 이렇게 실패한 1차 변화 시도의 몇 가지는 코비에게 무엇이 잘못인지 물어보고, 그를 의사에게 데려가고, 학교상담사에게 가 보게 하고, 운전과 비디오게임 특권을 빼앗고, 학교에 가도록 요구하는 것 등이 포함된다.

1차 변화와 2차 변화

사람들은 대개 1차 전략을 통해 변화를 시도한다. 때로는 이 방법이 효과적이다. 그러나 만일 가족이 2차 변화가 아닌 1차 변화를 계속 사용하였다면 오래 지속되는 문제가 발생한다. 문제 형성과 해결에 초점을 둘 때 특히 중요한 것은 바로 2차 변화다(Watzlawick et al., 1974). 2차 변화는 논리 수준의 도약(하나의 논리 형태에서 다른 논리 형태로의 도약)을 근거로 하기 때문에 대개 역설적으로 보인다. 말하자면 1차 변화의 관점(체계 내 관점)에서 보기 때문에 역설적으로 보인다.

1950년대에 그레고리 베이트슨의 연구팀이 행한 의사소통의 본질에 관한 연구(Bateson, Jackson, Haley, & Weakland, 1956, 1963; Watzlawick & Jackson, 1963)를 바탕으로 구축된 MRI 연구자들은 문제의 지속과 변화, 그리고 체계가 어떻게 변화하는지를 변화시킬 수 있는 방법에 대한 이해의 선구자 역할을 했다. MRI 팀은 집단 이론, 화이트헤드(Whitehead)와 러셀(Russell)의 논리 형태 개념(1913), 언어의 느슨한 사용에서 발생할 수 있는 철학적 문제에 대한 비트겐슈타인(Wittgenstein)의 작업(1951)에서 나온 아이디어들을 적용했고, 그래서 1차 변화와 2차 변화 간의 본질적인 차이를 개념화했다. 형식적 논리에서의 혼란을 피하기 위해, 화이트헤드와 러셀은 계층과 계층의 구성원 간의 필수적인 차이를 구분하기 위해 논리 형태를 적용했다. 바츨라비크 등(Watzlawick et al., 1974)이 설명했듯이, "불행하게도, 자연 언어는 구성원과 계층 간의 분명한 구분을 짓기 어렵게 한다. 베이트슨은 '생각건대, 똑같은 단어가 계층과 구성원들 모두를 서술하는 데 쓰일 것이며, 두 경우 모두에 사실일 것이다.'라고 하였다"(p. 8). 그런 혼란에서 역설이 비롯되며, 그러한 역설을 조사하는 데 보내는 시간에 의해 1차 변화와 2차 변화가 생겨났다. 필시 중요한 두 가지 아이디어는 이와 같이 관계의 교착상태에 대한 연구에서 비롯된다. "① 논리 수준은 역설과 혼란을 나타내기 위해 엄격하게 분리되어야 한다. ② 한 수준에서 다음의 더 높은 수준으로 가는 것(즉, 구성원에서 계층으로 가는 것)은 실천적으로 가장 중요한 변화, 도약, 불연속 혹은 변형을 수반한다. 왜냐하면 그것은 또 거기서 벗어나 다른 길로 나가는 것이기 때문이다."(ibid., pp. 9-10)

구성원과 계층 간에 명확한 분리가 유지되지 않을 때 일어나는 어려움과 역설에 관한 이러한 생각을 하게 되는 것은 1차 변화와 2차 변화를 이해하기 위한 기초가 된다. 1차 변화는 "그 자체가 변하지 않은 채 체계 내에서 일어나는"(Watzlawick et al., 1974, p. 10) 변화를 말한다. 1차 변화에 대한 예를 고전 서적에서 들어 보면 다음과 같다.

> 악몽을 꾸는 사람은 꿈속에서 달리고, 숨고, 싸우고, 소리 지르고, 절벽을 뛰어내리는 등 많은 것을 할 수 있다. 그러나 이런 행동 중 어떤 행동을 다른 행동으로 변화시키지 못한 채 악몽이 끝날 것이다. 우리는 이러한 종류의 변화를 1차 변화라고 할 것이다. 꿈에서 깨어나는 한 가지 방법은 꿈을 꾸는 것에서 깨어나는 것으로 변화하는 것이다. 깨어나는 것은 분명 더 이상 꿈의 일부가 아니며, 전적으로 다른 상태로의 변화다. 이런 종류의 변화를 2차 변화라고 한다(ibid, pp. 10-11).

모슬리 씨 가족의 사례로 돌아가서 보면, 스티븐과 미란다가 효과적이지 못한 해결을 점점 더 늘려 감에 따라 상황은 점차 더 악화되었다. 변화를 가져오기 위한 그들의 모든 시도는 가족체계의 현재의 규칙 구조 안에서 행해졌다. 말하자면, 부모로서 그들은 아이들에게 그들이 옳다고 생각하는 것을 하게 만들 권리와 의무가 있다는 것이다. 그들은 처음에는 코비를 의사에게 데리고 갔다. 코비가 몸이 아픈 것이 아님을 확실히 알게 되자, 그들은 코비의 등교 거부가 문제라고 믿었다. 그러자 그들은 코비가 학교에 가도록 납득시키기 위해 여러 가지 이유를 들기 시작했다. 이런 모든 시도는 별 효과가 없었다. 다음으로 그들은 코비가 학교에 가도록 요구했고, 특권을 빼앗았으며, 그다음에는 그가 학교에 가게 하기 위해 학교상담사에게 데리고 갔다. 사실 스티븐과 미란다는 '동일한 것을 더 많이 하는' 해결책을 시도하고 있었던 것이다. 그들이 사용했던 몇 가지 전략(이유 대기, 요구하기, 특권 빼앗기, 상담사에게 데려가기)이 다르게 보이지만, 그것들은 모두 변화를 위한 1차 변화의 노력에서 인정을 철회하거나 위협과 처벌을 사용하는 부류에 속한다. 스티븐과 미란다의 시각에서 볼 때, 만일 그들이 무엇이 잘못되었는지 찾아내기 위해 코비에게 논리적으로 설명하여 설득시킨다면, 혹은 그가 학교에 가도록 요구하거나 더 많은 특권을 빼앗는다면, 코비는 학교에 갈 것이다.

코비의 등교 거부는 가족체계 안에서, 특히 스티븐과 미란다에 의해서 일어나지 말아야 할 어떤 것으로 보였다. 대부분의 부모가 그러하듯, 그들은 코비를 변화시키기 위해 노력하였다. 그를 변화시키려는 시도가 무심코 문제를 유지시키고 있고 더 악화시킨다는 것을 깨닫지 못한채 말이다. 스티븐과 미란다는 부모 역할을 하는 도중에 곤경에 빠져 있고, 다른 결과를 가져올 수도 있는, 상황에 접근하는 대안적인 방법을 보지 못했다.

결과적으로 이 시점에서 모슬리 씨 가족은 **끝이 없는 게임**에 갇혀 있다(Watzlawick et al., 1974). 이 게임은 1차 변화 전략을 계속해서 사용하도록 하며, 현재 가족이 기능하듯이 가족체계를 유지시키고 있다. 그래서 실제로 변화가 일어나지 못하게 만든다. 이 과정은 부적 피드백 고리가 아닌 정적 피드백 고리를 형성하고 있는 것이라 할 수 있다(Fisch, Watzlawick, Weakland, & Bodin, 1977). 가족 기능에 대한 사이버네틱스 관점에서 볼 때, 부적 피드백은 가족체계가 규범에서 벗어난 정보를 취하여 그런 규범으로부터 안정적 상태를 되찾을 때 일어난다. 사실 두 명 혹은 그 이상이 상대방보다 한발 앞서고자 할 때, 가족체계는 반복적인 행동이 증가하는 상호작용 고리를 형성한다. 피쉬 등(Fisch, Watzlawick, Weakland, & Bodin, 1977)은 끝이 없는 게임의 예를 다음과 같이 설명했다. "예를 들어, 전형적으로 반항하는 10대는 부모의 훈육을 받게 될 때, 반항 행동을 더 많이 할 것이고, 그러면 부모는 억압 행동을 더 많이 하는 경향이 있으며, 그래서 10대를 더 반항하게 만든다."(p. 318) 이런 상황은 모슬리 씨 가족에서도 찾아볼 수 있다. 코비가 학교에 가기를 거부할수록 스티븐과 미란다는 그가 학교에 가도록 더 많이 요구한다. 이는 코비가 등교 거부를 더 많이 하도록 하고, 이에 따라 스티븐과 미란다는 그가 학교에 가도록 더 많이 요구하게 된다. 그리고 이런 악순환은 계속된다.

모슬리 씨 가족은 공통의 규칙체계 안에서 기능하고 있고, 규칙에 대한 규칙을 변화시킬 수 없는 것 같다. 만일 그들이 가족체계의 규칙을 변화시킬 수 있다면, 2차 변화 전략을 발전시킬 수 있고 그래서 현재의 상황 이상으로 나아갈 수 있다. 그러나 모슬리 씨 가족에서 부모는 여전히 아이들에게 무엇을 해야 할지 말할 수 있어야 하고, 자녀는 부모님 말씀을 들어야 한다는 관점에서 기능하고 있다.

MRI 단기치료팀은 행동에 대한 비규범적/비병리적 관점을 고수한다. 이 관점에서 볼 때, 수용할 수 있는 삶의 방식은 아주 많다. 만일 가족체계 내의 누군가 혹은 가족체계 밖의 누군가가 문제에 대해 불평하지 않는 한 문제는 존재하지 않는다. 여기서 치료는 무엇이 문제이고, 누구에게 문제이며, 가장 중요하게는 그 행동이 어떤 방식에서 문제인지를 분명하고, 구체적이며, 행동적인 용어로 파악하는 데 도움이 될 수 있다. 구체적인 문제가 일단 밝혀지면, 치료사는 문제를 해결하기 위해 무엇이 행해지고 있는지에 대해 물어볼 수 있다. 원하지 않았던 행동을 무심코 지속시키는 비효과적인 해결책의 시도를 중단시키는 것이 치료적 개입의 초점이다.

악순환이 어떻게 혹은 어디에서 시작되었는지를 아는 것은 중요하지 않다. 그건 단지 자의적인 구두점 찍기의 문제일 것이다. 구두점 찍기는 사람들이 흔히 비난을 하게 만드는 선형적인 설명(예: 코비가 등교를 거부해서 문제를 일으켰다)의 곤경에 빠지게 만들기 때문에 무엇이 일어나고 있는지를 설명하는 데 적합하지 않다. 가족구성원들이 순환적인 인과관계방식으로 사건들의 흐름을 구두점 찍으려 할 때조차(즉, 문제는 이런 사건들에 대한 코비의 반응에 대한 스티븐과 미란다의 해결 시도, 코비의 반응에 대한 스티븐과 미란다의 반응의 조합이다), 흔히 습관적인 문제유지 행동으로부터 벗어나는 데 어려움이 있다. 왜냐하면 대개 통찰을 갖는다고 변화가 시작되는 것은 아니기 때문이다.

더욱이 가족체계의 일부가 문제 원인의 초점은 아니다. 이것은 문제 발생이 어떤 병리 때문이 아니라 어려움을 잘못 다룬 것 때문이라는 전제에 근거한다. 이렇게 잘못 다루는 것은 사람들이 자신과 타인들의 관계를 어떻게 보는지와 관련이 있다. 예를 들어, 낭만적 관계에 있는 두 사람은 상사와 부하 직원, 치료사와 내담자, 부모와 자녀 같은 두 사람과는 다른 기대를 서로에게 할 것이다. 피쉬 등(Fisch et al., 1982)은 그들이 아동·청소년의 행동을 어떻게 보는지 설명했다. "첫째, 우리는 아동의 문제 행동을 가족체계 내 더 깊은 문제의 기능으로 반드시 혹은 주로 보지 않는다. 그보다 부모가 아동을 통제하거나 돕기 위해 시도하는 해결책의 결과로 본다."(p. 61)

코비가 교육을 이해하고 받도록 하기 위해 '좋은 부모'가 되고자 하는 스티븐과 미란다의 소망은 그들에게 스트레스가 되어 왔다. 사람들은 스트레스를 받으면 문제해결을 시도하기 위해 사용하는 행동의 범위를 줄이는 경향이 있다(Fisch et al., 1982). 코비가 학교에 가지 않을수록, 학교에 가야 하며 그를 학교에 가도록 만드는 것이 그들의 책임이라는 스티븐과 미란다의 시각은 더 굳어졌다.

이렇게 '똑같은 것을 더 많이 하는' 행동은 잘 듣지 않았기 때문에 비논리적으로 보일 수 있다. 그러나 이러한 고리에서 벗어나는 것은 매우 어렵다. 피쉬 등(Fisch et al., 1982)은 다음과 같이 설명했다. "사람들이 비논리적이라는 널리 퍼져 있는 시각과 반대로, 우리는 사람들이 매우 논리적이라고 제안한다. 말하자면, 사람들은 기본적이고 의문의 여지가 없는 전제의 견지에서 논리적으로 행동한다. 그리고 바라지 않은 결과가 일어날 때, 사람들은 그러한 전제를 수정하려고 하기보다 더 많은 논리를 사용하여 그러한 불일치를 해명하려고 한다."(p. 287) 스티븐과 미란다가 사용하고 있는 전제는 그들 스스로 부모가 되는 것이며, 그래서 자녀들의 행동에 책임을 지는 것이다. 그래서 그들은 계속 1차 변화의 시도에 개입한다. 그러나 문제해결로 이끌 수 있는 것은 그들 행동의 기초가 된 전제에서 벗어나거나 수정하는 것이다. 그러면 2차 변화가 일어나는 방식으로 행동하게 될 것이고, 결국 가족 체계의 규칙이 변화될 것이다.

문제/불평

사람들이 치료에 가져오는 불평은 네 가지 구성요소를 갖는 것 같다(Fisch et al., 1982). 첫째, 내담자가 행동(행위, 생각 혹은 감정)에 대한 어떤 형태의 걱정을 표현한다는 것이다. 이 걱정은 자신에 대한 것일 수도 있고 다른 누군가에 대한 것일 수도 있다. 둘째, 내담자는 행동을 일탈된 것(부적합한 것) 그리고 (자기와 타인에게) 스트레스가 되는 것으로 묘사한다. 셋째, 내담자는 자기 혹은 타인이 그 행동을 변화시키기 위해 성공적이지 못한 시도를 하였다고 보고한다. 넷째, 환자 혹은 그 누군가가 행동을 변화시킬 수 없었기 때문에 행동을 변화시키기 위해 치료사의 도움을 요청한다. 이러한 일이 모슬리 씨 가족에도 일어났는데, 스티븐과 미란다는 코비의 학교 결석에 대해 걱정을 표현했다. 그들은 그가 학교에 가야 한다고 믿었고 그 때문에 스트레스를 받았으며, 그를 학교에 가게 하기 위해 노력하였으나 성공하지 못했고, 지금은 치료사에게 도움을 요청하고 있다.

이 모델에 의하면, 문제는 내담자가 해결하기를 원한다고 말하는 것이다. 위클랜드, 피쉬, 바츨라비크와 보딘(Weakland, Fisch, Watzlawick, & Bodin, 1974)은 다음과 같이 설명했다. “제시된 문제는 내담자가 공들여 노력할 준비를 하고 있는 그 어떤 것, 잘못된 것이 무엇이든 그것을 집약해서 나타내는 것을 드러내 보여 주며, 또 이미 이룬 어떤 진전의 구체적 지표를 나타낸다.”(p. 147) 더욱이 문제는 행동적인 것이다(Fisch et al., 1982). 즉, 문제는 행해졌던 무언가다. 모슬리 씨 가족은 코비가 학교에 가지 않음을 걱정하여 치료에 왔다. 그러나 MRI 단기치료의 개념화에 기초할 때, 문제 그 자체는 문제가 아님을 상기해 보자. 문제를 해결하기 위해 행했던 성공적이지 못한 시도를 중단하라. 그러면 문제는 스스로 해결될 것이다. 모슬리 씨 가족에서 문제는 그들이 코비에 대한 걱정을 너무 많이 해서가 아니라, 코비를 학교에 가도록 하기 위한 시도가 성공하지 못했음에도 그런 시도를 계속했기 때문이다. 그러한 시도는 정적 피드백 고리를 형성하게 하여, 스티븐과 미란다가 코비를 학교에 가게끔 시도할수록 코비는 학교에 가기를 더 거부했다.

변화는 대개 규범으로부터의 이탈과 관련이 있다(Watzlawick et al., 1974). 이는 가족이 규칙에 의해 지배되는 체계라는 사고에 근거한다(Jackson, 1977a). 가족의 구성원들은 반복적이고 조직적인 방식으로 행동하며, 이는 가족을 지배하는 원칙이 된다. 모슬리 씨 가족에서 부모가 가족에서 권위를 가져야 한다는 부모의 규범(혹은 가족항상성으로 생각될 수 있는 것)은 코비가 어느 날 집에 머문 다음에 학교에 가지 않겠다고 요구했을 때 지켜지지 않고 그 규범에서 벗어났다. 그가 부모님에게 더 이상 학교에 가고 싶지 않다고 말했을 때, 가족체계의 기능은 도전을 받았다. 그리하여 스티븐과 미란다는 다양한 1차 변화 전략을 사용하여 그 규범 안에서 코비가 다시 기능하도록 만들기 위해 노력하기 시작했다.

문제나 불평이 관계 안에서 일어나고, 1차 변화 전략이 반복적으로 적용될 때, 문제가 악화되는 경향이 있다(Watzlawick et al., 1974). 해결 행동이 문제를 악화시키는 곳에는 정적 피드백 고리가 만들어진다. 이것은 모슬리 씨 가족에서도 분명히 일어나고 있는데, 불평 패턴이 시작될 때 스티븐과 미란다는 코비의 건강을 염려하고 걱정했다. 현재 그들은 코비에게 극도로 좌절하여 화가 나 있다. 동시에 코비의 경험은 학교에 가고 싶지 않은 것에서 극히 좌절되고 화가 나는 것으로 바뀌었다.

삶의 여러 가지 어려움은 모든 사람에게 일어난다. 병에 걸리거나 사고를 당하는 것 같은 이러한 어려움 가운데 어떤 것은 변화될 수 있다. 결국 문제가 되는 많은 어려움은 결혼, 이혼, 취학 같은 삶의 정상적인 전환기 때문에 발생한다(Fisch et al., 1982; Weakland et al., 1974). 그렇다고 인생의 모든 정상적인 전환기가 다 문제가 되는 것은 아니다. 대부분의 경우, 사람들은 그것들을 적절히 잘 다룬다. 그러한 어려움이 문제가 되는 데는 두 가지 조건이 있다(Fisch et al., 1982). 첫째, 어려움이 다루어지지 못한다. 둘째, 둘 혹은 그 이상의 사람들이 반복적으로 해결을 위해 '똑같은 것을 더 많이' 시도하여 원래의 어려움이 악순환되거나 끝이 없는 게임이 된다.

모슬리 씨 가족에서 어려움은 이유야 어떠하든 코비가 학교에 가고 싶지 않다고 결정한 것이었다. 스티븐과 미란다는 반복적으로 '똑같은 해결을 더 많이' 시도하였다. 말하자면 권위적인 입장에서 코비가 입장을 바꾸어서 학교에 가도록 (말로 하거나 특권을 빼앗음으로써) 요구하였다. 이러한 시도는 코비가 등교 거부 입장을 완강하게 고수하도록 만들었다. 그래서 원래의 어려움이 문제로 악화되었다.

MRI 이론가들은 사람들이 어려움을 잘못 다루는 세 가지 주요 방식이 있다고 하였다(Watzlawick et al., 1974). 첫째는 사람들이 문제가 존재한다는 것을 부정하는 경우다. 이 경우에는 행동이 필요하지만 취해지지 않는다. 둘째는 변화될 수 없는 상황을 위해 변화를 시도하는 경우다. 그래서 행동을 취해서는 안 될 때 행동을 취한다. 셋째는 변화가 더 높은 수준에서 이루어질 필요가 있을 때 변화를 어떤 한 수준에서 이루는 경우다. 모슬리 씨 가족은 변화를 이루기 위해 노력해 왔다. 그래서 그들은 문제를 잘못 다루는 첫 번째 방식은 취하지 않았다. 코비가 학교에 가기로 결정하는 것은 변화될 수 있다. 그래서 이것은 그들이 문제를 지속시킨 방식이 아니다. 모슬리 씨 가족은 문제를 잘못 다루는 세 번째 방식으로 기능하고 있다. 즉, 1차 수준에서 변화를 시도하고 있는 것이다. 그들이 비록 이렇게 해결을 의도적으로 시도하고 있지만, 스티븐과 미란다는 문제를 해결하고자 시도하는 방식이 상황을 더 나쁘게 만들고 있을 뿐임을 알지 못한다. 이것은 기대된 것으로, 사람들이 어려움을 의도적으로 잘못 다루지는 않지만, 상황을 더 좋게 만들려는 시도 속에서 무심코 그렇게 된다(Fisch et al., 1982).

어려움을 잘못 다루는 이러한 세 가지 주요 방식 안에는 다섯 가지 비효과적인 문제해결 패턴이 있다(Segal, 1991). 그것은 자기 혹은 타인이 자발적이 되도록 요구하기, 모험이 개입되어 있을 때 비모험적 방법을 시도하기, 반대를 통해 합의하게 하기, 자신을 방어해서 비난자의 의심을 확인해 주기, 무서운 사건을 피함으로써 그 사건에 대처하기다. 모슬리 씨네는 반대를 통해 합의하려는 시도의 패턴에 참여하고 있다. 시걸(Segal, 1991)은 이러한 변화 시도를 다음과 같이 설명했다. "이러한 해결은 모든 문제는 말을 함으로써 해결될 수 있다는 신념에서 비롯된다. 부부 갈등과 부모–자녀 갈등에서 자주 쓰이는 이러한 해결은 흔히 비난과 잔소리에 의해 악화된다."(p. 177) 상황을 해결하기 위해 상호 간 협력이 필요하지만, 관계자들이 그것을 다루는 방식은 서로 다른 측면을 확대하는 식으로 이루어진다(Fisch et al., 1982).

이러한 해결 시도의 또 다른 측면은 한편(대개 부모)이 다른 편(대개 자녀)으로 하여금 그들(부모)을 존중하고 공경하도록 시도하는 것으로, 다른 편이 그들을 한 단계 더 높은 입장에 있게 대하도록 강요하고자 한다. 모슬리 씨네는 악화되는 관계를 경험하고 있는데, 스티븐과 미란다가 코비를 학교에 가도록 강요할수록 코비는 학교에 가기를 더 많이 거부한다. 반대로 코비가 학교에 가기를 거부할수록 스티븐과 미란다는 한 단계 높은 입장을 취하여 자기들이 부모이고 코비에 대해 응분의 권위가 있다고 말하고 있으며, 코비는 자식이니까 부모가 하는 말을 듣고 따라야 한다고 말하고 있다. 이것은 스티븐과 미란다가 빠지기 쉬운 함정이다. 왜냐하면 10대 자녀를 둔 부모들은 흔히 자신들의 힘을 과도하게 말함으로써 자녀들이 그들의 바람에 순응하도록 만들려고 시도하기 때문이다(Fisch et al., 1982).

때로 삶의 여러 가지 어려움은 어떤 형태의 유전적 원인을 가지지만, 대부분의 문제는 상호작용 과정을 바탕으로 해서 일어난다(Watzlawick et al., 1974). 이것은 한 명 이상의 사람들이 현재의 어려움을 변화시키기 위해 잘못된 해결책을 시도할 때 주로 일어난다. 일정 시간이 지난 후, 실제로 문제가 되는 것은 원래의 문제가 아닌 변화를 위한 시도들이다. 이러한 변화의 시도는 체계 내 상호작용의 반복적 패턴이 된다(Fisch et al., 1982). 개인의 문제 행동은 단지 상호작용 체계(어떤 형태의 역기능을 보여 주는 체계)의 일부분이다(Weakland et al., 1974). 개인을 변화시키려는 것보다, 체계의 변화가 더 적합하다. 위클랜드 등(Weakland et al., 1974)은 다음과 같이 말했다. "문제 행동은 환자와 다른 중요한 타인들 간의 사회적 상호작용 과정에서 문제가 반복적으로 강화될 때만 지속된다."(p. 153) 이러한 사회적 상호작용 고리는 문제를 유지시키든지 악화시킨다.

스티븐과 미란다 그리고 아마 코비와 나머지 가족원이 무엇이 코비로 하여금 등교를 거부하게 만들었는지 알고 싶어 한다고 하더라도, 그것이 중요한 것은 아니다. 변화가 일어나기 위해 반드시 '왜'를 알아야 한다는 것은 신화일 뿐이다(Watzlawick et al., 1974). 중요한 것은 첫 어려움의 '왜'가 아니라, 그 어려움 후에 일어났던 상호작용의 '어떻게'다. 말하자면 문제를 지지하고 유지시켰던 해결책들이다. 문제의 원인에 대한 조사는 대개 '똑같은 것을 더 많이' 조사하도록 할 뿐이다. 그래서 원래 스트레스의 원인과 상관없이, 문제 유지 행동이 변해야 문제가 해결될 수 있다. 스티븐과 미란다는 왜 코비가 맨 처음에 학교에 안 가겠다고 했고, 또 왜 그가 계속 등교를 거부하는지 아는 데 관심이 있을 것이지만, 치료사가 이것을 설명할 수 있을 것 같지는 않다. 문제해결에 더 적합한 것은 스티븐, 미란다, 코비가(나머지 가족원도 일정 역할을 하겠지만) 문제를 유지시키기 위해 반복적인 행동 패턴을 어떻게 함께하게 되는가다. 여기서 MRI 단기치료의 분명히 단순하지만 깊은 원리를 언급할 필요가 있을 것 같다. 즉, ① 부서지지 않았으면 고치지 말라, ② 효과가 없으면 다른 것을 행하라, ③ 효과가 있으면 그것을 더하라(Weakland & Ray, 1995, p. 250).

문화적 요인

단기치료 접근이 가족 기능에 대한 비규범적/비병리적 개념을 바탕으로 하므로, 가족이 특정 방식으로 기능하도록 기대되지는 않는다. 그처럼 MRI 치료사는, 민족과 문화 차이와 상관없이, 가족이 특정 양상이어야 한다고 기대하지 않는다. 이에 대한 여러 가지 이유 중 하나는 문화집단 안에 다양성이 있으며, 때로 그 다양성은 매우 크다는 것이다. 잭슨(Jackson, 1977b)은 이런 역동을 다음과 같이 설명했다. "심지어 우리 문화 안에도 다양한 문화와 가족이 있어서, 가족구조는 일반적으로 정상이라고 여겨지는 것과는 매우 큰 차이가 있다."(p. 161)

치료의 초점은 가족이 특정 문화의 기대에 얼마나 잘 맞는지에 두는 것이 아니라 특정 가족이 현재의 생활 상황에 적응하기 위해 변화와 안정을 어떻게 유지할 수 있는지에 둔다. 위클랜드(Weakland, 1977)는 "본질적인 문제는 변화냐 지속이냐의 문제로 보아서는 안 되며, 변화와 지속 그리고 이 두 가지가 상호 관련되어 있는 방식으로 보아야 한다."(p. 395)라고 설명했다. 그래서 치료사는 문제가 되는 해결책의 시도를 변화시키려 함과 동시에 가족 기능의 측면들을 어떻게 유지하는지에 초점을 둘 것이다. 이것은 어떤 문화집단이든 또 제시된 문제가 무엇이든 일어난다.

MRI 단기치료사는 내담자의 입장을 이해하기 위해 문화에 대한 내담자의 개념을 통합하는 경향이 크다. 내담자가 언어를 어떻게 사용하는지, 내담자가 사용하는 특정 단어와 내담자의 시각 같은 이슈는 모두 치료사에게 내담자의 준거틀을 이해하기 위한 정보와 자료가 되고, 그래서 치료사는 어떤 개입을 하고 또 개입을 어떻게 시작할 것인지 결정할 때 내담자의 세계관 안에서 작업할 수 있다(Fisch et al., 1982). 예를 들어, 내담자가 가지고 있는 가치(하지만 이는 문화, 민족성, 인종, 사회경제적 지위, 성적 지향 같은 특성의 영향을 받는다)는 치료사가 내담자의 언어를 배우고 말하도록 하는 데 도움을 줄 수 있다. 개별성에 가치를 두는 문화 출신의 사람과 작업하는 치료사는 내담자가 자신의 욕구에 대해 생각해 볼 필요가 있다는 견지에서 개입을 할 것이다. 그러나 만일 내담자가 집단주의 문화 출신이라면 개입의 틀을 자기희생에 둘 수 있다.

MRI 치료사에 따르면, 모슬리 씨 가족에서 일어나고 있는 것은 스티븐과 미란다 간의 불화와 같이 반드시 가족의 더 깊은 문제로 인한 것은 아니다. 부부 하위체계에 '간섭하는' 미란다의 친정어머니 소피아 때문도 아니다. 또한 코비가 형제자매 하위체계와 관계를 맺지 못하기 때문도 아니다. 모슬리 씨네는 그들이 할 수 있는 최선을 다해 왔다. 그렇지만 좋은 의도에도 불구하고 원래의 어려움(코비의 등교 거부)을 해결하기보다는 끊임없이 계속되는 행동/발언을 반복적으로 사용해 왔다. 이러한 해결책은 스티븐과 미란다가 옳다고 생각하는 것과 부모로서의 의무는 자녀를 위한 것이라는 전제를 바탕으로 한다. 이것은 문제를 해결하는 방법에 대한 문화적 기대를 바탕으로 똑같은 행동을 더 많이 계속할 때 예상된다(Fisch et al., 1982). 피쉬 등(Fisch et al., 1982)은 이 과정을 다음과 같이 설명했다. "생애 초기부터 우리 모두는 문화적으로 정의되는 문제에 대해 문화적으로 기준이 되는 해결을 배운다. 이렇게 기준이 되는 해결책은 효과가 있을 때도 있지만 그렇지 못할 때도 있다. 그러한 해결은 대체로 무의식 수준 혹은 암시적 수준에서 학습되었기 때문에, 그 해결책에 의문을 던지거나 바꾸고자 하는 것은 아주 어렵다."(p. 287) 스티븐과 미란다는 둘 다 부모는 아이들을 책임지며 아이들이 옳은 것(특히 교육)을 하도록 하기 위해 필요한 노력은 무엇이든 해야 한다고 배웠다. 교육은 그들 둘 다의 원가족에서 매우 중요한 면이었다. 스티븐의 어머니 에스터는 몇 가지 일을 했던 홀어머니였고, 그래서 자식들은 학교생활에 집중하여 대학 장학금을 받을 수 있었다. 미란다의 가족에서 자식들은 모두 대학에 갔다. 그래서 그들은 부모가 자녀의 학업 성공을 도울 의무가 있다는 문화적으로 학습된 기준에 따라 기능한다.

문제해결에 대한 관점

MRI 단기치료 모델에서 치료 목표는 내담자의 불평 해결이다(Fisch et al., 1982). 다른 이슈들이 가족체계 안에서 일어날 수도 있지만, 치료의 성공은 불평을 가지고 왔던 내담자가 불평이 해결되었다거나 혹은 치료가 더 많이 필요하지 않다고 생각하는 수준에서 기능하는 것이다.

앞서 언급하였듯이, 문제의 '왜'는 중요하지 않으며, 특히 문제의 원인은 문제해결과 관련이 없다. 그보다는 현재 무엇이 행해져서 문제를 무심코 유지시키고 지속시키는지에 관심의 초점이 있다(Watzlawick et al., 1974). 이것이 문제에 대한 체계론적 시각이다. 즉, 이 시각에서 문제는 선형적으로가 아닌 순환적으로 일어난다. 문제는 현재 무엇이 일어나고 있는지에 기초하기 때문에 치료사는 현 시점에서 변화를 일으키기 위해 무엇을 할 수 있는지 알고 싶어 할 것이다.

모슬리 씨 가족의 불평은 코비가 학교에 가기를 거부하는 것이다. 그러나 문제는 스티븐, 미란다, 코비가 문제를 유지시키는 반복적인 행동 패턴(즉, 해결의 시도)에 계속 개입하고 있다는 것이다. 치료사는 현 시점에서 그 패턴을 변화시키기 위해 그들이 무엇을 할 수 있는지 탐색할 것이다. 치료사는 가족의 세계관 혹은 준거틀, 즉 MRI 단기치료 집단이 입장이라고 부른 것을 이해하는 데 가장 큰 관심이 있을 것이다. 변화를 촉진하기 위해서는 치료사가 내담자의 언어를 사용하여 말할 수 있도록 영향을 미치려고 시도하는 사람에 대한 지식이 필요하다.

치료사의 역할은 시도하였으나 실패한 해결책이 무엇인지 파악하고, 문제를 부지불식간에 지속시킨 해결책을 중단할 개입방법을 발전시키는 것이다. 치료는 내담자들이 문제를 해결하기 위해 시도한 방식을 신속히 수정하는 데 초점을 둔다. 흔히 변화가 일어나기 위해 필요한 모든 것은 행동 혹은 행동에 대한 언어적 명명에서의 작은 변화다.

해결 시도 행동을 방지하는 행동을 대체함으로써 가족체계의 구성원들에 의해 지속된 악순환적인 정적 피드백 고리(실패한 해결책 시도)를 중단함으로써 문제가 해결될 수 있다(Weakland et al., 1974). 바라는 바는 새로운 행동 패턴이 정적 순환 혹은 선순환 되는 것이다(Fisch et al., 1982). 이는 치료사에게 모슬리 씨 가족을 돕기 위한 많은 길을 제공해 준다. 만일 가족구성원들이 문제를 해결하기 위해 어떤 노력을 하고 있는지에 대해 좀 다르게 보거나 뭔가 다른 것을 할 수 있다면, 구성원들은 차이를 위한 기회를 갖게 된다. 그때 제기되는 문제는 '치료사는 치료 시 누구와 작업할 것인가?'다.

치료에 누구를 초대하는가

'내담자'와 '환자' 간의 차이는 구분될 수 있다(Fisch et al., 1982). 내담자는 치료사에게 도움을 적극적으로 청하는 사람이다. 감소시키거나 없애고 싶은 불평(즉, 자신이나 누군가에게 일어나고 있는 어떤 어려움)을 가지고 있는 사람이며, 불평을 줄이려는 자신의 노력이 효과적이지 못하여 누군가의 도움을 필요로 하는 사람이다. 환자는 문제가 있다고 내담자가 말하는 사람이다. 환자는 내담자가 될 수도 있고 다른 누군가가 될 수도 있다.

반대를 통해 합의에 도달하려고 시도하여 문제를 해결하려는 가족의 경우, 일반적으로 이러한 상황에서 당사자 중 한 사람만이 변화의 고객이다. 이 사람이 바로 치료사와 접촉할 경향이 가장 높다. 모슬리 씨 가족에서 내담자는 미란다와 스티븐이다. 두 사람 다 코비와 학교에 대한 현재 상황에서 스트레스를 받고 있기 때문에 치료사에게 도움을 받고자 한다. 코비는 환자라고 볼 수 있다. 그는 스티븐과 미란다가 불평하고 있는 바로 그 사람이다.

치료는 대개 체계의 한 사람과만 하게 될 것이다. 혹은 두 사람 다 불평자라면 두 사람과 함께할 것이다(Fisch et al., 1982). 가족은 체계이고, 체계의 한 구성원의 행동 변화는 체계 차원의 변화로 이어지기 때문에, 변화에 가장 관심이 있는 가족구성원을 파악하여 작업하는 것이 가장 효과적인 접근이다. 문제는 체계의 여러 구성원이 시도하였으나 효과적이지 못한 해결 행동에 의해 부지불식간 지속되기 때문에, 건설적인 변화를 시작하기 위해서는 단 한 구성원의 행동 변화가 필요하다. 그런 변화로 인한 차이는 문제가 되는 해결 고리를 중단하고, 결국 문제는 대개 사라진다.

치료 회기에 초대될 사람은 대개 문제해결에 가장 큰 관심을 가진 사람이다(Weakland, 2009). 모슬리 씨 가족에서 코비는 변화를 추구하고 있지 않다. 그는 학교에 가고 싶어 하지 않는다. 테레사와 브랜든은 실제로 불평과 변화의 입장에 있지 않다. 그러나 스티븐과 미란다는 둘 다 코비의 행동 변화에 관심이 있고, 학교와 동생들과의 관계에 대한 코비의 행동으로 스트레스를 받고 있다. 이러한 사정을 근거로 해서 치료사는 아마 스티븐과 미란다만 치료에 초대할 것이다. 코비는 치료에 초대되지 않을 것이다. 왜냐하면 그는 치료사의 기동성(maneuverability)을 입증하는 능력에 심각한 장애가 될 두 가지 형태의 환자(Fisch et al., 1982) 가운데 한 부류에 속하기 때문이다. 이 두 형태의 환자는 치료에 가도록 강요를 받는 사람(코비가 그럴 것이다)과 치료에 불가능한 제한을 가하려고 하는 사람이다.

코비를 제외하고 스티븐과 미란다만 첫 회기에 초대하는 것은 아마 치료사가 모슬리 씨 가족과 함께 할 첫 번째 개입이 될 것이다(Fisch, Ray, & Schlanger, 2009). 이 전략은 스티븐과 미란다는 불평자들이고, 문제를 해결하기 위해 적극적으로 무언가를 할 것이라는 사실을 강조한다. 더욱이 이 전략은 두 사람이 치료사에게 아들을 어떻게 대해야 하는지에 대해 자문하는 입장에 있게 한다. 이는 치료사가 지시를 따를 동기가 되어 있는 내담자를 확보하였다는 의미다.

치료 과정

치료는 6단계 도식을 통해 일어난다(Weakland et al., 1974). **첫 번째 단계**는 내담자가 치료에 처음 올 때 일어나며, 치료사가 내담자들에게 치료 구조를 소개하는 단계다. 첫 회기에 누구를 초대할지 결정하기 위해 가족체계에 누가 있는지 빠르게 파악하는 것 외에는 일반적으로 내담자에 대한 별도의 심사가 없다. **두 번째 단계**는 문제의 본질에 대해 질문하는 것이다. 치료사는 현재 문제가 되는 무엇이 일어나고 있는지를 내담자들이 명확하게 정의하도록 돕는다. 스티븐과 미란다는 첫 회기에 초대된 사람들일 것이기 때문에, 그들은 아마 문제는 주로 코비가 학교에 가기를 거부하는 것이라고 설명할 것이다. 그들은 또한 집에서 코비의 태도는, 특히 동생들에 대한 태도는 최악이었다고 치료사에게 설명할 것이다.

단기치료의 선구자인 존 위클랜드는 단기치료는 천천히 진행된다고 말하기를 좋아했다. 이 말은 문제를 행동용어로 분명하고 구체적으로 묘사하는 것이 중요하며, 더욱이 문제가 불평자에게 어떻게 문제가 되는지 탐색하는 것이 중요하다는 의미다. 내담자의 관점에서 문제에 대한 분명한 이해가 확보되면, 치료는 **세 번째 단계**로 이동한다. 즉, 이 단계에서는 불평자가 문제를 해결하기 위해 어떤 노력을 했는지 질문하며, 어떤 노력이 효과가 없었는지를 특히 강조하여 질문한다. 치료사는 문제를 지속하도록 무심코 행동한 해결 시도의 기본 추진력 혹은 중심 주제를 파악하고자 한다(Fisch et al., 1982). 모슬리 씨 가족과의 작업에서 치료사는 조심스러운 질문을 통해 스티븐과 미란다의 입장을 확인하고 그 안에서 작업하여 코비가 학교에 돌아가도록 납득시키기 위해 그들이 기울인 노력의 주제를 분명하게 드러내도록 한다. 이 경우에 스티븐과 미란다의 노력은 반대를 통해 코비를 변화시키고자 한 작업인 권위적 입장 취하기를 포함한다.

네 번째 단계는 치료 목표를 설정하는 것이다. 좋은 목표 설정은 내담자에게 변화에 대한 기대감을 제공하므로, 치료사는 내담자가 관찰 가능하고 구체적인 목표를 발전시키도록 돕는다. 목표를 설정하고 내담자에게서 변화에 대한 기대를 끌어내기 위해 흔히 쓰이는 전략은 내담자에게 무엇을 관찰하면 문제가 해결되었는지가 아니라 상황이 옳은 방향으로 가고 있음을 가리키는지 질문하는 것이다. 내담자들은 흔히 그런 경우에 문제가 완전히 해결되었음을 보게 될 것이라는 취지의 말로 이 질문에 답한다. 이 경우, 스티븐과 미란다는 코비가 학교에 다시 가기 시작하는 것을 목표로 잡을 것이다. 그러나 문제해결을 위한 단계를 설정할 때, 치료사는 그것이 일어나면 문제가 완전히 해결될 것이며, 또 대신 치료사는 내담자에게 문제가 해결된 것이 아니라 가족구성원들이 해결을 향해 나아가고 있음을 눈으로 보여 주는 최초의 표시를 상상할 수 있기를 바란다고 말한다. 이런 일련의 질문은 가족이 문제해결을 향한 고비를 막 넘기고 있음을 가리킬 무언가(아마 코비 혹은 부모의 진술 혹은 가족의 모든 구성원이 개입된 행동)에 대해 생각해 보라는 회기 간 과제를 줌으로써 마무리된다.

치료의 **다섯 번째 단계**는 치료사가 개입을 선택하고 실제로 개입을 하는 단계다. 문제에 대해 명확한 진술을 얻고 또 내담자 자신의 문제해결 시도를 탐색하는 것이 개입으로 보일 수 있지만, MRI 단기치료에서는 비판단적이고 호기심 어린 치료적 자세로 내담자의 언어와 준거틀 안에서 분별하고 작업하여 시도된 해결 행동을 탐색하는 데 내담자가 참여하도록 개입한다. 재구성의 사용은 흔히 이 과정에서 필수적이다. 초기 면담 동안 치료사의 주요 목표는 적절한 개입방법을 발전시키는 데 도움이 되는 구체적인 정보를 수집하는 것이다(Fisch et al., 1982; Segal, 1991). 그런 정보는 불평의 형태, 내담자가 상황에 대처하기 위해 기울였던 노력, 내담자의 목표, 내담자의 입장을 포함한다. 시걸(Segal, 1991)은 적절한 정보를 수집하는 데 도움이 되는 다섯 가지 질문을 다음과 같이 제시했다. "① 어떤 해결을 시도하였는가? ② 시도한 해결에서 180도 변화한 것은 무엇인가? ③ 어떤 특정 행동이 그러한 변화를 있게 할 것인가? ④ 내담자의 입장을 고려할 때, 치료사는 내담자가 수용하고 행동을 취할 수 있는 방식으로 어떻게 행동을 구성할 수 있는가? ⑤ 내담자는 개입이 효과가 있고 또 사례를 종료할 준비가 되었음을 알려 줄 것을 어떻게 보고할 것인가?"(p. 182) 치료 전체를 통해 무엇이 일어나는지를 이끌어 가고 그 방향을 제시하는 것은 치료사의 책임이다. 스티븐과 미란다에게 사용할 수 있는 개입은 많다. 그 가운데 몇 가지는 나중에 설명할 것이다.

치료의 여섯 번째 단계는 종결이다. 종결은 스티븐과 미란다 혹은 스티븐이나 미란다가 그들을 치료에 오게 했던 초기의 걱정이 더 이상 존재하지 않는다고 말할 때 이루어진다.

내담자의 입장

내담자의 입장은 무엇이 일어나고 있는지를 내담자가 개념화하는 방법이다. 내담자 입장을 근거로 해서 치료사는 코멘트와 개입의 틀을 만들어서 내담자가 그러한 코멘트와 개입을 더 잘 수용할 수 있게 한다(Fisch et al., 1982). 내담자의 입장은 내담자가 무엇이 문제인지를 어떻게 이해하고 있는지, 문제의 원인은 무엇이라고 가정하는지, 문제를 해결하기 위해 어떤 노력을 할 수 있는지에서 얻을 수 있다.

내담자 입장의 또 다른 면은 상담실 안의 사람들이 문제에 대하여 그들 자신을 어떻게 정의하는가다. 그들은 자신을 환자 혹은 환자 외의 누군가(대개 가족구성원)로 생각할 수 있다. 모슬리 씨 가족에서 미란다는 치료사와 접촉하고 초기 회기에 참석할 주요 인물이다. 스티븐 역시 코비의 행동을 염려하고 있으므로 치료에 올 것이다. 스티븐과 미란다는 둘 다 자기들이 아닌 코비가 문제라고 말할 것이다. 두 사람의 이런 입장은 치료사에게 그들이 자신을 어떻게 보며 또 코비와의 관계를 어떻게 바라보는지에 대한 정보를 준다. 만일 스티븐과 미란다가 코비를 정서적으로 불안정하고 어려움을 극복할 수 없을 것 같다고 말하면, 치료사는 코비를 돕는다는 측면에서 제안을 하기 위해 이 입장에서 작업할 것이다(그러나 이 경우 개입은 그들이 과거에 시도하였고 행동을 변화시키지 못했던 것으로 보이는 것과 비교할 때 아마 역설적일 것이다.). 다른 한편, 만일 미란다와 스티븐이 코비를 고집이 아주 센 아이로 본다고 말한다면, 개입은 이 입장을 사용하는 방식의 틀에서 이루어질 것이다.

내담자가 취할 또 다른 입장은 치료의 결과에 대한 시각이다. 성공적 결과에 대해 비관적 입장을 취하는 내담자도 있을 것이고, 더 큰 희망을 갖는 내담자도 있을 것이다(Fisch et al., 1982). 스티븐과 미란다는 아마 치료가 코비와 상황에 도움이 될 것이라는 희망적인 시각을 가질 것이다. 그들이 치료에 오게 된 문제와 불평은 비교적 최근에 발생한 가족체계의 일이다. 장기적으로 지속된 문제가 아니고 그들에게는 선택의 문제(코비가 학교에 가기로 결정하든지 그렇지 않든지의 문제)이며 특성의 문제가 아니기 때문에, 그들에게는 코비가 학교에 돌아가는 선택을 할 수 있을 것으로 보일 것이다.

내담자는 흔히 치료에 대해 세 가지 입장 중 한 가지를 표명한다(Fisch, Ray, & Schlanger, 2009). 첫 번째 입장은 그들이 치료사가 제공하는 것을 수동적으로 받는 입장이다. 두 번째 입장은 그들이 치료 회기에 적극적이어서 치료의 방향을 주도하는 입장이다. 세 번째 입장은 치료사와 상호적인 반응에 기꺼이 개입하는 입장이다. 치료사는 내담자의 입장에 따라 내담자의 협력을 얻기 위해 서로 다르게 상호작용할 것이다. 스티븐과 미란다는 세 번째 입장에 가장 가까울 것이다. 그들은 치료사가 자기들을 돕도록 돕기 위해 상담실에 있기 때문이다.

내담자의 입장을 구분하여 사용하면 개입에 대한 저항을 상당히 줄이고 내담자가 뭔가 다른 것을 하도록 납득시키는 데 도움이 된다. 치료사는 내담자의 입장에 관한 다음의 세 가지 질문에 답하도록 애써야 한다. "① 문제에 대한 내담자의 주요 입장(태도, 의견, 동기)은 무엇인가? ② 나는 어떻게 하면 이것을 기본적인 요점이나 주제로 가장 잘 압축시킬 수 있는가? ③ 내담자의 문제를 해결하기 위해 내담자가 하기를 바라는 바를 내가 알고 있기 때문에, 내가 이것을 어떻게 말하여 그 입장에서 일관성을 유지할 것인가?"(Fisch et al., 1982, p. 109)

치료사는 내담자가 현재 문제를 보는 방식에 초점을 둠으로써 회기를 시작할 것이다. 대개 치료사는 “당신을 여기 오게 한 문제는 무엇인가요?”와 같은 질문을 사용한다(Fisch et al., 1982). 피쉬 등(Fisch et al., 1982)은 불평을 탐색할 때 그들이 사용한 질문을 다음과 같이 설명했다. “문제라고 제시한 것을 누가 하고 있으며, 누구에게 하며, 또 그런 행동이 왜 문제가 되고 있습니까?”(p. 70) 스티븐과 미란다는 아마 이 질문에 대해 다음과 같이 답할 것이다. 코비가 학교에 가지 않고 있고, 그래서 부모와 동생들을 속상하게 하는 태도를 보이고 있으며, 학교에 가지 않는 것이 문제가 되는 것은 그가 잠재력을 완전히 발휘하지 못할까 봐 부모가 걱정하기 때문이다.

치료사는 내담자로부터 불평에 대해 분명하고 구체적인 설명을 얻는 것이 중요하다. 치료사가 문제의 예를 들어 달라고 요청하는 것은 때로 도움이 된다. 그러면 내담자가 문제에 대한 구체적인 설명을 하게 된다. 스티븐과 미란다가 대답을 하라는 요청을 받으면, 자기 집에서 교육이 얼마나 중요하며, 코비는 학교에서 아주 잘 해낼 능력이 있지만, 수업에 참여하지 않으면 그걸 할 수 없다고 설명할 것이다.

그러면 치료사는 이 특별한 가족체계에 무엇이 문제가 되는지에 대한 명확한 그림을 그려야 한다. MRI 입장에서 볼 때, 이는 문제에 접근하는 4단계 절차를 포함한다(Watzlawick et al., 1974). 첫 번째 단계에서 치료사는 문제에 대한 정의를 구체적인 행동용어로 얻는다. 그러나 단기치료는 천천히 진행됨을 기억하라. 모슬리씨 가족과 작업하는 치료사는 누가 무엇을 하고 있으며 각 가족구성원이 무엇을 문제라고 여기는지 스티븐과 미란다에게 질문하는 데 필요한 시간을 충분히 보낼 것이다. 문제에 대한 설명을 얻는 것 외에, 치료사는 내담자에게 상황이 어떻게 문제인지 질문할 것이다(Fisch et al., 1982). 더욱이 내담자에게 더 빨리도 아니고 더 늦게도 아닌 바로 그 특정 시점에 치료사를 찾은 이유를 질문하면 내담자의 관점으로부터 더 명확하게 정의된 문제를 끌어낼 수 있다.

문제를 분명하게 정의한 다음에야 치료사는 이 접근의 두 번째 단계로 나아갈 수 있다. 즉, 내담자들이 문제를 해결하기 위해 어떤 노력을 했는지를 내담자와 함께 탐색하는 단계로, 시도하였으나 효과가 없었던 것들을 묘사하는 데 초점을 둔다.

이렇게 해서 치료사는 어떤 단계를 취하고 어떤 단계를 취하지 말 것인지를 결정할 수 있다. 사실, 치료의 가장 중요한 부분은 아마 어떤 단계를 취하지 말아야 하는지를 아는 것으로, **지뢰밭**(mine field)으로 알려진 영역이다(Fisch et al., 1982; Ray & Brasher, 2010). 모슬리 씨 가족에서 부모가 시도했던 해결책은 모두 부모의 주요 주제가 아들에게 어떤 행동을 요구하는 권위자가 되는 것이었다. 결과적으로, 치료사는 스티븐과 미란다가 코비에 비해 한 단계 높은 입장, 즉 그들이 코비에게 요구하는 입장에 있게 하는 개입을 원하지 않을 것이다. 왜냐하면 그것은 비효과적인 똑같은 강화를 더 많이 하게 할 것이기 때문이다.

세 번째 단계는 치료사가 이루고자 하는 구체적인 변화를 정의하기 위해 내담자와 작업하는 단계다. 문제는 행동용어로 보이기 때문에, 측정 가능하고 구체적인 목표 설정이 중요하다. 이렇게 하면 치료사와 내담자가 치료가 언제 성공적인지 결정하는 데 도움이 되기 때문이다. 스티븐과 미란다는 아마 코비의 등교 달성이라는 한 가지 목표를 의논할 것이다. 성취 가능한 목표를 파악하는 것은 스티븐과 미란다가 스스로 주목할 수 있는 작은 일, 즉 그들이 옳은 방향으로 나아가고 있음을 보여 줄 그들 자신이나 코비의 행동과 말에 대해 생각하도록 개입하는 것이다. 개선의 신호에 대해 생각하고 주목해 보라는 제안을 시작하는 것이 이 단계의 핵심이다.

네 번째 단계에서 치료사는 변화를 가져올 계획을 개발하고 실행한다.

개 입

시걸(Segal, 1991)은 치료사가 내담자와 작업할 때 사용할 수 있는 두 등급의 지시에 대해 말했다. 첫 번째는 내담자에게 뭔가 다른 것을 하라고 말하는 것이다. 이런 차이는 해결 시도의 등급에 속할 것이다. 내담자들은 1차 변화 시도를 반복적으로 하는 경향이 있기 때문에, 치료사는 내담자가 현재 행동에서 벗어나게 함으로써 실제로는 변화를 이루게 되어 2차 변화 시도를 하게 할 것이다. 예를 들어, 모슬리 씨네는 코비를 학교에 가도록 노력하는 권위적 입장에 근거하여 '똑같은 것을 더 많이' 시도하는 방법(즉, 코비를 격려하기, 애원하기, 설교하기, 심각한 결과를 협박하기 등)을 계속 쓰고 있다. 아주 좋은 의도로 행해지고 있지만, 겉으로는 다르게 보이는 이 모든 노력은 부모가 가장 잘 알고 있기 때문에 코비 자신의 안녕을 위해 코비를 순응하게 만드는 시도의 등급에 속한다. 스티븐과 미란다가 뭔가 다른 것을 하도록 하는 치료사의 시도는, 만일 그들이 그것을 실행하면, 코비가 학교에 가도록 동기를 부여하는 그들의 현재 방식에서 벗어나는 개입을 제시할 것이다.

두 번째 등급의 지시는 내담자에게 똑같은 것을 더 많이 하도록 말하는 것이다. 이 전략은 '독은 독으로 제거한다.'는 속담에 근거한다. 내담자가 개입에 저항하면서 직접적 제안에 반응할 때, 변화를 촉진하는 한 가지 방법은 내담자가 현재 문제를 해결하기 위해 시도하고 있는 것을 계속 하도록 요청하는 것이다. 만일 내담자가 치료사가 요청했던 대로(즉, 변화하지 않도록) 행하지 않음으로써 반응하면, 내담자는 뭔가 다른 것을 하는 것이다. 문제를 유지하는 행동의 괴리에서 변화를 시작할 수 있는 뭔가를 하는 것이다. 이 개입은 코비가 치료에 혼자 혹은 부모와 함께 온다면 아마 쓸 수 있을 것이다. 코비에게 계속해서 등교 거부를 하라고 요청할 수 있고, 스티븐과 미란다에게 계속해서 코비를 학교에 보내도록 강요하라고 할 수 있다. 이러한 개입은 **증상처방**이라고 부르는데, 내담자의 현재 행동을 수용하고 또 사용하는 것이다. 이 개입은 역설을 통해 작동하는 2차 변화라고 할 수 있다(Watzlawick et al., 1974). 똑같은 행동을 더 많이 하는 처방이 내려질 때, "내가 이것을 계속하는 이유는 스스로 견딜 수 없기 때문인가? 아니면 치료사가 그렇게 하도록 나한테 요청했기 때문인가?"라는 역설적 질문을 하게 된다. 어떤 경우든 그러한 제안은 흔히 건설적 변화를 시작하게 하며, 사실상 변화를 위해서가 아니라 천천히 가기 위한 일반적인 개입과 비슷하다(Fisch et al., 1982). 내담자에게 천천히 가라는 요청은 아마 변화를 일으키는 가장 기본적인 전략이다. 이것은 그렇게 하기 위한 근거틀을 제공함으로써 행해질 수 있다. 예를 들어, 상황이 복잡하므로 내담자가 이번 주에는 뭔가 다른 것을 하지 말고 무슨 일이 일어났는지에 주목하여 그다음 회기에서 그것을 보고할 수 있다면 치료사가 상황을 더 잘 이해하는 데 도움이 될 것이라고 말하는 것이다. 사실 이것은 내담자에게 두 가지 상충되는 메시지를 제공한다. 즉, 상황을 변화시키기 위해 어떤 것도 하지 말라, 그러나 무엇이 일어나는지 살펴보라. 만일 내담자가 아무것도 하지 않으면, 치료사가 그에게 하라고 요청했던 것을 하는 것이다. 만일 내담자가 변화하고 또 이런 개입에 대한 반응이 중요하고도 눈에 띄는 개선이라면, 그때는 개선의 기반이 마련될 수 있다.

치료사가 선택하는 개입은 세 가지 영역 중 한 영역에서의 변화를 시작하도록 고안될 것이다(Fisch et al., 1982). 세 영역은 문제 행동, 시도된 해결, 문제에 대한 내담자의 정의 영역이다. 모슬리 씨 가족과의 작업에서 치료사는 코비가 학교에 가도록 만들기 위해 직접적으로 개입할 수 있다. 비록 이것이 부모가 이미 취하고 있는 행동과 똑같은 등급의 행동을 더 많이 하는 모험을 하는 것일지라도 말이다. 치료사는 또 스티븐과 미란다가 효과가 없었던 해결책의 시도(즉, 코비를 학교에 가도록 만들기 위해 한 단계 높은 입장을 취하기)를 중단하도록 간접적 혹은 역설적인 행동 제안을 할 수 있다. 치료사는 또한 스티븐과 미란다가 코비의 등교 거부를 보는 방식을 변화시킬 수도 있다.

모슬리 씨 가족과의 개입을 위해 가장 가능한 길은 방금 서술한 개입의 등급 중 하나 이상을 사용하여 시도된 해결을 변화시키는 것일 수 있다. 내담자의 해결 시도가 문제를 유지 및 지속시키고 있다는 점을 놓고 볼 때, 치료사의 개입은 아마 스티븐과 미란다가 이러한 영향에서 180도 반대되는 방식으로 행동하도록 요청하는 데 목적을 둘 것이다(Fisch et al., 1982). 시도된 해결의 중심 주제는 내담자가 문제 행동을 하고 또 문제해결을 시도할 때 가장 많이 개입한 행동에 주목함으로써 결정될 수 있다. 이때 치료사는 내담자가 이전의 해결 시도에서 벗어나도록 도울 전략을 개발한다. 이는 내담자가 해결에 접근하는 방식에서의 작은 변화를 이루게 함으로써 가능하다.

2차 변화는 대개 문제가 아닌 해결 시도에 적용된다(Watzlawick et al., 1974). 모슬리 씨 가족의 경우, 이는 치료사가 코비로 하여금 학교에 가도록 하는 데 목적을 두지 않을 것임을 의미한다. 대신 개입은 스티븐과 미란다가 코비를 학교에 보내기 위해 한 단계 높은 권위적 입장을 이용하는 것을 중단하기 위해 시도될 것이다. 코비를 변화시키려는 부모의 노력(그 모두는 1차 변화 시도였음)의 변화는 부모가 비생산적이고 '똑같은 것을 더 많이 하는' 행동에서 벗어나게 하는 데 도움이 될 수 있다. 치료사가 선택할 수 있는 종류의 제안은 스티븐과 미란다의 입장(준거 틀과 세계관)에 맞는 것이 무엇인지에 대한 치료사 자신의 상상력과 감에 의해 제한된다.

2차 변화 전략은 대개 체계 밖에서 체계 안으로 가져오게 된다(Watzlawick et al., 1974). 목표는 체계의 메타 수준에서 변화가 일어나게 하는 것이다. 모슬리 씨 가족은 반대를 통해 합의를 이루고자 하는 해결 시도 패턴을 쓰고 있기 때문에, 한 가지 주된 전략은 부모가 한 단계 아래 입장을 취하도록 만드는 것일 수 있다(Segal, 1991). 그러나 이 입장은 약한 입장으로 보여 불평자가 대부분 수용하기 매우 어렵고 그래서 실행하기도 아주 어렵다(Fisch et al., 1982).

모슬리 씨 가족에게 사용할 수 있는 한 가지 기법은 현재 일어나고 있는 것을 **재구성**하는 것이다. 바츨라비크 등(Watzlawick et al., 1974)은 이 과정을 다음과 같이 설명했다. "재구성은 경험된 상황과 관련하여 개념적인 혹은 정서적인 상태나 관점을 바꾸는 것 그리고 구체적으로 동일한 상황의 '여러 사실'을 다른 틀에 두어서 똑같이 잘 맞든가 더 잘 맞도록 하는 것, 그리하여 그 상황의 전체 의미를 변화시키는 것을 뜻한다."(p. 95) 재구성은 행동을 바꾸는 것이 아니다. 그보다는 사람들이 행동에 부여하는 의미를 바꾸는 것이다. 그러나 일단 의미가 변화되면, 사람들이 그 상황에 개입하는 방식 역시 자유롭게 변한다. 재구성은 그것이 논의되는 것보다 더 높은 논리 수준에 속하며, 그래서 그것이 설명하는 행동을 변화시키려 노력하는 것보다 더 쉽게 변화를 가져올 수 있다. 따라서 재구성은 상황에 대한 정의를 변화시키는 것이고 그래서 메타수준의 현실에서 기능하는 것이다. 이 상황에 대한 한 가지 가능한 재구성은 코비가 문제가 되는 것이 아니라 젊은 성인으로서 더 높아지는 자율성을 보여 주고 있다고 하는 것이다. 그러나 스티븐과 미란다가 보여 주는 입장을 놓고 볼 때, 이러한 재구성은 아마 수용되지 못할 것이다.

한 가지 유용한 재구성은 '증상'의 틀에서 문제를 꺼내서 원래보다 더 많은 가능성을 허용하는 또 다른 틀에 두는 것이다(Watzlawick et al., 1974). 그것은 또한 그것이 의도한 내담자에게 적합해야 한다. 그래서 재구성은 내담자의 개념틀과 맞아야 한다. 반대를 통해 자녀의 행동을 변화시키려 노력하는 부모는 권위적 입장을 가지고 있기 때문에 이러한 입장을 포기하기가 특히 어렵다. 그래서 "치료사는 부모가 여전히 권위적 입장에 있다고 느낌과 동시에 한 단계 낮은 입장을 취할 수 있게 하는 방식으로 자녀와 함께 상황을 재구성할 것이다."(Fisch et al., 1982, p. 141)

이렇게 하는 한 가지 방법은 부모가 어떻게 예측할 수 있는지에 대해 말해 보는 것이며, 또 예측 가능하지 않게 되는 것에 대해 말해 보는 것도 도움이 된다. 후자는 비록 약한 입장에 있는 것처럼 보일지라도 실제로는 영향을 미칠 수 있게 되는 것에 대해 말하는 것이다. 이러한 구성이 받아들여지면, 그것은 부모에게 '마법의 칼' 혹은 MRI 단기치료팀이 **선의의 사보타주**(benevolent sabotage)라고 말한 것을 제공하는 것일 수 있다(Fisch et al., 1982). 치료사는 부모에게 실수를 하고 자녀와 관련된 무언가를 고의적으로 엉망으로 만들어서 예측할 수 없게 되라고 코치할 수 있다(예: 자기 빨래를 하기를 거부하는 자녀에게 부모는 자녀의 흰 옷을 색깔 옷과 함께 세탁하고, 딴 곳에 정신이 팔려 정신이 없었다고 말함으로써 얼룩진 옷에 대해 사과할 수 있다).

치료사가 모슬리 씨 가족에게 어떤 구체적인 개입을 사용하는지와 상관없이, 치료사가 궁지에 몰려서는 안 된다. 그래서 치료사는 질 높은 언어로 개입을 할 것이고, 치료의 성공은 치료사의 노력만큼 내담자의 노력에도 많이 달려 있다고 암시적으로 제안한다. 내담자를 도움에 있어서 치료사의 성공의 또 다른 면은 MRI 단기치료가 치료적 조정이라 부르는 것을 포함한다. 이것은 내담자의 입장을 근거로 해서 치료사가 자신의 어떤 입장이나 모습을 보여 줄 것인지를 결정하는 것이다. 대부분의 경우, 치료사는 비전문가의 한 단계 낮은 입장에서 일할 것이다(Fisch et al., 1982). 이에 대한 부분적인 이유는 그런 입장이 내담자가 접한 다른 분야의 전문가들의 접근과 반대되기 때문이다.

치료사는 가족체계 내 누구에게 영향을 미칠지 결정해야 한다(Fisch et al., 1982). 이 경우, 상황에 대해 가장 큰 걱정을 하는 사람은 내담자일 가능성이 가장 크다.

모슬리 씨 가족에서는 미란다가 걱정을 가장 많이 하는 사람이므로 그녀가 영향을 받는 가족원이 될 가능성이 가장 크다. 스티븐 역시 치료사의 영향을 잘 받아들일 것이다. 코비는 아마 치료사의 영향을 잘 받지 않을 것이다. 주된 이유는 그에게는 문제가 존재하지 않기 때문이다. 그래서 스티븐과 미란다가 치료적 개입의 주요 초점이 될 것이다.

치료의 종결

치료는 대개 내담자와 최대 10회기 계약을 할 것이며(Watzlawick et al., 1974), 평균 6회기가 될 것이다(Ray & Brasher, 2010). 결국 이 접근은 단기치료라고 할 수 있다. 회기는 대개 한 시간 진행되며, 그 시간 동안 치료사는 문제를 해결하기 위해 필요한 가장 적게 거슬리는 기법을 사용하여 개선이 이루어지도록 노력한다(Fisch et al., 1982). 스티븐과 미란다와 10회기만 계약하는 것은 변화에 대한 기대를 간접적으로 소통하는 것으로, 내담자와 치료사 모두가 치료의 진전에 대한 책임을 나누어 갖는다. MRI 단기치료에 대한 최근의 성과 연구에서는 다양한 범주로 제시된 불평에 대한 치료의 성공률이 96%로 높았다(Nardone & Watzlawick, 2009; Weakland & Ray, 1995). 변화가 빨리 일어나는 경우가 흔하지만, 치료사는 치료가 효과적일 것이라고 약속함으로써 치료가 실패하기를 바라지 않으며, 치료사가 과거에 여러 번 성공했던 경험이 있고, 자신이 할 수 있는 최선을 다하지만 보장은 할 수 없다는 점을 내담자에게 전달할 것이다.

치료사는 사례가 종결될 준비가 되었는지 여부를 결정하기 위해 세 가지 범주를 활용한다(Segal, 1991). 첫째, 문제에 작지만 중요한 변화가 있다. 둘째, 이미 이루어진 실질적인 변화가 계속될 것으로 보인다. 셋째, 내담자가 치료사의 도움 없이도 변화를 유지할 수 있다고 말한다. 모슬리 씨 가족에서는 코비가 현재 상황에 대해 불평을 하지 않았기 때문에 스티븐과 미란다가 작지만 중요한 변화가 있었는지 여부를 결정할 사람이 될 것이다. 그때는 아마 코비가 학교에 간다고 동의할 때이거나 며칠 혹은 몇 주 동안 계속해서 학교에 가고 있을 때일 것이다.

치료 성과가 무엇이든, 또 향상된 것이 무엇이든, 그것에 대한 공적은 내담자에게 주어지고 인정받고, 치료사가 초점이 되지는 않는다. 이것이 종결이 어려운 과정이 아니어야 하는 또 다른 측면의 이유다. 진전을 나타내는 것은 내담자의 행동이지 치료사의 행동이 아니기 때문이다. 그러나 내담자는 때로 문제와 삶에 대해 유토피아적 시각을 발전시켜 실패에 대비할 수 있으므로 치료사는 문제가 영원히 해결되지는 않는다고 경고할 수 있다(Segal, 1991).

모든 내담자처럼 스티븐과 미란다도 그런 상황을 자주 접하지만, 치료사는 일주일에 한 번만 그들로부터 그 상황에 대해 들을 뿐이다. 그러므로 그들은 개입이 성공적인지 여부와 종결할 시간인지 여부를 결정할 최상의 입장에 있다. 치료는 어려움이 있고 문제가 있다고 말하는 내담자와 함께 시작하기 때문에, 내담자가 걱정이 사라졌다고 선언할 때 치료가 끝난다. 스티븐과 미란다가 상황이 더 이상 걱정되지 않는다고 말할 때 치료는 성공적이며 치료를 종결하는 것이 적절할 것이다.

사례 축어록

접수를 위한 전화 통화(치료의 첫 단계)를 통해 얻은 정보를 바탕으로, 스티븐과 미란다만이 첫 회기에 초대되었다. 그들이 문제해결에 더 많은 관심을 보였기 때문이다. 코비는 이 상황에서 문제가 있다고 보지 않았기 때문에 첫 회기에 초대되지 않았다.

치료사: 문제가 무엇인지 말씀해 주시면서 이 회기를 시작하고자 합니다. 말씀해 주시겠어요?

치료사는 가족이 가진 문제에 대한 행동적 이해를 얻기 위해 간단한 질문과 함께 회기를 시작한다. 이 문제 파악의 초점은 치료의 두 번째 단계다.

미란다: 우리 아들 코비가 학교 가기를 거부하고 있어요.

치료사: 아드님의 나이가 어떻게 됩니까?

스티븐: 열여섯 살입니다.

치료사: 코비가 학교 가기를 거부하고 있다고 하셨는데요. 코비가 단지 가지 않겠다고 말만 하나요, 아님 실제로 학교에 가질 않나요?

미란다: 학교에 가지 않고 있어요. 우리는 어떻게 해야 코비를 학교에 보낼 수 있을까 생각하고 있지만, 코비는 학교에 가는 것을 거부합니다.

치료사: 이 상황이 얼마나 지속되고 있었나요?

미란다: 작년 학기가 끝나면서부터요. 코비는 예전에 들었던 수업들에 참여하지 않았고 기분이 좋지 않다며 불평을 했어요. 그 후 여름방학이 지나고 코비가 3학년이 되어 학교에 갈 때가 되자 학교 가는 것을 거부했어요.

치료사: 코비가 학교에 가지 않는 대신 무엇을 하나요?

미란다: 글쎄요, 코비는 다른 종류의 학습을 해야 했기 때문에 검정고시를 위한 온라인 프로그램을 듣고 있어요.

치료사: 그렇게 하도록 미란다 씨가 강요하셨나요, 아니면 코비가 원했던 것인가요?

스티븐: 코비가 그렇게 하길 원했어요.

치료사: 그렇다면 코비는 교육이 아닌 학교 자체에 반발심이 있군요.

스티븐: 맞아요.

치료사: 네. 이 상황이 코비나 미란다 씨와 스티븐 씨에게 어떻게 문제가 되나요?

위클랜드는 성공적인 단기치료는 문제를 확실히 정의하는 것에 의해 결정된다고 말했다. 방금 던져진 표준적인 후속 질문들은 불평자가 누구인지 명확하고 구체적으로 정의하고 문제의 정의에 초점을 맞추기 위해 매우 중요하다.

미란다: 글쎄요, 학교 가기를 원하지 않고 그런 류의 공포증을 가지는 것은 평범하지 않죠. 그래서 우리는 코비가 이에 대해 알고, 후에 이런 상황이 벌어졌을 때 지금처럼 행동하지 않도록 확실하게 하고 싶어요. 예를 들면 직장에서요.

치료사: 이 상황에 대해 어느 분이 더 염려하시나요? 스티븐 씨인가요, 아님 미란다 씨인가요?

치료사는 가족체계에서 내담자가 누구인지 알고자 한다. 이를 통해 내담자의 위치를 알고 내담자의 언어와 관점 안에서 작업할 수 있다. 변화를 촉진하기 위해서는 치료사가 누구에게 영향력을 끼치고자 하는지에 대해 알아야 한다.

미란다: 안타깝게도 저희 두 사람 모두요.

치료사: 두 분 모두 동일하게요?

미란다: 네, 그런 것 같아요.

스티븐: 네.

치료사: 이 상황이 어떻게 문제가 되는 건가요?

스티븐: 우리는 자식들이 성공하기 위한 위치에 갈 수 있도록 열심히 노력했습니다. 그런데 코비는 그것을 위험에 빠뜨리고 있어요.

치료사: 제가 잘 이해를 하지 못한 것 같네요. 코비가 왜 위험에 빠져 있는지 설명해 주시겠어요?

치료사는 코비가 학교에 가지 않는 것이 어떻게 문제가 되는지와 의도치 않게 연관되어 있는 강화 조건을 더 자세하게 알고 있다. 그렇기 때문에 더 구체적인 질문을 하고 있다.

스티븐: 대학교, 그러니까 좋은 대학교는 검정고시가 아닌 고등학교 졸업장을 가진 사람을 원해요. 그리고 경제적으로 안정적이긴 해도, 우린 결국 중산층입니다. 그래서 아마도 코비는 대학교에서 장학금과 같은 지원이 필요할 텐데, 어느 대학교가 코비에게 장학금을 주겠습니까?

치료사: 미란다 씨와 스티븐 씨는 코비를 학교에 보낼 수 있을 방법들을 생각하고 있다고 하셨는데요. 어떤 것들을 해 보셨나요?

명확하고 구체적인 문제 정의를 하며, 치료사는 현재 스티븐과 미란다가 어떻게 문제를 풀고자 시도하였는지 알고자 한다. 이 개입은 스티븐과 미란다가 깊이 생각하게 하고 이상적으로는 계속해서 실패한 해결 시도를 하지 않도록 도와줄 것이다.

이는 치료의 세 번째 단계의 시작이다.

미란다: 우리가 할 수 있는 것은 다 해 본 것 같아요. 코비가 처음으로 불평했을 때는 기분이 좋지 않은 거였어요. 그래서 우리는 코비를 의사에게 데려갔죠. 몸에는 문제가 없어 보였기 때문에 단순히 정신적인 문제였어요.

치료사: 미란다 씨가 이 상황이 코비의 정신적인 문제라는 것을 알았을 때, 무엇을 하셨나요?

미란다: 우리는 코비에게 어떤 것이 문제인지를 물어봤어요. 하지만 코비는 "아무것도 아니에요."라고 말했고, 그냥 학교에 돌아가고 싶지 않아 했어요.

치료사: 그러고요?

미란다: 그리고 우리는 코비에게 학교에 가야 한다고 말했죠.

치료사: 코비에게 그렇게 말했을 때 코비는 어떻게 반응하였나요?

치료사는 잘못 다루어진 해결책 시도의 주제를 정하기 위해 문제를 풀기 위한 부모의 시도에 포함된 구체적인 상호작용 순서를 알아내고자 한다. 문제를 해결하기 위해 노력할 때 성공하지 못하게 했던 말이나 행동에 대한 위협적이지 않고 또 비난을 하지 않는 대화에 내담자를 개입시키는 것은 성공적인 단기치료 실천의 핵심이다.

미란다: 코비는 학교에 가지 않을 것이라고 했죠.

치료사: 그렇군요. 그리고 코비가 그렇게 말한 다음에는요?

스티븐: 우리는 코비가 학교에 가도록 여러 가지를 했어요.

치료사: 구체적으로 어떤 것들을 하셨는지 말씀해 주시겠어요?

스티븐: 글쎄요, 코비는 비디오게임을 무척 좋아해요. 그래서 우리는 코비가 학교에 가지 않는다면 비디오게임을 할 수 없다고 말했어요.

치료사: 코비가 학교에 가지 않은 지 꽤 많은 시간이 지났는데요, 그런 전략이 효과가 있었나요?

미란다: 우리가 알고 있는 한, 코비는 비디오게임을 하지 않았어요.

치료사: 그것이 코비가 학교에 가도록 했나요?

스티븐: 아니요.

치료사: 그렇다면 다른 어떤 것들을 시도해 보셨나요?

스티븐: 우리가 코비의 모든 특권을 없앴지만, 여전히 학교에 가질 않아요.

치료사: 네, 미란다 씨와 스티븐 씨가 코비의 부모로서 코비를 합리적으로 대하려 노력하고 학교에 가는 것이 왜 중요한지 설명하는 등 많은 것을 해 보신 것 같은데요.

치료사는 개입 단계의 시작을 위한 준비를 한다. 이렇게 시도한 모든 해결책은 코비가 학교에 가도록 강요하기 위해 부모가 한 단계 더 높은 권위적 입장에서 벌을 주는 틀 안에서 이루어져 왔음이 분명하다. 재구성의 기술은 치료사가 이 중요한 개입을 좋은 부모가 되려는 스티븐과 미란다의 입장과 연결하는 방식으로 정리하여 말할 수 있음을 포함한다.

스티븐: 그렇습니다.

치료사: 그런데 코비가 무엇을 잃을 것이며 학교에 가는 것이 왜 최선인지 말하려고 애쓰시면서 두 분이 합리적이라고 하는 것들이 코비에게는 충분하지 않은 모양이네요. 두 분은 진짜로 그걸 원하는데 말이에요. 그래서 두 분 기분이 많이 상하셨을 것 같지만, 일을 너무 쉽게 만들고 있는 것 같기도 해요. 두 분이 코비랑 함께 앉아서 상황을 설명하고 이유를 들 때 "네, 엄마 아빠, 두 분 말씀이 맞아요. 학교에 가야죠."라고 코비가 말하면 정말 좋겠지요. 그리고 아이가 이런 말 때문에 학교에 가는 겁니다. 이것이 두 분이 일어나기를 바라는 바로 그 상황인 거죠?

치료사는 개입을 위한 단계를 시작한다. 이때 치료사는 스티븐과 미란다의 입장을 바탕으로 재구성을 사용하여 그들이 미리 준 제안을 받아들일 마음가짐을 갖도록 한다. 이는 치료의 네 번째 단계인 목표설정 단계의 시작이다.

미란다: 물론이죠. 그것이 우리가 원하는 바입니다.

치료사: 하지만 그렇게 되기는 어렵지요. 두 분이 합리적이라고 여기시는 것들이 잘 듣지 않았지요.

스티븐: 잘 안 들었지요. 그래서 너무 실망스러워요.

치료사: 그러시군요. 하지만 코비가 합리적으로 여기는 것은 그가 학교에 갈 필요는 없지만 다른 방식으로 고등학교 졸업장을 딸 수 있는 이유를 설명함으로써 자기가 얼마나 합리적인가를 보여 줄 수 있기 때문인거죠. 적어도 부분적으로는요.

미란다: 맞아요. 그게 바로 그 아이가 한 일이죠.

치료사: 제가 말씀드리고 싶은 것은 두 분이 그렇게 못하실 것 같아요. 심지어 더 실망하시거나 저한테 화를 낼지도 몰라요. 두 분이 논리적이고 합리적인 부모가 돼서 코비를 도와주려고 애쓰는 좋은 방법이 결국 코비가 하고 있는 것을 자기가 어떻게 아는지 두 분에게 보여 주게 한 것 같군요. 이 말이 틀릴 수도 있지만요.

치료사는 상황에 대한 재구성을 한다. 하지만 그가 '틀릴 수도 있다.'고 설명하면서 한 단계 낮은 입장에서 그렇게 한다. 이는 상황을 편안하게 하고, 치료사가 아들에게 한 단계 낮은 입장을 부모가 취하게 하기 위한 모델로도 행동하는 것이다. 이 개입은 치료의 다섯 번째 단계의 시작이다.

스티븐: 그래서 무슨 말씀을 하시려는 거죠?

치료사: 합리성이란 것이 듣지 않는 것 같다는 거죠.

스티븐: 하지만 우리가 그 밖에 어떤 일을 할 수 있지요?

치료사: 글쎄요. 만일 두 분이 합리적이게 되지 않는다면, 아마 합리적이지 않은 어떤 형태가 자리 잡게 될 것 같아요. (스티븐과 미란다 둘 다 웃는다.)

치료사는 이런 개입 외에 다른 선택이 있음을 간접적으로 제안하기 위해 '~것 같다.'는 말을 사용해서 개입 시 쓴 언어를 확인한다.

미란다: 선생님이 이에 대해 어떤 의미를 두시는지 잘 모르겠어요.

치료사: 그러니까 두 분은 좋은 부모님이셨죠. 두 분은 아마 아드님이 대학에 가기 위해 장학금을 받지 못할 수도 있는 입장에 자신을 둠으로써 미래에 자신을 잘못되게 할 수 있음을 봐 오셨습니다. 그리고 두 분은 코비를 학교에 돌려보내기 위해 무지 애를 쓰셨습니다. 그렇지요?

스티븐: 네, 우린 정말 절박합니다.

치료사: 또 두 분은 코비가 알아듣도록 하기 위해 노력하셨지만 별 효과가 없었지요. 그래서 제가 제안하고자 하는 것은 두 분이 절박하기는 하지만, 코비를 학교에 돌려보낼 만큼 충분히 좋은 부모가 아니었음에 너무 혼란스럽고 마음이 아프다는 점을 코비가 알도록 내버려 두는 것입니다. 그리고 두 분이 코비의 미래를 보장할 만큼 충분히 좋은 부모가 되지 못한 데 대해 미안해하는 것입니다. 이렇게 하는 것은 합리적이지 못한 것이겠지요?

미란다: 아이에게 우리가 뭔가 잘못된 일을 했다고 말하라고 말씀하시는 건가요?

치료사: 반드시 두 분이 뭔가 잘못된 일을 하셨다는 것이 아니고요, 그 아이를 도울 수 없었고 또 좋은 부모가 되는 것에 대해 미안해하라는 것이지요. 이제 이렇게 하고 또 코비가 학교에 돌아가지 않으면서 이런 행동을 고수한다면, 코비는 아마 두 분이 진심인지 아니면 자기와 게임을 하고 있는 건지 알기 위해 두 분을 테스트할지도 모릅니다. 그래서 그 아이는 아마 두 분이 문제라고 여길 어떤 행동을 더 할지도 모릅니다.

개선이 문제를 수반할 수도 있다는 생각을 심어 주는 것은 문제 해결 악순환의 재발을 촉진하는 변화의 불리점의 가능성을 줄이기 위한 것이다.

미란다: 선생님이 무슨 말씀을 하시는지 알 것 같아요. 그래서 우리가 이렇게 자주 해야 한다는 건가요?

치료사: 글쎄요. 코비는 두 분이 상담에 오고 있다는 것을 아니까, 두 분이 상담을 받는 동안에 깨닫게 되었다고 말해도 되죠. 사실 두 분은 코비에게 좋은 부모가 되려고 하는 데 충분하지 않았음을 알게 되셨죠. 코비가 두 분에게 어떤 질문을 하지 않는 한 그 아이에게 이런 말을 계속할 필요는 없을 겁니다. 두 분 다 매우 합리적인 분들이니까 그렇게 하는 것이 두 분 모두에게 매우 힘들 겁니다. 그렇지만 이미 아셨겠지만, 이 합리성이란 것이 이 상황에서는 듣지 않습니다. 이번 주에 두 분 집에서 어떤 일이 일어났는지 다음 번 치료에서 듣기를 고대하겠습니다.

치료사는 합리성이 이 상황에서 어떻게 효과가 없는지 강조하며, 또 스티븐과 미란다가 지시를 따르는 것이 쉬운 과정이 아닐 것임을 다시 한 번 강조한다.

Chapter **07**

전략적 가족치료

마이클 리터 · 웬들 레이
(Michael D. Reiter & Wendel A. Ray)

전략적 가족치료는 제이 헤일리(Jay Haley)가 발전시켰고, 클로에 마다네스(Cloe Madanes)가 다듬었다. 이 접근은 헤일리가 회원이었던 그레고리 베이트슨 연구진(Bateson, Jackson, Haley, & Weakland, 1956), MRI 단기치료, 밀튼 에릭슨(Milton Erickson)의 최면과 치료의 전략적 측면, 구조적 가족치료의 위계구조와 가족조직의 개념 등 여러 아이디어를 합쳤다. 치료 회기의 소유권은 치료사에게 있고, 치료사는 효과적인 지시와 개입을 통해 변화의 책임을 맡는다. 치료 회기 사이에 수행할 과제를 부여하는 데 초점을 두며, 치료사가 준 지시를 내담자가 실천할 때 변화는 상담실 밖에서부터 일어난다. 치료사의 목표는 내담자가 뭔가 다른 것(즉, 불평과 관련된 상호작용 패턴 밖의 다른 것)을 하도록 하는 것이다. 왜냐하면 통찰이 변화를 위해 꼭 필요한 조건은 아니며 때로 통찰은 변화를 방해하기도 하기 때문이다. 이 장은 전략적 가족치료 렌즈를 통해 모슬리 씨 가족을 살펴볼 것이다. 현재 문제가 왜 일어나고 있는지뿐 아니라 전략적 치료사가 가족과 어떻게 작업할 것인지를 설명할 것이다.

문제형성에 대한 관점

문제/증상

문제는 "여러 사람 사이에서 일어나는 연속적인 행위들의 부분인 행동 형태"(Haley, 1987, p. 2)로 개념화될 수 있다. 이 행동은 한 사람 이상을 포함하며 그래서 스스로 유지되는 반복적인 시퀀스(sequence)로 일어난다. 한 사람 혹은 그 이상의 가족원이 보이는 증상은 특정 상황에서 이런 연속적인 행동에 대한 명칭으로 이해할 수 있다. 모슬리 씨 가족의 경우 코비의 등교 거부 증상은 개인적인 문제가 아니며 그보다 전체 가족을 포함하는 행동 패턴의 일부분이다. 테레사와 브랜든이 포함되지 않을 것 같지만, 이 아이들도 그 증상을 유지하는 데 분명히 어떤 역할을 한다. 코비가 학교 가기를 거부할 때, 미란다는 아들이 학교에 가도록 강요한다. 코비가 여전히 거부하면, 스티븐이 들어가서 코비에게 강요하려 한다. 테레사와 브랜든은 계속해서 기꺼이 학교에 가고 있으며, 이는 코비의 등교 거부에 대해 실망하게 만든다. 만일 테레사와 브랜든이 코비의 편을 들거나 그들도 등교를 거부하는 것과 같이 뭔가 다르게 했다면, 코비의 등교 거부를 둘러싼 행동의 시퀀스는 달랐을 것이고, 문제해결을 시작하게 했을 수 있다.

증상은 현재 일어나고 있는 연속적인 행동의 부분으로 나타나며, 따라서 과거보다 현재 상호작용에서 어떤 형태의 기능을 한다(Haley & Richeport-Haley, 2007). 과거에 한때 있었던 사건이 바로 증상을 만들지는 않는다. 대신 사람들이 그 사건을 유지시키는 방식으로 계속 행동하는 것을 볼 때 그 사건은 계속 일어나고 있다고 할 수 있다. 증상은 개인적인 사건이 아니라 관계에 대한 표현인 것 같다. 헤일리(1990)는 "환자의 증상은 자신이 행동하는 방식과 그와 친밀한 관계에 있는 사람들의 영향에 의해 오랫동안 지속된다."(p. 6)라고 설명했다. 사람들은 일정한 관계 패턴을 맺고 있기 때문에, 사람들이 서로 관계를 맺고 있는 방식으로 인해 문제가 유지된다. 모슬리 씨 가족이 치료에 온 것은 코비가 이전에 등교를 거부했기 때문이 아니라 계속해서 등교를 거부하기 때문이며, 스티븐과 미란다가 효과 없이 계속해서 그를 학교에 보내려고 강요하기 때문이다. 그들은 상호작용 고리에 개입되어 있으며, 그 고리 속에서 등교 거부와 코비를 학교에 보내려는 시도가 계속되고 있다.

전략적 치료 관점에서 문제는 사회적 맥락 안에서 일어나는 것으로 개념화되며, 분리된 개인이 행동한 것을 문제로 개념화하지는 않는다(Haley & Richeport-Haley, 2007). 문제는 일련의 관계를 통해 발생한다. 그 관계에서 사람들은 서로 연결되어 있으며, 또 현재 문제를 유지하는 방식으로 서로 관여하고 있다. 비록 증상이 부정적으로 보일지라도, 증상은 실제로 사람들이, 대부분 의식하지 못하지만, 사회적 상황이나 맥락에 적응하는 방식이다(Haley, 1987). 직관적으로 보면 이해가 안 되겠지만, 코비의 등교 거부는 가족에서 일어나고 있는 것에 적응하기 위한 방법이다. 코비는 아마 왜 학교에 가고 싶지 않은지 의식적으로 자각하지 못할 것이며, 마찬가지로 스티븐과 미란다 역시 코비의 행동 이면에 있는 '왜'를 이해하지 못하여 실망하고 있다. 그러나 상호작용 관점에서 전체 가족의 관계 안에서 보면 갈등은 이해가 된다. 테레사와 브랜든의 행동은 가족 내 관계에 대한 현재의 규칙(즉, 자녀들은 복종해야 한다)을 유지하기 위한 기능으로 이해될 수 있다. 코비의 행동은 대칭적인 방식인데, 가족의 관계 규칙이 아동기 자녀가 있는 가족에서 젊은 성인이 있는 진수기 가족으로 변화하고 적응해야 함을 제안하는 것으로 기능하고 있다(Haley, 1993). 전략적 가족치료는 가족구성원들이 문제를 유지시키기 위해 개입하는 반복적이고 연속적인 행동을 이해하고자 노력한다. 그래서 사람들이 이러한 연속적 행동을 중단하여, 문제가 되지 않고 좀 다른 패턴이 나타날 수 있도록 하기 위한 전략을 고안한다.

증상을 보이는 사람은 관심의 초점을 자신으로부터 관계망에 있는 타인에게 돌리는 방식으로 기능하는 경향이 있다(Haley, 1987). 가족 내 다른 구성원들은 증상 보유자를 IP로 보는 이러한 패턴에 빠져서, 그의 행동이 다른 사람과의 관계 맥락 안에서 어떻게 수용되는지 지각하지 못한다. 모슬리 씨 가족에서 코비의 증상은 친정아버지가 돌아가시고 또 스티븐이 자녀들과 아내에 대한 관심이 부족하다고 지각한 것에 대해 미란다가 적응하기 어렵기 때문에 생긴 결혼생활 스트레스에 초점을 두는 것에서 벗어나게 하는 하나의 방법일지 모른다. 미란다와 관계를 맺기 시작한 이래, 스티븐은 가족 안에서 힘이 있다고 느끼지 못하였다. 그는 의사결정을 할 때 자기보다 미란다의 욕구와 소망에 더 많은 관심을 기울였다. 무엇보다 어디로 이사할 것이며 몇 명의 자녀를 둘 것인지의 문제에서 그랬다. 그러나 코비의 증상은 스티븐과 미란다가 부부 갈등으로 치달아서 결혼생활을 끝낼 가능성을 보호하기 위한 방법일지 모른다.

전략적 접근에 의하면, 증상을 보이는 자녀가 있는 가족에서 부모는 대개 그 자녀에게 접근하는 방식에서 의견을 달리한다(Haley, 1987). 헤일리는 "그런 가족조직을 다른 방식으로 서술하자면, 문제 자녀가 있을 때 가족의 한 성인은 그 자녀에게 과잉 개입하고 과도하게 걱정하여 세대 간 경계를 위반한다고 할 수 있다."(Haley, 1987, p. 37)라고 설명했다. 이 사람은 대개 자녀의 문제에 대한 권위자로 여겨진다. 모슬리 씨 가족에서는 미란다가 코비의 행동에 과잉 개입하고 과도하게 걱정하는 사람으로 여겨질 가능성이 가장 크다. 스티븐 역시 걱정을 하겠지만, 미란다가 현재 일어나고 있는 상황에 더 많이 혼란스러워하는 것 같다.

가족생활주기

개인과 가족이 경험하는 문제와 증상은 그 개인이나 가족의 생활상의 특정 시점에서 함께 오는 경향이 있다(Haley & Richeport-Haley, 2007). 이것은 대개 가족이 생활주기의 한 단계에서 다음 단계로 이동할 때 일어난다. 가족생활주기의 단계는 출생, 영유아기, 아동기, 학동기, 청소년기, 진수기, 부모 되기, 조부모 되기, 노년기를 포함한다(Haley, 1993; Haley & Richeport-Haley, 2007). 그래서 증상은 발달주기의 한 단계에서 다른 단계로의 전환기에서 어려움이 있다는 신호로 이해될 수 있다.

삶의 과정에서 문제는 가족의 구성이 변할 때 일어날 수 있다. 자녀의 출생, 자녀가 집을 떠남, 부모/조부모의 사망 등이 이루어지는 시기에 문제가 일어날 수 있다(Haley & Richeport-Haley, 2007). 학교에 가고 싶지 않은 코비의 소망은 매우 가까웠던 외할아버지 에드워드의 죽음 직후에 시작되었다. 코비가 어떤 형태의 우울증을 경험하였을 수는 있지만, 코비의 등교 거부는 가족 역동과 연관이 있는 것으로 더 잘 이해될 수 있다. 왜냐하면 미란다 역시 친정아버지 에드워드의 죽음에 큰 영향을 받았기 때문이다.

모슬리 씨 가족에 영향을 미칠 수 있는 가족생활주기의 또 다른 측면은 한 자녀가 젊은 성인으로 변화하는 것이다. 청소년기의 전환기는 자녀가 독립적이기 시작하고 또 부모의 권위에 도전할 때다(Haley & Richeport-Haley, 2007). 코비는 이전에 문제가 되었거나 부모의 요구에 반항한 역사가 없다. 그의 계속된 등교 거부는 16세가 된 것과 청소년기에서 초기 성인기로의 변화와 관련이 있을 수 있다. 이것은 그가 독립적임을 보여 주기 시작하는 하나의 방법일지 모른다.

가족조직

미래를 함께하는 체계는 위계적인 방식으로 서로 관계를 맺는 반복적이고 패턴화된 방식을 통해 조직되는 경향이 있다(Haley, 1987). 전략적 관점에서 볼 때, 가족은 세대의 구분을 통해 위계적으로 조직된다. 대부분의 가족은 어떤 한 시기에 조부모, 부모, 자녀의 3세대가 살게 된다(Haley, 1987). 서구 사회에서는 부모가 가장 큰 힘을 갖고, 조부모가 충고하는 역할을 맡는 경향이 있다.

가족에서 부모는 책임을 맡아야 하고 위계의 맨 위에 위치한다(Haley & Richeport-Haley, 2007). 부모가 가족의 행동 규칙을 정하고 이에 따르도록 한다. 부모와 자녀 간에 권력 다툼이 있다면, 부모가 대개 이긴다. 그런데 모슬리 씨 가족에서 코비는 현재 권력 다툼에서 이기고 있다. 부모가 그의 행동을 통제하도록 허용하고 있지 않기 때문이다. 스티븐과 미란다는 그가 학교에 가도록 애쓰고 있다. 그러나 그런 노력은 성공하지 못했다. 코비는 학교 가기를 원하지 않으며, 학교에 가지 않았다. 그의 등교 거부는 스티븐과 미란다에게 자기는 더 이상 아이가 아니며 부모는 더 이상 그가 무엇을 해야 할지 정확하게 말할 수 없음을 말하는 것으로 보일 수 있다.

가족의 증상은 또한 가족 내 위계에 어떤 혼란이 있음을 보여 주는 것일 수 있다(Haley, 1987). 가족구성원들이 가족 내 권력이 누구에게 있는지를 알지 못하거나, 혹은 높은 권력에 있는 구성원이 더 낮은 권력에 있는 사람과 연합하여 더 높은 권력에 있는 또 한 사람에게 대항할 때 야기될 수 있다. 이렇게 권력을 서로 교차하여 연합하는 가족은 어려움을 가질 수 있다.

헤일리(Haley, 1987)는 이렇게 세대 교차적 혼란이 문제가 될 수 있는 세 가지 상황을 소개했다. 첫 번째는 서로 상호작용하는 세 명 이상의 사람 중 적어도 한 사람이 다른 사람들과는 다른 권력 수준에 있을 때다. 두 번째는 다른 세대에 속한 두 사람이 서로 연합할 때다. 대개 가장 문제가 되는 세 번째는 연합이 감추어져 있거나 부정될 때다. 항상 그런 것은 아니지만, 세대 간 연합이 모슬리 씨 가족에서 일어나고 있는 것 같다. 미란다는 스티븐에 대항해서 가족의 여러 구성원과 연합하고 있는 경향이 있다. 이 연합은 겉으로 드러나지는 않지만, 규칙과 책임의 이슈와 자주 관련되어 있다. 미란다는 스티븐에 대항해 친정어머니 소피아와 연합했고, 그래서 소피아가 미란다의 육아를 지원했으며 미란다가 세 번째 아이를 낳게 되었다. 미란다 역시 데이트에 대한 스티븐의 규칙을 포함하여 테레사와 연합하였는데, 하지만 그들은 겉으로 스티븐에게 도전하지는 않았다.

이러한 연합은 스티븐과 미란다가 때때로 경험하는 갈등에 서로 개입하는 것을 방해한다. 더욱이 코비의 등교 거부 역시 부부가 결혼생활에서의 차이를 다루지 못하도록 했다. 어떤 가족에서 증상은 자녀에게서 나타나 부부간의 명백한 혹은 암시적인 갈등으로부터 초점을 돌리게 만들고, 그래서 부부는 자신들의 문제를 다루지 않아도 된다(Haley, 1987). 부부는 자신들의 관계에 대해 의사결정할 필요가 없게 되는 것이다. 자녀는 특정 방식으로 한 가지 이상의 다양한 증상을 발달시키는데, 이는 부모 간의 의사소통 매개체가 된다. 스티븐과 미란다는 부모역할 및 가족

기능의 다양한 규칙에 대해 서로 다른 기대를 하고 있다. 하지만 그들은 코비가 학교에 가는 문제에 대해 단결하고 있다. 코비는 부모님 사이의 긴장을 느꼈을 것이고 무의식적으로 이런 증상을 발전시켜 왔을지 모른다. 증상이 길어질수록 부모님이 더 많이 함께하는 것 같고, 그래서 부모는 두 사람 간의 온갖 문제에 초점을 둘 필요가 없게 된다. 그러나 상황을 해결할 수 없는 것에서 오는 스트레스는 스티븐과 미란다 간에 이전에 감추어졌던 몇 가지 갈등을 일으키고 있다.

의사소통

사람들은 서로 메시지를 의사소통하는 방식을 통해 관계에 대한 정의를 통제하려고 한다(Haley, 1990; Jackson, 1958). 두 사람이 함께 올 때, 그들은 동시에 적어도 두 가지 수준에서의 메시지를 서로에게 보낸다. 첫 번째 수준은 메시지의 내용이다. 가령, 미란다가 코비에게 "너 학교에 가야 해."라고 말할 때, 이것은 미란다가 바라는 것(혹은 코비가 하도록 바라는 것)에 관한 진술이다. 메시지의 두 번째 수준은 명령(command) 수준이다. 이는 관계에 대해 진술하는 것이다. 미란다가 코비에게 말하는 것은 자기가 부모로서 권위를 가진 사람이고 코비는 자식이므로 어머니에게 복종해야 한다는 것이다. 그래서 미란다는 자신이 코비가 무엇을 해야 하는지 말할 자격이 있는 사람으로서 둘의 관계를 정의하고자 한다. 코비의 "아니요."라는 반응은 하나의 진술(학교에 가지 않을 거예요)이면서 동시에 하나의 시도로서, 그는 어머니가 자기에 대해 권위를 갖는 관계에서 서로 평등한 관계로 둘의 관계를 재정의하고자 시도하는 것이다.

두 사람 간의 의사소통 교환은 대칭적이거나 보완적으로 분류될 수 있다(Haley, 1990; Jackson, 1959). **대칭적 관계**는 두 사람이 비슷한 행동에 개입하는 특징이 있다. 두 사람은 각자 "나는 우리 관계의 본질을 정의하는 데 있어서 당신과 똑같은 권리가 있어요."라고 말하는 것이다. **보완적 관계**는 두 사람이 함께 어울리는 서로 다른 형태의 행동에 개입하는 경우다. 모슬리 씨 가족에서 보완적 관계는 코비와 부모 각자 사이에서 주로 일어났다. 헤일리는 보완적 관계를 다음과 같이 설명했다. "한 사람은 '높은' 위치에 있고, 다른 사람은 '2차적인' 위치에 있다. 한 사람이 비난을 하면 다른 사람은 그것을 수용하고, 한 사람이 충고를 하면 다른 사람은 그것을 따르는 것 등이다."(p. 11) 15년 동안 미란다와 스티븐은 각자 코비와 보완적 관계에 개입해 왔다. 그래서 그들은 비난과 충고를 할 수 있었고, 코비는 들었다. 그러나 지난 몇 개월 동안은 변화가 일어나서 코비가 부모와의 보완적 관계에서 벗어나 대칭적 관계로 바꾸려고 노력하고 있는 것일지 모른다. 부모의 높은 지위는 한때 그랬던 것처럼 코비의 행동을 조절할 만큼 더 이상 힘을 갖지 못하고 있다.

코비는 **작전**(manuever)이라는 것에 개입하고 있을 수도 있다(Haley, 1990). 이것은 관계에 도전하거나 관계를 재정의하기 위해 시도하는 메시지다. 작전은 한 사람이 다른 사람에게 무언가를 하거나 생각하거나 느끼도록 요청하거나 명령하거나 제안할 때를 말한다. 거기에는 다른 사람이 관계에 어떻게 개입하고 있는지에 대한 코멘트가 있다. 스티븐과 미란다가 계속 보완적 관점에서 기능할 때, 코비는 등교거부를 통한 작전을 짜서 부모와의 관계를 더욱 대칭적 관계로 바꾸고자 한다. 스티븐과 미란다는 관계를 계속 보완적으로 유지시키기 위한 작전을 펴고 있다.

이런 식으로 보면, 증상은 사람들이 관계에서 통제력을 얻기 위해 시도하는 방법이다. 통제는 특정 방향으로 관계에 영향을 미칠 수 있는 능력으로 정의된다(Haley, 1990; Jackson, 1967). 증상은 맥락과 관계를 통제함에 있어서 그 사람에게 유리할 수 있다. 그래서 등교 거부는 코비가 초기 성인기로 이동함에 있어서 일종의 자율성을 갖기 위한 하나의 방법일 수 있다.

문화적 요인

전략적 가족치료사는 대개 가족의 변화를 위한 주요요소로서 민족성에 초점을 두지 않는다(Haley & Richeport-Haley, 2003). 대신 그들은 구조적 변화에 초점을 둔다(Haley, 1996). 이렇게 공유된 가족 패턴은 다양한 민족집단에 보편적으로 나타나며, 가족은 서로 다르기보다 서로 비슷함을 보여 준다. 전략적 치료사는 가족의 이러한 공통성 및 가족이 가지고 있는 특정 문제와의 관계에 더 많은 초점을 둘 것이다. 예를 들어, 헤일리는 인디언 남성과 니카라과 남성에 관한 예를 제시했는데, 두 남성 다 아내를 때린다. 두 남성은 민족성에 따라 서로 다른 신념체계를 가지고 있지만, 더 중요한 측면은 가정폭력을 중단하기 위해 지시 기법을 어떻게 개발하며, 또 가족구성원이 문제에 대처하는 반복적인 패턴을 어떻게 변화시킬 수 있도록 할 것인지에 있다.

헤일리(Haley, 1996)는 민족성, 이주, 종교, 사회경제적 지위를 기초로 한 차이에 대해 알고 있었다. 그는 치료사가 모든 민족성에 대한 전문가가 될 수 없으며, 대신 가족이나 치료사의 문화와 상관없이 치료사는 존중하는 방식의 면접을 할 수 있어야 한다고 보았다. 헤일리는 "치료사의 과업은 가족의 문화에 대해 권위를 갖는 것이 아니라 치료적 과업이 잘 이루어지도록 충분히 가족을 이해하는 것이다."(p. 59)라고 했다. 그러나 치료사는 내담자와 합류하는 방식으로서 내담자 문화의 여러 측면을 활용할 수 있다. 예를 들어, 치료사는 가족이 가부장적 문화집단 출신임을 알면 처음에 아버지와 관계를 맺을 수 있다. 대개 아버지가 가장일 것이기 때문이다.

리치포트-헤일리(Richeport-Haley, 1998)는 전략적 가족치료가 어떻게 문화중심 치료에 대한 하나의 대안이 될 수 있는지에 대한 이해를 제공했다. 그녀는 다양한 문화적 배경 출신의 가족은 전략적 가족치료 관점에서 볼 때 많은 방식에서 비슷하다고 설명했다. 치료사의 목적 중 하나는 가족이 그들의 민족성과 상관없이 현재의 문화적 맥락 안에서 잘 기능하도록 돕는 것이다. 그러나 가족의 문화에 대해 아는 것은 치료사가 사용할 수 있는 다양한 전략 및 지시 기법에 대해 대안적인 아이디어를 제공할 수 있다. 이러한 지식은 이전의 경험을 통해 혹은 가족에게 직접 질문함으로써 얻을 수 있다. 예를 들어, 치료사는 "당신의 모국에서는 이런 문제를 어떻게 다루지요?"라고 질문할 수 있다. 이것은 치료사가 특정 가족이 기능하는 방식에 대한 치료를 계획할 수 있도록 한다.

전략적 가족치료는 각각의 내담자 가족을 위해 고유한 전략과 지시를 사용한다는 자부심을 가지고 있다. 이러한 사고방식에 따라, 문화적 차이의 개념을 치료적 접근에 통합한다. 헤일리(Haley, 1996)는 "만일 누군가가 특정 가족을 위한 치료를 설계한다면, 계층과 문화적 차이는 덜 중요하며, 해결은 가족의 문제에 대한 탐색에서 비롯된다."(p. 60)라고 했다. 그래서 전략적 치료사는 민족성이라는 일반적인 시각이 아니라 자신이 그 순간 일하고 있는 가족에 대한 집중적인 이해를 바탕으로 지시 기법을 개발한다.

문제해결에 대한 관점

치료 목표

가족이 경험하는 문제는 삶의 한 단계에서 다음 단계로의 전이를 협상하는 것에서의 어려움을 포함하므로, 치료의 한 가지 목표는 가족이 삶의 다음 단계로의 전환기 위기를 관리하도록 돕는 것이다(Madanes, 1991). 모슬리 씨 가족은 두 가지 생활 단계 전이를 동시에 경험하고 있다. 첫 번째 전이는 에드워드가 사망하였고 가족체계가 가족원 한 명의 상실에 적응하기 위해 재조직되었을 때 일어났다. 소피아가 가족 내 권력을 더 많이 가진 것 같지만, 에드워드와 코비의 관계는 코비가 스티븐과 미란다 간의 은밀한 갈등의 영향을 받지 않음에 있어서 꼭 필요했다. 생활 단계의 두 번째 전이는 코비의 청소년기 진입으로서, 이때 가족은 아동이 있는 체계에서 젊은 성인이 독립하는 시기로 변화된다. 가족은 코비가 더욱 독립적이 되려고 함을 경험하고 있다. 스티븐과 미란다는 걱정이 된 나머지 코비를 더 많이 통제하려고 하며, 코비가 학교에 가지 않는 것은 부모의 그런 통제를 방해한다.

모슬리 씨 가족이 이러한 생활 단계 전환기를 잘 겪도록 돕는 한 가지 방법은 증상을 둘러싼 상호작용을 변화시키는 것이다. 헤일리(1987)는 "치료의 목적은 조직된 집단 내 구성원들 간에 일어나는 행동의 시퀀스를 변화시키는 것이다. 그런 시퀀스가 변화될 때, 집단 내 구성원들도 변화를 시작한다."(p. 111)라고 했다. 되풀이되는 행동의 시퀀스(증상이 그 일부임)를 중단하도록 개입하면 가족구성원들은 이렇게 반복되는 행동방식을 새롭고 색다른 개입방식으로 바꿀 수 있다. 대안적인 목록을 넓히면 가족은 그전의 항상성적 기능을 자유롭게 넘어설 수 있다. 이는 치료사가 가족으로 하여금 증상이 더 이상 하나의 기능으로 작동하지 않는 방식으로 개입할 때 가능하다.

모슬리 씨 가족은 코비가 등교 거부를 하고 스티븐과 미란다가 그에게서 뭔가를 빼앗으려 하거나(TV 시청 특권) 그를 설득하여 학교에 가도록 이유를 붙이는 패턴에 매몰되어 있다. 전략적 치료사는 새로운 존재방식으로 나아갈 수 있도록 돕기 위해 재구성과 행동 과제를 사용할 것이다. 게다가 코비는 보완적인 방식이 아닌 대칭적인 방식으로 가족관계에 변화를 가져오고자 시도하고 있다. 치료사는 모슬리 씨 가족이 코비 나이 또래의 자녀가 있는 가족에 적합한 관계로 전환하여 찾아가도록 도울 것이다.

대부분의 상황에서 부모가 자녀들과의 권력 다툼에서 이겨야 한다는 점을 놓고 볼 때, 치료사는 스티븐과 미란다가 학교 문제에 대해 코비와의 싸움에서 이기도록 도울 것이다. 치료의 목적은 코비가 학교에 가도록 하는 것일 수 있다. 헤일리와 리치포트-헤일리(Haley & Richeport-Haley, 2007)는 가족 내 이런 역동과 자녀가 등교 거부를 하는 가족과의 작업에서 가능한 한 가지 방법을 다음과 같이 설명했다. "자녀가 학교에 가지 않으려 하면, 치료사는 부모에게 자녀를 학교에 데리고 가서 자녀와 함께 앉아 있으라고 지시할 것인데, 이것을 자녀는 받아들이지 않을 것이다." (p. 54) 이러한 지시는 수없이 많은 가능성 중의 하나에 불과하지만, 모슬리 씨 가족을 위해 하나의 선택권이 될 수 있다. 그것을 연습하기 위해 치료 영역에 학교를 포함시켜야 할지도 모른다.

전략적 치료사는 왜 문제가 일어났는지를 가족이 이해하도록 하기 위해 많은 시간을 보내지 않는다. 왜냐하면 변화는 무엇이 일어나고 있는지에 대한 구성원들의 통찰을 통해 일어나는 것이 아니라 행동이나 행위의 변화를 통해 일어나기 때문이다. 그리고 변화는 지시와 은유를 통해 일어난다(Haley & Richeport-Haley, 2007). 치료 맥락에서 치료사는 가족체계에 합류하고 그다음에는 가족체계에 참여함으로써 가족체계를 변화시킨다(Haley, 1987). 구성원들은 치료사와 다르게 상호작용해야 하며, 그렇게 함으로써 그들은 그들의 가족 조직을 변화시킨다. 이는 치료사가 증상을 둘러싼 가족구성원들의 반복되는 상호작용 시퀀스를 바꿀 때 일어난다. 모슬리 씨 가족과 작업하는 치료사는 가족체계의 일부분이 될 것이고 가족의 위계가 스티븐과 미란다가 힘을 더 많이 갖고 자녀들이 힘을 더 적게 갖는 적절한 위치로 돌아오도록 개인이나 하위집단에 합류할 것이다. 또한 치료사는 증상에 초점을 둠으로써 세대 간 연합을 바로잡으려 노력할 것이다. 이는 스티븐과 미란다가 코비에 대해 협력함으로써 가능해질 것이다. 일단 스티븐과 미란다가 함께 일할 수 있으면, 코비는 부모를 화합시키기 위해 더 이상 증상을 필요로 하지 않을 것이고 학교에 갈 것이다. 이러한 목표가 달성되면 모슬리 씨 가족은 더 이상 치료가 필요 없을 것이다.

전략적 치료사는 가족구성원들과 확실한 라포를 형성하도록 협력해야 한다. 그러면 구성원들은 치료사가 결정하는 길은 어떤 길이든 바라는 변화를 가져오기 위해 최상이라고 여기고 따를 것이다. 모슬리 씨 가족은 자신들만의 방식으로 독특한 체계를 형성하여서 치료사가 이리저리 살펴봐야 한다. 헤일리(Haley, 1987)는 치료를 "외부인이 단단하게 조직된 의사소통체계에 개입하는 것으로, 그 체계에서 증상은 체계 내 여러 사람의 지속적인 행동에 적응하는 행동 양식이다."(p. 105)라고 하였다. 치료사는 구성원 간의 관계 규칙을 이해하기 위해 가족구성원들의 상호작용을 관찰해야 할 것이다. 관찰한 의사소통 양식과 상호작용 순서는 결국 어떤 지시와 개입이 가족이 제시한 문제를 가장 잘 다룰 것인지에 대한 단서를 제공한다.

치료사는 개입의 초점을 문제의 원인에 두지 않고 문제를 해결하기 위해 필요한 특정 행위에 둔다(Haley & Richeport-Haley, 2007). 그래서 아주 초기부터 치료는 과거가 아닌 현재에 무슨 일이 일어나고 있는지에 초점을 둔다(Haley & Richeport-Haley, 2003). 이것은 가족이 제시한 증상에 초점을 두는 것으로, 이는 치료사에게 가족체계 내 개입을 위한 가장 큰 지렛대가 된다.

모슬리 씨 가족과 작업하는 치료사는 코비의 등교 거부가 스티븐과 미란다 간의 불화 및 갈등과 관련 있다는 가설을 세울 수 있어도, 치료는 코비의 등교 거부 문제를 중심으로 할 것이다. 치료사는 치료 회기에서 부부의 갈등을 공공연하게 다루지는 않을 가능성이 크다. 하지만 치료 시 세대 간 갈등을 변화시키기 위해 지시를 줄 가능성이 있다. 이렇게 하여 스티븐과 미란다는 코비를 통해 그들 간의 갈등을 은유적으로 의사소통하지 않고 서로에게 직접 다가갈 수 있을 것이다. 코비가 학교에 가는 목적이 일단 달성되면, 스티븐과 미란다는 치료에서 둘 간의 차이를 보다 공개적으로 다루고자 결정할지 모른다.

치료 과정

전략적 가족치료는 특정 단계를 통해 이루어지지만, 특히 첫 면접에서 각 가족은 고유의 문제와 조직을 가져오며, 따라서 치료사는 그 가족을 위해 특별한 개입방법을 설계해야 한다. 헤일리(Haley, 1987)는 "치료사의 과업은 제시한 증상을 명확하게 진술하고 또 제시한 문제를 변화시키기 위해 내담자의 사회적 상황에 대한 개입을 설계하는 것이다."(p. 1)라고 하였다. 모슬리 씨 가족과 작업하는 치료사는 회기를 조직하기 위한 일반적인 형태를 따를 것이지만, 특정 과업과 지시는 모슬리 씨 가족의 고유한 조직에 따라 다르게 주어질 것이다. 말하자면 이 가족의 위계와 현재 생활 단계를 고려할 것이다. 치료사는 스티븐과 미란다가 가족위계의 맨 위에서 서로 잘 연결되어 있지 못하며 또 세대 간에 어떤 연합이 있음을 알게 될 것이다.

치료를 시작하기 전에 고려할 주요 사항 중 하나는 치료 회기에 누구를 초대하는지를 결정하는 것이다. 헤일리(Haley, 1987)는 문제가 청소년 자녀를 포함할 때, 특히 가족으로부터의 연대/분리 문제를 포함할 경우, 전체 가족이 포함되어야 한다고 제안했다. 이런 문제를 넘어서서도 치료사는 집에 살고 있는 모든 사람을 봐야 할 것이다. 왜냐하면 이렇게 하면 치료사는 문제가 일어난 사회적 상황을 관찰할 수 있기 때문이다. 집에 거주하는 모든 사람이 첫 번째 회기에 참석하도록 요청하는 것의 이점은 모든 구성원이 참여할 때 치료가 더 빠르고 더 효율적으로 진행될 수 있다는 것이다. 그래서 스티븐, 미란다, 코비, 테레사, 브랜든 모두 첫 번째 회기에 참석하도록 요청될 것이다.

첫 번째 회기 전에 치료사는 가족으로부터 어떤 정보를 얻어야 한다(Haley, 1987). 집에 사는 모든 가족원의 이름과 나이를 아는 것은 치료사가 사회적 맥락을 이해하기 시작하는 데 도움이 된다. 첫 번째 회기 전에 얻으면 도움이 되는 또 다른 정보는 구성원 중 누군가의 이전 치료 경험, 구성원들의 직업 이력, 누가 가족을 치료에 의뢰했는지 등이다. 첫 번째 전화 통화를 하는 동안에 호소 문제를 설명하도록 해야 할 것이다. 모슬리 씨 가족의 경우, 이것은 미란다와 함께할 것인데, 왜냐하면 그녀는 치료 약속을 청할 가능성이 가장 큰 가족원이기 때문이다. 첫 번째 전화 통화를 하는 동안에 전화를 건 사람과 호소 문제에 대한 그 사람의 시각에 대해 너무 깊이 가지 않는 것이 중요하다. 왜냐하면 이것은 다른 모든 가족구성원이 참석한 회기에서 더 잘 다루어지기 때문이다.

첫 번째 치료 회기는 5단계를 따른다(Haley, 1987, 1989). 그러나 이 단계가 시작되기 전에 치료사는 가족 내 어떤 것이 변화되어야 할 것이라는 마음가짐으로 첫 회기에 참석해야 한다(Haley, 1989). 그런 태도는 치료사가 내담자에게 과제를 줄 때 내담자가 뭔가 다른 것을 하게 하는 단계가 된다.

첫 회기의 첫 번째 단계는 **사회적 단계**로 시작한다. 치료사는 모든 가족원에게 인사를 한다. 치료사가 상담실 안에 있는 각 개인과 접촉하고 또 각 개인으로부터 반응을 얻어서 상담실 내 모든 사람이 중요하다는 것으로 그 상황을 정의하는 것이 중요하다. 가족구성원들이 문제에 대해 이야기하기 시작하면, 치료사는 그런 이야기를 중단시키고 먼저 모든 사람이 소개되고 치료에 개입될 수 있도록 해야 한다. 모슬리 씨 가족과 작업할 때, 치료사는 문제를 다루기 전에 구성원들에게 자신을 소개하면서 다섯 가족원 모두에게 인사하고 각자와 1~2분 정도 보내야 할 것이다.

사회적 단계 동안에 치료사는 가족 상호작용을 관찰하고 기록을 한다. 그러나 어떤 결론을 내리든 잠정적이어야 한다(Haley, 1987). 더욱이 치료사는 가족에게 가설이나 결론을 제시해서는 안 된다. 대신 치료사는 치료의 분위기를 관찰하고 어떤 구성원이 치료사를 자기편으로 하려는지 관찰한다(Haely, 1989). 모슬리 씨 가족과의 사회적 단계 동안에 코비는 가족에서 왕따를 당한 사람으로 보일 수 있다.

첫 번째 회기의 두 번째 단계는 **문제 단계**다(Haley, 1987). 이 단계는 대개 치료사가 가족에게 여기 왜 왔는지 혹은 어떤 문제를 경험하고 있는지 물을 때 시작된다. 질문을 명확한 방향으로 하는 것은 아니어서 개별 구성원이 자신의 지각을 자유롭게 표현할 수 있을 것이다. 치료사는 자기가 가족구성원에 대해 얻었던 정보를 그들에게 알려 줌으로써 시작할 수 있는데, 가족구성원은 바로 이 지점에서 시작할 수 있다.

치료사는 특정 가족원이나 전체로서의 가족에게 질문을 함으로써 문제 단계를 시작할 수 있다. IP와 함께 시작하는 것은 아마도 가장 도움이 되지 않는 접근일 것이다. 만일 치료사가 가족에 대해 충분한 정보를 가지고 있다면, 아마 문제 상황에 가장 적게 개입한 어른과 함께 시작해야 할 것이다(Haley, 1987). 치료사는 가장 많이 관여한 어른을 존중해야 하는데, 이 사람은 가족이 치료를 계속 받도록 할 가능성이 가장 큰 사람이기 때문이다. 미란다가 아마 치료를 시작할 것이기 때문에, 이는 치료사에게 미란다가 문제에 가장 많이 개입한 가족원임을 말해 주는 것이다. 스티븐은 아마 가장 적게 관여한 어른일 것이며, 초기 질문을 받을 가능성이 가장 큰 사람일 것이다.

문제 단계 동안에 치료사는 변화의 목표가 된 문제에 대한 명백한 설명을 얻고 싶어 할 것이다. 이 단계에서 치료사는 주의 깊게 들어야 하는데, 이는 몇 가지 구성요소를 포함한다(Haley, 1987). 치료의 이 시점에서 치료사는 문제에 대한 가족구성원들의 지각과 가족 상호작용의 시퀀스에 대해 듣고 질문하지만, 자신의 해석을 가족에게 말하지 않는다. 이 시간은 내담자가 문제를 다르게 보도록 시도하는 시간이 아니다. 치료사는 어떤 식으로든 가족에게 충고하려고 하지 않는다. 문제의 해결은 행동 변화에 관한 것이기 때문에, 감정에 초점을 두는 것은 사실과 의견에 초점을 두는 것만큼 쓸모 있지는 않다.

치료사가 한 구성원에게 문제에 대한 그의 개인적인 시각을 질문할 때, 가족의 모든 다른 구성원은 그 사람이 말했던 것에 대한 반응에 관한 질문을 받는다(Haley, 1987). 가족 내 모든 구성원은 문제에 대한 자신의 시각을 말하고 다른 구성원의 시각에 대해 반응할 기회를 가져야 한다. 그러나 이 모두는 치료사를 통해서 이루어져야 한다. 왜냐하면 이 시간은 사람들이 서로에게 개입하는 시점이 아니기 때문이다. 그보다 치료사와 내담자 두 사람 간 상호작용의 시간이다. 만일 미란다와 스티븐이 학교에 가는 것에 대해 코비와 맞서려 한다면, 치료사는 회기의 후반기까지 그런 상호작용을 차단할 필요가 있을 것이다.

첫 번째 회기의 세 번째 단계는 **상호작용 단계**다(Haley, 1987). 치료사는 가족구성원들이 문제에 대해 서로 이야기하도록 시도한다. 치료사는 상담실 내 중심 인물이 되는 것에서 벗어나서 점점 더 탈중심적이 된다. 이 단계에서 스티븐과 미란다가 치료사에게 코비에 대한 염려를 이야기하고 싶어 한다고 하더라도, 그들은 이미 문제 단계에서 그렇게 했다. 치료사는 가족구성원들이 서로에게 이야기하도록 해서 가족 내 직접적인 관계 역동을 관찰하는 것이 훨씬 더 유용함을 알게 될 것이다. 그러면 치료사는 스티븐과 미란다가 어떻게 코비가 학교에 가도록 하는 데 동의하는지, 코비는 어떻게 반응하는지, 그리고 두 동생이 그런 상호작용에서 어떤 역할을 하는지 보게 될 것이다.

이 단계에서의 상호작용은 대개 두 사람을 포함하지만 더 많은 사람이 포함될 수도 있다. 두 사람이 이야기하고 있는 동안, 치료사는 때로 제3의 가족원을 회기에 끌어들이기 위해 아주 간략히 개입할 것이다. 예를 들어, 스티븐과 코비가 학교에 갈지의 여부에 대해 이야기한다면, 치료사가 미란다에게 대화에 합류하라고 요청할 수 있다. 이렇게 하면 가족구성원들이 맺고 있는 잠재적인 동맹, 연합, 메타메시지에 대한 정보를 끌어낼 수 있다.

대화가 정보를 끌어내는 데 도움이 되지만, 치료사는 가족이 상담실 안에서 문제를 행동으로 보이도록 시도할 것이다(Haley, 1987). 모슬리 씨 가족의 경우, 치료사는 부모에게 코비와 학교에 가는 것에 대해 이야기를 시작해 보라고 요청해서 그들의 행동 시퀀스가 어떻게 작동하는지 살펴볼 수 있다.

첫 번째 회기의 네 번째 단계는 **목표 설정**이다(Haley, 1987). 치료사는 각 개인이 가족에서 무엇이 변화되기를 원하는지 분명히 설명할 수 있도록 해야 한다. 이는 목표 설정을 위한 기초선을 확립하는 데 도움이 된다. 목표는 내적 상태가 아닌 행위의 시퀀스로서 행동 용어로 말해야 한다. 헤일리는 이를 학교 문제와 관련하여 다음과 같이 설명했다. "학교공포증은 스스로 해결할 수 있는 문제가 아니지만, 학교에 가지 않으려는 아이는 운영상의 문제다."(p. 39) 그래서 치료사와 가족이 발전시켜야 하는 문제와 목표는 관찰 가능해야 하며, 측정 가능해야 하고, 성취 가능해야 한다.

이 단계는 가족의 목표가 무엇이어야 하는지에 대해 가족구성원들이 매우 다르게 지각하고 있으면 다소 어려울 수 있다. 모슬리 씨 가족에서 스티븐과 미란다는 치료의 목표가 코비의 등교여야 한다는 시각에서 아마 연합하고 있을 것이다. 코비의 목표는 아마 부모님이 자기를 가만 놔두는 것일 것이다. 테레사와 브랜든의 목표는 아마 코비가 자기들에게 좀 더 친절하게 대하는 것일 것이다. 치료사는 가족구성원들이 치료의 목표에 대해 동의하도록 도울 필요가 있을 것이다.

첫 번째 회기의 다섯 번째 단계는 **과제 설정**이다(Haley, 1987). 이 단계에서 치료사는 가족구성원들에게 해야 할 과업, 말하자면 **지시(directive)**라고도 알려진 것을 준다. 이는 가족원들이 증상이 없는 상태로 좀 더 가까이 다가가도록 할 것이다. 대개 모든 가족구성원이 과제에 참여하게 될 것이다. 바로 이 시점에서 가족구성원들이 치료사의 지시를 잘 따르면 변화가 가장 잘 일어나는 경향이 있다.

변화는 대개 여러 단계에서 일어난다. 헤일리(Haley, 1987)는 이 과정을 다음과 같이 설명했다. "변화는 여러 단계에서 일어나며, 누구도 문제 단계에서 단번에 치료 단계로 넘어갈 수 없으며, 그 사이에 열 단계가 있다고 가정하는 것이 가장 좋다."(p. 137) 치료사가 아마 가족에게 첫 번째 면담의 마지막에 가족 상호작용의 시퀀스를 방해하는 과제를 제시할지라도, 일어난 변화는 대개 증상의 해결을 향한 한 단계에 불과하다. 가족은 더 이상 문제에 대해 염려하지 않고 치료를 끝내는 시점에 도달하기 위해 여러 회기와 과업이 필요할 것이다.

전략적 가족치료는 조작적이라는 비판을 받았다. 그러나 모든 치료사는 내담자에게 지시를 주는 데 개입한다. 사람들은 행동하지 않을 수 없다(Haley, 1987; Jackson, 1959). 그러므로 무엇을 하고 무엇을 말하든 다른 사람에게 영향을 미치는 것으로 볼 수 있다. 그래서 치료사는 항상 어떤 형태든 지시를 하는 것이다. 요점은 치료사가 지시의 결과에 대해 책임을 지는 것이고 그 지시를 전략적이고 도움이 되도록 만드는 것이다.

지시하기

효과적으로 지시하기는 성공적인 치료의 꼭 필요한 부분이다. 지시는 전략적 치료의 '기본 도구'다(Madanes, 1991). 헤일리(Haley, 1993)에 의하면, "임상가가 치료 동안 일어난 것에서 시작하여 각 문제를 위한 특정 접근을 설계하면 그 치료를 전략적이라고 부를 수 있다"(p. 17). 변화를 위해서는 사람들에게 통찰만으로 충분하지 않기 때문에 어떤 형태의 행동이 필요하다(Haley & Richeport-Haley, 2003). 지시 혹은 과제는 현재 가족이 증상을 중심으로 기능하는 것으로부터 또 다른 비정상적 상태로 변화시키기 위해 사용되는 방법이라고 볼 수 있다(Haley, 1987). 문제와 증상은 지속적인 행동 시퀀스에 개입하는 사람들로부터 비롯되며, 그래서 치료사의 기법은 증상 보유자나 타인들이 그 사람과의 관계에서(그래서 문제를 둘러싼 행동 시퀀스와의 관계에서) 그들의 행동을 변화시키기 위해 문제의 시퀀스에 개입할 수 있도록 하는 데 초점을 둔다. 모슬리 씨 가족의 경우, 치료사는 지시의 초점을 코비의 등교 거부를 둘러싼 가족의 상호교류에 둘 것이고, 그렇게 해서 그들의 현재 행동 패턴을 바꿀 것이다.

지시는 적어도 세 가지 목적이 있다(Haley, 1987). 첫째, 지시는 사람들이 현재 하고 있는 것과는 다른 무언가를 하도록 한다. 이런 행동 변화는 증상을 제거하기에 충분할 것이며, 또는 증상을 제거하는 방향으로 한 단계 나아가는 것이 될 수 있다. 둘째, 지시는 치료사가 자신과 내담자 사이의 관계를 강화하는 데 도움이 될 수 있다. 셋째, 지시는 정보를 가져오는 데 도움이 된다. 만일 내담자가 지시에 따른 과제를 수행하면, 그 결과는 정보가 되며, 바람직한 변화로 나아가는 움직임일 수 있다. 내담자가 과제를 부분적으로만 하거나 전혀 하지 않으면, 그것 또한 치료사가 가족을 돕는 데 사용할 수 있는 정보가 된다. 그때 치료사는 가족 역동에 더 잘 맞도록 다른 과제를 계획할 수 있다.

치료사가 내담자에게 주는 지시는 직접적일 수도 있고 간접적일 수도 있다(Haley, 1987, 1996; Haley & Richeport-Haley, 2003, 2007). **직접적 지시**는 내담자가 무엇을 변화시키고 싶어 하는지에 대해 치료사가 분명한 생각을 하고 있을 때 사용한다. 이런 지시는 과제, 코칭, 시련, 충고의 형태로 주어질 수 있다. 모슬리 씨 가족의 경우, 직접적 지시는 코비가 학교에 가게 하는 것은 스티븐과 미란다의 책임이라고 그들에게 말하는 형태이거나, 혹은 코비가 학교에 가지 않으면 가족이 모여서 어떤 형태의 활동(예: 집청소)을 하게 하는 시련 과제를 주는 것일 수 있다.

간접적 지시는 치료사 생각에 내담자가 직접적 과제를 수행하기에 협조적이지 않고 대신 치료에 저항하고 반대할 때 사용한다. 간접적 개입은 변화의 제지, 가족의 기본 전제를 어리석을 만큼 수용하기(모슬리 씨 가족이 공유하는 기본 전제는 부모가 코비를 학교에 가게 만들 수 없다는 것이다), 역설, 변화를 도모하기 위해 아무것도 하지 않는 것도 포함한다(Haley & Richeport-Haley, 2007). 예를 들어, 치료사는 코비가 계속 학교에 가지 않아서 스티븐과 미란다가 서로 싸우는 대신 코비와 갈등하는 것이 현재의 결혼생활에 더 나을 것이라고 부부에게 말하는 것은 간접적 지시를 하는 것이다.

치료사가 직접적 지시든 간접적 지시든 어떤 지시를 주기로 선택하든, 신뢰하는 관계의 맥락에서 행동에 대한 요구를 해야 한다(Haley & Richeport-Haley, 2007). 신뢰하는 치료관계의 확립은 첫 번째 면담의 사회적 단계에서 시작되며, 전체 면담 과정을 통하여 강화된다. 치료사가 주는 과제는 모든 가족원을 포함해야 하며,

이는 문제가 증상 보유자만의 것이 아니라 전체 가족 단위를 포함함을 강조한다(Haley, 1987). 그래서 모슬리 씨 가족의 경우, 테레사와 브랜든은 증상이 기능할 때 주변인 역할을 더 많이 하는 것 같아 보이지만, 그들도 의례와 과제에서 어떤 역할을 맡도록 해야 한다.

지시의 한 가지 특정 형태는 **시련**(ordeal)이다. 이것은 치료사가 내담자에게 실제 증상보다 더 스트레스가 되는 것 같은 과제를 주는 것이다(Haley, 1984). 시련은 당사자가 할 수 있고 또 하는 것을 반대하지 않는 것이어야 하며, 당사자나 그 누군가에게 해가 되지 않아야 한다. 이것 뒤에 있는 생각은 시련이 증상을 갖는 것보다 더 스트레스가 되게 만들면, 당사자는 시련을 끝까지 견디려 하기보다 증상을 포기할 것이라는 점이다.

헤일리(Haley, 1984)는 시련을 처방하는 6단계를 설명했다. 첫째, 문제가 분명하게 정의되어야 한다. 둘째, 당사자가 증상에서 벗어나기를 원해야 한다. 셋째, 치료사는 그 상황에서 어떤 시련이 가장 효과가 있을지 결정해야 한다. 넷째, 치료사가 내담자에게 시련에 참여하는 논리를 제시한다. 이는 내담자가 어떠한 특정 행동을 취할 필요가 있는지를 분명히 이해하는 방식으로 이루어진다. 다섯째, 내담자가 증상이 사라질 때까지 시련에 개입한다는 데 동의한다. 여섯째, 치료사는 시련이 주어지는 사회적 맥락을 이해해서 증상의 제거에 따른 변화가 가족체계를 도울 수 있도록 한다.

시련은 가족조직에 적합한 것이어야 한다(Haley, 1984). 증상은 어떤 기능을 하기 때문에 시련을 개발할 때 가족의 위계가 고려되어야 한다. 코비가 시련 과제에 참여하기를 원하지 않는다 할지라도(그의 관점에서는 학교에 안 가는 것이 문제가 아니므로), 치료사는 스티븐과 미란다에게 시련 과제를 줄 수 있다. 코비가 학교에 가지 않으면, 그날 그들에게 코비와 함께 몇 시간 동안 집을 청소하는 과제를 줄 수 있다.

치료의 종결

치료는 치료사와 내담자가 문제의 맥락을 잘 탐색하고 해결할 수 있는 문제를 협상함으로써 시작을 잘할 때 성공할 수 있다(Haley, 1987). 헤일리(1993)는 치료의 성공을 결정하는 과정에서 치료사의 역할을 다음과 같이 설명했다. "치료사는 해결 가능한 문제를 확인하고, 목표를 설정하고, 목표 달성을 위한 개입을 계획하고, 내담자의 반응을 검토하여 스스로 치료적 접근을 수정하고, 결국 치료 결과가 효과적인지 살펴보고 검토해야 한다."(p. 17)

모슬리 씨 가족의 경우 문제의 정의에 대한 명확한 동의가 중요하다. 그들은 문제가 코비가 학교에 가지 않는 것이라고 말할 것이다. 목표는 코비가 다시 학교에 가는 것일 것이다. 그래서 치료는 코비가 다시 학교에 가기 시작하면 성공적일 것이다. 이 목표를 위한 수단은 여러 형태가 될 수 있고 치료사가 이 가족에게 주는 다양한 지시를 통해 이루어질 수 있다. 가족의 위계를 재확립하고, 문제가 되는 상호작용 과정을 변화시키고, 또 코비가 마음 내켜 학교에 가도록 하기 위해서 가족에게 다중의 과제를 부여할 수 있다.

자녀가 등교를 거부하는 상황에서 등교 거부는 부모들의 관계와 연관이 있을 수 있다(Haley, 1987; Madanes, 1981). 만일 부모의 관계가 확실하다고 생각한다면, 코비는 기꺼이 학교에 갈지도 모른다. 그러나 치료 목표는 부부관계를 개선하는 것이 아닐 것이다. 비록 이것은 코비가 학교에 간다는 목표를 달성하기 위해 사용되는 중요 영역 중 하나일 수 있지만 말이다.

모슬리 씨 가족과의 치료는 단기일 가능성이 가장 크다. 변화의 시도는 첫 회기부터 시작되며, 이때 치료사는 회기 사이에 가족이 집에서 일반적으로 할 수 있는 과제를 부여한다. 두 번째 회기에서 치료사는 가족원들이 그 과제에 참여하였는지 살펴볼 것이며, 만일 그렇다면 과제에 참여한 결과가 어떠했는지 살필 것이다. 이러한 정보 그리고 회기 중 관찰해서 얻은 추가적인 정보로부터 치료사는 가족이 코비가 학교에 간다는 목표에 한 발 더 가까이 갈 수 있도록 또 다른 과제를 고안할 것이다.

사례 축어록

스티븐, 미란다, 코비, 테레사, 그리고 브랜든 모두 회기에 참석하였다.

치료사: 모두 안녕하세요. 만나서 반갑습니다. 몇 분 동안은 여러분에 대해 알고 싶은데요. 여러분이 누구인지, 어떤 직업을 가졌는지, 몇 학년인지 등에 대해서나 하고 싶은 말씀이 있다면 해 주시겠어요?

치료사는 사회적 단계를 조성하면서 치료 면담을 시작한다. 치료사는 개개인에 대해 알고자 하며 상담실 안의 모든 사람이 자기가 행동의 일부임을 알게 한다.

미란다: 저는 미란다입니다. 저는 정신건강 분야 종사자이지만 지역의 기관에서 행정직을 맡고 있어요.

치료사: 행정 업무가 내담자를 직접 만나는 것보다 어떻게 더 좋으신가요?

미란다: 운이 좋게도 저는 여전히 사람들과 함께 일을 해요. 하지만 제가 근무시간을 조정할 수 있어 가족과 함께하는 시간이 더 많아져서 행정 업무도 좋아요.

치료사: 당신은요? (스티븐을 보며) 성함과 어떤 직종에서 일을 하고 계신지 말씀해 주시겠어요?

스티븐: 저는 스티븐입니다. 저는 광고업에 종사하고 있어요.

치료사: 그것은 어떤가요?

스티븐: 지금은 최근의 경제위기 때문인지 조금 위험해요.

치료사: 스티븐 씨는 원래 캔자스시티 출신인가요?

스티븐: 아니요. 저는 세인트루이스 출신입니다. 하지만 미란다와 제가 대학교를 졸업했을 때 이곳으로 이사 오기로 결정했지요.

치료사: 어느 곳이 더 나으신가요?

스티븐: 지금은 캔자스시티에 더 적응을 했지만, 여전히 세인트루이스의 어떤 것

들을 좋아하긴 하죠.

치료사: (브랜든을 보며) 이름이 무엇이고 몇 학년이니?

치료사는 모든 사람이 질문을 받고 사회적 단계에 관여할 수 있도록 한다.

브랜든: 제 이름은 브랜든입니다. 저는 4학년이에요.

치료사: 학교에서 어떤 점을 좋아하니?

브랜든: 선생님들이요. 특히 시즐러 선생님을 좋아해요. 무척 친절하세요.

치료사: (테레사를 보며) 너는?

테레사: 저는 테레사예요. 열네 살이고 8학년입니다.

치료사: 너는 특기가 뭐니?

테레사: 저는 그림을 잘 그려요.

치료사: 어떤 것들을 그리지?

테레사: 저는 동물 그리는 것을 좋아해요.

치료사: 그리고 마지막으로 이 젊은 친구가 있네요(코비를 보며).

코 비: 저는 코비예요.

치료사는 미란다와의 첫 전화 통화를 통해 코비가 IP라는 것을 알고 있지만, 이 단계에서는 아직 문제에 대해 논할 시기가 아니다. 지금은 그보다 모든 가족구성원과 접촉해야 한다. 특히 증상을 증명해야 하는 사람과 접촉해야 한다. 등교 이슈가 있다는 것을 아는 치료사는 학교와 관계되지 않은 이슈를 통해 코비와 접촉하려 한다.

코 비: 비디오게임이 제 취미라고 할 수 있어요.

치료사: 비디오게임을 잘하니?

코 비: 꽤 해요. 해도 된다고 허락받을 때는요.

치료사: 어머님께서 전화로 이 면담을 요청하셨는데요. 여러분에 대해 조금밖에 알지 못합니다. 어머님께서 코비가 한동안 학교에 가지 않고 있다고 말씀해 주셨는데요. 스티븐 씨, 오늘 우리가 이렇게 모이게 된 문제가 무엇이라고 보시나요?

치료사는 미란다와의 첫 번째 전화 통화를 통해 자신이 무엇을 알고 있는지 가족구성원들이 알도록 솔직하게 말한다. 이는 첫 회기의 문제 단계의 시작이다. 문제에 대한 질문은 문제에 가장 적게 관여되어 있는 것으로 보이는 스티븐부터 시작한다.

스티븐: 우리는 코비가 학교 가기를 거부하기 때문에 여기 있습니다.

치료사: 이 상황이 얼마나 지속되고 있었나요?

스티븐: 작년 학기가 끝날 무렵, 코비가 학교에 가고 싶지 않다며 불평을 했고 올해부터 가는 것을 거부하고 있어요.

치료사: 그에 대해 스티븐 씨는 어떻게 하셨나요?

스티븐: 미란다와 제가 코비를 설득하려 했지만, 코비는 왜 학교에 가지 않는지를 말해 주지 않았어요.

치료사: 미란다 씨, 스티븐 씨가 말한 것에 대해 어떻게 생각하시나요?

치료사는 문제에 대한 가족구성원들의 관점을 모으고자 한다. 질문은 감정에 초점을 맞추지 않는 대신 사실에 대한 지각을 이끌어 내고자 한다. 치료사는 가족구성원들이 서로 말하는 대신, 그녀에게 말할 수 있도록 중간자적 입장을 유지하고 있다.

미란다: 남편 말이 맞아요. 코비는 학교에 가야 해요.

치료사: 미란다 씨는 코비가 학교에 가지 않아 걱정이시군요. 무엇이 걱정되시나요?

미란다 : 코비가 대학에 가서 좋은 위치에 있으려고 하지 않는 거요. 그리고 대학을 졸업하고 좋은 직장을 가지려 하지 않는 거요. 코비가 현재 하고 있는 이런 선택이 아이의 나머지 인생에 영향을 미칠 수 있죠.

치료사: 테레사, 엄마 아빠가 말한 것들에 대한 너의 생각은 어떠니?

테레사: 글쎄요. 오빠는 학교에 갈 수도 있고 안 갈 수도 있죠. 그건 오빠의 일이에요. 하지만 오빠가 학교에 가지 않겠다고 결정한 순간부터 오빠는 별로 친절하지 않았어요.

치료사: 누구에게 친절하지 않았니?

테레사: 모두에게요. 저와 브랜든에게는 특히요.

치료사: 브랜든, 너는 어떻게 생각하니?

브랜든: 형이 저에게 못되게 굴었어요.

치료사: 형이 네가 원하는 대로가 아닌 모양이구나.

브랜든: 네. 저는 형이 저에게 잘해 주었으면 좋겠어요.

치료사: 그렇구나. 코비, 가족들 모두 우리가 오늘 왜 여기에 모였는지 말할 기회를 가졌는데, 너는 어떻게 생각하니?

코 비: 왜 우리 가족이 저 때문에 여기 있는지 모르겠어요. 잘되기 위해서 꼭 학교에 갈 필요가 없어요. 검정고시나 다른 온라인 수업을 들을 수도 있죠.

치료사: 그렇다면 너는 교육을 받는 것을 거부하는 게 아니라 학교 자체에 가기가 싫은 거니?

코 비: 네, 맞아요.

치료사: 학교의 안전과 관련해 무슨 문제가 있니?

스티븐: 제가 들은 것은 없는데요.

미란다: 코비, 학교가 안전하니?

코 비: 그런 것 같아요. 매일 싸움은 일어나지만 패싸움이나 그런 것은 전혀 아니에요.

치료사: 그렇다면 안전의 문제는 아니구나.

코 비: 네.

치료사: 학교에 친구들이 있니?

코 비: 많진 않아요. 친한 친구들도 아니고요. 하지만 같이 어울리는 애들은 몇 명 있어요.

치료사: 선생님들은 어떠니? 선생님들과는 잘 지내니?

코 비: 네, 대부분요. 작년 역사 선생님은 마음에 들지 않았지만 다른 선생님들은 대체로 좋아요.

치료사: 역사 선생님과의 관계는 어땠니?

코 비: 그냥 친절해 보이지 않으셨어요. 제가 그분을 싫어한 건 아니었어요.

치료사: 코비, 학교 가는 것에 대한 너의 입장을 부모님과 함께 이야기해 보겠니?

치료사는 회기를 상호작용 단계로 이동시키며 가족구성원들의 다양한 걱정을 이끌어 냈다. 치료사는 코비에게 코비가 그녀와 얘기하는 것보다 부모님과 함께 이야기 해 보도록 요청했다.

코 비: 제가 검정고시를 보는 것이 두 분에게 왜 그렇게 문제가 되죠?

미란다: 왜냐하면 대학에서 너를 원하지 않을지도 모르잖아. 네가 너의 앞날을 위태롭게 하고 있어.

코 비: 하지만 그건 제 앞날이잖아요.

미란다: 우린 부모잖아. 우리는 네가 너 자신을 다치게 하지 않기를 바란다. 우린 네가 왜 학교에 안 가려고 하는지도 모르겠어. 왜 그러니?

코 비: 그냥 학교에 가기 싫어요. 그 이상 별 이유 없어요.

미란다: 어떻게 하면 네가 학교에 가겠니?

코 비: 안 간다니까요.

미란다: 네가 왜 이러는지 이해를 못하겠어.

치료사: 스티븐 씨, 두 사람의 대화가 어디로 갈지 모르겠군요. 좀 도와주시겠어요?

치료사는 이 상황이 주로 스티븐, 미란다, 코비의 삼자관계에 근거하고 있음을 알고 있다. 그래서 치료사는 스티븐에게 두 사람의 상호교류에 들어가서 세 사람 체계를 명확하게 보여 주도록 요구한다. 이것은 이 상호작용 시퀀스의 어디에서 개입을 해야 할지 살펴보기 위해서다.

스티븐: 네. 저는 미란다가 노력하고 있다고 생각해요.

치료사: (치료사가 끼어든다.) 아니요, 저한테 얘기하지 마시고 저 두 사람과 이야기하세요.

치료사는 신속히 스티븐이 개입하도록 움직인다. 그러고 나서 자신은 중심에서 벗어나, 스티븐이 치료사가 아닌 미란다와 코비에게 이야기하게 한다.

스티븐: 코비, 엄마와 나는 네가 매우 걱정된단다. 우리는 너를 돕기 위해 여기 모인 거야. (코비는 조용히 있다.)

미란다: 우리한테 뭐가 필요하니?

코 비: 저에게 간섭하지 않는 거요. 다른 두 명이 있잖아요. 걔네에게 더 신경 써

주세요.

미란다: 코비, 무례하구나. 우리는 너의 부모이고 너를 사랑해. 네가 무엇을 하든 우리는 널 포기하지 않을 거야.

치료사: 네, 그럼 지금 가족 안에서 어떤 일이 일어나고 있는지 대강 아실 텐데요. 각자 가족에게 원하는 것이 무엇인지 서로가 확실히 알도록 하고 싶습니다. 브랜든부터 말해 주겠니?

치료사는 스티븐과 미란다가 코비를 향해 연합하는 것과 코비가 이 한 쌍(dyad)에 저항하는 것을 보았다. 그 후 치료사는 면담의 과제설정 단계로 이동한다.

브랜든: 저는 형, 누나와 잘 지내고 싶어요.

치료사: 그렇구나. 어떻게 잘 지내고 싶니?

브랜든: 같이 시간을 보내고 비디오게임을 하면서 재미있게 놀고 싶어요.

치료사: 그래. 테레사는?

테레사: 저는 그냥 우리 가족이 다시 평범해졌으면 좋겠어요.

치료사: 네가 평화를 원하는 것처럼 들리는구나. 맞니?

테레사: 네.

치료사: 자, 코비는?

코　비: 저는 부모님께서 간섭하지 않고 저를 혼자 내버려 두셨으면 좋겠어요.

치료사: 미란다 씨는 무엇을 원하시나요?

미란다: 전 코비가 학교에 갔으면 해요.

스티븐: 저도요.

치료사: 네, 그렇다면 각자 말씀해 주신 것들이 조금 다르긴 하지만 모두들 다시 한 번 가족의 평화를 원하시는 것 같아요. 가족에서 교육이 중요하다는 것도요. 코비가 교육받기를 원하며 대학에 가서 졸업할 수 있기를 원한다고 들었습니다. 상담이 거의 끝나가고 있는데요, 가시기 전에 상황을 해결하기 위해 각자 이번 주에 무엇을 하셔야 할지 말해 드리겠습니다.

치료사는 가족구성원 모두에게 관련 있는 목표를 설정하고자 하며 치료 회기를 과제설정 단계에 진입시킨다.

미란다: 네, 도움이 되면 좋겠네요.

치료사: 그럴 겁니다. 하지만 모두가 따라야 합니다. 여기서 문제는 코비가 학교에 가지 않는 것인데요. 책임은 스티븐 씨와 미란다 씨가 맡습니다. 만약 코비가 학교 가기를 거부하면 그날 밤 세 시간 동안 함께 집청소를 하세요. 브랜든과 테레사도 도와서 모두가 해야만 합니다. 여기서 두 가지 일이 일어나야 합니다. 코비가 학교에 가게 되거나, 그 지역에서 가장 깨끗한 집을 가지게 되는 거죠. 다음 상담에서 모두에게 이 일이 어땠는지 들을 수 있기를 기대하고 있겠습니다.

회기는 치료사가 가족구성원 모두를 포함하는 시련을 처방하며 마무리되었다. 두 번째 회기는 가족이 과제를 완료하였는지, 코비가 학교에 갔는지에 대해 알아보며 시작할 것이다. 만약 가족이 과제를 행하지 않았다면, 그들이 무엇을 했는지 알기 위한 시간을 가질 것이다. 이런 정보는 미래의 상호작용과 과제 개발, 가족의 목표 달성을 위한 개입에 쓰일 것이다.

Chapter 08

밀란 체계적 가족치료

마이클 리터 · 셸리 그린
(Michael D. Reiter & Shelley Green)

밀란 체계적 가족치료는 마라 셀비니 파라졸리(Mara Selvini Palazzoli), 루이지 보스콜로(Luigi Boscolo), 지안프란코 체친(Gianfranco Cecchin), 길리아나 프라타(Guiliana Prata)가 개발하였다. MRI에서 발전된 원칙을 기반으로 하여, 이 접근의 창시자들은 전략적 접근의 사고와 베이트슨(Bateson)의 사이버네틱스 인식론을 통합하고자 시도하였다. 1980년까지 이들의 작업은 전략적 입장으로부터 더욱 협력적 입장으로 바뀌는 중요한 변화를 이루었다. 이러한 변화는 치료사들이 치료의 도구로서 적극적 재구성(긍정적 의미 내포)과 전략적 지시(반역설)를 사용하는 것으로부터 덜 분명한 개입을 하는 것으로 이동하게 했다. 이 장에서는 이 이론이 다양하게 발전하였던 시대에서 나온 아이디어들을 조합하여 밀란 체계적 가족치료 렌즈를 통해 모슬리 씨 가족을 살펴볼 것이다.

문제형성에 대한 관점

체계로서의 가족

초기의 밀란팀은 그레고리 베이트슨(Gregory Bateson)과 제이 헤일리(Jay Haley) 연구의 영향을 받았고, 그래서 사이버네틱스와 의사소통이론을 기초로 발전되었다. 이 팀은 가족이 시행착오 과정을 통해 시간이 흐르면서 검증된 자가발전 규칙을 바탕으로 기능하는 자기조절 체계라는 생각에 기초하여 치료적 접근을 한다(Palazzoli, Boscolo, Cecchin, & Prata, 1978a). 체계의 규칙은 각각의 특정 가족체계 안에서 어떤 행동이 용인되고 용인되지 않는지를 결정하며, 이러한 상호교류를 통해 체계는 항상성을 보존한다.

이러한 시행착오의 학습 과정은 두 사람이 커플이 될 때 시작된다. 각 개인은 자기의 이전 학습체계의 일부를 새로운 체계에 가져오며, 이는 어떻게 함께 살아야 하는지에 대한 어떤 해결책을 제공한다(Palazzoli et al., 1978a). 그래서 커플은 전혀 새로운 상태에서 시작하지 않으며, 원가족의 여러 측면의 영향을 받는다.

스티븐과 미란다 모슬리는 각자 자체의 규칙을 기반으로 하여 자체적으로 분명한 자기조절 기능을 하는 가족체계 출신이었다. 스티븐은 아동기와 청소년기의 대부분 동안 한부모 가족의 일원이었다. 이 가족체계 안에서 입 밖에 내지 않은 규칙은 가족구성원들이 서로를 돌본다는 것이었고, 다른 구성원들이 가족에게 잠재적 위협이 될 때면 언제든 그들과 단절하는 것이었다. 예를 들어, 스티븐의 어머니 에스터는 아버지 제임스의 알코올중독이 심해지고 스티븐이 보는 앞에서 그녀에게 폭력적이 되었을 때 제임스와 이혼했다.

미란다는 양 부모와 두 명의 동생이 있는 집에서 성장했다. 가족구성원들은 대개 분노나 불일치를 표현하지 않았다. 모든 사람은 잘 지내야 한다는 것이 가족규칙처럼 보였다. 스티븐과 미란다가 처음으로 부부가 되었을 때, 그들은 새로운 가족규칙을 협상해야 했다. 미란다의 원가족규칙이 새 가족에서 더 큰 비중을 차지한 것 같았다. 그들이 직업과 거주지 결정 문제로 어려움을 겪었던 부부관계의 초기에 부부는 수없이 많은 불일치를 겪었고, 그들의 관계는 심하게 흔들렸다. 그러나 미란다가 임신을 하자, 가족원끼리 잘 지내고 불일치를 보이지 않는다는 규칙이 주목을 받았으며 가족을 조직하는 전제가 되었다. 말하자면 모슬리 씨 가족은 완전한 가족이 되어야 한다는 가족규칙을 발전시켜야 하는 것 같았다. 아이들은 학교에서 공부를 잘하고, 형제자매들은 사이좋게 잘 지내며, 가족구성원 모두가 공개적으로 의견을 달리하지 않는 그런 가족 말이다.

가족규칙이 본질적으로 문제가 되는 것은 아니다. 모든 가족은 어느 정도 문제라고 할 수 있는 어떤 것을 가지고 있지만, 중요한 어려움이 있는 가족은 문제 있는 행동을 허용하는 규칙을 바탕으로 기능한다. 증상이 있는 구성원을 둔 가족은 증상을 현재 상태로 유지하여 가족의 항상성을 지키려는 규칙과 상호교류를 보여 준다(Palazzoli et al., 1978a).

체계로서의 가족은 겉으로 보기에 모순되는 두 가지 기능을 한다는 특징이 있다(Palazzoli et al., 1978a). 첫 번째는 항상성적 경향으로, 이를 통해 가족체계는 안정성 혹은 동일성을 유지한다. 두 번째는 변화에 초점을 두는 변형 능력이다. 안정성과 변화 모두 체계 안에서 동시에 일어난다. 그러나 증상을 가진 구성원이 있는 가족에서 체계는 주로 항상성에 초점을 두려고 한다. 이는 모슬리 씨 가족의 사례와 같은데, 스티븐과 미란다는 새로운 가족조직이 발전할지 여부를 보기 위해 가족규칙을 조정하는 대신 현재의 가족규칙을 유지하려고 한다.

모든 살아 있는 체계와 같이 가족도 세 가지 기본 특징을 갖는다(Palazzoli et al., 1978a). 첫 번째는 전체성의 개념이다. 이는 가족체계가 구성요소와는 무관하게 기능함을 뜻한다. 두 번째로, 가족체계는 자기교정 능력을 갖는다. 말하자면 가족은 항상성을 유지하는 경향이 있다. 가족체계의 세 번째 특징은 가족이 변형 능력을 갖는다는 것이다.

가족구성원들의 행동적인 의사소통과 반응은 규칙을 유지하는 방식, 그래서 어떤 증상적인 상호교류를 유지하는 방식으로 의식적인 자각 없이 이루어진다. 파라졸리, 보스콜로, 체친과 프라타(Palazzoli, Boscolo, Cecchin, & Prata, 1974)는 이런 형태의 가족체계가 치료에 어떻게 오는지를 다음과 같이 설명했다. "치료에 오는 가족은 대개 위기에 있는 가족으로, 항상성의 상실 때문에 놀라서 어떤 대가를 치르더라도 항상성을 유지하는 데 열중한다."(p. 441)

모슬리 씨 가족의 항상성은 지난 몇 달간 위협을 받았다. 공공연한 갈등은 피해야 한다는 점을 전제로 해서 지난 수년을 함께 산 후 이제 그들은 이 규칙을 직접 위반하고 있는 구성원과 마주하고 있다. 코비는 부모와 동생들뿐 아니라 친구들과 학교 선생님들을 포함하여 가족체계 밖의 타인들과도 명백한 갈등을 겪고 있다. 테레사의 데이트, 코비의 등교 거부에 대한 테레사와 스티븐의 의견 충돌, 그리고 그 각각이 가족에 미치는 영향이 증폭되기 시작하고 있다. 더욱이 누가 집안의 결정을 하는지에 대해 스티븐이 마침내 미란다와 충돌했을 때 규칙들은 깨졌다. 모슬리 씨 가족, 특히 미란다와 스티븐은 이제 미란다의 아버지 에드워드의 사망 전처럼 가족이 기능할 수 있도록 애를 쓰고 있다. 그 이전에는 이 가족에서 의견 충돌이 겉으로 드러나는 경우는 거의 없었다.

통 제

가족구성원들은 때로 가족체계를 혹은 서로를 통제하려고 한다. 그러나 한 사람이 통제를 일방적으로 할 수 없기 때문에 이는 가능하지 않다. 단 한 사람만이 일방적인 힘을 가지고 있다는 잘못된 인식이 가족 안에서 흔히 중심 이슈가 되고, 그것은 일반적으로 가족구성원들이 다른 사람에 대해 우월한 입장을 유지하려는 시도를 계속하게 만든다(Boscolo, Cecchin, Hoffman, & Penn, 1987). 그러나 파라졸리 등(Palazzoli et al., 1978a)이 관찰하였듯이, 권력은 개인 안에 있지 않고 가족의 게임 규칙, 즉 체계 밖의 누군가에 의해서만 변화될 수 있는 규칙 안에 있다. 가족은 순환적이고 상호적인 과정에 참여하고 있다고 말하는 것이 더 정확하다. 가족체계 내

각 개인은 가족 내 타인에게 영향을 미치며 동시에 영향을 받기도 한다.

밀란팀은 흔히 증상을 보이는 가족구성원을 가족체계 혹은 다른 구성원에 대해 권력을 잡으려고 시도함으로써 가족규칙과 게임을 위반할 수 있는 사람으로 본다(Palazzoli et al., 1978a). 한 사람이 통제를 하기 위해 한 발짝 움직이면 다른 사람은 위협을 느끼고, 그래서 자기의 통제권을 확립하려고 한다(Boscolo et al., 1987). 이렇게 되면 가족 내 다른 한 사람이 위협을 느끼고 통제를 하고자 하는 등으로 이어진다. 그러면 가족은 현상이 흔들릴 것이라고 걱정할 것이며, 결과적으로 가족체계는 부적 피드백을 발동하여 원래의 항상성 수준으로 돌아가려 한다. 치료에 오는 가족은 개인이 증상을 보이기 전의 평형 상태로 돌아가기를 바란다.

다양한 가족구성원이 다른 구성원의 행동을 일방적으로 통제하려고 할 때(그럴 수 없지만), 결국 그들의 노력은 가족게임으로 알려진 가족의 상호교류를 굳히는 데 도움이 된다(Boscolo et al., 1987). 모슬리 씨 가족에서 코비는 증상을 가진 사람(그렇지 않으면 IP로 알려진 사람)이다. 코비는 가족체계를 통제하려는 시도로 문제(기본적으로 학교공포증, 집에서의 불편함, 고립)를 이용하고 있다. 이것이 비록 의식적인 과정은 아니지만, 가족체계를 주무르려는 코비의 시도는 다른 사람들에게 영향을 미치는데, 그 역시 다른 가족원들의 영향을 받고 있다. 스티븐과 미란다는 이러한 행동적인 의사소통에 가장 위협감을 느끼는 구성원이며, 코비를 강제로 학교에 보내려는 것 같은 행동 반응을 하고 있다. 그들은 코비를 '완전한 가족'이라는 그들의 개념에 맞추려고 애쓰고 있다. 그런 완전한 가족에서 자녀들은 모두 학교에 가고 공부를 잘해서 대학에 갈 수 있으며, 또 자녀들과 부모는 모두 사이좋게 잘 지낸다.

명명하기

서구의 데카르트식 세계관은 사람을 자율적으로 보며 행동에 대해 심리내적으로 설명하고자 한다. 이는 관습적인 인식론을 채택하게 하여, 누군가가 왜 특정한 방식으로 행동하는지 이해하기 위해 '~이다'를 사용하도록 한다(Palazzoli et al.,

1978a). 그래서 특정 행동을 보이는 사람은 아프고, 우울하고, 화가 나고, 혹은 적대적이다라고 명명할 수 있다. 밀란팀원들은 사람들을 그렇게 명명하는 데 의도적으로 도전하며 “겉모습이 반드시 현실은 아니다.”(Palazzoli et al., 1978a, p. 26)라고 하였다. 그래서 그들은 ‘~이다’ 대신에 ‘~인 것 같다’ 혹은 ‘~으로 보인다’라는 표현을 사용하기 시작했다. 가족의 규칙과 게임을 탐색하기보다 인과관계를 가정하는 인식론적 잘못을 피하기 위해서 이러한 차이를 강조했던 것이다.

가족은 흔히 IP를 가족체계의 나머지 사람과 분리된 단일한 실체로 본다. 그 사람은 문제가 있는 것으로 간주되며, 가족은 가족체계 내 상호작용을 다루기보다 그 사람을 변화시키고자 시도한다. 그러나 IP의 행동은 가족 내 관계가 지지될 수 없었음을 전달하는 것일 수 있다(Palazzoli et al., 1978a). IP가 가족게임의 규칙과는 반대되는 방향으로 움직일 때, 가족체계는 안정성/항상성을 유지하기 위해 부적 피드백을 발동하고, 자주 문제가 되는 개인의 행동을 설명하기 위해 일관성 있는(그리고 부정적인) 명명을 한다.

코비는 모슬리 씨 가족구성원들에 의해 바로 이 시점에서 증상이 있는 것으로 여겨진다. 말하자면 그가 가족의 문제‘이다.’ 그들은 아마 만일 코비만 현재 방식대로 행동하지 않으면 가족이 잘 살 것이라고 생각할지 모른다. 스티븐과 미란다는 아마 그 상황을 자기들이 직접 개입된 어떤 것으로 보지 않을 것이지만, 코비가 헤쳐 나가야 할 단계 혹은 그가 심리적 어려움을 가지고 있는 신호로 볼 수 있다. 코비 역시 아마 자신을 문제가 ‘있는’ 사람으로 볼지 모른다. 이것이 가능할 수 있는 까닭은 가족구성원들은 가족이 어떻게 기능하는지를 알려 주는 상호성에 대한 상호작용 패턴을 보기 어렵기 때문이다.

어떤 가족구성원이든 어떤 시점에서는 문제가 되는 증상을 보일 수 있다. 때로 이런 증상은 가족 내 청소년 자녀를 둘러싸고 일어난다. 파라졸리 등(Palazzoli et al., 1978a)은 다음과 같이 설명했다.

> 겉으로 드러난 모든 것이 가족게임과 그 게임을 영속시키기 위한 것으로 여겨지는

> 집단에서, 청소년 자녀의 자율성을 향한 움직임은 청소년 자녀가 움직이지 못하게 하려는 모든 형태의 부적 피드백을 이끌어 낼 것이다. 이런 부적 피드백이 일어날 때 청소년은 정신병적 행동으로 반응하게 된다(p. 39).

맏아들인 코비는 아마 완전한 가족에 대한 자기 가족의 신화에 첫 번째로 도전한 사람일 것이다. 그러나 그만이 그런 것은 아니다. 테레사 역시 언제 자기가 데이트할 수 있는지에 대해 아버지와 의견을 달리하여(이는 스티븐과 미란다 간에도 의견이 다르지만) 이런 신화에 도전한 것 같다.

일반적으로 내담자들은 맥락이 아닌 서로를 문제로 본다. 그렇게 해서 흔히 치료에 처음으로 접촉하게 되는데, 대개 부모는 가족에게 치료에 가게 되는 것은 현재 문제가 있는 사람 때문이라고 말한다(Palazzoli et al., 1974). 모슬리 씨 가족은 코비에게 초점을 두는 것 같고 또 그 내면에 뭔가 돌아가고 있다고 가정하는 것 같기 때문에, 부모는 그가 변화되기를 기대하며 한때의 가족이 그랬던 것처럼 항상성을 회복하기 위해 더 어린 코비로 돌아가기를 기대한다. 코비가 문제가 있다는 이런 시각은 그들로 하여금 코비에 대해 계속 걱정하게 만들고 그를 변화시키기 위해 계속 노력하게 만든다. 가족의 규칙을 놓고 볼 때, 스티븐과 미란다에게는 자신들의 행동과 상호작용을 문제의 일부로 살펴보는 것이 이치에 맞지 않을 것이다. 그래서 그들은 자신들의 행동을 변화시키지 않고 있다. 그들은 계속 가족체계의 오래된 규칙을 기초로 하고 있으며, 그런 규칙에 의하면 '완벽한 가족'은 의견을 달리하지 않고 또 자녀들에게는 모두 바른 일을 하는 그런 부모가 있다.

가족구성원 개인을 명명한 다음부터 그의 행동은 그러한 특정 명칭과 관련이 있는 것으로 간주된다(Boscolo et al., 1987). 예를 들어, 코비가 공포증으로 명명되자 스티븐과 미란다는 특정한 날에 그가 나가고 싶어 하지 않음을 상황과 연관 짓기보다(즉, 코비가 피곤하거나 혹은 그들이 참석하기로 한 장소나 활동을 좋아하지 않을 수 있다), 공포증으로 그를 이해하려 들 것이다. 더욱이 한 자녀가 명명되면, 그 명명은 그 자녀의 상황을 알려 주는 표지(context marker)가 된다. 다른 자녀들은 다른 상황

표지(즉, 아프지 않은/문제가 아닌/증상이 없는)에 따라서 보며, 결국 이렇게 다른 관점에 따라 대해질 것이다. 시간이 지나면서 체계는 IP와 다른 형제자매 간의 차이를 강조하기 시작하고 그 차이는 더욱 벌어진다.

이렇게 커진 형제자매 간의 차이는 만일 부모가 그것을 반복해서 하면 더 악화될 수 있다. 그리고 원래의 잘못된 전제가 악순환되어 가족에게 불변의 작동 원리가 된다. 과거에 코비는 모슬리 씨 가족에 의해 문제가 있는 것으로 명명되었다. 이렇게 된 것은 1년 미만이었지만, 증상이 나타난 이후 몇 달 새 코비는 가족구성원들에 의해 점점 더 부정적으로 보였고, 반면 동생들인 테레사와 브랜든은 더 착하게 보였다. 코비가 저녁을 먹으러 가족과 함께 나가지 않기로 결정하면, 그의 행동은 혼자 있고 싶어 하는 바람이나 레스토랑을 싫어함 혹은 다른 어떤 그럴싸한 이유로 보이는 대신에 다른 사람들과의 관계를 두려워하는 것으로 보일 가능성이 크다. 그러나 만일 테레사가 저녁 먹으러 나가기를 원하지 않는다면, 피곤하다거나 기분이 좋지 않다는 등 다른(그리고 덜 병리적인) 설명이 따를지 모른다.

IP는 상호작용과 관계의 그물망 안에 있는 문제 행동을 보인다. 한 구성원에게 하나의 꼬리표를 붙임에 따라, 가족 기능이 상호작용하여 다른 가족원의 지각을 변화시킨다. 보스콜로 등(Boscolo et al., 1987)은 이 과정을 다음과 같이 설명했다. "한 구성원이 가족체계 안에서 부정적인 입장을 받아들일 때, 모든 다른 사람은 더 건강해지고 서로 연합하게 되며 모두 천사가 된다."(p. 49) 코비는 가족체계 안에서 부정적인 입장을 받아들였다. 즉, 그는 가족 안에서 가장 그리고 아마 유일하게 문제가 있는 사람으로 간주되었으며, 결과적으로 모슬리 씨 가족의 다른 구성원들은 연합하여 코비를 변화시키려 하고 있다. 테레사와 브랜든은 이 시점에서 학교에도 가고, 부모 말도 잘 들으며, 또 서로 존중하기 때문에 코비보다 더 착하게 여겨지는 것 같다. 이 시점에서 테레사가 보인 데이트하고 싶은 소망과 아버지와의 의견 충돌은 간과되고 있는데, 그 이유는 코비가 가족의 기능에서 그렇게 중요한 역할을 하고 있기 때문이다.

가족의 한 구성원을 문제가 있다고 명명하는 것은 가족체계의 다른 잠재적인 문제 영역으로부터 주의를 돌리게 하는 데 도움이 된다. 희생양이 있는 가족체계 역시 희생이 속한 더 큰 체계에서 어떤 형태의 분열을 갖는 경향이 있다(Boscolo et al., 1987). 모슬리 씨 가족에서는 스티븐과 미란다 간에 어느 정도 분열이 있는 것 같다. 인생의 이 시점에서 그들은 다소 분리된 존재로 살아가는 것 같고, 두 사람 다 애초에 이상적인 부부관계라고 생각했던 부부로서 함께하고 있지 않다.

가족신화와 전제

시간이 지나면서 가족은 가족체계에서 일어나고 있는 방식을 이해하는 방법을 발전시킨다. 이러한 이해를 가족의 전제 혹은 가족신화라고 할 수 있는데(Boscolo et al., 1987), 밀란팀은 이를 "문제에 대한 가족의 정의를 설명하고 또 그것이 어떻게 변화될 수 있는지를 나타내는 가족의 깊이 구조화된 신념"(p. 183)으로 이해한다. 문제가족에서 가족의 전제는 그 가족에 고유하며, 가족구성원들이 어떻게 행동해야 하는지에 대한 규칙을 포함한다. 가족신화가 너무 경직되어 구성될 때, 가족구성원들이 융통성을 가질 여지는 거의 없다. 증상을 가진 구성원은 대개 가족신화를 받아들이는 데 가장 큰 어려움을 갖는 구성원이다. 증상 행동은 대개 그런 신화에 대한 도전이다. 그러나 전체로서의 가족은 경직된 지도를 바탕으로 가족에서 현재 일어나고 있는 바에 대한 경직된 설명 안에서 기능한다.

모슬리 씨 가족에는 연합성에 대한 가족신화가 있는데, 이는 가족구성원들이 서로에 대한 의견 불일치를 나타내는 표현을 가로막는다. 그래서 스티븐과 미란다는 서로 불일치를 허용하지 않으며, 혹은 서로 싸우지 않는다. 특히 자녀들 앞에서 그렇다. 자녀들은 모두 잘 지내야 한다. 미란다의 아버지 에드워드가 사망한 후, 코비는 가족에서, 특히 스티븐과 미란다 사이에서 가족 긴장을 느껴 왔을 수 있다. 그가 학교에 가기 싫어하고 또 동생들과 잘 지내기 어려워하는 것은 부모님을 차지하고 자기에게 초점을 두게 함으로써 부모 간의 긴장을 다루지 않게 하려는 그의 방식일 수 있다.

핵가족의 구성원들은 대개 증상이 있는 체계에 개입한 사람들만은 아니다. 이는 더 큰 체계의 일부에 지나지 않는다. '중요한 체계'라고 여겨질 수 있는 것은 "문제에 의해 조직되는 의미들과 관계들의 네트워크다"(Boscolo et al., 1987, p. 184). 모슬리 씨 가족에서 중요한 체계는 스티븐, 미란다, 코비, 테레사, 브랜든, 에스더, 에드워드(혹은 적어도 그에 대한 기억), 학교상담사, 학교체계, 코비의 또래체계, 스티븐의 확대가족, 그리고 이제는 치료사를 포함한다.

문화적 요인

맥골드릭과 하디(McGoldrick & Hardy, 2008)는 전통적인 가족치료 접근을 백인 남성이 개발하고 정의하는 접근이라고 하였다. 말하자면 기본 모델은 백인의, 이성애의, 남성이 가장인 중산층 가족의 가정을 바탕으로 하였다는 것이다. 그들은 가족치료에 대한 논의에서 밀란팀을 포함하는데, 밀란팀이 "가족구성원들은 체계의 단위로서 상호작용하며, 상호작용에 영향을 주는 불평등한 권력을 인정하지 않는"(p. 17) 이론적 가정을 전제로 한다고 보았다. 그들은 밀란팀 모델이 가족치료 분야를 정의하였던 시기 동안 젠더, 인종, 문화, 계층, 성적 지향의 적합성에 대해 어떤 언급도 없었다고 보았다.

이러한 역사적 관점에서 볼 때, 밀란팀 작업은 백인 남성의 특권에 기반을 두고 있고 또 임상가가 다양성 이슈에 주의를 기울이지 못하도록 하는 복잡한 이론적 공식에 의해 보호되는 작업을 묵살하기 쉬울 것이다. 그러나 밀란팀은 임상 사례에 대해 국제적인 자문 작업을 하며, 그래서 그들 자신과는 너무 다른 문화적 배경 출신의 다양한 내담자와 작업한다. 그런 다양한 내담자 집단을 상담할 때 그들의 임상적 초점은 변하지 않았다. 언제나처럼 그들은 가족을 고착 상태에 있게 하였던 풍부한 가족 역동에 독특하면서도 민감한 주의를 기울였다. 베이트슨의 체계론적 지혜에 대한 아이디어와 마투라나(Maturana)의 교수적(instructional) 상호작용의 신화에 대한 관념에 영향을 받은 그들의 비규범적 접근은 가족이 연결되어 있는 고유한 방식에 지속적인 호기심을 가지고 각 가족과의 작업에 들어가도록 했다.

밀란 연구자들은 각 가족의 행동이 그 가족의 맥락에 놓고 볼 때 어떠한 의미가 있는지를 배웠으며, 또 규범적으로 기능하는 방식을 처방하는 것을 피했고, 혹은 문화, 젠더, 인종, 성적 지향에 대한 그들 자신의 신념을 기초로 해서 상호작용에 도전하는 것을 피했다. 또한 그들은 각 특정 가족의 신화와 전제에 고유하게 주의를 기울였고, 임상적 개입을 할 때 이러한 전제에 대한 이해를 활용했다. 보스콜로가 가족의 전제에 대한 팀의 관심을 설명할 때 관찰한 바에 의하면, "당신은 가족이 살고 있는 문화로부터 전수된 매우 강력한 종교적 전제를 가지고 있을 수 있다. 혹은 당신은 여성은 어떠해야 한다거나 남성은 어떠해야 한다는 등 젠더에 대한 전제를 가지고 있을 수 있다"(Boscolo et al., 1987, p. 149). 그래서 그들은 각 가족이 젠더, 계층, 문화, 종교, 기타 다른 요인의 견지에서 가족을 어떻게 정의했는지에 대해 배우는 데 관심이 있었고, 가족구성원들을 위해 그러한 이슈를 해결하는 방법을 결정하지 않으려는 약속을 일관적으로 유지했다. 대신 그들은 순환적 질문과 체계론적 가설을 사용함으로써 치료사가 예측할 수 없고 부과할 수 없는 방식, 말하자면 가족이 자유롭게 변화할 수 있는 방식으로 가족체계를 교란하고자 시도했다.

문제해결에 대한 관점

가족체계의 상호교류 규칙이 증상 행동을 유지시킨다는 점을 놓고 볼 때, 체계의 규칙을 변화시키는 것은 증상을 제거하는 하나의 방식이다(Palazzoli et al., 1978a). 말하자면, 가족치료사들은 특정 가족 안에서 어떤 가족게임이 있는지 찾아서 그것을 파괴하려고 한다(Boscolo et al., 1987). 이렇게 하는 한 가지 방법은 가족이 현재 일어나고 있는 것을 이해하는 방식을 바꾸는 것이다. 이는 가족이 사람들의 행동에 어떤 의미를 부여하는지를 변화시키려는 시도다. 만일 스티븐과 미란다가 코비의 행동을 다르게 본다면, 그들은 현재의 방식대로 행동하기를 멈출 것이고 그에게 다르게 관여하고 서로에게 다르게 관여할 것이며, 이는 가족이 더 잘 받아들일 수 있는 체계의 다른 규칙을 발전시킬 수 있다.

특정 가족구성원(흔히 증상을 가진 구성원)에게 꼬리표를 붙이는 가족을 만날 때, 치료사는 그런 명명, 즉 꼬리표의 긍정적 · 부정적 영향 밖에서 증상을 이해하고 가족체계를 이해하기 위해 작업한다(Boscolo et al., 1987). 이는 누가 '착한지' 또는 누가 '나쁜지'에 대한 가족신화를 변화시키는 과정을 통해 이루어진다. 목적은 가족의 이야기 혹은 전제를 변화시키는 것이며, 그래서 하나의 체계로서 모든 구성원이 이전에 그들의 행동 방향을 제시하였던 경직된 신화가 제공하였던 것보다 더 큰 융통성을 발전시키는 것이다. 그러면 그들은 체계를 위험하게 하지 않고도 가깝게 지내거나 떨어져 지내는 자유 혹은 잘 지내거나 싸울 자유를 더 많이 가질 수 있다.

모슬리 씨 가족의 신화는 완전한 가족 혹은 사랑하는 가족이 되는 것과 관련이 있다. 이런 신화는 가족구성원들을 매우 제한한다. 왜냐하면 이런 신화는 실망, 불일치, 분노, 속상함, 혹은 수많은 다른 경험을 솔직하게 표현하는 것을 허용하지 않기 때문이다. 가족신화가 모든 사람은 사이좋게 잘 지내야 한다는 것 같다는 점을 놓고 볼 때, 코비의 현재 행동은 이 신화를 보다 더 드러내고 또 이 신화에 반대하는 것이다. 이런 행동이 더 오래 일어날수록 그가 문제 있는 것으로 더 많이 보이고 (대부분 가족게임의 규칙을 잘 따르는) 동생들은 착한 아이들로 더 많이 보인다. 모슬리 씨 가족의 모든 구성원은 가족신화의 영향을 받고 있다.

치료사는 가족체계를 하위체계의 측면에서 보는 대신에 삼각관계의 견지에서 본다(Boscolo et al., 1987). 가족은 삼각관계를 둘러싸고 조직되는 경향이 있고, 치료사의 일 가운데 하나는 이러한 세 사람에 대한 규칙을 깨는 것이다. 모슬리 씨 가족에서는 스티븐, 미란다, 코비가 삼각관계를 형성하고 있다. 코비는 부모와의 상호교류 패턴에 개입하여 가족게임의 일부로서 증상 행동을 유지하고 있다. 치료사는 이 삼각관계를 분리시키기 원할 것이고, 그래서 스티븐과 미란다가 함께임을 강조하며, 코비가 부부관계에 개입하지 않아도 되기를 원할 것이다. 이는 스티븐과 미란다 원가족의 문화적 측면에 기초하는데, 이 가족들에서 자녀들은 고등학교를 졸업하면 집을 떠나고 부부관계에 개입하지 않도록 권장되었다. 그러나 치료사는 여기서 주의하여야 하는데, 왜냐하면 이와 같은 개입을 위한 규범적인 목표가 있는 것은 아니기 때문이다. 보스콜로는 하나의 개입을 고안하였을 때 이렇게 가족의 문화를 인정하는 것을 다음과 같이 설명했다. "3세대 혹은 4세대 가족이 있는 문화에서 자녀들은 자라서 부모와 함께 지낼 수 있으며 그래도 방해를 받지 않을 수 있다."(Boscolo et al., 1987, p. 231) 더욱이 그는 개입은 무엇이 정상인지에 대한 관념을 기초로 하기보다 가족의 고유한 구도와 양립할 수 있어야 한다고 덧붙였다.

치료 기법

긍정적 의미부여 밀란 접근은 개인과 가족이 부정적 의미부여로는 변화할 수 없다는 사고를 견지한다(Boscolo et al., 1987). 이러한 가정은 밀란팀이 사용하였던 특징적 기법인 긍정적 의미부여(positive connotation) 기법을 발전시켰다(Palazzoli et al., 1978a). 밀란팀의 원래 멤버들이 초기에 사용하였던 바에 의하면, 긍정적 의미부여 시 치료사는 "IP의 증상과 다른 사람들의 증상 행동 모두를 긍정적으로 묘사한다. 전체로서 가족집단의 모든 관찰 가능한 행동은 가족집단의 응집성을 보전한다는 공통 목표에 의해 고취되는 것 같다고 하면서 말이다"(p. 56). 그래서 긍정적 의미부여는 증상이 해당 맥락에서 의미가 있음을 치료사가 가족에게 설명하는 것이다. 이것은 IP와 증상 행동뿐 아니라 다른 가족원의 증상 행동에도 초점을 둔다. 본질적으로 이는 각 개인에 관한 것이라기보다 전체 가족체계의 자기유지 과정을 설명하는 것에 관한 것이다.

긍정적 의미부여는 가족구성원들, 특히 부모(그렇지 않으면 비난받았다고 느낄지도 모를 사람)의 부정적 반응을 피하기 위해 고안된다. 왜냐하면 이것은 그들에 대한, 그리고 특히 그들 행동에 대한 칭찬의 예시이기 때문이다(Palazzoli et al., 1974). 가족이 긍정적 의미부여를 힐책하기는 어렵다. 왜냐하면 그것은 비난이 아닌 인정이기 때문이다(Palazzoli et al., 1978a). 이 기법은 가족이 가족집단의 응집성(정상적으로는 좋은 것임)이 왜 증상(보통 나쁜 것임)이 있는 누군가를 필요로 하는지 궁금해한다는 점에서 역설적이다.

긍정적 의미부여에는 많은 이점이 있다(Palazzoli et al., 1978a). 체계론적 개입방법의 하나로서 이 기법은 구성원들이 가족체계에 보완적이라는 점에서 모든 가족 구성원을 동일한 수준에 놓고 보며, 가족의 항상성 경향에 초점을 둔다. 이는 또 모든 것은 동일한 것을 위해 노력한다는 면에서 치료사와 가족을 연결해 준다. 파라졸리 등이 주목하듯이, "가족의 모든 구성원은 그들의 항상성적 이상에 위험이 되는 어떤 변화도 반대하며, 그러므로 치료사는 이런 아이디어와 (자연스럽게, 그 순간만) 동맹할 필요가 있다"(p. 59). 긍정적 의미부여는 안정성에 초점을 두고 변화의 발판을 마련한다. 안정성이 현재 가족에게 문제가 되기 때문에 다른 형태의 안정성이 요구되며, 그래서 가족은 변화를 원한다. 긍정적 의미부여를 사용하여 치료사는 치료사와 가족 간의 관계를 명확히 하고, 대화의 맥락을 치료적 의미로 정의한다.

밀란팀이 더 많은 발전을 이루고 또 임상적 접근을 발전시키는 데 있어서 보스콜로와 체친이 더욱 독자적으로 초점을 둠에 따라 그들은 더욱 논리적인 의미부여를 위해 긍정적 의미부여의 개념을 수정하였다(Boscolo et al., 1987). 그들의 작업이 덜 전략적이 되었기 때문에 그들은 증상을 가족이 필요로 하였던 어떤 것 혹은 본질적으로 좋은 어떤 것으로 정의하는 데 덜 투자하게 되었다. 그보다도 그들은 접근을 바꾸어서 다음과 같이 말할 필요가 없게 되었다.

> 문제는 유용하고 유익하고 혹은 기능적이다. 사람들은 문제에 익숙해져서 그런 습관을 깨기가 어렵다. 이런 식으로 사람들은 조롱거리로 인식되는 어떤 끔찍한 증상을 받아들이지 않을 수 있고, 증상이 맥락 안에서 얼마나 의미 있고 얼마나 이해할 수 있으며 또 지금쯤 필요한지를 굳이 제안하고 싶어 한다(p. 16).

이러한 '희생적 개입'의 수정과 더불어, 치료사는 가족에게 그들의 상황을 보는 습관적인 방식으로부터 자유롭게 되는 방법을 제공하여 가족이 새롭고 더욱 유용한 이해를 하도록 도울 수 있다.

모슬리 씨 가족이 치료를 시작하였을 때, 가족구성원들의 행동은 항상성을 유지하기 위한 시도를 중심으로 조직되었다. 긍정적 혹은 논리적 의미부여의 개발은 반드시 이 과정을 다룰 것이다. 치료사에게 가능한 한 가지는 가족구성원들에게 이 시점에서 현재대로 개입하는 것이 어떻게 해서 좋은 것인지 강조하는 것이다. 말하자면 스티븐과 미란다가 자녀들로 하여금 그들에게 기대되는 바를 하게 함으로써 '좋은 부모'가 계속되도록 하는 것이 어떻게 현 시점에서 좋은 것인지 강조하는 것이다. 더욱이 코비는 그를 학교에 보내고자 하는 부모의 소망에 동의하기 위한 방법을 부모가 찾도록 도와주고 있다. 이제 이것은 적어도 이 가족을 함께 묶어 주는 중요한 부분이다. 어떤 긍정적 의미부여든 그 초점은 코비가 보이는 증상 행동의 어느 부분을 변화시키려는 시도에 있기보다 상호작용하는 체계의 모든 측면에 있을 것이다.

의례 밀란팀이 개발한 주요한 개입 중 하나는 가족의례(family rituals)다. 파라졸리, 보스콜로, 체친과 프라타(Palazzoli, Boscolo, Cecchin, & Prata, 1977)가 정의한 바에 의하면, "가족의례는 모든 가족구성원이 수행하도록 되어 있는 행위 혹은 일련의 행위로서 때로 언어적 문구나 표현을 수반하기도 한다"(p. 452). 치료사는 가족에게 어디에서, 언제, 누가, 얼마나 자주를 포함하여 어떻게 의례를 수행하는지를 명료하게 말한다. 대개 이런 지시는 가족구성원들에게 문서로 제공하며 구성원들이 그 의례를 적절히 수행할 수 있도록 한다.

가족의례의 한 가지 이점은 그것이 어떤 한 구성원이 아닌 전체 체계에 더 많이 초점을 둔다는 것이다. 대개 모든 가족구성원은 누군가가 어떤 말을 하는 것을 단지 관찰만 하더라도 가족의례에 개입하는 것이다. 치료사는 자기가 왜 의례를 처방하는지 설명하지 않는다. 그렇게 하면 가족이 거부할 가능성이 있기 때문이다(의례는 설명이 아닌 다른 수준에서 작동하기 때문이다). 가족의례는 구성원이 가족게임에 갇히게 하는 오래된 규칙을 표적으로 한다. 가족의례는 오래된 규범을 대신하여 가족게임을 변화시키도록 고안된 새로운 규범을 가족에 도입한다(Palazzoli et al., 1977).

의례는 대개 가족마다 특수하다. 그러나 여러 의례는 다양한 가족에 사용해도 충분할 만큼 일반적이다. 그런 한 가지 의례는 짝수 날/홀수 날이다(Palazzoli, Boscolo, Cecchin, & Prata, 1978b). 이 의례는 두 사람, 대개 부모들이 서로 상처를 주는 가족에게 주어진다. 치료사는 가족에게 홀수 날(월요일, 수요일, 금요일)에는 부모 중 한편(예: 엄마)이 가족의 모든 결정을 통제하라고 지시한다. 짝수 날(화요일, 목요일, 토요일)에는 관찰하던 부모가 이제 가족의 모든 결정을 통제한다. 그리고 일요일에는 가족이 자발적으로 반응해야 한다. 이 개입은 치료사의 공공연한 개입 없이도 부모들이 서로에게 간섭하는 가족게임을 멈추도록 계획된 것이다.

치료사가 어떤 개입을 사용하든 그것은 체계적이고 가족의 논리에 맞아야 한다(Boscolo et al., 1987). 치료, 특히 가족치료는 가족의 깊은 전제에 초점을 둘 때 가장 큰 영향을 미친다. 이러한 전제 혹은 신화를 보면 가족의 상호교류 과정을 알 수 있다. 결과적으로 그 전제가 변화될 때 상호교류 과정도 변화한다. 모슬리 씨 가족과 작업할 때, 사랑하고 완전한 가족이 되는 것에 초점을 둔 의례는 그 가족의 신화와 일치하기 때문에 논리적인 것 같아 보일 것이다. 이는 치료사가 가족이 그 신화를 유지하기를 바란다는 말은 아니다. 그러나 치료사가 이런 전제에 공공연히 도전하는 것은 아마 효과가 없을 것이다. 현재의 가족신화 안에서 먼저 작업하고 그다음에 가족이 더 이상 그 전제가 유용하지 않음을 알게 하면 그 신화를 변화시키기가 더 쉬울 것이다. 밀란팀은 의례가 대개 역설적이라고 생각했다. 왜냐하면 의례가 겉보기에는 가족신화를 유지하는 것처럼 보이는 행동에 가족이 개입하기 때문이다. 그러나 궁극적 목적은 그것을 파괴하는 것이다(Palazzoli et al., 1978a).

의례는 대개 가족 상호작용을 정의하는 신화나 전제를 표적으로 한다. 치료사는 이 전제를 알아내서 치료 초기에 그것을 변화시킨다. 치료사가 가족에게 문제가 있음을 어떻게 결정했으며, 이런 정의에 누가 동의하는지 질문할 때 그렇게 하는 것이다(Boscolo et al., 1987). 이렇게 하여 치료사는 문제가 없음을 결정할 수 있다는 전제를 가족에 도입한다. 치료사는 가족이 변화할 수 있고 또 변화해야 한다고 공개적으로 말하지 않고서도 질문과 개입을 통해 가족이 달라질 수 있음을 내비쳐 준다.

치료사가 사용하는 개입은 두 가지 넓은 범주로 나눌 수 있다(Boscolo et al., 1987). 첫째는 치료사가 가족체계가 기능하고 있는 전제에 도전하는 경우다. 이는 가족구성원들의 신념체계를 변화시킨다. 둘째는 치료사가 변화를 계속 요구하다가 뒤로 물러서는 경우다. 두 경우 모두 치료사는 가족에게 어떻게 생각해야 하고, 혹은 어떻게 행동해야 하는지 말하지 않는다. 그것은 가족구성원들 자신의 몫으로 남겨 둔다. 그러나 이 개입은 가족이 지금까지 그들의 상호작용을 정의해 온 신화와 전제에 대항할 수 있는 가능성을 제시한다. 의례가 모슬리 씨 가족에게 사용될 수 있는지의 여부는 가족이 가족신화에 얼마나 깊이 뿌리박혀 기능하는지에 달려 있다. 그러나 의례의 사용은 모슬리 씨 가족이 어떻게 되어야 하는지를 결정하지는 않을 것이다. 왜냐하면 이것은 스티븐, 미란다, 코비, 테레사, 브랜든에게 달려 있기 때문이다.

치료의 세 가지 지침

밀란팀에 의하면 가족치료 회기의 지휘자를 위한 세 가지 주요 지침, 즉 가설 세우기, 순환성, 중립성의 지침이 있다(Palazzoli, Boscolo, Cecchin, & Prata, 1980a). 이 지침을 잘 따르면 치료사는 체계론적 인식론을 유지할 수 있고 가족게임에 휘말리지 않을 수 있다.

가설 세우기 파라졸리 등(Palazzoli et al., 1980a)은 **가설 세우기**를 “치료사가 면담 가족에 대해 가지고 있는 정보를 바탕으로 형성하는 가설”(p. 4)로 정의한다. 치료사는 가족에서 무엇이 일어나고 있는지에 대한 자신의 가설을 계속해서 발전시키고 검증한다. 본질적으로 이 과정은 가족체계에 대한 사정이다(Boscolo et al., 1987). 가설은 치료사가 ‘진실’로 여기는 것이 아니라 가족과 접촉하는 수단으로 여기는 것이다. 그것은 가족을 면담하기 위한 지침으로 사용된다. 가설을 사용하면 치료사는 가족의 관계 패턴을 추적할 수 있으며, 시행착오를 통해 가설이 발전되고 정교화된다. 예를 들어, 모슬리 씨 가족과 작업하는 치료사는 부모가 책임을 맡으려는 가족의 권위 게임과 연관 지어 코비의 행동에 대한 초기 가설을 세울 수 있다. 치료사는 부모가 코비를 곧 집을 떠날 준비가 되어 있는 성인기로 진입하는 젊은 남성으로 볼 준비가 아직 되어 있지 않다고 생각할 수 있다. 특정 가설이 정확하다거나 '사실'일 것이라는 가정은 하지 않으며, 대신 가설은 가족에게 유용하다고 확인될 수 있고 또 모슬리 씨 가족과 접촉하는 틀을 치료사에게 제공할 수 있다.

치료사는 가족구성원들에게 하는 질문을 개발하기 위해 가설을 사용한다. 가설을 근거로 한 이런 질문들은 예상치 못한, 그리고 있을 것 같지 않은 것들을 회기에 도입한다(Palazzoli et al., 1980a). 이는 가족이 가설에 직접 반대하는 것을 막아 준다. 그러나 가설은 면담을 통해 가장 잘 바뀔 수 있는 것 같다. 만일 가족 회기 과정에서 치료사가 세운 가설의 유용함이 증명되지 못하면, 새롭고 의미 있는 다른 가설이 발전된다. 이는 회기에서 정보를 모으는 과정을 통해 일어난다. 그래서 가설 세우기는 가족과의 첫 번째 접촉에서 마지막 만남까지 계속되는 과정이다. 더욱이 가족의 변화를 일으키기 위해 가설이 완전할 필요는 없다(Boscolo et al., 1987). 만일 치료사가 세운 초기 가설이 스티븐과 미란다가 코비를 어린아이로 머물게 하는 시도에 관한 것이라면, 면담은 그것을 지지하거나 지지하지 않는 정보를 제공할 것이다. 그러면 치료사는 코비의 행동이 (아마 부모 간 응집성을 유지시키기 위해) 가족의 평형 상태라는 목적을 지원하는 것이라는 가설을 세울 수 있다.

가족치료 회기는 가설을 중심으로 조직된다. 회기는 현재의 문제에 초점을 두면서 시작된다(Boscolo et al., 1987). 만일 가족이 문제를 한 사람의 행위로 제시하면, 치료사는 이 정의를 상호작용의 기능으로 확장한다. 이는 "누가 가장 먼저 문제를 알아챘나요?"와 같은 질문을 함으로써 이루어질 수 있다. 예를 들어, 모슬리 씨 가족에서 가족구성원들, 특히 스티븐과 미란다는 무엇이 문제인가라는 질문을 받았을 때, 문제는 코비가 학교 가기를 거부하는 것이라고 말할 가능성이 크다. 그러면 치료사는 "누가 그 문제를 처음으로 알아챘나요?"라고 질문할 것이고, 그러면 코비가 학교에 가거나 가지 않는 것이 개인의 사건에서 관계의 사건으로 변한다. 그것을 알아챈 구성원이 있기 때문이다. 그래서 이들 두 가족구성원이 서로 연결되는 것이다. 그러면 치료사는 이 연결을 다른 가족구성원들로 확장할 수 있다.

가설 세우기의 주요 목표는 더 복잡하고 포괄적인 체계론적 가설을 세우는 것이다. 이는 확대된 모든 관계와 가족체계의 다양한 맥락을 연결함으로써 가능하다. 이것은 '문제가 되는 사람'에서 '문제가 되는 맥락'으로 바꾸는 것이다. 모슬리 씨 가족은 코비가 문제가 되는 사람이라는 시각을 가지고 상담에 올 것이지만, 주의 깊은 질문을 통해 치료사는 가족의 모든 관계를 통합할 수 있다(스티븐과 미란다가 어떻게 지내는지, 동생들이 어떻게 잘 지내는지, 스티븐과 미란다가 각 자녀를 어떻게 대하는지, 핵가족이 각 확대가족과 어떻게 지내는지, 학교체계는 어떤 역할을 하는지 등). 이 모든 정보를 함께 가져오면 치료사는 코비의 행동을 독립된 사건이 아닌 더 큰 맥락의 일부로 이해할 수 있다.

앞서 말했듯이, 정확한 가설이란 없다. 단지 더 유용하거나 덜 유용한 가설만 있을 뿐이다. 치료사가 유용한 가설을 찾는 한 가지 방법은 가족이 어떻게 고착되어 있는지에 대한 감을 잡아 보려고 시도하는 것이다(Boscolo et al., 1987). 치료사가 가족의 '고착'에 대한 감을 잡은 후에는 해결을 향해 움직이는 것이 가능할 것이다. 모슬리 씨 가족이 고착된 까닭은 이 가족의 전제가 잘못된 인식론을 바탕으로 하고 있기 때문이다. 이 가족은 그들 모두가 완전한 가족이 되어야 한다는 가정에서 기능한다. 그런 완전한 가족에서 아이들은 학교에서 공부를 잘해서 대학에서 장학금을 받고(이전 세대에서 그랬듯이), 스티븐과 미란다는 갈등이 없는 결혼생활을 하며, 자녀들은 서로 사이좋게 잘 지낸다. 모슬리 씨 가족은 이런 전제로부터 벗어날 수 없었다. 그들은 불만을 표현할 수 없는 게임에 고착되어 있다. 그래서 불만이 쌓여도 그것을 표현할 수 없으며, 그리하여 더 큰 불만이 쌓이는 영구적인 악순환에 놓여 있다.

가설은 네 가지 원천, 즉 데이터, 치료사의 이론, 치료사가 다른 가족과 작업한 이전의 경험, 치료사의 성격에서 나온다(Boscolo et al., 1987). 주로 치료사는 각각의 특정 가족의 조직에 맞는 체계론적 가설을 세우기 위해 그 가족의 데이터를 바탕으로 작업한다. 이는 원래의 가설을 검증하고 또 가설을 확장하고 수정하기 위해 치료 회기 동안 얻은 피드백을 사용함으로써 비롯된다. 모슬리 씨 가족과 작업하는 치료사는 제시된 정보, 즉 가족구성원은 누구이며, 그들은 서로 어떤 관계를 맺고 있고, 어떤 전제를 세워 왔으며, 치료사와 어떻게 상호작용하는지에 관한 정보를 받아들일 것이다.

가설에는 세 가지 등급이 있다. 첫 번째 등급은 가족 내 누가 누구와 함께하는지에 초점을 둔다. 치료사는 가족체계 내 어떤 연합, 동맹, '결합'이 있는지 이해하고자 노력한다. 가설의 두 번째 등급은 가족의 전제와 신화를 탐색한다. 반면, 가설의 세 번째 등급은 가족체계 내, 그리고 가족체계와 다른 체계 간의 의사소통에 초점을 둔다. 모슬리 씨 가족과 작업하는 치료사는 미란다와 가장 가까운 사람은 누구이고 가장 먼 사람은 누구인지 살펴볼 것이며, 미란다가 브랜든과 가장 가까운 것 같고 스티븐과 가장 먼 것 같다고 결정할 것이다. 코비는 여동생인 테레사와 가장 먼 것 같고, 엄마와 가장 가까운 것 같다. 이런 정보는 모두 사이좋게 지내야 하고 누구도 불만을 겉으로 표현해서는 안 된다는 가족신화와 연관되어 있을 것이다. 가족은 완벽해야 한다는 신화는 가족체계의 연합과 동맹을 형성한다. 마지막으로, 이 신화는 확대가족체계와 같은 더 큰 체계와 연결되어 있을 것이다. 미란다의 원가족은 가족신화가 시작되었던 바로 그 장소로 이해될 수 있다. 미란다는 남편인 스티븐보다 친정엄마와 더 깊이 '결혼'하였다는 가설을 세울 수도 있다.

순환성 가족치료 회기를 위한 두 번째 주요 지침은 순환성(circularity) 개념이다. 파라졸리 등(Palazzoli et al., 1980a)은 순환성 개념을 "치료사가 관계에 대해 요청한 정보, 그래서 차이와 변화에 대해 요청한 정보에 반응하여 가족의 피드백을 기반으로 조사할 수 있는 치료사의 능력"(p. 8)으로 설명했다. 그래서 순환성은 가족과의 면담 기법이 되었다.

순환성의 개념은 두 가지 전제를 기본으로 한다(Palazzoli et al., 1980a). 첫째는 '정보는 차이다.'라는 것이다. 둘째는 '차이는 관계다.'라는 것이다. 그래서 치료사는 차이에 관한 새로운 소식(news)을 위해 가족체계의 구성원들 간의 그리고 가족체계와 더 큰 체계 간의 관계를 살펴본다. 모슬리 씨 가족과 작업하는 치료사는 초기 가설을 가지고 상담실에 들어갈 것이다. 이 가설은 치료사가 묻는 질문을 알려줄 것이며, 이는 가족구성원들과 치료사에게 차이가 있는 정보를 제공할 수 있다. 그리고 치료사는 가설을 조정하기 위해 그 정보를 이용할 것이고, 그러면 그 정보는 가족과 관계를 맺는 데 사용될 것이다.

가족은 가족구성원들이 특별한 패턴으로 상호작용함으로써 시간이 흐르면서 서로 연결된다(Boscolo et al., 1987). 이러한 연결과 상호작용이 순환성의 기초다. 가족구성원들은 이러한 패턴 안에서 서로 정보를 소통한다. 이러한 상호작용을 탐색하도록 돕는 한 가지 방법은 순환적 질문을 사용하는 것이다. 순환적 질문은 이러한 정보를 끌어내도록 돕는데, 그중 어떤 정보는 가족신화와 연관된 잘못된 생각을 바탕으로 한다. 순환적 질문은 가족신화가 어떻게 유지되고 있었는지 보기 위해 현재 가족에서 일어나고 있는 것을 과거의 행동과 연결시킬 기회를 제공한다. 모슬리 씨 가족에서 구성원들은 잘 지내는 것에 대해 누가 가장 걱정하고 누가 가장 덜 걱정하는지, 코비의 학교 문제가 있기 전과 후에 구성원들이 어떻게 다르게 지내는지, 혹은 각 구성원은 코비를 학교에 보내려는 시도를 둘러싼 일말의 사건들을 어떻게 이해하는지에 대한 질문을 받을 수 있다.

순환적 질문으로 가족의 전제들이 드러남에 따라 가족체계에 새로운 정보가 도입된다. 이렇게 새로운 정보는 의미를 부여하는 것일 수 있고, 이는 이해와 행동에 대해 새로운 대안을 고려하게 만든다. 이것은 가족구성원들이 원래의 전제로 가졌던 경직된 역할을 넘어설 수 있게 함으로써 일어난다. 순환적 질문은 사람들이 이전의 경직된 입장과 일치하지 않는 방식으로 반응하도록 한다(Boscolo et al., 1987). 모슬리 씨 가족과의 회기에서 테레사는 코비가 학교에 가지 않은 것에 대해 엄마와 아빠 중 누가 더 걱정하는지를 말해 보라는 요청을 받을 수 있다. 이때 테레사는 이런 일들을 비밀로 해야 한다는 이전의 역할을 넘어서 가족에 대해 이야기할 수 있는 허락을 받는 것이다. 이러한 종류의 순환성은 가설 세우기 목적을 위해 새로운 정보를 검증하고 이끌어 내는 하나의 방법이다.

중립성 순환적 질문은 치료사가 어떤 한 사람 편을 들어주지 않고, 중립성의 입장을 유지하기 위한 방법이기도 하다. 중립성은 가족치료 회기의 지휘자를 위한 세 번째 지침이다. 파라졸리 등(Palazzoli et al., 1980a)은 "치료사의 중립성은 치료 회기 동안 치료사의 모든 행동이 가족(그의 정신내적 특성이 아님)에게 미치는 특정한 실용적인 효과를 뜻한다."(p. 11)라고 중립성의 특징을 말했다. 치료사는 어떤 가족구성원의 입장이 어떤 다른 가족원의 것보다 더 옳다고 가정하지 않는다. 그래서 중립성은 치료적 입장이며(Boscolo et al., 1987), 이는 치료사가 전체로서의 가족체계를 이해하도록 이끌어 준다. 중립적이 됨으로써 치료사는 '~이다'를 하나의 지침으로 사용하여 구성원들을 보는 시각으로부터 '~인 것 같다'라는 문구를 사용하는 시각으로 바꾼다. 그래서 구성원들은 특정 방식으로 명명되지 않으며, 상호작용과 연결에 대한 관점이 주가 된다.

중립성은 또 치료사가 가족이 반드시 어떻게 되어야 한다는 시각을 취하지 않는 것이라고 볼 수 있다(Boscolo et al., 1987). 치료사는 가족체계가 일단 교란되면 자체적으로 해결책을 찾을 수 있다고 믿는다. 가족은 스스로를 치유할 수 있는데, 이는 자기창조적 활동을 통해 일어난다. 이러한 결과를 이루기 위해 가족치료사는 '진실'에 대해 말하려는 진술을 하기보다는 정보를 끌어내기 위해 질문을 한다. 치료사는 모슬리 씨 가족이 어떻게 기능하는지 모른다. 부모가 책임을 맡아야 할 수도 있다. 혹은 코비가 곧 청년이 되기 때문에 더 많은 자율성을 가져야 할지도 모른다. 혹은 소피아가 가족에서 더(혹은 덜) 중요한 역할을 맡아야 할지 모른다. 그러나 이런 것들이 치료의 구체적 목적이 되지는 않을 것이다. 가족의 전제가 일단 도전을 받으면, 모슬리 씨 가족은 서로에 대해 그들 자신의 새로운 존재방식을 발전시킬 필요가 있을 것이다.

하나의 입장으로서 중립성은 치료사가 가족에 더 깊이 들어가도록 돕는다. 체친(Cecchin, 1987)은 중립성의 개념을 치료사가 호기심의 상태에 있게 되는 것이라고 말했다. 여기서 치료사는 '진실'을 발견하려고 하는 것이 아니라 상황에 대한 대안적 시각을 탐색한다. 이는 가족체계에 정보를 가져오도록 돕는다. 치료사의 가설은 질문에 드러날 수 있다. 그러나 치료사가 가족에게 자신의 지도를 제시할 때, 그것은 사실이 아니라 의구심이나 가능성으로 묘사되어야 한다(Boscolo et al., 1987). 본질적으로 중립성의 입장은 가족이 해야 하는 것에 대한 치료사의 생각을 가족이 모를 때 생긴다. 그리고 각 가족구성원이 치료사가 상황에 대한 자신의 견해를 완전히 이해한다고 믿을 때 중립성이 일어난다.

질문

치료 회기는 주로 치료사가 질문을 하는 것으로 이루어지며, 질문은 행동이나 생각에 초점을 둘 수 있다(Boscolo et al., 1987). 행위와 인지는 연결되어 있기 때문에 이 두 가지 초점은 관련이 있다. 한 사람이 행하는 것은 그 사람이 생각하는 것과 연결되며, 어떻게 생각하는지는 무엇을 행하는지와 연결된다. 행동을 탐색할 때, 치료사는 행동에 대해 물음으로써 시작하고 그다음에 행동의 맥락으로 나간다. 이렇게 하는 동안 치료사는 이러한 행동이 가족체계의 전체 맥락에서 어떻게 의미가 있는지 이해하고자 노력한다.

치료적 질문의 목적은 차이에 대한 새로운 소식, 말하자면 정보를 가져오기 위한 것이다(Boscolo et al., 1987). 차이에 도달하는 주요한 방법은 순환적 질문을 사용하는 것으로, 치료사는 한 구성원에게 다른 구성원들의 관계에 대해 질문한다. 치료사는 다른 가족원에 대한 각 가족원의 시각을 이해하기 위해 이 사람에서 저 사람으로, 이 관계에서 저 관계로 오간다. 이러한 질문들은 가족에 대한 진실을 파헤치고자 하는 것이 아니라, 단지 정보를 산출하기 위한 것이다. 앞서 논의했듯이, 정보는 차이에 대한 새로운 소식이다. 그래서 순환적 질문의 초점은 대개 가족체계 내 차이를 중심으로 이루어진다.

순환적 질문은 치료사가 특정 가족체계의 상호작용에 대해 가지고 있는 가설을 기초로 한다. 치료 회기 내내 가족의 반응은 새로운 정보에 대한 틈새를 제공하여 치료사는 가족체계에 대한 정보에 더 정확하게 맞추어 가설을 바꿀 것이다(Boscolo et al., 1987). 여기서 틈새는 "가족의 의미체계에 대한 표현"(p. 253)이다. 그것은 가족이 생각, 행동, 의미를 어떻게 조직하는지를 강조해서 보여 준다. 시간이 흐르면서 한 회기 내에서 이러한 틈새는 더 복잡해지며, 가족의 패턴에 대해 더 풍부한 정보를 제공한다. 그래서 가설과 질문은 순환적 과정으로 이루어진다. 순환적 질문은 현재의 가설을 정교화하거나 현재의 가설을 버리고 더 새롭고 더 유용한 가설을 채택하게 하는 새로운 정보를 가져온다. 모슬리 씨 가족과의 회기 동안에 치료사는 코비의 외할아버지 에드워드가 살아 계셨을 때 상황들이 어땠는지에 대해 말하는 것을 들을 수 있다. 이것은 과거의 동맹을 탐색할 틈새가 될 수 있는데, 이는 현재의 동맹 및 가족신화와 관련될 수도 있고 그렇지 않을 수도 있다. 만일 스티븐이 직업을 잃을 가능성에 대해 의논할 경우에도 틈새가 생길 수 있다. 이때 그는 가계 부양자가 되는 데 대한 느낌이 얼마나 힘든지에 대해 말할 수 있는데, 이는 또 가족신화와 관련될 수 있다.

중요한 것은 정보를 파헤치는 것이기 때문에, 순환적 질문 자체가 개입이다(Boscolo et al., 1987). 순환적 질문은 가족체계를 교란시키기 위해 설계된다. 가족은 구성원들이 다른 사람들을 통제할 수 있다는 생각을 하는 인식론적 실수 때문에 치료를 받고 있으므로, 치료사가 가족체계를 통제하고자 한다면 같은 실수를 저지르는 것이다. 누구도 다른 사람을 통제할 수 없다는 사고를 견지함으로써, 치료사는 회기 동안 가족체계를 교란하고, 그다음에 가족체계가 충분히 교란되면 그 상황에서 가장 유용한 방식으로 가족체계가 재조직될 것이다.

가족은 흔히 한 구성원을 문제가 있는 것으로 명명하기 때문에 이러한 명명을 중단시키기 위해 순환적 질문이 사용될 수 있다(Boscolo et al., 1987). 이 질문은 문제를 가진 사람으로부터 가족체계 내 공유된 혹은 가능한 행동으로 초점을 옮겨 준다. 가족 내 한 자녀가 특정 방식(착한 혹은 나쁜)으로 명명될 때, 치료사는 순환적 질문을 사용하여 가족 내 다른 자녀에 대한 정보를 얻을 수 있고, 또 때로 그 자녀에게 똑같은 명명을 어떻게 부여할 수 있는지에 대한 정보를 모을 수 있다. 이는 모든 자녀를 동일한 수준에 놓는 것이다. 예를 들어, 모슬리 씨 가족에서 구성원들이 코비가 나쁘다고 말하면, 치료사는 "코비 외에 누가 가장 나쁠 수 있죠? 테레사인가요? 아님 브랜든인가요?"라고 질문할 수 있다. 이는 한 아이는 착하고 다른 아이는 나쁘다는 '이것 아니면 저것' 식의 이분법적 정신 상태를 가진 가족의 구두점을 변화시킨다. 모든 자녀는 문제가 될 수도 있고 문제가 안 될 수도 있다.

밀란팀에게는 질문의 몇 가지 범주가 있다(Boscolo et al., 1987). 가족구성원들은 관계에 대한 지각의 차이 혹은 정도의 차이에 대한 질문을 받을 수 있다. 치료사는 또한 설명적 질문을 할 수 있는데, 가족구성원들에게 그들의 행동에 대한 자신의 가설을 설명하라는 질문을 하는 것이다. 파라졸리 등(Palazzoli et al., 1980a)은 순환적 질문을 사용하는 몇 가지 실천적인 방법을 제공했다. 첫째, 특정 환경에서의 상호작용 행동에 관해 질문할 수 있다. 둘째, (내적 속성이 아닌) 행동에서의 차이에 초점을 두어 질문을 할 수 있다. 셋째, 특정 행동이나 상호작용과 관련하여 구성원들에게 등급을 매기라는 질문을 할 수 있다. 넷째, 사건(아마 증상의 시작) 전후 관계의 변화를 목표로 하는 질문을 할 수 있다. 또한 순환적 질문은 가설적 상황에 대한 다양한 가족구성원의 지각 차이에 초점을 둘 수도 있다.

미래질문과 가설질문은 가족구성원들에게 미래에 어떤 차이가 있을 것 같은지 묻는 것이다. 보스콜로 등(Boscolo et al., 1987)은 순환적 질문과 미래질문의 차이를 "순환적 질문은 가설의 구성과 문제에 대한 전제를 둘러싼 정보를 모으는 것인 데 반해, 미래질문은 가족의 전제에 도전하거나 새로운 전제를 발전시키는 것이다." (p. 34)라고 설명했다. 이러한 질문들은 대개 가족면담의 후반에서 하게 된다. 이 질문들은 두 가지 목적을 갖는다. 첫째, 가족체계 안에 자기 충족적 예언이 있는지, 그래서 현재 문제가 있는 사람으로 꼬리표가 붙은 증상 보유자를 계속 유지시킬 것인지의 여부를 결정하는 것이다. 두 번째 목적은 IP를 가족 내 문제가 있는 유일한 사람으로 이해하는 것에서 벗어나 가족체계 내 다른 사람들도 동일한 혹은 비슷한 문제를 가질 수 있다는 생각을 제안하는 것이다. 미래질문은 현재의 존재방식이 항상 그대로일 것이라고 생각할 가족구성원들로 하여금 상황이 좀 다를 수도 있음을 볼 수 있게 한다. 가설질문은 정보와 가능한 해결을 연결 짓기 위해 모든 가족구성원에게 적극 개입한다는 추가적인 이익이 있다.

모슬리 씨 가족에서 치료사는 학교를 둘러싼 가설질문을 할 수 있다. 예컨대, "코비가 더 이상 집에 있지 않고 학교에 간다고 합시다. 다른 아이들 중 누가 가장 학교 문제를 가질 것 같으세요?" 이 질문은 코비, 테레사, 브랜든을 모두 같은 수준에 놓는다. 이는 또 코비가 소외되어 있으며, 다른 어떤 자녀도 결코 문제일 수 없다는 생각을 혼란스럽게 한다.

치료 형식

치료사는 첫 번째 전화를 받는 순간부터 가족과 작업하기 시작한다(Palazzoli et al., 1978a). 이러한 전화 접촉은 짧지만, 치료사에게 가족에서 무엇이 일어나고 있는 것 같은지에 대한 가설을 세우기 위한 정보를 제공한다.

가족치료 회기는 다섯 부분으로 나뉜다(Boscolo & Cecchin, 1982; Boscolo et al., 1987; Palazzoli et al., 1978a). **회기 전**(presession)에 치료사는 몇 가지 초기 가설을 떠올린다. 만일 첫 번째 회기라면, 접수면접 정보, 의뢰인으로부터의 정보, 가족의 전화로부터 얻은 내용과 비언어적 정보가 고려된다. 두 번째 회기나 그 이후 회기라면 이전 회기에서의 정보가 그 후의 가설을 발전시키는 데 사용되어 가족면담의 시작 부분을 안내하는 데 도움이 될 것이다.

회기(session)는 가족체계의 규칙이 무엇인지를 결정하기 위해 치료사가 가족과 상호작용하는 시간이며(Palazzoli et al., 1978a), 정보를 끌어내기 위해 질문을 하는 시간으로, 이는 개입이 될 수도 있다(Boscolo et al., 1987). 회기는 대략 40분에서 1시간가량 지속된다. 회기 동안 치료사는 대개 어떤 해석이든 하지 않는다. 그보다 회기는 차이를 발견하려는 희망을 가지고 정보를 끌어내기 위해 고안된다. 치료사는 이전에 발전된 가설들을 정당화하거나 수정하고자 시도한다. 만일 가족이 전문가에 의해 의뢰되었다면, 치료사는 의뢰한 사람이 가족체계의 일부분이 될 수 있기 때문에 그 사람이 가족의 삶에 어떻게 개입하고 있는지 살펴볼 것이다(Palazzoli, Boscolo, Cecchin, & Prata, 1980b). 모슬리 씨 가족의 경우, 학교상담사가 가족을 치료에 의뢰했다. 코비는 학교상담사와 한 회기만 가졌고, 그래서 학교상담사와 일련의 치료적 관계를 맺지는 않았던 것 같다. 가족은 학교상담사와 거의 접촉을 하지 않았는데, 가족이 일단 이 점을 치료사에게 설명하면, 학교상담사는 가족체계의 일부가 아니었으며, 그래서 치료에서 아마 배제해도 될 것이라는 가설을 세울 것이다. 그러나 학교상담사가 가족체계에서 핵심적인 역할을 하고 있음이 발견되면, 특히 증상을 둘러싼 가족게임을 유지하는 데서 중심 역할을 하였다면, 그 상담사는 치료에 초대될 것이다.

회기 동안 치료사는 대개 현재 시점과 가족 단위에 초점을 두고 시작하며, 그다음에 외부로 확장하여 작업한다(Boscolo et al., 1987). 치료사는 현재 무엇이 일어나고 있는지로 시작한 후에 과거에 초점을 두며, 그다음에 가능한 미래로 이동한다. 회기는 또한 현재 핵가족을 강조하고, 그다음에 더 나아가 확대가족 및 가족이 관여된 다른 체계와 작업한다. 치료사는 또 가족체계가 치료체계와 어떤 관계를 맺고 있는지 살펴볼 것이다. **체계적 가설**은 가족체계 내 구성원들 사이의 관계, 가족체계와 확대가족 같은 더 큰 체계 간의 관계, 가족체계와 (가족과 치료사로 구성된) 치료체계 간의 관계에서 일어나고 있는 것을 연결하는 것이다. 모슬리 씨 가족과의 회기에서, 시작 부분은 아마 다섯 명의 핵가족 구성원이 현재 문제로부터 어떤 영향을 받고 있는지에 대한 이야기로 보내게 될 것이다. 회기의 후반에 치료사는 아마 과거의 학교 문제와 이 문제가 시작되기 전 모슬리 씨 가족은 어떠했는지에 대해 이야기할 것이다. 이 시점에서 치료는 다섯 명의 가족원을 넘어 확대될 것이고, 확대가족, 특히 에드워드와 소피아를 포함할 것이다.

체계적 면담은 한 회기 안에서 여러 번 그 초점을 바꿀 것이다. 이렇게 하여 치료사는 중립성을 유지할 수 있다. 모슬리 씨 가족과의 대화는 코비의 학교와의 관계로부터 동생들과의 관계, 부모와의 관계, 핵가족과 확대가족의 관계, 가족체계와 더 큰 다른 체계(만일 교회, 친구, 다른 치료가 개입되어 있다면)와의 관계로 바뀔 것이다.

회기의 세 번째 부분은 **회기 중 휴식시간**(intersession)이다. 이 시점에서 상담실의 치료사는 잠깐 휴식시간을 갖고 일방경 뒤에서 보고 있던 치료사(들)와 무엇이 일어났는지 논의한다. 논의는 새로운 가설이 발전될 필요가 있는지 여부와 필요하다면 어떤 개입이 가족에게 이루어져야 하는지에 초점을 둔다.

회기의 네 번째 부분은 **마무리**(conclusion)다. 치료사는 상담실로 돌아와서 개입 메시지를 전달한다. 이는 회기에서 가장 짧은 시간이다. 대개 치료사는 개입 메시지를 전달한 후 바로 상담실을 떠나서 가족구성원들이 그것을 무시할 수 없게 된다.

회기의 마지막 부분은 **회기 후**(postsession) 논의다. 가족이 떠난 다음에 치료사들은 가족이 개입에 어떻게 반응했는지 논의하고 몇 가지 가설을 세우는데, 이는 후속 회기의 회기전 개입을 위한 출발점이 될 것이다.

치료의 종결

만일 후속 회기가 필요하면, 대개 약 한 달 간격을 둔다(Boscolo et al., 1987; Palazzoli et al., 1978a). 그러나 회기가 더 이상 필요하지 않다고 결정할 수도 있다. 치료사는 가족이 더 이상 치료가 필요하지 않아서 종결해도 된다고 인식할 수 있도록 돕는다. 보스콜로 등에 의하면, 종결은 "가족이 스스로를 병리적이라고 정의하지 않으며 치료 맥락이 그 자체를 치료적이라고 정의하지 않을 때 일어난다. 어떻게든 가족은 아프다는 생각을 치유하고, 치료팀도 도움이 되고 있다는 생각을 수정한다"(p. 107).

변화는 초기의 자문이나 몇 회기 후에 올 수 있다. 한 가지 접근은 가족과 10회기를 진행하기로 협의하고, 재협의하지 않는 한 가족에게 더 이상 치료를 제공하지 않는 것이다(Palazzoli et al., 1978a). 만일 가족이 변화가 일어나기까지 10회기를 모두 사용하지 않으면, 나머지 회기는 비축해 둘 수 있다. 가족에서 일어난 변화는 처음에 가족체계를 교란시킨 한 구성원에게서만 나타날 수 있으며 그다음에 다른 구성원의 변화를 이끌게 되고, 이런 과정이 계속된다(Boscolo et al., 1987). 그래서 변화는 가족체계 내 지속적인 피드백에 기초하여 점진적으로 이루어진다. 가족의 전제가 일단 변화하면, 사람들은 이전과는 다른 역할을 맡을 것이다. 이러한 역할은 구성원들에게 더 유동적인 존재감을 부여하면서 더 잘 받아들여질 수 있을 것이다. 앞서 논의한 대로, 가족이 어떻게 되어야 한다는 데 대해 미리 정해진 마지막 종점은 없으며, 가족에게 더 이익이 되는 방식으로 기능하는 것만 있을 뿐이다.

사례 축어록

치료 회기 전

치료사: 우리가 만나게 될 가족에 대해서 무엇을 알고 있지요?

팀멤버: 어머니가 지난주에 약속을 잡기 위해 전화를 하셨어요. 가족은 어머니, 아버지 그리고 세 명의 아이까지 다섯 명입니다. 첫째 아들이 학교에 가는 것을 거부하고 있어요.

치료사: 이것이 학교에 대해 새로운 일인가요?

팀멤버: 어머니는 아들이 작년 학기가 끝날 무렵부터 학교에 가고 싶지 않아 했다고 말했고, 여름방학이 끝나면서부터 학교에 가질 않는다고 하셨어요.

치료사: 이 가족에 대해 알고 있는 다른 사항이 있나요? 몇 달 전에 다른 일들이 벌어지고 있었나요?

팀멤버: 잘 모르겠어요. 단지 아들이 예전처럼 가족과 잘 지내진 못하고 있었죠.

치료사: 네, 그렇다면 학교 상황에서 무슨 일들이 일어날 수 있을까요? 가족 안에서는 어떨까요?

팀멤버: 글쎄요, 어머니께서 전화하신 것으로 보아 어머니가 가족을 좀 몰아붙이는 것 같아요. 어머니는 전화 통화를 할 때 꽤 속상해하고 걱정스러워 보였어요.

전화 통화로 얻은 정보와 치료사가 해석한 어머니의 비언어적 소통에 기반을 두고 팀멤버는 첫 번째 가설을 세우기 시작한다.

치료사: 아들이 16세이기 때문에 이 이슈가 아마도 자율성에 관한 것일지도 몰라요.

팀멤버: 네, 아마도 부모님이 첫째를 청소년으로 성장하게 하는 것에 대한 어려움을 겪고 있을지도요. 아들이 그냥 부모님이 부모로서의 역할을 좀 더 오래 할 수 있도록 기회를 주는 것임에도 불구하고요.

치료사: 아마 가족 중 어머니만 걱정을 하는 것은 아닐지도 몰라요.

이러한 첫 번째 가설은 치료사가 회기를 진행하면서 가족에게 질문을 하며 탐구, 변형 그리고 개선될 것이다.

팀멤버: 회기에 누구를 초대하고 싶으신가요?

치료사: 다섯 분 모두 모시도록 하죠.

스티븐, 미란다, 코비, 테레사, 그리고 브랜든이 모두 첫 번째 회기에 참가한다.

치료 회기

치료사: 오늘은 일면경 뒤에 있는 제 동료들과 함께할 것입니다. 상담을 하는 동안 어떤 시점에서 동료들이 저를 불러서 그들이 들은 것에 대해 함께 상의할 것입니다. 저희는 현재 가족의 문제가 무엇인지 듣고자 합니다.

이 질문은 가족의 현재 문제가 무엇인지에 초점을 둔다. 이 질문은 의도적으로 한 특정 인물에게 향하지 않도록 하며 치료사가 어떻게 답하는지 기록할 수 있도록 한다. 체친은 다음과 같이 말했다.

우리는 소위 건강한 구성원이 어떤 특정한 시점에서 IP를 지목할 것이라고 알고 있으며, 우리는 IP에게 자신이 환자임에 동의하는지 물어볼 것이다. 그 후 우리는 그가 문제를 가지고 있다고 가장 많이 생각하는 다른 가족구성원과 가장 적게 생각하는 구성원에게 물어본다. 우리는 사람들이 바뀌길 바라는 행동을 중심으로 어떤 모습을 띄고 있는지 보고자 한다(Boscolo et al., 1987, p. 108).

미란다: 코비는 학교에서 어려움을 갖고 있어요. 더 이상 학교에 가고 싶어 하지 않죠.

치료사: 코비가 학교에 가고 싶지 않다고 이야기했나요?

미란다: 네, 코비가 학교가 너무 싫다고 하고 학교 가기를 거부해요.

치료사: 그렇다면 이 상황이 미란다 씨에게 얼마 동안 문제가 되었나요?

미란다: 문제는 7개월 전에 코비가 학교에 가고 싶지 않다고 말하며 시작되었어요.

치료사: 누가 가장 먼저 이 상황을 인지하였나요?

이 순환적 질문은 문제에 관한 논의를 개인내적인 것에서 상호교류적인 것으로 이동시킨다.

미란다: 그건 아마 저일 거예요. 어느 날 코비가 학교에 가고 싶지 않다고 말했어요. 그러니까 코비가 몸이 좋지 않다고 했던 날이에요. 그래서 코비는 집에 있었고 우리는 그 일에 대해 중요하게 생각하지 않았어요. 하지만 다음 날도 같은 일이 반복되고 그것이 계속됐을 때 우리는 걱정되기 시작했어요.

치료사: 모두가 이 상황이 문제라고 동의하시나요?

스티븐: 네, 우리 모두가 걱정하고 있어요.

치료사: 이 문제에 대해 가장 걱정하는 사람이 누구인가요?

이 순환적 질문은 가족구성원들의 등급을 탐색한다.

미란다: 저예요.

치료사: 그다음으로 걱정하시는 분은요?

스티븐: 저도 걱정이 돼요. 코비는 학교에 가야 해요. 코비는 잠재 가능성이 많고, 과거의 그게 무엇이든 묻어 두고 정신을 차려야 해요.

치료사: 스티븐 씨는 부인이 가장 걱정을 많이 하신다는 데 동의하시나요?

스티븐: 말씀드린 대로, 저도 코비가 걱정됩니다.

치료사: (코비에게) 엄마나 아빠는 네가 학교에 가지 않는 것이 문제라고 말씀하셨는데, 동의하니?

이 질문은 치료사의 중립성을 가족에게 증명한다. 앞서 언급한 바와 같이, 치료사는 특정 가족구성원의 위치가 다른 구성원의 것보다 옳다고 가정하지 않는다. 그렇다면 중립성은 치료사가 가족체계를 전체적으로 이해할 수 있도록 이끄는 치료적 입장이다. 치료사의 목표는 모든 가족구성원이 치료사가 가족의 어려움에 대한 그들의 특정한 관점들을 이해한다고 믿게 하는 것이다.

코 비: 그럴지도요. 하지만 딱히 그렇지 않아요.

치료사: 그런 것 같지만 아니라고 했는데, 그렇다면 넌 어떻게 생각하니?

코 비: 제가 왜 학교에 가야 하죠? 전 검정고시를 보거나 친구 아버지와 일을 할 수 있어요. 그분은 비디오게임을 만드시는데 제가 돈을 받고 그 게임들을 시험해 보길 원하세요. 전 돈을 엄청 많이 벌 수 있다고요. 그리고 전 학교가 너무너무 싫어요. 바보 같거든요.

치료사: 그렇다면 지금 문제가 있다고 생각하니?

코 비: 네, 부모님이 굽히질 않는다는 거예요.

치료사: 부모님 중 어느 분이 더 너에게 간섭하시니?

이 순환적 질문은 정도의 차이를 탐색한다.

코 비: 모르겠어요. 아마도 엄마요. 점점 더 저를 귀찮게 하세요. 아빠는 그냥 "넌 학교에 가야 해."라고만 하세요.

치료사: 어머니가 너를 귀찮게 한다고 했는데, 어떻게 하시니?

코 비: 그냥 저에게 항상 짜증내세요. 제 인생이 낭비가 될 것이라고 하시면서요.

치료사: 그렇다면 어머니가 가족 중 너에 대해서 가장 걱정한다는 것에 동의하니?

코 비: 네. 미쳐 버리겠어요.

치료사: (테레사에게) 너는 언제 문제가 있다고 인식했니?

테레사: 다른 식구들 모두가 알아차렸을 때요. 오빠가 학교에 가는 것을 너무 무서워했을 때요. 하지만 저는 오빠가 학교에 가든 말든 상관하지 않아요. 저는 단지 오빠와 부모님이 그만 싸웠으면 좋겠어요.

치료사: 그래. 너는 오빠가 학교에 가는 것을 무서워한다고 생각하는구나? 무엇을 무서워하는 것 같으니?

테레사: 모르죠. 오빠에게 물어보세요.

치료사: (스티븐에게) 따님의 의견에 동의하십니까? 아드님께서 학교가 무서워서 가지 않는 것 같나요?

스티븐: 아들은 게을러요. 동기도 없어요. 만약 동기가 없다면 제 값을 치르게 될 거예요.

치료사: (미란다에게) 아드님께서 학교가 무서워 가지 않는 것이라는 의견에 동의하시나요?

미란다: 저는 코비가 학교에 대해 불안해하고 있다고 생각해요. 그리고 스티븐은 이제 와서 끼어들고 코비에게 무엇을 하라고 말해도 된다고 생각하죠. 스티븐은 문제를 전혀 인식하지 못했어요.

치료사: 가족분들이 항상 이러셨나요?

치료사는 시간의 틀을 이동하기 시작한다. 과거 가족의 상호작용이 현재의 그것과 크게 달랐는지에 대해 물어보는 것을 통해 시간의 차이를 탐색한다.

스티븐: 아니요. 원래는 더 잘 지냈죠.

치료사: 어느 분이 가족과 가장 잘 지내셨나요?

스티븐: 우리 모두가 잘 지냈어요.

치료사: 그렇군요. 가족분들 중에서 가장 잘 지낸 분은요?

스티븐: 아마도 우리의 상황 때문에 미란다는 브랜든과 가까워요. 하지만 테레사와도 아주 가깝죠.

치료사: 미란다 씨, 동의하세요?

테레사: 아마도요.

치료사: 코비와는 누가 가장 잘 지냈나요?

미란다: 저의 친정아버지 에드워드요. 작년에 돌아가셨어요.

치료사: 코비, 외할아버지와 네가 가장 잘 지냈다는 것에 동의하니?

코 비: 네, 할아버지가 그리워요.

치료사: 가족 중 누가 그를 가장 그리워하니?

코 비: 아마도 외할머니요.

치료사: 그리고 누구?

코 비: 아마도 저요.

치료사: 그다음에는?

코 비: 엄마요.

치료사: (코비에게) 이 상황이 시작되기 전 엄마와 아빠의 관계는 어땠니?

이 질문은 이전/이후 시간에 기초한 차이를 탐색한다.

코 비: 모르겠어요. 좋았던 것 같아요.

치료사: 지금은 관계가 더 좋니, 아니면 더 나쁘니?

코 비: 아마도 조금 더 나빠진 것 같아요. 최근에 부모님께서 자주 싸우시는 소리를 들었어요. 제 기억으로 전에는 그러지 않으셨는데 말이죠.

순환질문을 통한 탐색에서 의도되었듯이, 이 토론은 (부모 사이의 갈등이 없음을 포함하여) 완벽함에 대한 가족신화를 재고려하게 하는 틈새를 만들어 준다.

치료사: 너는 부모님의 결혼생활이 다른 사람들보다 행복하다고 생각하니? (테레사에게)

테레사: 네. 부모님께서 항상 알콩달콩하시지는 않지만, 몇몇 친구의 부모님처럼 서로를 증오하시지는 않아요.

치료사: 코비, 너는 어떻게 생각하니?

코 비: 괜찮은 것 같아요. 엄청 좋지는 않지만 나쁘지 않아요.

치료사: 네가 자랄 때 어느 분이 너에 대한 훈육을 주로 맡았니?

치료사는 아이들과의 상호작용과 훈육에 있어서 부모 간 차이가 있음을 인지한다.

이 질문은 대안적인 치료적 가설을 이끌어 줄 새로운 정보를 밝혀 줄 수 있다.

코 비: 어머니요.

치료사: 그리고?

코 비: 아마 외할머니요. 저를 실제로 훈육한 것은 아니지만 부모님 두 분 다 일을 하셔서, 외할머니가 낮에는 항상 계셨어요.

치료사: (부모에게) 코비가 훈육을 어머니가 주로 맡고 그다음으로 외할머니가 맡았다고 하는데, 이에 동의하시나요?

스티븐: 전 그렇게 생각하지 않아요. 제가 훈육시켰는걸요.

미란다: 스티븐, 당신은 일이 많았잖아요. 사실 친정어머니가 저를 도와 아이들을 돌봐 주셨죠. 당신은 큰일이 있을 때 도와주었죠. 유산했을 때요.

치료사는 이것이 가족이 전에는 개방적으로 이야기할 수 없었던 가족 내의 책임 문제임을 인지한다. 이제 구조적 가설은 확장된 가족체계, 즉 어머니의 어머니 그리고 미란다, 소피아, 스티븐의 삼각관계를 포함하도록 확대되었다.

치료사: 외할아버지가 1년 전에 돌아가셨다고 하셨죠? 그리고 코비, 네가 외할아버지와 가장 가까웠고. 외할아버지가 돌아가시고 가족에 어떤 일이 일어났나요?

테레사: 코비 오빠가 힘들어했어요. 오빠는 항상 방에서 혼자 놀기 시작했어요.

치료사: 만약 외할아버지가 여전히 살아 계셨다면, 코비가 학교에 가지 않는 것에 대해 뭐라고 말씀하셨을까요?

다시 한 번, 순환질문을 사용하여 치료사는 각 가족구성원이 어떻게 가족신화와 그들의 행동을 조직하는 전제를 이해하는지에 대해 더 강하게 인지한다. 또한 치료사는 특히 코비에게 외할아버지 죽음의 중대성을 강조하기 시작한다.

테레사: (웃으며) 농담하시는 거죠? 만약 외할아버지가 계셨다면 코비 오빠는 단 하루도 학교를 빠지지 않았을 거예요.

치료사: 그렇다면 외할아버지께서는 코비가 얼마나 똑똑했는지 알았다는 건가요? 코비가 그 점을 감추려 해도 말이죠.

스티븐: 요즘 코비는 그것을 아주 잘 감추고 있죠. 학교를 빠지는 것은 멍청한 짓이에요.

치료사: 만약 외할아버지가 여전히 살아 있고 코비가 학교에 가고 있다면, 외할아버지는 누구에 대해 가장 걱정하셨을까요?

이 가설질문은 현재 코비가 소외되어 있고 역기능적이라는 가족의 이해를 깨기 위해 시도한다. 또한 이는 모든 가족구성원이 특정 시점에서 문제가 있을 수도 있고 없을 수도 있을 가능성을 제기한다.

테레사: 외할아버지는 엄마를 가장 걱정하셨을 거예요. 항상 엄마를 가장 걱정하셨죠. 외할아버지는 아빠가 일을 너무 많이 한다고 생각했어요.

미란다: 아이들 외할아버지가 누군가를 걱정했을 것 같진 않아요.

치료사: 코비, 외할아버지가 엄마를 가장 걱정했을 거라는 의견에 동의하니?

코 비: (대답하지 않는다. 바닥을 바라본다.)

미란다: 글쎄요. 아마도 브랜든을 걱정하셨을 거예요. 살면서 겪어 가는 몇 가지 어려움이 있죠.

치료사: (스티븐에게) 동의하시나요?

스티븐: 저는 테레사라고 생각해요. 지금 테레사는 너무 조숙해지고 있어요. (방 안의 전화기가 울리고 치료사가 받는다.)

가족은 분명 다른 아이들이 걱정의 원인일 수도 있다는 가능성을 생각해 보기 시작한다.

치료사: 동료들이 여기서 멈추고 저와 의논하자고 합니다. 저는 상담이 끝나고 저희가 나눈 이야기를 전해 드리러 곧 돌아오겠습니다. (치료사가 상담실을 떠난다.)

논의를 위한 휴식시간

팀멤버: 선생님이 면접의 초점을 바꾼 것처럼 보이더군요.

치료사: 네, 우리의 맨 처음 가설이 맞지 않았다고 생각해요. 부모가 코비를 어린

아이처럼 대하려 한다는 것과 이런 학교 상황은 그들이 부모로서의 지위를 유지하는 한 가지 방법이라는 가설 말이에요.

팀멤버: 코비가 외할아버지를 잃었을 때, 자신의 길을 잃은 것처럼 보이더군요.

치료사: 가족은 반드시 행복하고 완벽해 보여야 한다. 이 전제는 가족이 행복하지 않을 때 서로에게 표현할 수 있는 것을 막고 있어요. 아이들은 꽤 최근까지도 부모가 싸우는 것을 보거나 들은 적이 없어요. 코비의 행동은 이런 완벽함에 대한 가족신화를 성취하기 위해서 중요하죠.

팀멤버: 아마 코비는 부부불화가 있다는 것을 느꼈고, 그의 행동은 부모를 합심하게 하기 위한 방법일지도 몰라요. 부모는 서로 싸우는 대신 그를 향해 팀을 이루었죠.

치료사: 코비는 가족 안에 여전히 외할아버지가 살아 있다고 여기는 것처럼 보였어요. 아마도 외할아버지는 미란다와 스티븐의 결혼생활에 대해 늘 걱정했을 수도 있겠네요. 외할아버지는 스티븐이 미란다가 받아야 할 만큼 대우를 해 주지 않는다고 생각했을 가능성이 있어요. 하지만 표현을 하지 않으신 거죠.

팀멤버: 그렇다면 코비는 학교에 가지 않는 것을 통해 가족을 보호하는 것이군요. 부모가 그에게 집중하고 있는 동안은 그들이 결혼생활을 유지하겠죠. 미란다는 친정아버지가 그랬을 수도 있던 것처럼 남편에게 질문하는 것을 피하고, 그렇게 가족은 현재 상황을 유지할 수 있어요.

치료사: 코비가 부모님을 도와주고 있는 거군요.

팀멤버: 네, 하지만 아마도 이것이 수면 위로 올라오면 그들이 과거에는 하지 못했던 이야기들을 할 수 있을지도 몰라요.

개입 메세지

치료사: 휴식시간 동안 저와 동료들이 어떤 이야기들을 했는지 알려 드리도록 하겠습니다. 저희는 모두가 치료를 위해 오늘 모이신 것이 매우 잘하신 일이라

고 생각합니다. 그리고 저희는 코비가 최소한 지금이라도 학교와 미래에 관해 자신만의 의사결정을 하는 것이 코비에게 매우 중요하다고 생각합니다.

치료사는 상황에 대한 긍정적인 의미부여를 통해 중재를 시작한다. 앞서 언급한 바와 같이, 부모는 가족 모두가 도전받는 것이 아닌 칭찬을 받고 있기 때문에 이 메시지를 거부하기가 어렵다.

치료사: 코비, 우리가 보기에는 외할아버지가 돌아가셨을 때 네가 힘들었던 것 같구나. 아마 외할아버지는 너를 포함한 다른 사람들이 네 안에서 보지 못한 어떤 것을 보신 것 같아. 그래서 우리는 네가 너의 교육과 미래에 대해서 스스로 의사결정을 할 수 있을 만큼 강하다는 것이 좋은 일이라고 생각해. 아마도 외할아버지는 네가 아빠보다도 똑똑할 것이라고 생각했을지도 몰라. 하지만 이것이 문제가 될 수도 있으니 지금은 너의 빛이 아직 너무 밝게 빛나지 않도록 하는 것이 맞아. 그리고 부모님이 함께 있고 너에 대해 어떻게 하실 건지 알 수 있도록 도와드려야 해. 좋은 부모님이시기 때문에 너를 걱정하신단다. 그렇게 하면 아빠가 여동생을 너무 걱정하지 않게 되고, 또 엄마가 남동생을 너무 걱정하지 않게 될 가능성이 있다고 생각해. 그래서 우리는 네가 적어도 지금 가족을 도와주는 좋은 방법을 알아낸 것이라고 생각한단다. 앞으로 여러분이 해 주셨으면 하는 일이 있습니다. 매일 밤 같은 시간에 가족이 모두 모여서 외할아버지께 쓴 이 짧은 편지를 읽는 것입니다. 모두 돌아가면서 서로에게 크게 읽어 주시면 됩니다. 제가 지금 여러분께 읽어 드리겠습니다.

사랑하는 할아버지께, 코비의 부모님이 함께 할 수 있도록 코비의 학교교육을 도와주신 것에 감사드립니다. 할아버지께서 아시다시피, 저희는 코비가 똑똑하고 섬세한 청년이기는 하지만 어린 동생들이(부모님까지도) 그의 역할을 맡을 때까지 그의 빛이 너무나 밝게 빛나지 않기를 바랍니다. 그를 자랑스러워할 만하세요. 테레사가 성숙하고 총명한 숙녀가 되는 것을 자랑스러울 만하십니다. 그리고 브랜든의 특별한 능력도 마찬가지로 자랑스러워하실 것입니다.

2주 뒤에 저와 동료들이 가족에 어떤 일이 일어나고 있는지 흥미롭게 듣고자 합니다.

회기 후

팀멤버: 저는 스티븐 씨가 편지의 내용을 들으며 미란다 씨를 골똘히 응시하는 것을 보았어요. 모두가 조심스럽게 집중을 했고, 테레사는 내내 아빠를 쳐다보더군요. 가족이 어떻게 반응했다고 생각하세요?

치료사: 저는 코비가 안도한 것처럼 보였어요. 외할아버지와 가까웠다는 점과 외할아버지를 잃었다는 점이 인정되었어요. 그리고 코비가 스스로 결정을 할 수 있는 능력이 이제는 좋은 것으로 보일 수 있겠어요.

팀멤버: 이것이 완벽함에 대한 가족신화에 도전하고, 부모가 가족의 다른 문제에 대해 명백히 동의하지 않을 수 있음을 고려할 수 있도록 하는 것 같네요. 이는 부모가 자신을 배려심이 많은 부모로 볼 수 있게 해요. 그리고 코비가 외할아버지를 지극히 생각하고 가족을 신경 쓰는 사람으로 부모님이 볼 수 있도록 하죠.

치료사: 그리고 아마 다른 아이들은 완벽하게 보여야 한다는 필요에서 자유로워지고, 자신들의 요구사항과 어려움들에 대해서 알릴 수 있을 거예요.

Chapter **09**

구조적 가족치료

제이 래핀 · 마이클 리터
(Jay Lappin & Michael D. Reiter)

1967년 미누친(Minuchin)과 동료들이 구조적 가족치료의 이정표가 된 책인『슬럼가의 가족들(Families of the Slums)』(Minuchin, Montalvo, Guerney, Rosman, & Schumer, 1967)을 출판했을 당시에는 정신의학의 개인중심 사고가 실천과 정책 모두를 지배했다. 구조적 가족치료는 저소득층의 소수집단 내담자에 관해 최초로 연구한 가족기반 치료의 하나로서, 당시 보편화되었던 정신역동 접근으로부터의 급진적인 출발이었다. 당시는 오래된 사고방식, 행동방식, 존재방식을 영구히 변화시켰던 심오한 사회적 변화의 시기이기도 하였다. 살바도르 미누친(Salvador Minuchin)은 윌트윅 소년학교와 필라델피아 아동지도클리닉에서 동료들과 더불어 가족이 어떻게 기능하고 또 치료사는 가족이 변화하도록 어떻게 도울 것인지를 이해하기 위한 시도로서 치료적 접근을 발전시켰다. 그렇게 실제로 새로운 접근을 시작한 치료사는 매우 드물다.

이 장은 모슬리 씨 가족 사례에 구조적 가족치료의 핵심 원칙과 기법을 어떻게 적용하는지 보여 줄 것이다. 가족은 구성된다는 점의 한계와 마찬가지로, 이 장은 더욱 구체적이고 역사적인 접근방식을 취하며, 현재의 구조적 가족치료 전체를 다 나타내지 못하고, 또 이 모델을 실천하는 다양한 사람을 모두 대표하지도 못한다. 그보다 독자들이 이 장을 개인적인 역량을 발전시키도록 돕기 위하여 사용자 맞춤형이면서 처방적이지 않은 하나의 지침으로 볼 수 있기를 바란다.

문제형성에 대한 관점

가족의 의뢰

학교상담사는 최근 학교 문제에 대한 코비와의 만남이 비생산적이었기에 16세인 코비 모슬리와 그 가족을 의뢰했다. 고등학교 1학년이 끝날 무렵인 7개월 전 코비는 학교에 가지 않겠다고 요구하기 시작했다. 고등학교 2학년이 시작된 후, 코비는 무단결석을 반복했다. 지난해 그는 성적 때문에 유급을 했고, 학교상담사는 코비가 학교 활동에 참여하지 않았으며, 친구들과 덜 친한 것 같았던 점에 주목했다. 또한 학교상담사는 코비가 때로 키가 작아서 왕따를 당했음을 알았지만, 학교 당국이나 가족의 걱정 수준에 이른 적은 없었다는 점에도 주목했다.

구조적 가족치료: 체계의 변화를 위한 체계

구조적 가족치료가 도전, 변화, 체계, 강점을 신조로 한 점은 가족치료사에게 효과적이고 희망적인 생각과 행위를 실천적으로 적용할 수 있게 한다. 넓은 의미에서 구조적 가족치료는 중요하고 상호 관련된 다중의 요소로 구성된다. 말하자면, '아웃사이드-인(outside-in)' 대 '인사이드-아웃(inside-out)'이다. 사람이 내부에서 어떻게 느끼는지는 대개 관계 맥락에 속한 사람들 사이, 즉 외부에서 무엇이 일어나는지를 기초로 한다. 공동으로 구성하는 정체감을 느끼는 곳으로서 가족보다 더 사실적인 곳은 없다(Colapinto, 1982, 1991; Minuchin, 1974; Minuchin & Fishman, 1981; Minuchin & Nichols, 1993).

세상에서 가장 짧은 연설로 알려진 '나를, 우리(Me, We)'에서 무하마드 알리(Muhammad Ali)는 개인인 '나'는 맥락의 '우리'와 분리할 수 없음을 상기시켜 준다. 가족에서는 훨씬 더 그렇다. 가족의 한 구성원이 변하면 모든 사람이 변한다. 예를 들어, 아이가 태어나는 것, 함께 사는 조부모, 대학생 자녀가 집에서 나가는 것은 각 가족구성원이 생애주기를 통해 자신이 누구인지에 관한 느낌에 영향을 미친다. 체계론적 관점에서, "자아는 전체이면서 동시에 전체의 부분이다"(Minuchin & Fishman, 1981, p. 193). 이러한 상호관련성 시각은 개인에 대한 서구의 지배적 신화와 상충하는데, 이 신화는 가족 및 사회문화 맥락으로부터 자아를 인위적으로 분리한다. 자신에 대한 사람들의 경험은 그들이 누구와 함께하며 어떻게 함께하는지에 달려 있다. 가족이라는 작고 친밀한 생태계에서 구조적 가족치료의 목표는 가족구성원이 자신을 덜 활용한 측면들을 경험하거나 혹은 '실연'함으로써 상호의존성을 이해하도록 돕는 것이다(Minuchin & Fishman, 1981). 그렇게 덜 활용한 측면들은 원래 적응적인 가족 패턴의 과다 사용에 의해 숨겨진 부분으로서 지금은 가족구성원이 성장하고 문제해결을 할 능력을 제한하는 부분을 의미한다. 구성원들을 변화시키기 위해, 치료사는 두 가지를 이해할 필요가 있다. 첫째는 맥락의 특수성을 고려한 각 가족의 구조며, 둘째는 지속 가능한 변화에 영향을 미치기 위해 치료사 자신을 어떻게 이용하는가다.

가족과 같은 자연체계는 반복적인 패턴을 갖는다. 혹은 가족의 경우 생애주기에 따라 구성원들의 변화 욕구에 적응하고 또 구성원들의 행동을 조절하는 구조를 갖는다(Minuchin, 1974). 이렇게 순환적이고 상호적인 조정은 사이먼(Simon, 2003)이 "가족구성원 각자와 모두에게 있는 손대지 않은 가능성의 보고"(p. 18)라고 하는 것을 벗어난다. 말하자면, 이런 요소 간에 보완적 관계가 있다는 것이다. 증상 행동이 자아의 과잉 활용된 부분에 의해 유지되는 정도만큼 잘 활용되지 못한 자아의 다른 부분이 있으며, 그 결과 잠재력은 개발되지 않는다. 그러나 그렇게 숨겨진 힘의 유용성 혹은 '그가 그걸 할 수 있을지 몰랐어.'라고 발견하는 순간은 그 사람의 맥락이 그렇게 새로운 발견을 허용하도록 변할 때 실현된다. 이렇게 보편적인 생애주기 단계와 역할 적응 동안에 가족생활의 두 가지 다른 주요 요소는 역동적으로 서로를 끌어당긴다. 즉, 구성원들의 소속감을 지지함과 동시에 그들의 성장과 개별화를 격려한다(Minuchin, 1974). 모슬리 씨 가족 그리고 '고착된' 어떤 가족의 경우, 이러한 두 힘의 상호작용과 변화하는 역할에 수반되는 스트레스가 증상을 초래할 수 있다. 그러나 구조적 관점에서 증상은 상호작용 빙산의 일부 혹은 미누친이 말한 대로 '맥락적 문제의 표현'(Minuchin, 1974, p. 152)일 뿐이다. 이러한 증상은 가족의 전체성의 부분적 표현일 뿐이다. 가족의 전체성은 문화, 젠더, 성적 지향, 계급, 개인의 기질적 특성, 신경조직, 환경을 포함하여 인간발달의 보편적 요인들로 구성된다(Boyd-Franklin, 1989; Lappin, 1983; Lappin & Hardy, 1997; Minuchin, 1974; Minuchin et al., 1967; Minuchin, Colapinto, & Minuchin, 2007). 이는 전통적 치료와 다른 관점이며, 또 다른 구조적 차이—이전 역사의 '당시'에 대해 여기 현재에서 무엇을 하는지—로 이끈다.

다르게 보기

사람은 습관의 동물이다. 역사 혹은 '당시' 일어났던 것이 '지금' 일어나고 있는 것을 부분적으로 설명할 수는 있지만, 구조적 관점은 증상을 잠재적인 적응 유물(possible adaptative relics)로 본다. 말하자면 이전 시대의 패턴이 현재 나타난 현상이라고 보는데, 당시에는 효과가 있었을지 몰라도 현재는 일상적인 삶의 요구들을 충족시키지 못하는 그런 현상이다. 예를 들어, 언어 기술이 거의 없는 유아는 자기 말을 대신 해 줄 부모가 필요하다(즉, "이 아이가 말하려고 하는 것은 ……인 것 같아요."). 부모는 아이들이 자라고 표현할 능력이 발전됨에 따라 자기표현을 더 많이 하도록 격려한다. 자녀가 발달하고 있는데도 부모가 자녀를 대신해서 말을 해주면, 자녀는 그만큼 스스로 말하는 법을 배우지 못한다. 모슬리 씨 가족에서도 마찬가지이며, 그래서 증상은 말하지 못한 것의 표현이 될 수 있다. 가족구성원들이 서로 말할 때 혹은 형제자매가 싸울 때, 오래전 '그 당시'의 역사적 패턴을 '현재' 치료 회기에서 실연하는 것(Minuchin, 1974; Minuchin & Fishman, 1981)은 치료사가 환영하는 개입이 될 수 있고, 가족은 일이 정말 달라질 수 있다는 생생한 희망을 경험할 수 있다. "스티븐 씨, 아들하고 이야기 나누어 보시지요. 부인이나 장모님이 당신을 도와주고 싶다는 유혹을 느끼지 않는 방식으로 말이죠." 그러나 가족이 시간이 흐름에 따라 발전하는 것과 마찬가지로, 이론, 사고, 이론의 창시자들도 똑같이 발전한다. 때로 미누친의 현재 시각은 구조적 가족치료에 관한 그의 초기 시각과 상충되는 듯 보인다. 그의 최근 저서인『가족과 부부 사정하기: 증상에서 체계로(Assessing Families and Couples: From Symptom to System)』에서, 미누친은 이전에 거의 현재에만 초점을 맞추었던 시각을 바꾸어 "구조에 초점을 둔 과거 탐색"(Minuchin, Nichols, & Lee, 2007, p. 10)을 추가하였다. 현재 역사적인 접근을 추가한 세 번째 단계의 미누친 접근을 적용하여 모슬리 씨 가족의 패턴 형성을 살펴볼 것이고, 이 접근은 12장에서 더 많이 논의될 것이다.

치료사의 자기 사용

구조적 접근방식의 구성요소들의 베를 짜는 사람은 치료사라는 사람이며, 치료사의 '자기 사용(use of self)'은 변화를 위한 맥락을 만든다(Aponte, 2000; Aponte & Carlsen, 2009; Lappin, 1988; Minuchin & Fishman, 1981). 치료사는 재구조화라는 긍정적 결과를 가져오기 위해 가족 문화에 일시적으로 합류하는 '치유자'며, 그 속에서 구성원의 개인적 및 집단적 기능 능력이 향상된다(Colapinto, 1982; Lappin, 1983; Minuchin & Fishman, 1981). 개입은 치료사마다 특정 방식으로 늘 색다르게 이루어진다. 가족의 현재 상태에 대한 항상성적 '고착'을 존중하지만 도전한다. 예술과 과학의 교차점의 어딘가에 위치한 치료사의 솜씨가 연마되어 나타나는 곳도 바로 이러한 맥락이다. 다른 중요한 요인도 고려해야 하는데, 예를 들면 치료사 자신의 내적 상태는 말할 것도 없고 권력, 문화, 계층, 젠더, 성적 지향 같은 요인이다(이 장 후반부의 '문화적 요인' 절을 참조하라). 그러나 만일 그것이 충분하지 않다면, 반드시 염두에 둘 한 가지 더 중요한 구조적 접근이면서 체계론적 요소는 가족체계 내 치료사의 멤버십이다. 치료사는 가족에 합류할 때 가족체계의 부분이 되며, 가족의 경계를 형성하는 맥락에 회귀적인 패턴으로 영향을 주기도 하고 받기도 한다(Colapinto, 1982, 1991; Lappin, 1988; Minuchin, 1974, 1985; Minuchin & Fishman, 1981). 가족체계의 부분이 되는 것이 확실히 중요하지만, 치료사가 가족체계의 너무 큰 부분이 되거나 오로지 가족의 눈으로만 보면 변화의 과정, 구조, 가능성을 못 볼 수 있다.

구조적 가족치료의 원칙은 치료사가 여러 다른 '자기 사용'을 하도록 이끌어 준다(Minuchin & Fishman, 1981). 첫 번째 과제는 가족에 합류하고 치료체계를 형성하여, 관계질문으로 가족 패턴에 대한 구조적 지도를 발전시키고, 그것에 대한 윤곽을 잡는 것이다. 가족 상호작용 패턴에 대해 이렇게 지도를 그리면 치료 목표와 전략의 윤곽이 잡힌다(Minuchin, 1974). 이러한 가족 패턴에 대한 지도는 가족구성원들이 문제의 '여기'에서 변화의 '저기'로 가게 하는 가족의 정서적 지형을 항해하도록 돕는다. "스티븐 씨, 당신이 성장할 때 당신의 가족에서는 안전한 거리를 확보하도록 어떻게 가르쳐 주었나요?" "미란다 씨, 당신은 한 발은 배에 두고 다른 한 발은 부두에 두고 있는 것 같아요. 얼마나 진이 빠지세요? 어떻게 그렇게 되었죠?"와 같은 질문은 맥락의 제약을 넘지 않는 '현재로서의 과거'의 예지만, 가족에 대한 증상의 일방적인 영향에 도전하는 관계적 관점을 도입한다.

가족발달

가족은 부부 형성기, 어린 자녀가 있는 가족, 학령기 혹은 청소년 자녀가 있는 가족, 성인 자녀가 있는 가족의 네 가지 주요 단계를 통하여 발달한다(Minuchin & Fishman, 1981). 모슬리 씨 가족은 처음의 세 발달단계를 가장 잘 대표하기 때문에,

이 단계와 문제형성의 관계가 강조될 것이다. 네 단계에는 공통적으로 두 가지 도전이 있다. 첫 번째는 내적인 도전이다. 즉, 가족은 정적이지 않고 역동적으로서 시간이 지남에 따라 변화한다는 인식으로 가족구성원의 심리사회적 발달을 보호하는 것이다. 발달적 변화는 관계상의 변화를 뜻한다. 두 번째는 외적인 도전이다. 즉, "문화에 대한 적응과 문화의 전수"(Minuchin & Fishman, 1981, p. 46)다. 가족의 상호작용을 지배하는 명시적 · 암시적 규칙은 가족의 구조며, 시간이 지남에 따라 가족구성원의 변화하는 욕구와 상호 연관된 욕구에 적응해야 한다(Keim & Lappin, 2002; Minuchin, Nichols, & Lee, 2007; Nichols & Minuchin, 1999). 이러한 욕구는 부모/자녀, 부부/아들/딸, 형(누나, 오빠)/동생 등 가족 내 각 하위체계에서의 보완적 멤버십에 의해 서로 다른 방식으로 충족된다.

모슬리 씨 가족은 현재 학령기 및 청소년기 자녀가 있는 가족의 단계에 있다. 자녀의 경우, 발달과 생물학적 연령은 항상 변화하고, 정확하게 맞아떨어지지 않으며, 고유성이 있다. 말하자면 끊임없이 보글보글 끓고 있는 일종의 찌개다. 세 아이의 나이는 16, 14, 10세이며, 막내인 브랜든이 자폐증이라는 점은 모슬리 씨 가족이 발달적으로 부글부글 끓는 단계의 전형이면서 몇 가지 더 추가적인 어려움이 있음을 나타낸다. 이것의 한 가지 결과는 브랜든이 자람에 따라 생물학적 연령과 발달적 차이 때문에 부모의 입장에서 어린아이가 있는 가족과 더 유사하게 성가신 일들이 더 많아질 것이라는 점이다. 이렇게 발달적인 이중성의 긴장은 모슬리 씨 가족에서 특히 더 분명하다. 10대인 코비와 테레사는 부모가 아동기의 보호와 통제에서 벗어나 청소년 자녀 스스로 삶의 결정을 더 많이 통제하도록 보다 더 '지도하는' 자세로 전환할 것을 요하고 있다. 그 점에서 코비의 무단결석이 튀어나왔다. 우울증에 대한 임상적 진단 혹은 소셜 미디어에 의한 왕따를 배제해야 하지만, 체계론적 수준에서 코비의 '독자적인' 등교 거부 입장이라는 역설은 실제로 가족과 다른 체계들을 더 가깝게 끌어당긴다. '독립할' 준비가 되어 있는 젊은 남성이 되는 것으로 보이기 보다, 그는 부모와 가족체계의 더 많은 관심을 필요로 하며 발달을 저해당한 어린 자녀의 모습을 보이고 있다. 대부분의 가족이 성공적인 발달적 전환을 경험하는 반면, 모슬리 씨 가족은 보이지 않지만 쌓아 놓은 접시 같아서, 끊임없이 거듭되고 모순되는 여러 개의 때로는 상충하는 욕구들이 모여, 이미 스트레스를 받고 있는 부모/부부 하위체계의 긴장을 증가시키고 있다. 이러한 추가적인 압박감은 부모 하위체계로부터 더 많은 의사소통, 관여, 융통성을 요한다. 이는 그 어느 부모에게도 쉽지 않은 과제이며, 스티븐과 미란다에게는 특히 더 도전적인 과제다.

부부 형성기: 모슬리 씨 부부

가족이 되는 공동의 여정은 두 개인이 부부가 되기로 동의하면서 시작된다. 모든 부부는 각자의 원가족, 문화, 계층, 젠더, 성적 지향에서 비롯되는 유사한 과업, 즉 분명하지만 무의식적인 과업에 직면한다(Minuchin & Fishman, 1981). 이러한 맥락에서 부부는 서로가 개입되는 역할과 규칙을 둘러싼 지속적이고 보완적인 춤을 정리해야 한다. 예를 들어, 자녀가 성인관계와 부모로서 더 많이 헌신하는 구성원이 되어 감에 따라 부모 역할이 감소하는 정도는 문화에 따라 다르다. 가족 협상에 영향을 미치는 또 다른 사안은 깊게는 정체성과 역할 및 확대가족의 관여에 대한 핵심적인 가치에서부터 누가 쓰레기를 버리고, 개를 산책시키며, 설거지를 하는지 등의 일상적인 일에 이르기까지 방대하다. 모슬리 씨 가족은 이런 모든 것과 그 이상에 직면하고 있다.

많은 도전이 신혼부부를 기다리고 있지만, 특히 한 가지가 그들의 안녕에 중요하다. 그것은 부부가 부부의 통합을 지켜 줄 경계선을 설정함으로써 원가족으로부터 성공적으로 분화하는 정도다(Minuchin, 1974). 이러한 경계선 설정이 문화마다, 가족마다, 계층마다 고유하지만, 부부의 지속 가능한 '우리' 의식을 확립한다는 본질적인 과업은 동일하다. 시간이 흐름에 따라 개별성의 상실이 서로에 대한 소속으로 보완되며, 경계선이 건강할 때는 확대가족에 대한 소속으로 보완되는 교환이 이루어진다.

스티븐은 미란다보다 가족의 경계선을 구분 짓는 것이 더 쉬웠다. 처음에 부부가 미란다의 고향으로 이사하여 스티븐의 원가족이 부부에게 영향을 미치기가 더 어려웠다. 스티븐이 직업 없었던 시간 때문에 스티븐과 미란다의 '부부되기라는 당면 과제'의 모양과 톤이 바뀌었다. 그 결과 불일치가 생겼는데, 말하자면 역사적으로 남성 가장인 가구의 보금자리가 뒤바뀌었다. 미란다가 주요 가계 부양자가 되었을 때, 스티븐이 "예." 하는 비율은 줄어들었다. 이와 같은 초기의 편향된 입장이 결혼생활 내내 부부의 주요 주제가 되었고, 불평등한 부부가 되게 만들었다. 미란다 가족의 과잉 개입, 그리고 그에 보완적으로 스티븐과 미란다의 부부관계에 대한 과소 관여는 협동적으로 문제를 해결하기 위한 공유 능력에 해가 되었고, 그래서 그들은 삶의 불가피하고 예측할 수 없는 도전에 직면하여 어쩔 줄 모르게 되었다.

스티븐이 나름대로 선택한 회피방식은 안전한 길이었다. 아버지의 음주와 학대가 경계선을 위반하였고, 그 결과 어머니가 다시는 데이트를 하지 않음으로써 그 후의 모든 관계에서 거리를 두기로 결정하였던 원가족에서 출발한 스티븐이 받은 메시지는 분명하였다. 그 메시지는 신뢰를 둘러싼 경계선이 느슨하고 또 쉽게 고쳐지지 않으면 거리두기가 최상이라는 것이다. 그것은 마치 스티븐이 자신의 친밀하고 약한 부분은 미란다와 처가에 위탁한 반면, 안전하고 익숙하고 더 많이 거리를 두는 부분은 자신이 간직하였던 것과 같았다. 이러한 배열은 결국 부부가 함께 작업하는 것을 고질적으로 어렵게 만들었다. 스티븐과 미란다는 첫 번째 경계선을 더욱 평등하게 재작동하기 위해 초기에 선호했던 경로에서 완전히 회복하지 못했다. 그 경계선에서 스티븐은 분노의 씨를 뿌려 쌓았고 또 미란다는 아이들 및 확대가족과 가까운 관계를 굳혔다.

모슬리 씨 가족이 혹은 어떤 가족이 자녀에게 삶을 구축할 도구를 주고자 할 때, 습관, 예시, 유전, 과잉 결정된 가족 패턴, 환경에 의해 제한되는 도구상자는 자녀에게 한정된 기술을 전수할 수 있다. 예를 들어, 스티븐의 가족에서 유용한 대처 도구는 어려움으로 가득했다. 스티븐의 아버지 제임스는 학대를 함으로써 경계선 침범을 가르쳤다. 스티븐의 어머니와 아버지 모두 갈등을 피하기 위해 거리두기를 사용했다. 아버지의 알코올중독에서의 회복도, 스티븐이 결코 완전한 유대감을 갖지 못했던 새엄마 아만다와 아버지의 재혼도 축하할 일이거나 연결감의 원인이 되지 못하였다. 어머니가 "아이들을 위해 내가 모든 것을 다 했어."라고 하면서 오랫동안 죄책감을 갖게 할 만큼의 일을 하였고 또 재혼을 하지 않았다는 사실과 더불어 아버지의 일관성 없는 경제적 지원으로 말미암아 스티븐은 터놓고 갈등하거나 도망가지 않고서도 차이를 해결하기 위해 필요한 관계적 도구를 목격하거나 실천할 기회를 갖지 못했다. 스티븐은 어느 정도 장인 에드워드와 미란다와 장모에게 아버지로서의 의무를 위탁했다. 삶의 도전에 대한 미란다의 해결은 다른 길을 걷는 것이었지만, 그녀 역시 결국 남편과 비슷한 곳에 이르렀다.

학령기와 청소년기 자녀 가족

가족발달의 두 번째 단계는 첫 자녀의 탄생과 함께 시작된다. 이렇게 부모 하위체계가 새롭게 펼쳐짐에 따라, 역할과 기능의 복잡성이 증가하며 전체 가족에 영향을 미친다. 그러나 신생아와 새롭게 부모가 된 사람 간의 첫 만남은 모두의 역할과 경계선이 가장 극적으로 변화하는 만남이다. 아버지 에드워드는 '할아버지'가 되고 소피아는 '할머니'가 되며, 이제 부부는 새 부모에 대한 가족, 문화, 개인적 기대를 모두 받아들이게 된다(Minuchin, 1974). 미란다와 스티븐에게는 미란다 부모의 관여가 신체적/심리적으로 근접하여 있을 뿐 아니라 미란다가 일하여 경제적 욕구를 충족한다는 분위기에 의해 야기된 잘 의도된 경계선 침범이었다. 아버지 됨에 대한 내적인 요인 외에도, 스티븐은 코비가 태어나기 전부터 미란다와 소피아의 모녀간 연합에 따라 외부인처럼 느꼈는데, 이 입장은 자기 자신의 과소 개입과 미란다에 항복함으로써 더 강화되었고, 또 가족의 더 안전한 주변부라고 느꼈을 곳으로 자기 자신을 쫓아내 갈등을 피하는 입장에 있게 했다.

경계선

가족을 평가하는 하나의 수단은 가족체계의 경계선을 살펴보는 것이다. 경계선의 고전적 정의는 누가 참여하며 어떻게 참여하는지를 정의하는 하위체계의 규칙이다(Minuchin, 1974). '밀착된' 혹은 '과잉 연합한' '유리된' 같은 대중적인 용어는 건강 혹은 병리를 가리키는 가족 형태 그 자체를 의미하지 않는다. 그보다 이 용어들은 가족의 발달단계, 문화, 맥락을 통해 보이는 경계선 구도의 산물이라 할 수 있다(Minuchin, 1974). 이 양극단 사이에는 분명한 경계선이 있는데, 이것은 하위체계 내 구성원들뿐 아니라 하위체계 밖 구성원 간에 연결과 분리의 적정 수준에 있는 것이다. 미누친(Minuchin, 1974)은 분명한 경계선은 가족의 적절한 기능을 돕는다고 하였다. 물론 때로는 보다 경직된 혹은 혼란한 경계선이 적절할 때도 있다. [그림 9-1]은 이런 세 가지 경계선 형태를 시각적으로 보여 준다.

코비가 태어났을 때는 혼란한 경계선과 과잉 개입이 아주 적절했다. 그러나 아이들이 성장함에 따라 가족은 아이들의 발달에 맞게 경계선을 발전시키고 협상해야 한다. 아이들이 나이가 들어 감에 따라 경계선은 더 분명해지며, 하위체계 간 유리는 더 증가한다. 이러한 변화는 스트레스가 될 수 있다. 가령, 청소년기는 전형적인 갈등의 시기다. 가족의 규칙과 새롭게 생겨난 독립성 요구 간에 올바른 균형을 찾기 위해 가족이 집단으로 몸부림치기 때문이다. 새로운 역할은 구성원들로 하여금 무력감을 느끼게 할 수 있다. 왜냐하면 더 불확실한 책임을 위해 지금껏 알고 있는 바를 떠나야 하기 때문이다. 실업, 이사 혹은 이주, 빈곤이나 인종차별 등 만성적인 스트레스 같은 더 큰 상황적 스트레스 요인은 가족에게, 특히 자녀에게 엄청

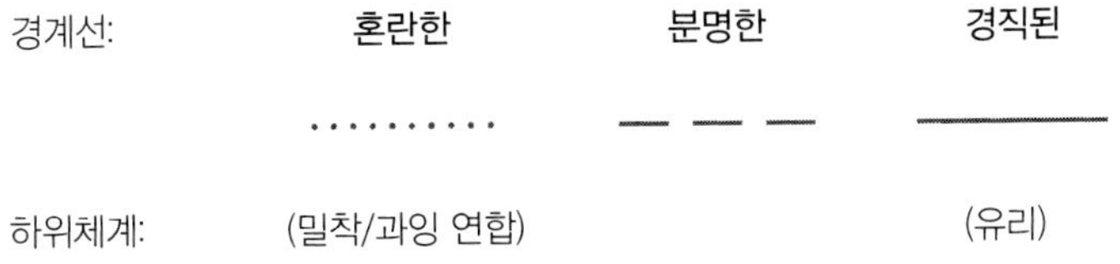

[그림 9-1] 경계선의 선형적인 연속선

난 충격을 줄 수 있는 갑작스럽거나 만성적인 변화를 초래할 수 있다.

미누친(Minuchin, 1974)이 말한 대로, "경계선의 기능이 가족체계의 분화를 보호하는 것"이라면(p. 53), 미란다의 원가족과 그 가족의 혼란한 경계선은 과잉 연합한 하위체계가 어떻게 가족구성원에게 엄청난 연결감과 충성심을 줄 수 있는지를 보여 준다. 그러나 이렇게 높아진 연결감은 미란다의 독립과 모험 능력을 감소시켰고, 스티븐이 알고 있듯이 외부인이 그 안에 들어가기 어렵게 만들었다.

경계선 연속선의 다른 쪽 끝은 경직된 경계선으로 하위체계 간에 유리되어 있다. 경직된 경계선은 구성원 간의 거리가 멀고, 독립성이 높지만, 양육이나 협동이 줄어든다는 아쉬움이 있다. 스티븐의 원가족과 현재 가족 간의 먼 거리는 이러한 경직된 경계선의 결과이며, 코비와 가족이 나아지기 위해 반드시 다룰 필요가 있는 측면이다.

스티븐과 그의 원가족 간의 경직된 경계선 및 미란다와 소피아 간의 혼란한 경계선 같은 경계선의 구도는 치료 목적이 된다. 미란다와 소피아의 과잉 개입의 반대면인 스티븐과 미란다의 하위체계처럼 유리된 하위체계는 경직된 경계선을 개방하여 보다 협력적인 접촉을 하는 방향으로 나갈 필요가 있다. 과잉 개입과 과소 개입 하위체계 모두, 치료사는 가족이 서로 간의 차이를 협상하는 법을 배워서 삶의 변화하는 환경에 지속적으로 적응할 수 있도록 도와야 한다.

전통적으로 경계선은 '유리된/경직된' 경계선에서부터 '밀착된/과잉 연합한/과잉 개입한' 경계선에 이르기까지 침투성을 선형적인 연속선상에 있는 것으로 생각

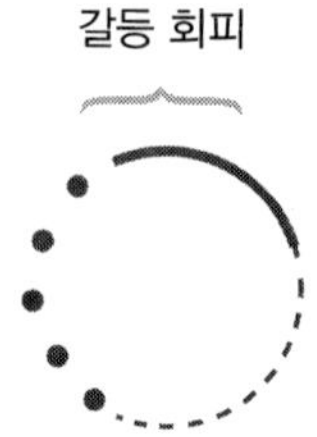

[그림 9-2] 경계선의 순환적 연속성

하였고, 또 그것을 도형으로 나타냈지만, 콜라핀토(Colapinto, 1982)가 소개한 더욱 순환적인 개념화가 사정과 목표 설정에 도움이 될 수 있다. 순환적 관점에서 볼 때, 이렇게 겉으로는 반대로 보이는 구조가 갈등 회피라는 똑같은 목적의 다른 표현으로 보일 수 있다. 이런 방식으로 임상가들은 가족이 '고착'된 원천과 그 해결책을 더 쉽게 찾을 수 있다. [그림 9-2]는 경계선의 순환적 연속성을 보여 준다.

가족지도: 문제와 해결의 다리

구조적 치료사는 가족지도를 그린다. 가족지도는 상호작용적 진단 도구로서 "치료사와 가족이 합류하는 독특한 특성과 밀접한 관련이 있으며, 가족이 치료사에게 반응하는 방식을 포함한다."(Minuchin, 1974, p. 130) 그처럼, 가족지도는 가족구조에 대해 치료사가 만들어 가는 가설을 형성하는 조직적인 도식이다(Colapinto, 1982; Lappin, 1988; Minuchin, 1974). 가족지도는 두 가지 방식으로 기능한다. 현재의 가족 기능의 패턴을 설명하지만 더 중요하게는 치료 목표를 정하는 데 도움이 되고, 또 가족의 어떤 하위체계가 치료에 참여했는지와는 상관없는 치료 목표인 가족의 재구조화에 도움이 된다. 가족지도는 가족의 다양한 하위체계의 모든 구성요소, 하위체계 간의 경계선, 하위체계의 위계, 동맹, 연합, 우회적 삼각관계, 갈등, 단절 같은 관계 패턴, 가족의 융통성, IP의 위치 등을 고려한다(Minuchin, 1974). 치료사가 가족지도를 그려 나가기 위해서는 다양한 질문이 도움이 될 수 있다. 어린 자녀가 부모를 방해하는데도 벌을 받지 않는가? 어떤 다른 가족원이 끼어드는가? 아버지는 젊은 여성 치료사의 말을 잘 듣는가 아니면 그녀를 무례하게 대하는가? 비언어적 요소가 말해 주는 것은 무엇인가? 코비가 말하기를 거부하고 외할머니가 코비에게 접근할 때, 문화, 나이, 역할이 지배하는가, 아니면 밀착이 더 지배하는가? 가족지도를 그리는 것은 중요하다. 가족지도는 바뀔 수 있고 또 치료사는 그 과정에서 자신을 포함해야 함을 아는 것도 중요하다.

모슬리 씨 가족구조의 연대표는 가족의 발달을 그려 볼 수 있도록 도우며, 초기

[그림 9-3] 코비 출생 시 모슬리 씨 핵가족 지도

에 적응적이었으나 나중에 문제가 되었던 조직을 찾아내도록 도울 수 있고, '왜 지금' 증상이 표면화되는지에 대한 답을 할 수 있다(Stanton, 1992). 코비의 출생으로 시작할 때, 구조적 지도([그림 9-3] 참조)는 발달적으로 적합한 배열을 보여 주었다. 즉, 아버지와 어머니 그리고 아버지와 아들 간에는 연결감이 약간 낮으면서 두 성인과 아기 코비 간에는 혼란한 경계선이지만 여전히 '충분히 괜찮은' 범위에 있다. 그러나 상황과 구조는 곧 오늘날 같은 배열의 가족으로 움직이기 시작했다.

코비는 미란다의 친정부모인 소피아와 에드워드에게 첫 번째 손자였다. 조부모님의 초기 지지는 모두 필요했고 환영을 받았다. 미란다는 친정어머니 소피아에게 도움을 청할 필요가 없었고, 미란다가 직장으로 다시 돌아간 후 소피아와 때로는 에드워드가 코비를 도와주었다. [그림 9-4]는 외조부모를 모슬리 씨 핵가족 지도를 그린 것이다.

이러한 배열은 소피아와 미란다에게 익숙했는데, 두 사람 다 각자의 원가족에서 양육자였다. 과거와 현재 가족체계의 동일성에 자리 잡은 바로 여기에서 초기의 가족구조를 통해 앞으로 펼쳐질 것을 볼 수 있다. 미란다가 이 시기에 친정어머니와

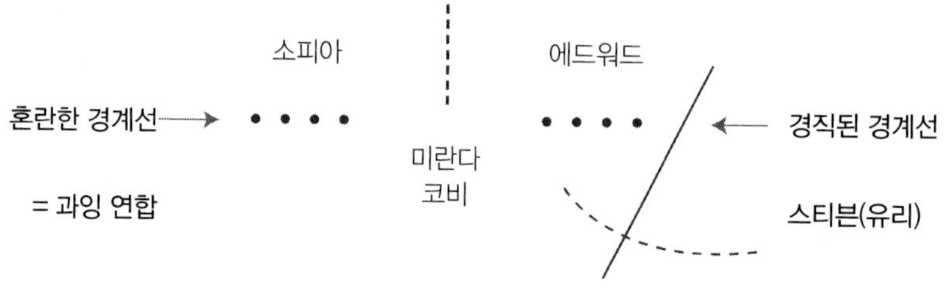

[그림 9-4] 외조부모를 포함한 모슬리 씨 가족

더 가깝게 느꼈던 것을 이해할 수 있다 하더라도, 그것은 갈등을 회피하는 패턴을 확립하여 스티븐/미란다/자녀들/외조부모의 경직되고 거리를 둔 경계선 구조를 발전시키기 시작하였다. 스티븐은 미란다가 너무 강압적이라고 생각했지만, 미란다와 소피아의 관계가 밀접하여 미란다에게 결코 말한 적은 없다. 남편이 점점 더 거리를 둔 데 대한 미란다의 시각은 친정부모와의 친밀함 때문에 흐려졌다. 미란다도 스티븐도 부부관계의 기초를 수정할 도구를 갖고 있지 못했다.

2년 후 부부는 두 번째 아이를 갖기로 합의했다. 그러한 협력은 일련의 친밀한 순간을 만들었고, 미란다는 스티븐에게 태어날 아기의 이름을 짓는 것을 질문함으로써 당시의 상태에 도전했다. 스티븐 편에서도 자기 어머니의 이름을 약간 바꾸어 짓자고 한 제안은 미란다와 더 연결되고 싶은 시도일 수 있다. 그러나 이러한 친밀감 증가에 따른 스트레스와 미란다가 친정으로부터 멀어지는 변화는 미란다와 스티븐이 원래 멀었던 위치로 상호 후퇴하도록 촉발시켰던 바로 그 원인이었을 것이다. 미란다는 직장에서의 시간이 줄면서 수입도 감소했고, 친정어머니 및 아이들과의 접촉은 증가했다. 수입의 감소는 스티븐을 압박하여 더 열심히 그리고 더 오래 일하게 하였고 또 가족이 계속 우왕좌왕하도록 하였는데, 그래서 스티븐과 미란다 둘 다 원한다고 말했던 바로 그 친밀감을 회피하게 했다.

보다 협력적이면서 갈등을 회피하지 않는 체계에서는 스티븐이 자녀 양육을 더 많이 할 수도 있었고, 이는 미란다가 친정과의 경계선을 더 분명히 하고 스티븐과의 거리를 줄이려는 노력을 지지할 수도 있었다. 미란다는 자기편에서 부모와 더 분명한 경계선을 확립할 방법을 찾음과 동시에 직장에서의 시간을 줄일 수 있었다. 가령, 확대가족과의 저녁시간을 줄이거나 혹은 친정부모에게 아이들을 봐 달라고 요청하여 스티븐과의 유대감을 높이고, 그래서 가끔 스티븐과 만나 점심도 함께할 수 있었다. 그러나 대신 미란다와 소피아는 그들 간의 혼란한 경계선을 더 높이면서 코비와 테레사의 1차 양육자가 되었다. 부부가 지속적으로 갈등을 회피하였고, 이는 문제를 해결할 부부의 능력에 장애가 되었으며, 이 때문에 초기의 보완적인 구조가 다시 표면으로 떠올랐다. 즉, 스티븐은 더 '외부자'가 되었고, 소피아와 미란다는 더 '내부자'가 되었다. 스티븐이 자기의 외부자 위치를 감지하였을 때 그것을 미란다에게 드러내지 않았고, 미란다 역시 그를 내부자로 초대할 공간을 만들지 않았다. 불행하게도 스티븐의 인식을 환기시켜서 바로잡기 위해 더욱 신뢰하는 부부관계를 마련하지 못한 채, 소피아에 대한 스티븐의 분노는 커져만 갔다. 그렇게 해서 스티븐은 자녀들과 상호작용을 더 많이 해서 그런 불편을 줄이기를 꺼렸고, 또 아이들과 함께 혼자 있는 것을 불편해했다고 할 수 있다. 이 모든 요소가 함께 자기충족 예언의 완전한 폭풍우를 만들어 내며 증상의 서곡이 되었고 가족은 궁지에 벗어나기 위해 외부의 도움을 받아들여야 했다. 가족의 구조는 과거의 역할을 엄격하게 유지하고 있으며, 이는 가족이 성장하고 문제를 해결할 능력을 해치고 있다. 그것은 '만일 문제가 있다면'의 문제가 아니라, '누가' '어떤' 그리고 '언제'의 문제다.

에드워드의 사망 후에 고정되었던 가족구조의 이 새로운 지도는 앞으로 몇 년 동안의 방향을 정할 것이고, 이는 코비가 IP가 되고, 스티븐과 나머지 가족 간의 경계선은 점점 더 경직되고 유리되며, 미란다와 친정부모 및 코비와의 경계선은 더욱 혼란해지도록 이끌 것이다. 그래서 치료를 시작할 때, 외할아버지 에드워드의 사망, 브랜든의 출생과 그 후의 발달장애, 미란다의 직업시간 감소, 스티븐의 증가된 직업 부담, 소피아가 집에 거의 항상 존재하는 것과 같은 사건들 이후의 모슬리 씨 가족의 지도는 [그림 9-5]와 같다. 즉, 외할머니, 어머니, 자녀들 간의 혼란한 경계선으로 인한 그들 간의 과잉 연합, 가족구성원들과 스티븐 간의 경직된 경계선으로

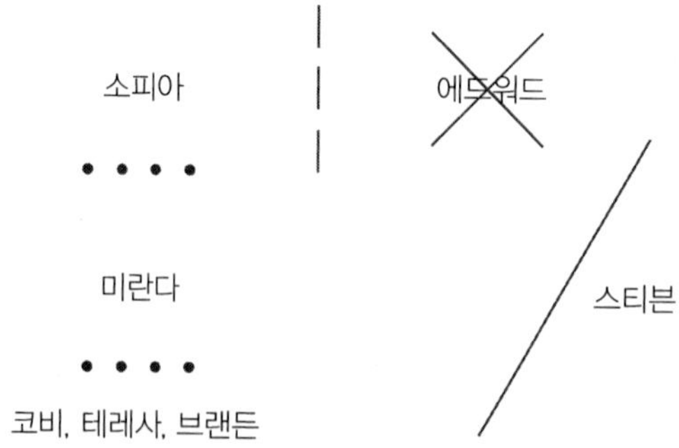

[그림 9-5] 모슬리 씨 가족의 현재 가족지도

인한 스티븐과 나머지 가족구성원 간의 유리, 코비가 어른들 세계에 합류하였을 즈음에 가족구성원 모두와 함께 겪는 코비의 어려움이다.

모슬리 씨 가족의 연대표를 보면 코비 증상의 임계점(tipping point)[1]을 맥락에 맞추어 이해할 수 있다. 미란다의 계획하지 않은 임신과 그 이후의 유산은 코비가 다섯 살 무렵에 일어났다. 그러한 상실에 이어, 그리고 미란다의 재촉에 못 이겨 스티븐은 세 번째 아이를 갖기로 마지못해 합의했다. 6개월간 긴장으로 가득한 시도 끝에 미란다는 임신을 했고, 9개월 후에 드디어 브랜든을 낳았다. 여섯 살이던 코비는 일곱 살이 되었고, 네 살이던 테레사는 다섯 살이 되었다. 2년 후 코비가 아홉 살이고 미란다가 서른한 살이던 해에, 친정아버지 에드워드가 후두암 진단을 받았다. 거의 같은 해에 브랜든은 두 살의 나이에 자폐증 진단을 받았다. 당시 코비가 열다섯 살이었을 때 외할아버지가 사망하였고, 코비는 자기가 '아버지를 잃은 것' 같다고 스티븐에게 말했다.

가족이 통제할 수 있는 사건과 통제할 수 없는 사건에 의해 바뀌게 되는 가족의 구조는 변화를 요했다. 흥미롭게도 모슬리 씨 가족은 모두 가족구조의 변화를 느꼈지만, 새로운 역할을 맡기 위해 불안을 충분히 극복하지는 못했다. 에드워드가 사망한 후 미란다에게 치료사를 만나 보라는 스티븐의 제안은 좋은 의도였지만, 그 자신이 그녀를 도울 수 있는 자신감의 부족을 드러내는 것이었을 수 있다. 말하자면 그것은 미란다가 친정아버지의 상실로부터 회복하는 것을 외부에 의탁하는 그의 방식이었을 것이다. 미란다의 관점에서 볼 때, 치료사를 만나라는 스티븐의 제안은, 스티븐의 입장에서는 솔직한 것이었을지 몰라도, 바로 있어야 할 거기에 그가 없었다는 그녀 자신의 경험에 의해 제대로 받아들이기 어려웠을 것이다. 미란다에게 이것은 가족으로부터 또 한 걸음 멀어지는 것이었다. 말하자면 그녀가 그를 의지할 수 없었고 그에게 내부로 더 들어오라고 요청하지 못하는 더 많은 이

---

1) 역주: 작은 변화들이 어느 정도 기간을 두고 쌓여, 이제 작은 변화가 하나만 더 일어나도 갑자기 큰 영향을 초래할 수 있는 상태가 된 단계

유가 있음을 확인하는 것이다.

문화적 요인

구조적 가족치료는 소수집단 가족, 주로 뉴욕의 낮은 사회경제적 지위에 있는 아프리카계 미국인과 남아메리카계 미국인 가족과 작업하는 동안 개발된 유일한 가족치료 모델이다(Minuchin et al., 1967). 구조적 가족치료의 실천적 효용성은 미국 및 전 세계의 가족에 대한 성공적인 비교문화 작업을 위한 단상이 되었다(Boyd-Franklin, 1989; Cooklin, Asen, Ayers, & Glienke, 2006; Lappin, 1983; Lappin & Scott, 1982; Lappin & Hardy, 1997; Minuchin, Nichols, & Lee, 2007; Montalvo & Gutierrez, 1983).

미누친에 의하면 사람들은 가족관계를 보는 공통적이고 보편적인 방식을 가지고 있는 경향이 있다. 그런 점에서 구조적 치료사의 프레임은 보편적이면서도 구체적인 경향이 있다. 즉, 모든 내담자 가족이 공유하는 측면들을 반영하는 단상이라는 면에서 보편적이며, 특정 가족이 쇄신해 가는, 그리고 스스로 만들어 가는 뉘앙스에 주목한다는 면에서 구체적이다(Lappin, 1983; Minuchin, Nichols, & Lee, 2007).

모슬리 씨 가족과 작업할 때, 구조적 가족치료사는 문제가 어떻게 발전하며 가족과 함께 어떤 목표를 설정하는지에 대한 자신의 지향을 반드시 변화시킬 필요는 없을 것이다. 그러나 비교문화 작업 시 초기의 합류와 그 후의 작업은 모두 문화적 특수성의 미묘한 차이를 더 많이 요구할 것이며, 치료사는 "가족체계에 들어가는 것은, 자신의 문화가 아닌 이상, 상이한 문화에 들어가는 것"(Lappin, 1983, p. 123)이라고 이해함으로써 치료를 '이끌어 갈 권리를 가져야 할' 맥락에서 '자신을 사용'할 필요가 있을 것이다(Minuchin & Fishman, 1981, p. 29).

미누친이 처음으로 가족치료를 시작했을 때, 그는 가족이 치료사에 적응하기보다 치료사가 가족의 문화에 적응하도록 변화해야 함을 깨달았다. 그는 이러한 깨달음을 "합류하기 위해 구조적 가족치료사인 우리는 변화할 필요가 있다. 합류 과정은 가족이 어떻게 말했는지를 배우는 과정이며, 가족이 이해할 수 있는 방식으로 말하기 시작하는 것을 배우는 과정이었다."(Yalom, 2011)라고 설명했다.

구조적 치료사의 목록에 있는 한 가지 합류 기법은 추적이다(Minuchin, 1974; Minuchin & Fishman, 1981). 더 중간자 입장이며 덜 중심적인 입장을 취할 수 있음으로써 치료사는 '가족의 과정에 맞출 수 있다'(Minuchin & Fishman, 1981, p. 34). 최전선의 가족 과정과 더불어 모든 문화권에 보편적인 가족 기능은 가족 과정의 실연에 의해 명백하게 밝혀질 수 있고, 가족 문화를 맥락에 놓고 구체적으로 볼 수 있게 한다. 구조적 가족치료로 알려진 또 다른 문화가 있다. 이는 모든 가족에 영향을 주지만 특히 다중의 위기에 있는 빈곤 가족의 문화, 즉 사회서비스 체계의 문화에 영향을 미친다.

상위체계

구조적 가족치료는 소수자 집단과 빈곤집단을 위해 일하는 관료조직이 제대로 손대지 못했던 영역에서 최초의 경험을 쌓았다(Minuchin et al., 1967). 이런 상위체계를 살펴보는 것은 쉽지 않은 작업일 수 있다. 아동복지 부분에서는 특히 더 그런데, 여기서 가족구성원들은 아동복지체계와의 관계가 그들을 돕기로 되어 있는 바로 그 사람들과 체계에 의해 '물 타기 되어'(Colapinto, 1995) 있음을 알 수 있다. 가족들이 그렇듯이, 작업자들과 가족치료사들도 상위체계와 마주하는데, 이 체계들 안에서 상충하는 정책, 정치적 개입, 다수 기관의 관여, 법원, 자원의 부족, 가난한 사람들에 대한 편견, 인종의 복잡성이 가장 선의의 작업자와 치료사들조차 무력하고 상실감을 느끼게 할 수 있다. 소외된 집단에 대한 오랜 헌신, 체계론적 지향, 구성원들의 1차적인 사회적 맥락으로서의 가족에 대한 강조 때문에, 구조적 가족치료는 사회적으로 더욱 정당한 정책과 실천을 조정하도록 돕기 위해 개념적·기술적 지침을 제공할 수 있다.

실제로 구조적 가족치료는 중앙정부와 지방정부, 법률기관, 사적 및 공적 기관,

자선단체 등의 후원 아래 변화를 시작하도록 주도하는 데 있어서 중요한 역할을 하고 있다. 동시에 구조적 가족치료는 직원들과 가족치료사들에게 가족중심, 강점기반 개입의 기술을 훈련하고 있으며, 기관들이 그들 자신의 정책과 절차의 맥락 안에서 그러한 실천을 지지하도록 움직인다(Buchanan & Lappin, 1990; Colapinto, 1995; Lappin & Van Deusen, 1994, 1999; Minuchin, Colapinto, & Minuchin, 2007). 가족은 다양한 상위체계에 개입되어 있다. 모슬리 씨 가족의 경우 교육기관이 치료에서 협상되어야 할 주요 상위체계인 것 같다.

문제해결에 대한 관점

구조적 가족치료는 넓은 의미로 볼 때 치료체계 형성, 그리고 불균형에 대한 도전과 변화라는 두 범주의 기법으로 나눌 수 있다. 이 절에서는 구조적 가족치료사가 치료체계를 형성하기 위해 모슬리 씨 가족의 구성원들과 어떻게 합류할 것이며, 또 변화를 가져오기 위해 가족체계 내 불균형에 어떻게 도전할 수 있는지 보여 준다.

치료체계의 형성

구조적 치료사는 치료체계를 발전시키기 위해 가족에 합류하며, 이론상으로는 증상을 완화시킨다는 공통의 목적을 갖는다. 그러나 "그들은 대개 문제, 문제의 원인 및 목적에 대해 서로 다르게 이해한다"(Minuchin & Fishman, 1981, p. 28). 합류는 이렇게 서로 다른 관점을 타협하는 것으로 시작한다. 가족구성원이 자기 자신과 상대방의 새로운 면들을 경험할 수 있는 맥락을 만들면 변화의 스트레스는 줄어들고 희망의 씨가 싹튼다. 가족은 일반적으로 문제에 대한 고정된 생각, 즉 '이 사람은 변화가 필요해.'라는 생각으로 치료에 온다. 그러나 실상은 그렇지 않다. 미누친과 피시먼이 설명하였듯이, "그러나 가족치료사에게 IP는 증상 보유자일 뿐이다. 문제의 원인은 가족의 역기능적인 상호작용이며, 치료 과정은 그러한 역기능적인 상호작용의 변화를 포함할 것이다"(Minuchin & Fishman, 1981, p. 28). 모슬리 씨 가족과 작업할 때, 구조적 가족치료사는 코비를 문제 있는 사람으로 제시하는 것이 모든 이야기가 아님을 곧 알게 될 것이다. 그보다도 그것은 제한된 시각이며, '현재 가족이 어떤 상태에 있는지'를 보여 주는 것으로, 그 시각에 도전을 하는 만큼 존중도 해야 한다. 코비의 증상은 가족의 근본적인 구조를 표현하는 것이며, 개입의 초점은 코비 개인이라기보다는 그러한 상호작용이다.

제시된 불평에 다가가는 길은 아주 많다. 미누친, 니콜스와 리(Minuchin, Nichols, & Lee, 2007)는 몇 가지 공통된 기법을 다음과 같이 제공한다(p. 9).

- IP의 유능한 영역에 초점을 두기
- 가족이 결정하였던 문제에 다른 의미를 부여하기(재구성)
- 증상이 나타나는 방식을 탐색하고, 그 구체적인 내용에 주의를 기울이기
- 증상이 독성을 잃을 때까지 다양한 관점에서 문제를 바라보기
- 증상이 나타난 맥락을 탐색하기
- 다른 가족원의 어려움이 IP의 문제와 비슷하거나 차이가 있는 면이 무엇인지 탐색하기
- IP가 증상과 증상에 부여한 의미를 묘사하며, 자신의 다른 면을 기술하고, 또 가족을 묘사하도록 격려하기. 이는 다른 가족원이 청중이 되는 동안에 IP 자신을 존중하는 자리를 제공하기 위함이다.

개인에 기초를 두는 가족의 관점과 체계에 기초를 두는 치료사의 관점 간 차이에 대해 이와 같은 존중과 긴장의 교차점을 항해하는 것은 예술과 과학이 치료의 기교(craft)가 되는 바로 그곳이다. 그리고 치료 기법이 변화로 가는 경로가 될 수 있지만, 치료의 방향을 정하는 것은 치료사의 자기 사용과 더불어 가족 역동 및 변화의 방향에 대한 치료사의 이해다(Minuchin & Fishman, 1981).

합류: 가까운, 중간, 먼 입장 합류는 치료사와 가족 간 파트너십을 형성하는 첫 번째 요소다. 치료사와 가족은 증상을 완화시키고, 갈등과 스트레스를 감소시키며, 가족이 건강하고 지속 가능한 대처기제를 개발하도록 돕는다는 목표를 공유한다(Minuchin & Fishman, 1981). 합류 역시 치료사가 자기를 다양하게 활용할 것을 요한다. 말하자면 자신의 어떤 면을 내놓을지(예: "나는 생각이 깊을 수도 있고, 진지할 수도 있고, 좀 웃길 수도 있다."), 그리고 어떤 면을 뒤로 물릴지 결정해야 한다. 합류는 치료를 행하기 위한 권리뿐 아니라(Minuchin & Fishman, 1981) 피드백을 읽는(예: "'빨간불'이 들어온 것 같아. 내가 재합류해야 해.") 권한도 갖는 것이다. 그러나 합류는 첫 번째 회기 이후에 중단하는 것이 아니며 단순히 사교적이 되는 것을 말하지도 않는다. 그보다 합류는 치료 회기 내내 지속되며, 가족과 치료사(치료적 맥락)에 따라 고유하며, 진단적이며, 개입과 분리할 수 없다.

합류는 가까운, 중간, 먼이라는 세 가지 다른 입장을 갖는다(Minuchin & Fishman, 1981). 가족에 합류하고 치료체계를 형성하는 것은 동시에 존중하고, 개입적이며, 어느 정도 지속적이다. 치료사가 가족과 충분히 연결되어 있을 때, 치료사 자신과 치료에 대한 두 가지 핵심 가정, 즉 '치료사는 누가 무엇이 문제인지 안다.' 그리고 '치료사는 모든 답을 가지고 있다.'는 핵심 가정에 도전하게 될 것이다. 합류를 할 때 신뢰는 더욱 안전한 치료의 핵심 요소가 된다. 미누친과 피시먼은 "합류는 기법이라기보다 태도이며, 그 아래서 모든 치료 행위가 일어나는 우산이다."(p. 31)라고 하였다. 합류를 하면서 변화의 스트레스를 관리하는 한편, 이리저리 도전하고 또 성장을 격려할 수 있는 능력은 치료사의 가장 중요한 도구임이 틀림없다. 치료사/장인(丈人)으로서 회기를 진행할 때 지속적으로 자기를 사용하는 실천이 필요하며, 또 그런 실천이 환영을 받는다. 치료사의 자기 사용은 가족에게 하는 질문에 그대로 나타난다.

가족치료에 특히 더 도전이 되는 합류는 가족의 맥락이 다른 집단들과 다르며 더 복잡하다는 것이다. 가족구성원들의 수, 서로 다른 연령, 이슈들, 성별, 문화, 성, 혈연이나 기타 다른 유대관계—수양자녀로부터 가족의 친한 친구인 '이모/고모'

혹은 '삼촌'에 이르기까지 그 무엇이든—가 모두 치료체계에서 고려되어야 하는 요소다. 내담자와 치료사가 서로의 관심을 100% 공유하는 개인치료와 달리, 가족치료사는 분할된 치료사다. 치료사가 가족원 A와 더 많이 합류하는 정도만큼 가족원 B와는 '합류를 못한다'. 각자 자기 차례를 갖게 될 것이라고[길에서 "내가 멈추면 네가 가는 거야."(규칙처럼)] 사람들이 이해하도록 단계를 설정하면 불안이 줄어들고, 때로 뭔가 확실하지 않은 변화 작업이 일어날 수 있다는 긍정적인 치료 구조를 만드는 데 도움이 된다.

사람들은 치료에 올 때 스트레스를 받고 있으며, 무엇을 기대해야 할지 잘 모른다. 가족구성원들은 판단받는 것을 겁내며, 아직 상호작용 파이에서 자기 몫을 잘 보지 못하고, 치료사가 IP를 고쳐 줄 것이라는 희망에 집착해 있다. 이런 불확실한 시점에 가족구성원들은 왜 자기가 거기 있고, 자기에게 무엇이 기대되며, 또 비난받는다는 느낌 없이 어떻게 도움이 될 수 있을지 알아야 한다. 이것은 아슬아슬한 줄이지만, 치료가 정확하게 이루어질 때 치료는 양방향을 제공하고 '우리는 이것을 할 수 있다.'는 협력적인 희망감을 제공한다(Minuchin & Fishman, 1981).

합류: 가까운 입장 가까운 입장의 합류(close joining position)는 치료사가 현실에 대한 각 개인의 느낌을 연결하고 인정하는 치료체계에 들어가서, 그것을 공동으로 만드는 근접성 영역이다. 치료 전반에 걸쳐 이러한 근접성은 치료사가 새로운 구조를 촉진하는 데 도움이 될 것이다. 처음에는 익숙하지 않지만 지속성을 달성하기 위해 안심할 수 있는 그러한 구조다. 그러나 가까운 입장을 유지하는 것이 위험할 수 있다. 말하자면 가족의 시각에 빨려 들어가게 되고, 그렇게 되면 체계가 그 자체를 볼 수 없게 만들고 변화의 지렛대가 될 서로 다른 관점도 부족하게 된다.

가족을 만날 때, 치료사는 끝없는 선택처럼 보이는 치료체계에 들어가려고 한다는 것을 알고 있다.

> 내가 만일 어린 아들에게 말을 걸면 어떻게 되는가? 그 아이는 귀엽지만 열 살보다

더 어려 보인다. 부모는 왜 서로 멀리 떨어져 앉아 있는가? 흠……. 외할머니가 브랜든에게 너무 관심을 보이고 있네. 아마 외할머니가 그를 너무 걱정하나 봐. 혹은 그를 돌볼 사람이 자기라고 생각하나 봐. 누가 외할머니에게 그런 일을 하게 하였을까? 딸이 외할머니 바로 옆에 앉아 있네. 그건 문화에 동조하는 것인가? 아니면 남편이, 자기와 아내 간에 뭔가가 있어서, 두 자리 멀리 떨어져 있기 때문인가?

처음에 이런 각각의 인상을 가지고 치료사는 "그 밖에 무엇이 가능할까? 이런 모든 부분이 코비의 등교 거부를 구조적으로 설명하는 데 어떻게 들어맞을까?"라는 질문을 한다.

아버지가 거리감을 많이 느끼네. 그는 비난받는 것을 겁내는지도 몰라. 혹은 아버지는 일이 처리되는 방식을 못마땅해할지도 몰라. 그가 거리를 유지하는 만큼 다른 누군가가 지나치게 가깝다는 보완성의 개념이 여기서 드러나는 것인지도 모르지. 그 사람이 누구지? 아버지는 IP인 코비 옆에 앉아 있지만 가까운 것 같지는 않아. 이런 훈육자 역할이 아버지가 코비와 관계를 맺는 유일한 방법인지 궁금하다. 그런데 말이야, 코비는 완전히 청소년 같아 보여. 별 상관도 안 하고, 성가셔하는 것 같아 보이고, 뭔가 주의를 기울이는 체하고, 주머니에 있는 휴대폰을 힐끔힐끔 보고 말이야. 아마 학교에 친구들이 있겠지. 그들이 자원이 될 수 있을까?

이 많은 직감을 이제 파헤쳐야 한다. 가족구조를 지도로 그리고, 어떻게 치료사 자기를 사용할 것인지 결정하며, 무엇이 빠졌고 어디에서 어떻게 개입할 것인지에 대한 질문이 모두 가동한다. 실연과 더불어 중간 입장에서의 합류와 추적은 더 많은 정보를 얻고 변화를 위한 목적으로 향하는 수단이다.

합류: 중간 입장과 추적 중간 입장은 '적극적이며 중립적인 경청자'(Minuchin & Fishman, 1981, p. 34) 가운데 하나인데, 가족과 관계를 맺을 만큼 충분히 친밀하게

됨으로써 가까운 합류로부터 한 발짝 뒤로 물러서지만, 가족 과정을 끌어내고 추적해서 가족지도를 그릴 수 있을 만큼 멀찍이 떨어져 있다. 이것은 일종의 '부드러운' 위계로서(Keim & Lappin, 2002), 체계를 이끌고 있는 치료사는 자신의 역할에 부여된 권력을 생생하게 인식하며, 성장을 향한 가족의 움직임을 위한 단계를 설정하기 시작한다.

치료 과정이 시작되고 새로운 정보가 도입됨에 따라, 작업가설/지도가 재형성되고 정교화되며, 때로는 모두 파기되기도 하는 것이 발전하는 개방체계의 본질이다. 그러한 교정적인 피드백 과정이 시작됨에 따라 치료사의 변화 모델과 일치하는 자료가 수집된다. 합류는 가족과 치료사를 연결시킬 뿐 아니라 관찰에 의한 사정 도구이자 '감으로' 사정하는 도구이기도 한데, 이는 "가족구조의 진단을 위해서 상호교류의 장을 분석하기 위한"(Minuchin, 1974, p. 89) 하나의 방법이다. 영화의 한 장면처럼, 가족구조의 진단이나 '지도'는 지속되고 있는 과정의 특정 시점을 정적으로 나타낸 것이다. 가족의 이야기를 하는 것만으로는 충분하지 않지만, 초기 치료목표를 형성하기에는 그림으로 충분하다. 치료 과정 내내 이루어지는 치료사의 사정은 공동으로 일어나며 다중의 수준에서 일어난다. 내용("코비가 고집을 부려요. 도대체 말을 안 들어요!")을 듣는 한편, 치료사는 상호작용의 숨겨진 규칙(누가, 누구에게, 언제, 어떻게 말하는지)을 위해 과정을 모니터한다. 그 상호작용 안에서 가족의 구조가 실연된다. 코비에 대한 모슬리 씨 가족의 보고를 들을 때, 아버지가 코비에게 말을 시키려할 때 실패한다는 것을 알게 된다. 그러면 어색한 침묵이 뒤따르고, 그러면 소피아가 "이봐, 코비야, 말 좀 해."라고 말하는데, 이는 가족에서 일어나는 세대 간 역동에 대한 실마리를 제공한다.

추적질문은 사회적 호기심의 요소를 갖지만, 구조적으로 구체적인 방식에서만 그렇다. 추적(tracking)은 가족조직을 구체화하고, 또 가족구성원들이 생활사건에 어떤 의미를 부여하는지에 대한 시퀀스를 구체화하도록 시작하는 관점이다. 경계선은 어떤 것 같은가? 인종, 계층, 문화, 젠더, 성 같은 맥락적 요소는 가족구조에 어떤 영향을 미치는가? 구성원들은 인간발달의 연속선에서 어디에 있는가? 학습의 차이가 있는가? 상호작용의 시퀀스는 어떠한가? 누가 누구를 방해하는가? 가족의 정서적 분위기는 어떠한가? 역할과 구조에 대한 실마리를 부여하고 그들이 사용하는 가족 고유의 메타포와 이야기(즉, "그는 좀 멍해." 혹은 "그녀는 책벌레야.")로는 어떤 것들이 있는가? 지원하는 역할은 어떠한가? 그가 숙제를 잊어버렸을 때 누가 웃고 누가 그냥 놔두는가? 누구의 침묵이 숨겨져 있는 지지를 말해 주는가? 가족이 제시된 증상을 유지하는 방식은 무엇인가? 그리고 '만일'이 아니라 '어디에' 강점이 있는가?(Minuchin & Fishman, 1981). 이 모든 질문은 증상을 재구성하고, 재구조화하고 변형하기 위한 가능성을 예시한다. 그리고 나한테 이 사람들은 어떻게 느껴지는가? 나의 직감은 무엇인가? 나는 이 사람들을 좋아하는가? 이 사람들 모두를? 몇 명만을? 안 좋아한다면 어떻게 되는가? 이렇게 '감으로 느끼는' 경험은 양방향이어서 치료사와 가족 모두에게 영향을 미침을 기억할 필요가 있다. 치료사라는 사람도 존재하고 또 가족과 함께 상담실에 있으며, 그래서 "서로 다른 수준의 개입에 편안해져야 한다"(Minuchin & Fishman, 1981, p. 31). 치료적 효과성은 또한 자신을 알고, 우리가 누구인지에 진실해지고, 또 우리 자신의 이슈를 예민하게 지각하고, 그것들이 어떻게 치료 과정을 향상시키거나 방해할 수 있는지 민감하게 지각하는 데 달려 있다(Aponte, 1991; Aponte & Carlsen, 2009).

합류: 먼 입장 합류의 세 번째 형태는 먼(distant) 혹은 유리된 입장이다. 이 입장에서 치료사는 좀 더 전문가 입장에서 가족과 관계를 맺는다. 이 입장에서 치료사는 배우에서 감독으로 바뀐다(Minuchin & Fishman, 1981). 이 합류 입장을 통해서 "치료사는 시나리오를 만들고, 익숙한 움직임을 실연하도록 촉진하며, 혹은 가족구성원들이 익숙하지 않은 상호교류를 통해 서로 관계를 맺도록 강요함으로써 색다른 경험을 도입한다"(p. 40). 이러한 지시적 입장에서 치료사는 가족구성원들과 관계를 맺는 한편, 그들이 변화하도록 압력을 가하기도 한다.

실연 실연(enactments)은 치료사가 치료 회기 동안 가족구성원들로 하여금 일상적으로 증상에 기초한 상호작용을 하도록 격려할 때 일어난다. 이러한 가족의 상호작용은 자발적이며 계획된 것이고, 진단적이며 개입적이고, 구조적 치료의 중심을 차지한다(Colapinto, 1982, 191; Lappin, 1988; Minuchin, 1974; Minuchin & Fishman, 1981). 미누친과 피시먼(Minuchin & Fishman, 1981)은 실연을 '세 가지 움직임으로의 춤'(p. 81)으로 생각할 수 있다고 말한다. 첫 번째 움직임은 '관찰적으로' 치료사에게 가족구조의 자발적인 반복행동에 대한 시각을 제공한다. 두 번째 움직임은 더 진단적으로, 치료사 앞에서 가족의 상호작용 '고착'에 대한 춤을 추기 시작함으로써 가족의 역사를 경험적으로 정제하여 보여 준다. 실연의 세 번째 움직임에서, 치료사는 가족의 춤에 대해 다른 단계를 제공하는데, 이 모두 새로운 정보를 주고 또 새로운 존재방식에 대한 희망의 가능성을 갖는다. 이런 마지막 움직임은 일종의 재구조화, 말하자면 더 발전하고 더 기능적인 가족지도를 시도하고 실천하고 또 시간이 지남에 따라 성장하는 새로운 상호작용 패턴을 창조하는 것으로 생각될 수 있다. 처음에 이러한 실연은 치료사가 후원하지만, 시간이 지나면서 가족 자신의 것이 된다. 예를 들어, 모슬리 씨 가족의 치료사는 아버지가 코비에게 이야기하고 있을 때 소피아가 코비와 이야기하려는 시도를 차단함으로써 소피아와 코비 간 혼란한 경계선을 더 분명하게 만들기 위해 자기 자신을 이용할 것이다. 이런 식으로 가족의 평형 상태는 변하고 아버지와 아들 간에 새로운 구조가 실연된다.

불균형과 변화를 촉진하는 기법

재구성 치료사는 이제 임상적 갈림길에 서 있다. 합류와 지도 그리기가 가족체계에 더 적극적으로 개입하기 위해 충분하였는가? 가족은 치료사를 사회적으로뿐 아니라 치료 과정을 이끄는 데서도 충분히 수용하였는가?(Colapinto, 1982) **재구성**(reframing)은 고착되고 지나치게 안정적인 체계에 적극적으로 도전하는 하나의 방법이다. 이는 체계적인 재명명의 한 형태로서 '그/그녀가 나쁘다.'가 '그/그녀는 슬프다.'로 되며, '그녀/그는 저항한다.'가 '그녀/그는 주저한다.'로 되고, '그녀/그는 고집이 세다.'가 '그녀/그는 독립적이다.'로 된다. 이러한 것들이 오랜 이미지에 도전하는 데 좋은 출발이 될 수 있겠지만, 구조적 시각에서 재구성만으로는 지속 가능한 변화를 이루기에 충분하지 않다. 오랫동안 얼어붙은 가족의 고착 상태를 녹이기 위한 시작은 관계적 재구성과 대안적 존재방식 둘 다에 대한 실연이다. 재구성은 가족의 세계관—가족 과정을 확장하는 관계적 질문과 개입에 대한 전조—에 대해 도전을 하게 한다. "그가 나쁜 아이라면, 그가 더 착하게 되는 것을 방해하는 사람은 누구죠?" "당신은 부정적인 것들만 보도록 어디에서 배웠지요?" "서로 이야기하세요. 그렇지만 좀 다른 방식으로 말이에요. 당신 말을 듣도록 말하는 방법을 찾아보세요."와 같은 질문과 지시들이 출발점이다. 그다음에 재구조화가 본격적으로 시작된다.

경계선 만들기와 균형 깨기 구조적 가족치료에서는 세 가지 기법이 가족의 구조에 도전하기 위해 주로 쓰인다(Minuchin & Fishman, 1981). 첫째는 **경계선 만들기**(boundary making)로, 다양한 하위체계에 관여된 사람들을 변화시키는 것이다. 두 번째는 **보완성**(complementarity)으로, 직선적인 위계의 개념에 도전하고 사람들이 서로 연결되어 있음을 보여 주는 것이다. 세 번째는 **균형 깨기**(unbalancing)로서 특정 하위체계 내 위계를 변화시키는 것이다.

가족구조의 실용지도를 사용하여, 치료사는 어디에서 어떻게 개입하는지를 결정할 수 있다. 모슬리 씨 가족의 지도는 좋은 결과로 이끌 수 있는 다중의 개입 가능성을 드러낸다. 예를 들어, 경계선 만들기는 부부, 확대가족, 부모자녀 하위체계라는 세 하위체계 모두에 적용 가능하다. 소피아와 미란다(그들의 혼란한 경계선은 서로 밀착되고 과잉 관여하는 하위체계를 형성한) 그리고 스티븐(부모로서 별로 관여하고 있지 않음)은 더 분명한 경계선을 형성할 필요가 있다. 그와 같은 경계선을 갖게 되면 미란다와 스티븐 간의 경직된 경계선도 덜 그렇게 된다. 부부가 더 가깝고 분명한 경계선을 가지면, 공동부모 역할을 보다 효과적으로 할 수 있고, 소피아가 관여할 필요성이 줄어든다. 혹은 그들의 관계를 보완적인 방식으로 묘사하려면 소피아와 미란다가 하나의 하위체계로서 덜 밀착되는 '정도만큼' 부부/부모 하위체계는 더 많이 연결된다고 할 수 있다. 축어록을 미리 살펴보면, 일상적인 과잉 개입 패턴을 차단함으로써 치료사는 익숙한 상호작용 패턴의 균형을 깨는 경계선을 만들고, 그래서 코비와 스티븐이 둘의 관계를 발전시킬 수 있는 구조를 만든다. 이는 부모 하위체계가 더 연합할 가능성도 높이며, 약간의 인내를 갖는다면 더 친밀한 부부 하위체계가 될 가능성도 높인다.

균형 깨기 기법에는 세 가지 주요 범주가 있다(Minuchin & Fishman, 1981). 치료사가 한 구성원과 연합하고 다른 구성원은 무시할 수 있으며, 혹은 다른 한 구성원에 대항하여 한 구성원과 동맹을 맺고 치료에 들어갈 수 있다. 좋아하는 것과 효과적인 것 간의 선택인 균형 깨기는 때로 극적이고 불공평하게 보일 수 있는 경계선 만들기의 특별한 예다. 다른 가족에서와 마찬가지로, 모슬리 씨 가족에서 균형 깨기의 목표는 변화를 위해 현재 상태를 건드리는 것이다. 여기서 외할버지 에드워드가 차지하고 있는 '유령'으로서의 지위는 과거를 존재하게 만든다. 외할아버지는 그의 상실을 통합할 가족의 능력을 방해하고 새로운 역할과 규칙을 향한 움직임을 방해하는 방식으로 가족과 강하게 연결되어 있다. 무엇보다 구조의 변화는 익숙한 것의 상실을 다시 돌아보는 것을 의미할 것이다. 가장 '아웃사이더'였던 스티븐은 실제로 사랑하는 사람을 떠나는 데 어떻게 대처하는지 가장 잘 알고 있는 사람으로 보일 수 있는데, 이는 치료사와 가족 모두가 작업할 수 있는 잠재 영역이다. 그러나 가족체계가 너무 고착되어 있으면 그렇게 가벼운 균형 깨기는 더 큰 비중을 필요로 할 수 있다.

좀 더 격렬한 균형 깨기 요령으로는 화를 돋우는 면을 이용하기 위해 칼 위터커(Carl Whitaker)가 사용했던 몇 가지 기묘한 능력을 빌려서 미란다에게 "언제 남편하고 이혼하고 친정엄마랑 결혼했어요?"라고 질문한다. 또는 남편이 가족에게 더욱 독립적이 되는 방법을 가르치는 데 실패했음을 알면서도 남편이 쉬도록 허락하지 않는 이유를 소피아에게 질문한다. 또는 소피아가 에드워드 역할을 너무 잘 대신하여서 상황이 바뀌지 않으면 그녀를 대신할 사람은 아무도 없을 것이라고 말한다.

물론 코비가 학교를 마치지 않는 한 말이다. 그러면 그가 집에 머물러서 제자리에 있게 될 수 있을 것이다. 어떤 도발적인 균형 깨기 전략이든 구조, 확실한 합류, 증상의 시기와 심각성, 가족의 '고착 정도', 그리고 치료 맥락을 정확하게 이해하면서 치료사가 자신을 어느 정도 적절하게 사용하는지에 달려 있다. IP가 더 전문적인 지원을 해 주는 병원에 있는가? 이것은 고착된 체계에 대한 상담인가? 이것은 계속 합류를 잘하는 치료사가 향후 회기를 위한 도약판으로서 균형 깨기를 사용하는 고착된 체계에 대한 상담인가? 균형 깨기는 합류 은행에서 일시적으로 많은 돈을 인출하는 것과 같다. 즉, 가족의 건강과 성장이 위태로운 상태에 있는 역기능적인 구조에 새로운 서비스를 제공하여 용도에 맞게 고치는 것이다. 치료사가 변화를 향한 불확실한 여정에서 가족과 함께 있다고 가족이 믿으면, 이 기법은 보다 더 기능적인 목적을 위한 수단이 될 수 있다.

초점 초점(focus)을 통해서 임상가들은 모슬리 씨 같은 가족이 고정된 패턴에서 벗어날 수 있도록 회기 중에 중요한 요소들을 선택하고 조직할 수 있다. 가족의 상호작용 내용과 과정을 확대하고 축소하기 위해 치료적 렌즈를 변화시킴으로써, 치료사는 가족 상호교류의 적절한 측면을 선택하거나 구두점을 찍어서 오래된 사건들에 새로운 의미를 부여한다. 이는 치료사의 (재)조직 전략에 부합하며, 치료를 시작하는 더 큰 주제나 판을 만드는 것이다(Minuchin & Fishman, 1981).

미시적 렌즈와 거시적 렌즈의 초점을 사용하여 구조적 가족치료사는 선택적 주의를 통해 다중의 관점을 도입한다. 가족에 대한 하나의 대표적인 면에 이렇게 좁지만 더 깊이 있는 주의를 기울여서 가족구성원들이 자신과 서로를 다르게 볼 기회를 만들어 준다.

치료 회기 중 어느 순간에 스티븐은 아들 혹은 아내와 더 가까운가? 코비는 어떤가? 그는 동생에 대한 걱정을 좀 했는가? 미란다는 코비와 스티븐이 이야기하도록 친정어머니에게 비언어적으로 조용히 하라는 신호("쉿")를 보냈다.

무엇에 주의를 기울이는지를 결정하는 부담스러운 과제에 직면한 치료사는 가족의 좁은 시각을 더 많은 가능성을 담은 시각으로 변형시키기 위해 다차원적이고 주제와 관련 있는 방식으로 회기의 자료를 조직한다(Minuchin & Fishman, 1981). 변화에 대해 한 가지 확실한 점은 얻을 수 있으면 잃을 수도 있음이 분명하다는 점이다. 어떤 가족구성원이든 오래된 역할을 버리고 자신의 활용하지 않은 면을 개발하기 위해서는 어떤 것들을 그냥 내버려 둬야 하고, 그동안 누군가는 그가 거기 도달하도록 도와야 한다.

치료의 종결

단일한 개입이 지속적인 변화를 가져올 가능성은 그것이 매우 극적인 것이라도 크지 않다(Minuchin & Fishman, 1981). 치료는 작업이며, 또 그렇지 않음이 입증될 때까지 가족이 더 많은 것을 할 수 있다는 지속적이고 부단한 확신이다. 모슬리 씨 가족의 치료사는 가족의 역동을 강조하여 계속해서 협력적으로 개입할 것이고, 그러고 나서 점차 가족이 새로운 구조를 더 지속 가능하게 소유하면 점차 뒤로 물러날 것이다. 치료의 주제가 앞으로 갔다 뒤로 갔다 할 것이지만, 재구조화라는 지속적인 목적을 가지고 그럴 것이다. 말하자면, 스티븐이 앞으로 좀 나서고, 미란다는 스티븐과의 더 친밀한 공동 파트너로서 친밀성을 위해 친정어머니와의 가까운 관계를 양보하기 시작하며, 소피아는 가족 밖에서 다른 재미와 활동을 찾아서 새로운 구조를 인정하는 것이다. 모든 것은 반복해서 재논의될 필요가 있을 것이다. 구조적 가족치료는 확대가족, 지역사회, 학교, 공공복지, 기타 전문가를 포함하는 가족의 맥락을 활용하기 때문에 치료사는 '전체에 대해 부분'을 작업해야 할 것이다. 즉, 치료사는 전체 체계에 대한 시각을 유지하면서 개인이나 가족체계의 일부분을 지원해야 할 것이다. 이 사례에서 치료사는 코비가 학교와 친구의 세계에 성공적으로 복귀하도록 지원하기 위해 가족, 치료, 학교가 서로 협력체계를 유지하도록 하면서 학교체계와 긴밀히 작업해야 할 것이다.

사례 축어록

모슬리 가족 회기의 좌석

스티븐(41), 테레사(14), 미란다(38), 소피아(60), 브랜든(10), 코비(16), 치료사. 치료사가 전화로 "저는 가족 모두를 만나 뵙고 싶어요."라고 가족들을 초대하며 시작한다. 그리고 지금 모두가 상담실에 있으며 메시지는 분명하다. 뭔가가 좀 다르다. 코비만 그런 것은 아니다.

치료사: 여러분, 안녕하세요. 미란다 씨 맞으시죠? 전화로 이야기하신 분이 맞으신가요?

미란다: 네.

치료사: 모두들 직접 만나게 되어 반갑습니다. 모두가 여기 오신 것은 잘하셨습니다. 뭐라고 말씀드리셨나요?

미란다: 저는 그냥 코비가 학교에 가지 않기 때문에 치료사 선생님이 모두가 왔으면 한다고 이야기했어요.

치료사: 그에 대해 조금 더 이야기해 주시겠어요?

미란다: 네 그러죠. 그건 일부분이에요. 뭔가 다른 게 있겠죠. 아마…… 잘 모르겠어요…….

치료사: 스티븐 씨, 아내를 도와주시겠어요?

이런 무해한 질문은 사실 남편과 부인을 연결시키는 경계선 만들기 개입이다.

스티븐: 네, 아내는 아마 코비가 여전히 할아버지가 돌아가신 데 대해 신경 쓰고 있다는 것을 말하고자 했을 거예요.

치료사: 아, 유감이군요. 언제 돌아가신 건가요?

스티븐: 장인어른은 3월 12일에 돌아가셨어요. 이번 봄이 2년째가 되겠네요.

치료사: 그러면 가족 모두에게 영향을 끼치는 많은 일이 일어났군요.

이러한 더 넓은 초점은 이 문제가 가족 모두를 포함하게 하는 틀을 만든다. 치료에 가족 모두가 참여해야 하는 다른 이유다.

스티븐: 네.

치료사: 그렇다면 제가 더 듣고 싶고 이야기해 볼 것이 많겠군요. 여러분이 우리가 함께 어떤 시간들을 보낼지 예상할 수 있도록 제가 오늘 어떤 일들이 벌어질지 설명을 드려도 괜찮을까요? (가족이 고개를 끄덕인다.) 제가 오늘 여러분을 모두 이곳에 모이게 한 이유는 가족으로서 코비를 가장 잘 알기 때문입니다. 여러분이 코비의 외할아버지와의 특별한 관계에 대해서 아시는 것처럼, 여러분은 아마 코비에게 무슨 일이 일어나고 있고, 어떻게 도와줘야 할지에 대한 생각과 감정들을 가지고 있을 겁니다. 제가 각자의 생각을 들어 보고, 서로가 이야기할 수 있다면, 모두가 함께 코비와 여러분을 도울 수 있는 방안을 생각할 수 있을 겁니다. 어떠신가요?

(치료사가 미소를 지으며 가족구성원들을 쳐다본다. 하지만 치료사가 소피아를 보았을 때, 그녀는 중재 역할을 맡은 치료사에게로 회기의 초점을 돌린다.)

소피아: 어려 보이시는데요! 아이가 있으신가요?

치료사: 아직은 아니지만, 아마도 언젠가는요. 저에게 아이가 있더라도 소피아 씨의 아이는 아니고요, 오늘 우리는 소피아 씨의 아이에 대해서 알기 위해 모인 겁니다. 제가 여러분을 도와드리기에 너무 어린 것은 아닌지 걱정되시나요?

소피아: 아니요…….

치료사: 만약 제가 잘 해 나가지 못한다고 생각하시면, 저에게 알려 주시겠어요? 소피아 씨, 회기의 마지막에 제가 가족의 이야기를 잘 이해하고 있는지 가족과 함께 확인하도록 하겠습니다. 그리고 (부드럽게 살짝 웃으며) 만약 제가 '제대로 이해'하고 있다면, 제가 잘하고 있다고 알려 주세요! 어떠신가요?

이 첫 번째 합류에서, 예상하진 못했지만 이해 가능한 소피아의 이의 제기에 대한 치료사의 '자기 사용'은 치료 목적을 위한 치료사의 수단이다. 그것이 유일한 방법은 아니지만 이 목표를 달성하기 위한 하나의 방법이다. 그녀는 재치있게 스트레스를 해소하였고 사람들이 서로 어울릴 줄 아는 가족에서 자라서 이와 같은 방법이 편안하다. 이 경우에 그것은 적절한 것으로 보인다. 치료사의 재치 활용은 그녀가 합류할 수 있도록 도와주는 힘이다. 하지만 모두의 강점과 단점이 맞바꾸어질 수 있는 경우처럼 그녀의 재치가 다른 가족에게나 다른 어떤 때에 사용된다면 폭탄이 될 수도 있다. 그런 일이 일어난다면(그럴 수 있고), 치료사는 자신이 이야기한 것을 차분히 설명해 주어야 한다. 치료사는 변화해야 하며, 가족이 무엇을 해야 할지 정리하여 말해 줄 때처럼 그녀의 다른 부분을 활용해야 한다. 어떤 경우든 규칙은 '피드백을 읽고 유동적으로 행동하라.'다. 현 상황에서 치료사는 더 가까이 다가가 복합적이고 더 깊어 보이는 이슈들을 탐색할 수도 있다. 대신, 소피아의 의문 때문에 치료사는 앞으로의 재구성을 위한 "목재"로 가족의 과정에 대해 더 이해하고, 가족의 내용으로부터 세부사항들을 모으고자 한다. 중간 입장의 합류에서 추적은 치료사가 가족과의 연결과 이해를 더 깊이 할 수 있는 근접성과 기동성을 모두 제공한다. 또한 그것들이 자발적으로 나타날 때 재구조화의 가능성을 열 수 있다. 혹은 더 직접적인 '세 번째 움직임'의 전조로서 그것은 가족이 문제의 위치에 대해 다시 생각해 보고 또 상호작용하는 새로운 방법을 경험하도록 도전할 수 있다(Minuchin & Fishman, 1981).

치료사: 그렇다면 소피아 씨, 당신은 도움이 되는 사람인 것 같은데요. 이 가족치료 일에 대해 모두를 살펴보아 주시고요. 가족을 도와주시는 다른 방법이 있는지 궁금합니다.

미란다: 네, 어머니는 큰 도움이 돼요. 어머니 없이는 제가 무엇을 할 수 있을지 모르겠어요!

치료사: 그럼 스티븐 씨는 어떤가요? 장모님께서 많이 도와주시나요?

치료사는 (소피아가 지나치게 관여하고 스티븐이 주변을 맴돈다는) 치료사의 예감을 확인하기 위해 다른 가족구성원의 위치를 조사한다.

스티븐: 네, 그렇죠. 자주 오셔서 아이들을 돌봐 주세요.

치료사: 언제 오시나요?

스티븐: 보통 저와 미란다가 일하러 나가는 낮에요. 그리고 가끔씩 저녁을 드시기도 하고요.

치료사: 두 분 모두 전일제로 일하시나요?

스티븐: 어, 아니요. 미란다는 시간제로 일을 하고 저는 가끔씩 늦게까지 일을 해서, 장모님께서 대신 아이들의 숙제나 브랜든을 봐 주시죠.

치료사는 여기서 "만약 소피아 씨가 아이들 돌보는 것을 도와준다면, 미란다가 당신을 더 도와줄 시간이 있다는 건가요?"라고 말할 수 있다. 하지만 아이들의 이야기는 아직 들어 보지 않았고, 치료사는 향후 재구성을 위해 가족 과정과 맥락을 더 얻어 전체적인 지도를 구체화해야 한다.

치료사: 테레사와 코비, 할머니께서 숙제하는 것을 도와주시니?

테레사: (먼저 대답하며) '원래는' 우리 숙제를 도와주셨지만, 지금은 대부분 브랜든을 돌봐 주세요.

브랜든이 도착한 후 자리 이동이 있었다. 소피아, 미란다 그리고 아이들 사이의 이미 혼란한 경계선에 지금은 구멍이 더 많고, 이는 다른 경계선이 아마 더 멀어질 것임을 의미한다. 치료사는 가족지도에 대해 확실히 하고 싶어, 직접적으로 개입하는 대신 기다려 보고 더 먼 합류 입장에서 조사하기를 택한다. 사실상 맥락이 허락하는 한 '밖'에 있으면서 '안'에서 어떤 일이 벌어지는지에 대해 더 나은 관점을 얻는 것이다. 이렇듯 먼 거리에서 치료사가 정서적으로 개입하려고 하지만, 치료사가 자기 자신에게 왼발을 보라고 말해서(미누친이 회기에서 거리를 유지하는 주요 방법) 과도하게 집중하지 않고 방해가 되지 않도록 한다.

치료사: 그렇다면 테레사, 지금은 숙제를 스스로 하니?

테레사: 네!

치료사: 그리고 코비, 너는 어떠니? 지금 고등학교 2학년이지?

코 비: 네.

치료사: 그러면 너도 숙제를 스스로 하니?

코 비: 네. 저는 온라인 수업을 들어서 스스로 할 수 있어요.

치료사: 할머니께서 네가 브랜든을 도와주도록 믿어 주시니, 아니면 브랜든은 그냥 할머니와 어머니의 일이니?

코 비: 두 분께서 브랜든을 많이 돌봐 주세요.

치료사: 너는 브랜든을 어떻게 돌봐 주니?

코 비: 대부분 비디오게임을 하면서요.

브랜든: (신난 목소리로) 제가 이제 형보다 잘해요!

코 비: 아니거든 임마!

소피아가 브랜든에게 지나치게 관심을 보이기 시작하는 동안, 스티븐은 코비를 못마땅하게 쳐다본다.

치료사: 아빠는 어떠니? 누구를 도와주시니?

코 비: 잘 모르겠어요. 아마도 아빠 자신이요.

가족의 길에서 벗어남으로써, 치료사는 상호작용의 시퀀스를 추적하고 재구성 가능성의 씨를 뿌릴 수 있다. 예를 들어, 두 명의 큰 아이들은 스스로를 돌볼 수 있다. 혹은 코비는 현재 집에 있는 상황이 제시하는 것보다 더 책임감 있고 '도움이 될 수 있으며', 혹은 16세라는 나이에도 불구하고 도우미가 필요할 수도 있다.

치료사: 스티븐 씨, 코비가 방금 아주 흥미로운 말을 했는데요. 무슨 뜻이었을지 아시겠나요?

소피아: 아무 뜻도 아니었을 거예요. 코비는 그냥…….

치료사는 소피아가 가족 과정에 지나치게 관여하는 패턴을 감지하고 소피아의 말을 가로막는다.

치료사: 감사합니다, 소피아 씨. 다시 한 번 도움을 주려고 하시는군요. 하지만 다른 분들도 연습이 필요해요. 이것을 모두가 함께 알아낼 수 있도록 해도 괜찮을까요?

할머니가 지나치게 관여하며 끼어드는데, 이는 가족 안에서 세대 간에 어떻게 교류하는지를 보여 주는 정보다. 치료사는 아버지-아들 사이의 바로 그 순간에 개입하는 할머니를 막는다.

스티븐: 내가 '스스로를 돕는다.'는 것은 무슨 말이니, 코비?

코비는 바닥을 쳐다보며 어깨를 으쓱한다. 스티븐은 빨리 포기하는듯 한숨을 쉬며 머리를 젓는다.

소피아: (가까이에서 지켜보며 재빨리 끼어든다.) 코비는 항상 조용했어요. 친정아버지께서 우리 집에 왔을 때를 기억해요. 그는 코비가 조용하지만 강한 유형의 사람이 될 것이라고 했죠.

치료사: 미란다 씨, 친정어머니께서 얼마나 이분들을 도와주고 싶어 하는지 아시겠어요?

미란다: 아, 네.

치료사: 네, 미란다 씨의 어머니께서 훌륭한 조력자이시니, 아마 미란다 씨가 어머니께 무엇을 배웠는지 보여 줄 수 있으시겠네요. 미란다 씨는 스티븐 씨가 아들에게 이야기하도록 도와줄 수 있으신가요? 친정어머니께 다른 방법으로 도움을 주셨으면 한다는 것을 알리면서요. 만약 소피아 씨가 끼어들고 싶으시면 미란다 씨의 손을 잡으시면 됩니다. 괜찮으신가요?

치료사가 소피아의 개입을 '도움이 된다.'고 재구성하는 것은 어머니의 유능한 가르침을 존중하는 딸의 역할에 초점을 맞추는 것을 통해 경계선 강화로 연결함으로써 강도를 높인다. 이것은 강점을 기반으로 한 구두점 찍기로서 유능감 형성이라 불리는 구조적 모델의 개념이다. 이 예에서 그것은 한 번에 두 곳에 있도록 딸의 역할을 확대한다. 친정어머니에게 공감하는 것과 남편이 아버지로서의 역할을 하는 것을 지지하는 것이다.

미란다: 물론 괜찮습니다. 어머니, 둘이 얘기하도록 해요. 아셨지요?

(소피아는 고개를 끄덕이고, 딸을 쳐다보고 한숨을 쉰다. 그리고 애석한 미소를 짓는다.)

치료사: 스티븐 씨, 보이지 않는 유령과 싸우고 있으셔서 무척 힘드시겠어요. 매우

사랑스러운 유령이지만 어쨌든 유령은 유령이지요. 제 생각에 아드님은 에드워드 할아버지와 이야기하는 법을 너무 잘 배운 나머지, 스티븐 씨와 이야기하는 법을 배우지 못한 것 같아요. 모두가 에드워드를 무척 그리워하고 있다는 것을 압니다. 그래서 저는 그 이유로 인해 코비가 집에 있는 건 아닌가 합니다. 왜냐하면 집에 있음으로써 코비는 물론 다른 사람도 모두 마찬가지로 있게 되기 때문이죠. 마치 에드워드가 돌아가시지 않은 것처럼 말이에요. 사실, 소피아 씨, 미란다 씨 그리고 코비 모두가 코비가 가장 좋아했던 선생님을 그리워하고 있다고 말하죠. 학교에 있는 분도 아니고, 스티븐 씨도 아닌, 집에서 코비를 믿고 말을 들어주며 교육을 하시던 분이죠. 그런데 지금은 상황이 달라요. 스티븐 씨가 있어요. 스티븐 씨는 잘못된 것을 가르칠 수 있어요. 대리교사가 코비를 가르치도록 하면 안 됩니다. 당신이 해야만 해요. 당신이 조금 더 도움이 되어 코비의 어머니와 할머니가 도와주는 방식을 바꿀 수 있도록 해야 합니다. 그렇게 하실 수 있으시겠어요? 아드님을 도와주실 수 있으신가요? 쉽지는 않을 겁니다.

(스티븐은 고개를 끄덕이고 코비를 쳐다본다.)

치료사: 다른 방법으로 코비가 당신과 이야기할 수 있도록 해 보세요. 코비가 달라질 수 있도록 당신이 달라져야 합니다. 테레사, 코비와 아버지가 서로 이야기해야 하니, 코비와 자리를 바꿔 앉아 주겠니? (테레사와 코비가 자리를 바꾼다.) 한번 이야기해 보세요. 우리는 듣겠습니다.

미누친 작업의 시각적 특징 중 하나는 하위체계들의 경계를 정의하기 위한 공간 사용이다. 여기서 치료사는 아버지와 아들 그리고 가족의 다른 구성원 사이의 경계를 지정하기 위해 코비를 스티븐 가까이로 이동시킨다.

스티븐: 그게 사실이니? 할아버지가 보고 싶어? 할아버지의 사랑은 항상 그곳에 있을 거란다.

(코비는 조용히 밑을 내려다보다 눈을 딴 데로 돌린다.)

스티븐: (치료사에게) 자주 있는 일이에요, 코비는…….

치료사: 코비의 침묵은 스티븐 씨에게 매우 중요한 것을 말하고 있어요. 다른 방법으로 코비가 말을 하게 해 주세요. 당신이 코비에게 무슨 일이 일어나고 있는지 듣고 싶다고 설득해 보세요. 우리가 듣고 있답니다.

치료사는 강렬한 관계에 관여되어 있을 때 스티븐이 유리된 패턴을 계속하려는 것을 차단한다. 치료사는 아버지와 아들이 서로 친밀감을 발전시킬 수 있도록 실연을 더 할 것을 격려한다. 가족 내에서의 변화가 시작되었고, 치료사는 모든 구성원이 변화가 일어나고 있다는 희망을 가진 것을 알면서 곧 회기를 마칠 것이다.

Chapter 10
해결중심 단기치료

마이클 리터 · 알린 브렛 고든
(Michael D. Reiter & Arlene Brett Gordon)

스티브 드 세이저(Steve de Shazer)와 인수 김 버그(Insoo Kim Berg)가 발전시킨 해결중심 단기치료(SFBT)는 MRI의 작업뿐 아니라 밀튼 에릭슨(Milton Erickson)의 최면치료에서 시작되었다. 해결중심 치료사는 변화의 촉진자로서 치료가 시작되기도 전에 내담자의 변화가 이미 시작되었고 변화가 계속될 것이라고 기대한다. 치료사는 내담자의 강점과 자원에 깊이 초점을 둔다. 통찰이 변화를 위해 필요한 조건은 아니다. 그보다 어떤 형태의 행동 혹은 상황에 대한 시각이 변화를 가능하게 한다. 이 장은 해결중심 단기치료의 렌즈를 통해 모슬리 씨 가족을 살펴볼 것이고, 모슬리 씨 가족이 어떻게 해서 성공했을 때보다 문제를 경험했던 때의 시간들을 곱씹어 왔는지 보여 줄 것이다.

문제형성에 대한 관점

불평

사람들이 치료에 오는 이유는 살면서 원하지 않거나 어느 정도 변하기를 원하지 않는 사건들이 일어나고 있기 때문이다. 이런 사건들을 불평(complaints)이라고 부른다. 드 세이저(de Shazer, 1985)는 불평에 대한 몇 가지 가정을 제공했다. 첫째, 불평에 포함된 행동은 내담자의 세계관을 근거로 한다. 둘째, 문제 상황을 다루는 내담자의 시도가 문제에 접근하는 가장 논리적인 방법이라는 내담자의 신념에 의해 불평이 유지된다.

가족 내 각 구성원은 하나 이상의 불평을 가질 것이다. 때로 구성원들은 불평에 동의하며, 때로는 불평을 다르게 볼 것이다. 모슬리 씨 가족에서 스티븐과 미란다는 코비의 등교 거부가 문제라는 데 동의한다. 이는 교육의 중요성에 대한 그들의 시각에서 비롯된 것인데, 그 시각은 성장 과정에서의 양육과 부모(특히 어머니)의 학교 교육에 대한 압력을 통해 발전되었다. 이러한 세계관은 그들의 사회경제적 배경에서도 비롯된 것이다. 그들의 부모는 교육은커녕 살기 위해 돈을 벌려고 애써야 했다. 그래서 그 상황에서 공부를 잘하면 필요한 대학 장학금을 받았을 것이다. 스티븐, 미란다, 테레사, 브랜든은 모두 코비가 최근에 함께 살기에는 어려움이 부쩍 많아졌다는 불평에 동의한다. 코비의 불평은 부모가 자기에게 너무 참견하고 너무 요구한다는 것일 가능성이 있다. 그는 또한 자신이 동생들과 좋은 관계가 아니라고 말할 것이다.

불평은 내담자의 세계관을 바탕으로 한다(de Shazer, 1985; de Shazer et al., 1986). 본질적으로 내담자는 자기가 문제를 다루는 방식이 가장 논리적인 해결방식이라고 믿는다. 그들은 대개 그 순간 그 상황을 다루는 대안적인 방식을 보지 못한다. 그래서 불평에 대한 해결로 도움이 되지 않는 생각과 행동방식을 계속해서 하게 된다. 예를 들어, 내담자는 문제 상황을 정도의 연속선상에 있는 것으로 보기보다는 존재하거나 존재하지 않는 것으로 본다. 그래서 내담자는 문제에 대해 생각할 때 그리고 문제를 어떻게 다룰 것인지에 대해 '이것 아니면 저것'의 정신을 사용한다(de Shazer, 1985).

시간이 지남에 따라 불평은 문제로 발전한다(de Shazer, 1988). 내담자는 문제가 항상 일어나는 것처럼 문제에 접근한다(de Shazer, 1991). 그들은 문제가 일어나지 않은 때를 중요한 것으로 깨닫지 못한다. 이렇게 문제가 없던 때는 "차이를 만들지 않은 차이"가 되어 왔다(Weiner-Davis, de Shazer, & Gingerich, 1987, p. 362). 문제가 없던 때를 인식하지 못하기 때문에, 그 당시는 가족구성원들이 불평 패턴에 접근하는 방식을 변화시킬 만큼 중요하지 않다.

스티븐과 미란다는 코비의 등교 거부를 그와 그들의 삶의 부정적인 면으로 본다. 두 사람은 그 상황을 마치 문제인 것처럼, 그래서 부모인 그들이 풀어야 하는 어떤 것으로 접근하고 있다. 그들이 이렇게 하는 방식은 코비가 반드시 학교에 가야 한다고 말하는 것이다. 그들 자신의 경험에 근거하여, 그들은 '코비가 학교에 가면 나머지 인생은 성공적으로 살고, 학교에 가지 않으면 나중에 문제 있는 삶을 산다.'고 생각할 것이다. 그들은 코비가 학교에 가지 않아도 여전히 성공할 수 있는 것과 같은 다른 가능성을 보지 못하고 있다. 또한 그들은 코비가 학교에 돌아가도 성공하지 못할 수 있다는 점을 생각하지 못할 것이다. 스티븐과 미란다는 또한 부모로서의 역할에 대해 '이것 아니면 저것'의 이분법을 쓰고 있는 것 같다. 그들은 스스로에게 "우리가 코비를 학교에 가게 하지 않으면 좋은 부모 역할을 하지 못하는 것이다."라고 말하는 것 같다.

문제를 바라보는 내담자의 렌즈는 문제는 늘 존재한다는 것이기 때문에, 불평이 없던 때가 강조되지 않으며, 그래서 인식되지 않는다(de Shazer, 1991). 문제가 사람들 시각의 전면에 있는 반면, 문제가 아닌 때는 배경에 있거나 처리되지 않는다. 코비의 학교 거부 및 동생들과의 현재 관계는 스티븐과 미란다의 렌즈에 존재하는 것이다. 코비의 문제 행동은 그들 삶의 전경으로 들어와 있다. 그들은 코비가 동생들과 잘 지내는 때 혹은 동생들과 별 문제가 없던 때를 볼 수 없는 것이다.

사람들이 치료에 가져오는 불평은 주로 상호작용의 맥락에 기초한다(de Shazer et al., 1986). 그들은 불평 상황에서 편안하기 위해 변화를 시도하였겠지만, 그러한 시도가 잘 듣지 않았을 것이다. 그들의 노력은 차이를 만들지 못했을 것이며, 혹은 상황을 더 나쁘게 만들었을지도 모른다. 이렇게 변화의 시도에 대한 실패가 습관적인 패턴으로 발전하여 문제나 불평을 지속시켰을 것이다. 결과적으로 가족구성원들은 당황해 있는 것처럼 보일 수 있다(de Shazer, 1985). 스티븐과 미란다는 코비의 등교 거부 상황을 해결하기 위해 코비에게 준 특권을 빼앗고, 그에게 집중적으로 관심을 기울이면서, 코비에게 무엇을 해야 하고, 하지 않으면 어떤 일이 벌어질 것인지 설명하였다. 이러한 행동은 불평 패턴을 만들 수 있는데, 그 속에서 스티븐, 미란다, 코비가 관계를 맺는 유일한 방식에 사로잡혀 있게 되었고, 대안적인 행동의 가능성을 보지 못하게 되었다.

사람들이 문제에 대해 이야기할 때, 그 상황의 내용('사실')이 계속해서 점점 확대되어 문제가 점점 더 무거워지는 것 같다(Berg & de Shazer, 1993). 치료에 오기 전에 내담자는 반복적으로 **문제 대화**에 개입한다. 버그와 드 세이저는 이런 과정을 다음과 같이 설명하였다. "뭔가 잘 되지 않는지에 대해 더 많이 이야기하는 '그런 문제 대화'는 뭔가 잘 되지 않았던 어떤 것을 똑같이 더 많이 하는 것이다. 그래서 문제 대화는 그 자체가 문제이며, 해결의 일부는 아니다."(Berg & de Shazer, 1993, p. 8) 문제가 시작된 후, 사람들은 대개 문제를 더 자주 논의하고, 다른 사람들을 문제 대화에 끌어들이기까지 한다. 이런 과정은 흔히 가능한 행동 선택의 차이에 대한 창조성과 지각을 줄인다.

모슬리 씨 가족은 문제 대화를 반복적으로 계속해서 하고 있다. 각 구성원은 같은 것을 더 함으로써 어쩌면 다른 결론이 내려지기를 희망한다. 코비의 학교 갈 필요성에 대한 그들의 시각에서 스티븐과 미란다가 코비와 맞설수록, 코비는 자기 입장을 더 주장하고 있다. 세 사람 모두 각자 하고 있는 것(즉, 스티븐과 미란다의 설교 혹은 훈육, 코비의 등교 거부)이 가족으로 하여금 긍정적인 변화와 해결로 나아가지 못하게 하는 관계를 계속해서 맺게 하고 있다. 스티븐과 미란다가 코비에게 학교에 가도록 압력을 가하는 시도를 코비가 거부할 때, 스티븐과 미란다는 똑같은 것을 더 하는 것이고 아마 변화를 시도하였지만 실패했던 것을 더 강화하고 있는 것이다.

모슬리 씨 가족구성원 각자는 불평 상호작용의 일부만 보며, 또 무엇이 일어나고 있는지를 이해하기 위해 그것을 사용한다. 사람들이 경험하는 불평은 많은 요소를 포함하는 구성물이지만, 내담자는 이러한 요소에서 대개 한 가지만 혹은 두세 가지만 깊이 생각한다(de Shazer, 1985). 내담자들은 성공 이야기보다 문제 이야기를 구성하는 것으로 보일 수 있다.

세 가지 규칙

해결중심 단기치료는 세 가지 규칙에 근거한다(Berg, 1994). 세 가지 규칙은 일반적으로 문제가 지속되는 이유와 문제의 영향을 받는 사람들이 해결책을 찾아가는 방법을 설명한다.

첫째는 무언가가 부서지지 않았으면 고치지 말라는 것이다. 가족은 가족생활주기상 매우 스트레스가 되는 시기의 가운데서도 가족기능을 긍정적으로 유지하고 향상시키는 많은 일을 한다. 때로 사람들은 이미 가족 안에서 잘 기능하고 있는 것들을 변화시키고자 한다. 모슬리 씨 가족은 이미 효과적인 행동, 관점, 정서에 계속해서 개입한다. 테레사와 브랜든은 코비가 그들에게 적대적이지 않을 때는 싸우지 않았는데, 이는 상황이 더 나빠지는 것을 예방한다. 그들은 학교에도 잘 가고 학교생활도 잘하고 있다. 스티븐과 미란다는 코비를 포기하지 않았다. 그들은 계속 코비에 관여하고 있는데, 이것이 좀 강압적이고 독재적이기는 하지만, 그 행동은 사랑과 관심에서 나온 것이다. 코비는 약물과 위법 행동을 하지 않으며, 집에서 더 심하게 맞서는 것을 하지 않는 등 계속해야 하는 많은 일을 하고 있다.

둘째는 무언가가 효과가 없다면 뭔가 다른 것을 하라는 것이다(Berg, 1994). 가족 문제가 계속되는 까닭은 구성원들이 상황을 변화시키지 않는 불평을 둘러싼 시각과 행동방식에 사로잡혀 있고, 그래서 '똑같은 것을 더 하는' 행동을 하기 때문이다. 이런 행동은 '처음에 성공하지 못하면 계속해서 노력하라.'는 격언에 담긴 시각에서 비롯될 것이다. 그렇게 해서 사람들이 상황을 다루고자 하는 방식이 불평 패턴의 일부가 되어 버린다. 모슬리 씨 가족의 경우는 잘 듣지 않는 행동을 하고 있다. 예를 들면, 스티븐과 미란다는 코비에게 미래에 대해 강의를 하거나 어떤 특권을 빼앗음으로써 코비를 학교에 가도록 반복적으로 시도한다. 게다가 코비는 자기의 등교 거부 뒤에 있는 생각을 설명하지 않고, 부모에게 하는 반응이 부모의 걱정을 줄이지 못하는데도 부모에게 계속해서 그렇게 반응한다.

셋째는 무언가가 효과가 있다면 그것을 더 하라는 것이다(Berg, 1994). 이것은 전체 해결중심 접근의 기초일 것이다. 즉, 해결중심 접근에서는 가족이 행하는 것이 효과가 있으면 그것을 더 하게 하는 것을 강조한다. 모슬리 씨 가족이 서로에게 하는 많은 행동방식은 효과가 있다. 그러나 현재 그들은 불평과 현재의 행동방식이 유일한 방법이라는 시각에 너무 몰두한 나머지 그들 자신의 강점과 자원을 보지 못하고 있다.

변화에 대한 바람

가족 내 개인들은 문제 상황에 대해 서로 다른 입장에 있다. 그 입장은 방문형, 불평형, 고객형으로 분류할 수 있다(Berg, 1994; Berg & Miller, 1992; de Shazer, 1988). 방문형은 불평이 없는 사람이다. 설사 다른 사람들은 문제가 있음을 보더라도, 방문형은 대개 문제가 있음을 보지 못한다. 이런 부류의 사람은 흔히 치료에 비자발적으로 참여한다. 그들은 상황을 문제가 있는 것으로 보지 않기 때문에, 변화를 위한 행동을 취하지 않는다. 무엇이 일어나고 있는지에 대한 자기의 시각과 맞지 않기 때문이다. 코비는 학교에 가고 싶어 하지 않는 것을 문제로 보지 않기 때문에 방문형이라 할 수 있다. 그는 검정고시나 가정학습 같은 몇 가지 가능한 대안을 생각해 냈다. 그는 지역에서 고등학교 졸업장을 갖지 않으면 미래가 훨씬 더 어렵다는 부모의 신념을 자기 것으로 하지 않았다.

불평형은 어떤 형태의 문제가 일어나고 있음을 인정하는 사람이다. 대개 불평형의 사람은 문제해결이 자신보다는 다른 사람의 변화에 달려 있다고 믿는다(Berg, 1994). 그들은 자신을 해결의 일부로 생각하지 않는다. 모슬리 씨 가족에서 각 구성원은 불평형으로 보일 수 있다. 그러나 자신의 세계관에 따라 각 구성원은 누가 그리고 무엇이 변화될 필요가 있는지에 대해 다른 이해를 하고 있는 것 같다. 코비의 경우, 부모님이 자기가 가고자 하는 길을 가도록 내버려 두지 않고 학교에 대해 그를 괴롭히는 것을 불평으로 본다면, 코비는 불평형으로 보일 수 있다. 테레사와 브랜든은 코비가 부모님에게 부정적으로 행동해 왔던 것이 문제라고 생각한다. 그들에게 이 문제는 그들이 변화해서 해결될 것이 아니라 코비가 뭔가 다른 것을 해야 해결될 것이다. 스티븐과 미란다 역시 불평형일 것이다. 그들의 시각에서는 코비의 등교 거부와 동생들에 대한 코비의 행동이 문제다. 그들은 상황이 더 좋아지려면 코비가 변해야 한다고 믿는다.

고객형은 문제가 있음을 인식할 뿐 아니라 문제에 대해 뭔가 하기를 원하는 사람이다(de Shazer, 1988). 스티븐과 미란다는 모슬리 씨 가족에서 고객형으로 간주될 가능성이 가장 큰 사람이다. 그들은 아마 자기들이 코비와 상호작용한 방식이 문제를 지속시켰고 그래서 상황을 변화시키기 위해 그들 자신이 어떤 행동을 한다면 어떻게 될 것인지 살펴보는 데 동의할 것이다.

모슬리 씨 가족과 작업하는 해결중심 치료사는 초기에 각 가족구성원이 치료에서 어떤 입장을 보이는지 알아내고자 한다. 이것은 치료사가 변화를 위해 관계에 속한 각 구성원을 대하는 방식을 변화시키는 데 도움이 될 것이다. 예를 들어, 방문형은 변화를 거의 시도하려고 하지 않으므로, 치료에 온 것에 대해 칭찬하고 아무 과제도 주지 않을 것이다. 불평형에게는 가족 상호작용을 관찰하라는 요구를 할 수 있다. 그들의 관찰은 상호작용 과정에 자신이 개입하고 있음을 보여 줄 것이고 그래서 그들이 변화를 더 많이 시도하게 만들 수 있기 때문이다. 고객형은 문제도 인식하고 문제에 자신이 개입하고 있음도 인식하므로 뭔가 다른 것을 행할 행동 과제를 줄 수 있다.

문화적 요인

해결중심 단기치료는 문화의 개념을 구체적으로 언급하지 않는다. 내담자가 다양성을 문제로 간주하지 않는 한, 다양성은 이 접근에서 중요 사안이 아니기 때문이다. 그러나 문화적 영향은 내담자의 환경에서 주목하지 않을 수 없는 영향이며, 따라서 해결의 적절한 원천이다. 내담자는 자기 삶의 상황에서 전문가이기 때문에 문화는 문제에 대한 내담자의 이해와 문제를 말하기 위해 사용하는 언어에 큰 영향을 미친다. 마찬가지로 문화는 지속적으로 존재하기 때문에 치료적 대화에서 비롯되는 해결에 강한 영향을 미친다.

해결중심 단기치료는 다양한 문화에 적용할 수 있다. 치료사는 변화를 위해 공동으로 구성하는 가능성을 발전시킴에 있어서 내담자의 언어에 참여하기 때문이다. 가령, 치료사는 기적을 믿지 않는 문화 혹은 종교 집단의 경우 기적질문을 바꾸어 마술지팡이 혹은 꿈을 사용할 수 있다(다음 절에서 설명함).

해결중심 치료사는 대개 무엇이 사람들을 분리하는지보다 무엇이 사람들을 연결하는지를 살펴본다(Berg & Steiner, 2003). 이것은 인종, 젠더, 사회경제적 지위, 민족성, 종교와 상관없이 모든 사람은 말하고, 존중받고, 수용받고 싶어 한다는 가정에서 비롯된다. 버그와 스타이너는 이런 입장을 다음과 같이 설명했다. "우리 자신을 상이한 문화의 전문가로 보기보다, 우리는 내담자가 자신의 가치, 선호, 전통에 따라 자신의 방식대로 일을 하고 삶을 살아가는 전문가로 보고 또 존중한다."(p. 9) 치료사는 내담자에게 문화에 대한 자기의 관점을 강요하지 않으며 '알지 못함'의 자세를 취하여 내담자의 문화와 종교가 과거에 그들에게 어떤 도움이 되었고 또 그들의 문화적 경험이 미래의 해결책으로 어떻게 사용될 수 있는지를 내담자에게서 배운다.

상이한 문화의 사람들과 작업할 때 해결중심 치료를 어떻게 적용하는지에 대한 질문에 대해 버그는 다음과 같이 설명했다.

> 나는 이 나라(미국)에서 문화적 차이에 대해 말하는 방식에 불만이 아주 많다. 나의 주된 불만은 문화 간의 차이를 강조하는 것과 관계가 있다. 그것은 당신과 내가 어떻게 비슷한지 대신에 당신과 나 사이에 어떤 차이가 있는지를 강조하는 것이다. 우리 모두는 똑같은 열망, 똑같은 요구, 똑같은 목적을 가진 인간들이다. 내가 그러한 것들을 볼 때 그것들을 통역하기는 아주 쉽다. 당신이 어디를 가든 똑같다. 모든 사람은 수용되고, 인정받고, 지지받고, 사랑받고, 공동체에 소속되기를 원한다. 당신이 어딜 가든, 그건 전혀 다르지 않다. 집단에 속하는 방식에서 차이가 있기는 하지만, 그 차이는 작다. 그러나 백인 중산층 사이에서와 같이, 동일한 문화 사이에서도 많은 다양성이 있다. …… 그래서 너무 많은 사람이 문화/민족성에 대해 필요한 만큼보다 더 큰 차이가 있는 것으로 이야기한다고 생각한다. 어떤 문화에 가든 나는 아주 편안하다. 나는 그저 당신을 또 하나의 인간으로 본다. 나는 이 집단이고 당신은 저 집단이라고 보지 않는다. 그건 매우 분열을 초래하는 일이라고 생각한다. 그것이 바로 나의 주된 불만이다 (Yalom & Rubin, 2003).

문제해결에 대한 관점

현재 있는 것 위에 구축하기

내담자는 변화에 필요한 강점과 자원을 가지고 치료에 온다. 치료사는 내담자에게 기술을 가르칠 필요가 없다. 왜냐하면 그러한 기술은 이미 있기 때문이다. 그보다 치료사는 내담자가 어떻게 하는지에 대해 이미 알고 있는 것을 하도록 돕는다. 드 세이저 등(de Shater et al., 1986)은 해결중심 접근의 핵심이 "내담자가 치료에 가지고 온 것을 활용하여 그들이 만족스러운 삶을 이룰 수 있는 방식으로 그들 자신의 요구에 부응하도록 돕는 것이다."(p. 208)라고 설명했다. 모슬리 씨 가족은 강점, 회복탄력성, 자원을 가지고 치료에 온다. 이것들은 그들에게 필요한 변화가 일어나도록 돕기 위해 치료사가 다가갈 수 있는 특질이고 존재방식이다. 예를 들어, 모슬리 씨 가족은 서로 가깝게 지내고 서로 보살피는 가족이다. 이 점은 좋게 평가될 수 있고 확장될 수 있는 것들이다.

모슬리 씨 가족은 과거에 어떤 일이 일어났는지에 초점을 두고, 또 미래는 문제가 될 것이라고 예측하면서 치료에 온다. 스티븐과 미란다는 '이것 아니면 저것' 관점에서 기능해서, 코비가 학교로 돌아가든지 아니면 그의 미래는 문제가 될 것이라고 본다. 그러나 이러한 전제는 해결중심 철학에 반한다. 내담자의 과거의 행동, 습관, 상황이 어떠하였든지, 그들의 미래는 정해져 있지 않으며 만들어지고 협상될 수 있다(de Shazer et al., 2007). 코비의 미래뿐 아니라 테레사, 브랜든, 스티븐과 미란다의 미래 역시 무한하다. 코비는 검정고시를 봐도 인생에서 성공할 수 있다. 스티븐과 미란다는 코비가 학교에 가도록 압력을 행사하지 않아도 좋은 부모가 될 수 있다. 치료 상황에서 사람들이 상황을 바라볼 때 불평 패턴에서 비불평 패턴으로 바꾸도록 도우면, 가족구성원들이 이미 경험했던 해결책을 바탕으로 해서 새로운 미래가 가능해진다.

치료 시 초점을 두는 해결책은 내담자가 처한 맥락에서의 상호작용을 바꿈으로써 비롯된다(de Shazer et al., 1986). 이러한 변화는 사람들이 뭔가 다른 것을 하거나 그들의 행동과 상황을 다르게 해석해서 생각하고 행동하는 대안적인 방식을 허용할 때 일어난다. 스티븐, 미란다, 코비는 학교에 가는 문제를 둘러싸고 똑같은 상호작용 패턴을 반복해 왔다. 즉, 스티븐과 미란다는 코비를 학교에 가게 하려고 다양한 방법을 시도하였고, 코비는 왜 자기가 학교에 가고 싶지 않은지 정확하게 설명하지 않고 거부만 했다. 이 세 사람 중 적어도 한 사람은 모두가 그 상황에 접근하는 방식을 바꾸기 위해 뭔가 다른 것을 해야 한다. 전체성의 시각에서 볼 때, 모슬리 씨 가족구성원 중 누구라도 변화하면 모두에게 이익이 되는 방식으로 전체체계에 영향을 줄 수 있다. 가령, 코비는 왜 자기가 학교에 가기 싫고 검정고시를 보고자 하는지 부모에게 설명할 수 있다. 이런 새로운 행동은 세 사람이 '같은 것을 더 하는 행동'을 계속하지 않는 방식으로 부모와 관계를 맺게 할 수 있다.

상황을 인식하는 것을 통해서든 아니면 행동을 변화시키는 것을 통해서든, 치료사가 시도하는 것은 '변화를 일으킬 수 있는 차이'가 될 어떤 형태의 변화를 시작하는 것이다. 와이너-데이비스 등(Weiner-Davis et al., 1987)은 정보가 내담자에게 차이를 만들 수 있는 몇 가지 방식을 설명했다. 첫째, 가족구성원들은 새로운 방식으로 반응하고, 또 이러한 반응을 뭔가 다른 것으로 본다. 둘째, 무엇이 일어났는지 되돌아볼 때, 누군가는 과거의 어떤 행동이 이제는 좀 다르게 보임을 인식한다. 셋째, 그 사람은 현 시점에서 변화의 신호를 관찰할 수 있다. 이것이 일어날 때는 내담자가 자신의 삶은 정체되지 않았고 새로운 무언가가 일어날 것이라는 신념에서 기능할 때다. 치료사는 내담자가 무엇을 원하고, 그것이 일어나도록 하기 위해 무엇을 했으며, 그것이 일어나도록 다시 또 무엇을 했고, 그리고 그것이 일어나도록 하기 위해 계속 무엇을 할 수 있는지 질문함으로써 이러한 신념을 구축하도록 돕는다.

모슬리 씨 가족은 가족에서 이미 일어나고 있던 많은 것—코비가 동생들을 보호한 것, 관계가 더 나빠지지 않도록 한 것, 교육받기를 바라는 것 등—을 차이를 만드는 것으로 보지 않았다. 스티븐과 미란다가 코비로 하여금 전통적인 학교 교육을 받게 한다는 하나의 목적에 너무 초점을 둔 나머지 그들 삶의 많은 사건이 차이를 만들지 못한 차이가 되고 있고 그래서 그들의 성공이야기에 담지 못하고 있다. 치료사는 이렇게 '별것 아닌' 사건들을 긍정적인 변화를 위해 사용할 수 있는 과거의 성공과 강점으로 재구성하도록 도울 수 있다.

목표

치료는 내담자가 원하는 미래를 중심으로 이루어진다(Berg & Dolan, 2001). 치료사는 증상을 제거하려고 노력하지 않는다. 그보다 증상은 해결의 일부분으로 변형된다(de Shazer, 1985). 드 세이저가 설명한 대로, "치료의 목표는 '증상의 제거'가 아니라 내담자가 말한(혹은 추론한) 목표를 자발적으로 성취할 수 있게 하는 어떤 상태를 만들도록 돕는 것이다"(p. 14). 그래서 모슬리 씨 가족과의 치료는 코비가 동생과의 관계에서 갖는 어려움을 없애거나 등교 거부를 멈추는 데 초점을 두지 않을 것이며, 대신 사이좋게 지내고 교육을 잘 받는 것을 포함하여 가족의 목표를 드러내는 치료적 대화를 발전시키는 데 초점을 둘 것이다.

내담자들이 자신의 문제를 극복할 수 없는 것 같은 한 가지 이유는 그들이 자신과 다른 사람들과의 대화를 통해 문제와 계속 연결되어 있기 때문이다. 이러한 문제 대화는 성공하지 못했던 일들을 변화시키기 위해 똑같은 시도를 계속해야 한다는 생각에 지속적으로 빠져 있게 한다. 치료사가 도움이 되기 위해서는 상담실 내 대화를 문제 대화에서 해결 대화로 바꾸어야 한다(Berg & de Shazer, 1993). 해결 대화는 문제 영역 밖의 대화다. 그것은 문제가 존재하지 않았던 때의 내담자의 삶에 초점을 둔다.

해결 대화는 내담자가 다르게 되기를 원하는 것과 그것을 성취하기 위한 가능성에 초점을 둔다(DeJong & Berg, 2012). 치료사와 내담자가 해결에 대해 더 많이 대화할수록, 각자는 해결의 진실성을 더 많이 믿게 된다. 모슬리 씨 가족과의 작업에서 치료사는 처음의 불평에 대해 경청하고, 가족에게 문제가 되지 않았던 때가 나타날 때까지 문제 대화에 개입한다. 그러고 나서 치료사는 대화를 해결 대화로 바꾸어 이렇게 문제가 되지 않았던 때에 대해 모슬리 씨 가족과 이야기한다. 모슬리 씨 가족은 현재의 문제에 대처할 필요가 없었던 많은 때에 대해 이야기할 수 있을 것이다.

치료는 내담자가 문제를 구성하는 방식을 변화시키도록 돕는다(de Shazer, 1988). 그러면 내담자들은 불평을 이제 불평이 아닌 것으로 지각할 수 있고 혹은 처음에 그들이 경험했던 만큼 심각하게 인식하지 않을 것이다. 이러한 치료적 언어 게임은 예외, 목표, 해결에 초점을 둔다(de Shazer, 1991). 모슬리 씨 가족과 함께 언어 게임으로 들어가면 어떤 시점에서 대화는 여러 구성원이 원하지 않는 것(즉, 동생들에 대한 코비의 태도, 코비의 등교 거부, 부모가 코비를 통제하고자 하는 시도)으로부터 각 구성원이 미래의 삶에서 원하는 것으로 바뀔 것이다. 조화, 사이좋게 지내기, 존중, 교육을 잘 받기 같은 이슈가 가장 많이 논의될 것이다.

이런 대화는 치료사가 일들을 어떻게 지각하는지보다는 모슬리 씨 가족이 일들이 어떻게 되기를 원하는지 위에서 이루어질 것이다. 내담자는 자기 삶의 전문가로 여겨지기 때문이다(DeJong & Berg, 2012). 내담자들의 준거틀을 사용하여, 치료사는 내담자들이 어떻게 변화되기를 원하는지 그리고 그들이 과거에 사용했던 자원은 무엇인지를 이해하는 데 도움을 받는다. 그렇게 되는 것은 치료사와 내담자가 치료의 목표를 합동으로 구축하는 데 도움이 된다. 그런 목표는 상담실 내 구성원들이 스스로 무엇을 원하는지에 대한 시각에 의해 결정된다. 이렇게 결정된 목표에 초점을 두는 것은 치료사가 해결에 더 가까이 가는 데 도움이 될 것이다.

목표를 개발하고 정의하는 과정은 치료사가 내담자의 미래에 변화를 기대한다는 신호다(de Shazer, 1985). 처음에 모슬리 씨 가족은 아마 매우 절망해서 치료에 올 것이다. 상당히 오랫동안 문제 속에 빠져 있었기 때문이다. 성취할 수 있는 단기 목표에 대해 치료사와 함께 이야기하면 변화가 상당히 빨리 일어날 수 있고 또 변화가 일어날 것이라는 가족구성원들의 기대가 높아질 것이다. 그래서 목표 개발은 성공적 치료의 주요 구성요소다.

드 세이저(de Shazer, 1991)는 운용 가능한 목표의 일곱 가지 특징을 제공했다. 이는 다음과 같다.

> 큰 것보다 작은 것, 내담자에게 중요한 것, 구체적이고 행동적인 용어로 기술할 것, 내담자의 실제적인 삶의 맥락에서 성취 가능할 것, '힘든 일'을 포함한다고 내담자가 지각할 것, '무엇인가를 끝내는 것'이 아니라 '무엇인가를 시작하는 것'으로 서술할 것, 현재 행동의 부재 혹은 중단이 아니라 새로운 행동을 포함하는 것(p. 112).

스티븐과 미란다는 아마 치료 목표가 코비가 학교에 다니는 것이어야 한다고 말할 것이다. 이 목표는 드 세이저가 말한 운용 가능한 목표의 몇 가지 범주에 해당한다. 즉, 그것은 구체적이고, 작고, 성취 가능하며, 무언가를 시작할 수 있고 새로운 행동을 포함한다. 그러나 이것은 내담자에게 중요하거나 힘든 일을 포함한다는 기준에는 맞지 않는다. 그것은 코비에게 중요하지 않고, 스티븐과 미란다 자신의 힘든 일을 포함하지도 않는다. 만일 모슬리 씨 가족의 치료사가 이 목표에 따라 작업하기로 동의하면, 한 사람 이상의 고객형이 아니라 두 명의 불평형(스티븐과 미란다)과 아마 한 명의 방문형(코비)과 작업하게 될 것이다. 그래서 치료사는 목표 개발을 더 해야 할 필요가 있을 것이다. 다른 누군가가 뭔가 다른 일을 해야 한다고 기대하기보다 각자 뭔가 다른 것을 할 필요가 있다고 이해하기 때문이다.

변 화

해결중심 치료는 변화에 대한 몇 가지 가정을 기초로 한다(de Shazer et al., 1986). 내담자가 치료에 올 때, 내담자가 필요한 방향으로 움직이기 위해서는 오직 작은 변화만이 필요하다. 그래서 치료가 성공적이기 위해 작고 합리적인 목표가 필요하다. 한 가지 이유는 체계의 한 부분에서의 변화는 전체 체계를 변화시키기 때문이다(de Shazer, 1985). 따라서 가족치료에 참여하기 위해서는 한 사람만 필요하다. 모슬리 씨 가족의 경우, 치료사는 접촉자가 치료 회기에 참석해야 한다고 생각하는 사람을 초대할 가능성이 크다. 스티븐, 미란다, 코비가 아마 첫 회기에 참석할 것이다. 이 세 사람(테레사와 브랜든도 마찬가지로) 중 누군가는 중요한 변화를 만들 수 있다. 코비가 학교에 가는 것, 미란다와 스티븐이 코비로 하여금 학교에 가게 하는 노력을 중단하고 검정고시를 보겠다는 코비를 지원하는 것, 혹은 수많은 다른 행동 중 어떤 것이라도 가족원이 더 이상 문제가 있다고 지각하지 않도록 만들기에 충분할 것이다.

또한 치료사는 변화되어야 하는 것은 문제없는 삶에 대한 내담자의 지각과 관련이 있다고 가정한다(de Shazer, 1985). 치료사와 내담자가 문제가 사라졌을 때 내담자에게 어떤 일이 일어날 것인지 서술할 수 있다면 해결에 대한 기대를 발전시킬 수 있다. 치료가 시작되기 전에 모슬리 씨네 치료사는 이렇게 문제가 없는 상황의 그림이 어떨 것인지 알지 못한다. 각 가족구성원은 자기의 그림을 가질 것이며, 그것은 각자가 미래의 삶에 대한 자신의 견해에 대해 이야기하는 방식에 영향을 받을 것이다.

변화가 일어나기 위해서 내담자나 치료사가 불평을 이해할 필요는 없다(de Shazer et al., 1986). 치료사는 치료가 성공적이기 위해서 내담자에게 불평에 대해 물어볼 필요가 없다. 그러나 내담자와 불평에 대해 이야기하는 것은 합류의 메커니즘이 되고 과거에 성공하지 못했던 변화의 시도에 대한 정보를 제공한다는 면에서 도움이 될 수 있다. 가설적으로는 해결을 가져오기 위해 문제에 대해 논의할 필요가 없다고 하더라도, 해결중심 치료사는 문제를 논의하는 데 일정 시간을 보낸다(de Shazer et al., 2007). 이러한 논의는 대개 치료사와 내담자가 문제 대화에 개입할 때인 첫 회기를 시작할 무렵에 일어난다. 스티븐과 미란다는 현재 왜 코비가 학교 가기를 거부하고 있는지를 정확하게 이해하지 못하여 좌절하고 있다. 코비는 아마 부모 중 누군가가 그것에 대해 속상해하고 있는지 모를 수 있다. 그러나 그가 학교에 가지 않는 이유가 반드시 무엇이 일어날 필요가 있는지와 연관된 것은 아니며, 또 그가 학교로 돌아가는 경로와 연관이 있는 것은 아니다.

치료사와 내담자가 변화에 대한 기대를 가질 때, 변화는 더 잘 일어나는 경향이 있다(de Shazer et al., 1986). 치료사는 변화가 항상 일어나며 불가피하다고 믿는다(Berg & de Shazer, 1993). 그래서 내담자에게는 미래가 가능성들로 가득 차 있다. 치료사는 내담자에게 미래에 대한 낙관적 시각을 전달하며, 이는 희망을 높인다(Berg & Dolan, 2001).

치료사는 끊임없이 가족과 함께 차이를 찾아본다(de Shazer, 1991). 차이는 치료사와 내담자가 문제/불평으로부터 문제와 불평이 아닌 것으로 대화를 바꾸는 데 사용할 수 있는 도구가 된다. 문제가 아닌 무슨 일들이 어떻게, 언제, 어디서, 누군가와 함께 이미 일어나고 있는 것 속에 차이가 존재할 것이다. 스티븐과 미란다는 코비가 동생들과 잘 지내지 못한 데 대해 속상함을 표현했다면, 치료사는 코비가 동생들을 각자 어떻게 다르게 대하는지, 언제 동생들과 조금 더 잘 노는지, 어떤 상황에서 동생들을 조금 더 존중하는지 등에 대해 질문할 수 있다. 이러한 대화는 모슬리 씨 가족구성원 각각의 서로에 대한 시각과 상황에 대한 시각을 변화시킬 수 있으며, 그래서 그들이 상황을 좀 다르게 이해할 수 있도록 할 것이다.

상담실에서 무슨 일이 일어나든, 중요한 것은 내담자의 실제 생활에서 변화가 일어난다는 것이다(de Shazer, 1988). 변화는 정서적 · 지각적 · 행동적 차이의 형태로 올 수 있다(Berg, 1994). 그래서 모슬리 씨 가족원 각자 다르게 느끼고, 다르게 지각하고, 상담실 밖에서 다르게 행동할 때 성공한 것이며, 이러한 변화는 가족이 이전에 갖고 있던 걱정들이 더 이상 존재하지 않는다고 믿을 만큼 중요하다.

기 대

치료사는 첫 번째와 그다음 회기에 들어갈 때 변화가 항상 일어난다고 기대한다. '만일 변화가 일어났다면' 혹은 '일어날 것이라면'이라고 의문을 갖는 대신에, 치료사는 '언제' '어디에서', 그리고 '어떤 형태의' 변화가 일어날 것인지에 초점을 둔다(de Shazer, 1984). 변화에 대한 치료사의 기대는 가족이 변화가 일어나기를 기대할 뿐 아니라 과거에는 보지 못했던 곳에서 변화를 보기 시작한다는 점에서 가족에게 전달된다.

내담자는 뭔가 달라질 것이라는 감을 잡으면서 치료에 온다. 치료에 옴으로써 그들은 변화 과정을 시작하고 있다(de Shazer, 1985). 치료사는 변화가 항상 일어나고 있다는 기대를 내담자에게 제공하며, 그래서 내담자의 현재 기대를 기반으로 작업하여 문제가 더 이상 존재하지 않을 때 내담자가 무엇을 다르다고 보는지에 초점을 둔다. 드 세이저는 "해결은 치료사와 내담자가 유용하고 만족스러운 변화에 대한 기대를 구축할 수 있을 때 발전된다."(de Shazer, 1985, p. 45)라고 설명했다. 스티븐과 미란다가 치료사와 접촉하고 코비를 치료에 함께 데려오는 것은 현재 상황이 뭔가 달라지기를 기대한다는 것을 보여 준다. 치료사는 변화에 대한 이러한 기대를 관련시켜서 가족의 여러 가지 일이 좀 차이가 있을 때 생활이 어떨 것 같은지 찾아낼 수 있다.

해결중심 치료 회기의 초점은 문제가 없을 때 내담자의 미래가 어떻게 될 것 같은지를 탐색하는 데 보내는 데 있다. 드 세이저(de Shazer, 1988)는 이런 형태의 대화의 중요성을 다음과 같이 설명했다.

> 문제가 이미 해결된 미래를 자세히 서술하는 것만으로도 문제가 해결될 것이라는 기대를 구축하는 데 도움이 되고, 그래서 이러한 기대가 일단 형성되면 그 기대를 충족시키도록 이끄는 방법으로 내담자가 생각하고 행동하는 데 도움이 될 수 있다(p. 50).

이 점은 스티븐과 미란다가 만일 코비가 학교에 돌아가지 않으면 미래, 특히 코비의 미래를 부정적으로 결정된 것으로 보고 있기 때문에 중요하다. 치료사는 바라는 목표에 도달하는 길이 많다는 점을 알고서 치료에 접근한다. 모슬리 씨 가족의 장기 목표가 코비의 성공이라면, 코비가 학교에 가거나 검정고시를 보거나, 혹은 학교를 완전히 그만두더라도 이 목표를 성취할 수 있다. 만일 코비가 후자를 선택하면 성공하기가 더 어려울 수 있지만, 그의 미래가 아직 결정된 것은 아니다.

치료사는 변화에 대한 기대가 구축될 여지가 있는 대화의 창이 어떤 형태든지, 그것을 항상 노린다. 치료사가 내담자로부터 어떤 형태의 긍정적 움직임을 들을 때 기대는 더 높아진다(de Shazer, 1985). 치료사가 이러한 변화를 강조하면, 치료사와 내담자 모두 그 기대를 기반으로 더 큰 변화를 구축한다. 예를 들어, 만일 코비가 동생 브랜든에게 "좋은 아침이야."라고 말하는 것을 치료사가 듣는다면, 치료사는 이 상황에서 어떤 일이 일어났고 또 코비는 어떻게 그렇게 할 수 있었는지 탐색할 수 있다. 그러면 이런 형태의 행동이 계속될 것이라는 모두의 기대가 증가한다.

질 문

질문은 그 자체가 본질적으로 개입이므로, 해결중심 치료에서 주요한 의사소통 도구다(de Shazer et al., 2007). 질문은 협동을 통해 사람들의 사고, 관점, 감정, 행동을 변화시킬 수 있는 단어들을 사용한다(Berg & de Shazer, 1993). 질문은 주로 문제가 일어나지 않았던 때를 강조하는 데 쓰이며, 과거보다 현재와 미래에 초점을 두기 위해 쓰인다. 치료사가 내담자의 강점, 자원, 목표에 초점을 두기 위해 사용할 수 있는 질문의 형태는 다양하다.

상담 전 변화 질문　변화는 항상 일어나기 때문에 내담자가 상담실에 들어갈 때까지 항상 일어난다. 그러나 내담자는 불평 패턴을 찾는 데 너무 몰두한 나머지 치료 전의 변화에 주목하지 못한다(Weiner-Davis et al., 1987). 치료사가 할 수 있는 것은 이렇게 이전에 주목하지 못한 차이를 끄집어내서 문제가 없던 때에 초점을 두기 시작하는 것이다.

와이너-데이비스 등(Weiner-Davis et al., 1987)은 상담 전 변화를 다루는 질문을 이렇게 소개했다. "많은 경우에 사람들은 치료를 받으려고 약속을 했던 때와 첫 상담 회기 간에 이미 뭔가 다른 것 같다는 점에 주목합니다. 당신의 상황에 대해서는 무엇에 주목하셨나요?"(p. 360) 이 질문은 내담자들이 그들이 이미 가지고 있는 강점과 자원을 가지고 치료에 온다는 점을 강조한다. 내담자들은 이미 유용하고 효과적인 행동에 개입해 왔기 때문에, 이러한 행동을 반복할 수 있다. 더욱이 치료사 없이도 효과를 보았던 내담자들이 역량이 강화되었다는 느낌을 더 많이 갖게 되었다. 모슬리 씨 가족과 작업하는 치료사는 아마 가족구성원들과 합류하는 일반적인 단계 후 치료를 시작할 때 상담 전 변화 질문을 할 것이다.

내담자는 상담 전 변화 질문에 대해 대표적으로 세 가지 반응 중 한 가지를 한다(de Shazer et al., 2007). 첫째, 그들은 아무것도 달라지지 않았다고 말할 것이다. 이렇게 반응할 때, 치료사는 회기를 보통 때처럼 진행한다. 둘째, 내담자가 뭔가 더 좋아지기 시작했다고 답할 수 있다. 그러면 치료사는 이러한 변화를 둘러싸고 대화의 창을 열어서 회기의 맨 처음부터 해결 대화에 개입할 수 있다. 셋째, 내담자는 상황이 똑같다고 답할 수 있다. 이때 치료사는 상황이 어떻게 해서 더 나빠지지 않았는지 질문할 수 있다. 이는 내담자가 상황이 더 나빠지는 것을 막을 수 있음을 암시한다.

상담 전 변화 질문에 대해 내담자가 뭔가가 더 좋아졌다고 설명하여 답한다면, 치료사는 어떻게 해서 내담자가 계속 유용한 행동을 할 수 있는지 혹은 그런 행동을 더 많이 할 수 있는지 탐색하는 추가 질문을 할 수 있다(Weiner-Davis et al., 1987). 모슬리 씨 가족은 아마 이 질문에 상황이 똑같다고 대답할 것이다. 상담 약속을 한 후에도 코비는 학교에 가지 않았거나 학교에 갈려는 의사가 없었다고 할 것이다. 이 점은 아마 뭔가 좋아진 것이 있는지 살펴보기 위해 스티븐과 미란다가 초점을 두고 있는 주요 영역일 것이다.

예외질문 문제는 항상 일어나지 않는다(de Shazer et al., 2007). 때때로 사람들의 문제는 존재하지 않으며, 다른 때만큼 강하지 않고, 자주 일어나지 않으며, 심각하지 않고, 스트레스가 되는 것은 아니다. 드 세이저(de Shazer, 1991)는 문제/불평의 개념이 문제없음/불평없음의 개념과 관계 있다고 하였다.

예외는 내담자의 삶에서 과거에 성공한 경험이며(DeJong & Berg, 2012), 의도적일 수도 있고 우연일 수도 있다(Berg, 1994). 내담자는 예외를 우연이며 통제 밖의 것으로 보는 경향이 있다. 그러나 예외는 내담자가 확인할 수 없었을 어떤 상황에 머물러 있고(de Shazer, 1991), 그래서 내담자가 인식하는 것보다 더 의도적일 수 있다. 이러한 상황은 바라는 목표에 가까이 갈 때이며, 다양한 가능성의 기초가 된다.

치료사와 내담자가 예외에 초점을 둘 때, 실패 이야기가 성공 이야기로 바뀐다. 치료가 매개체가 되어 내담자는 새로운 삶의 이야기를 강조할 수 있게 되고, 그 이야기 안에 내담자가 강점과 자원을 가지고 있음이 드러난다(de Shazer, 1991). 일단 내담자가 이미 성공했음을 알게 되면, 역량강화가 어느 정도 더 많이 이루어진다.

예외를 끌어낸 후에 치료사는 내담자가 이미 효과가 있었던 것을 더 하여 성공을 되풀이하도록 시도한다(Berg & Dolan, 2001). 모슬리 씨 가족은 현재의 불평에 많은 예외가 있다. 코비는 유치원에 들어간 이래 계속해서 쭉 학교에 갔다. 그래서 이번이 그의 인생에서 학교 가기를 거부한 첫 번째이며, 이는 그가 학교에 다닌 수년의 경험이 있음을 의미한다. 코비가 동생들과 잘 지내지 못함 역시 새로운 것이다. 수년의 자료를 보면, 코비는 잘 지냈고 그래서 테레사와 브랜든과도 잘 지낼 수 있었다. 모슬리 씨 가족에 다른 많은 예외도 있으며, 이는 치료면담 동안 대화를 통해 겉으로 드러날 수 있다.

척도질문 척도질문은 치료사와 내담자가 추상적인 생각은 구체적인 개념으로 전환할 수 있는 언어매체를 제공한다(Berg & de Shazer, 1993). 내담자는 흔히 치료에 우울증, 헌신 혹은 행복과 같은 걱정이 되거나 관심이 있는 부분을 가져오는데, 사람들이 그것들을 논의하는 공통적인 방법이 있지 않는 한 그것들을 이해하기가 어렵다. 척도는 내담자와 치료사가 합의한 용어를 대화하는 방식에 융통성을 제공한다(de Shazer, 1994). 이를 통해 내담자와 상담자는 논의 중인 내용에 대한 이해를 조정할 수 있다.

치료사는 치료적 대화의 많은 다른 영역에 초점을 두기 위해 척도를 사용할 수 있다. 척도는 내담자가 자신의 관점, 타인에 대한 자신의 관점, 자신에 대한 타인의 시각에 대한 자신의 관점을 의논하도록 한다(Berg & de Shazer, 1993). 이를테면, 코비에게 학교에 갈 자신이 얼마나 있는지, 자기가 원하는 방식대로 부모님이 그를 대할 것인지, 부모님이 얼마나 그를 계속해서 보살필 것인지를 척도에 답하도록 하는 질문을 할 수 있다.

척도는 대개 무엇인가가 없는 상태를 0 혹은 1로 두고 바라는 상태를 10으로 한다. 그래서 스티븐에게 "0에서 10까지의 척도에서 10은 집에서 당신이 원하는 모든 것이 있는 상태입니다. 지금은 몇 점이죠?"라고 질문할 수 있다. 평가는 척도상에서 스티븐이 점수가 더 낮아지기보다 무언가를 더 많이 하는 것으로 올라갈 것이다. 이것은 치료 목표가 무언가의 없음이 아닌 무언가의 시작이어야 한다는 목표

설정 원칙의 기준에 따른 것이다.

척도는 또 내담자의 현재 상황과 변화의 지표에 대한 기준선을 제공하는 데 도움이 된다. 척도질문은 내담자가 자신의 상황을 사정하고, 측정하고, 평가할 수 있도록 한다(Berg & Dolan, 2001). 10점이 미란다가 꿈꾼 삶을 살고 있음을 의미할 때, 0에서 10점 척도에서 미란다가 오늘 몇 점에 있는지 질문할 수 있다. 만일 5점이라고 하면, 이것이 기초선이 될 것이다. 현재 혹은 다음 회기에서의 상향 이동은 목표를 향한 움직임을 가르킬 것이고, 그래서 치료가 성공하고 있음을 결정하는 데 도움이 될 것이다.

기적질문 기적질문은 해결중심 모델의 중심 요소가 되어 왔다. 이 질문은 내담자가 기적만이 자기를 도울 것이라고 했을 때 인수 김 버그가 발전시켰다(DeJong & Berg, 2012). 당시 버그는 내담자와 언어 게임을 시작해서, 만일 기적이 일어났다면 어떻게 될 것 같은지 탐색하였다. 다음은 기적질문을 할 수 있는 한 가지 방법이다.

> 상당히 이상한 질문을 하려고 합니다. 그 이상한 질문은 이렇습니다. 오늘밤 당신은 집에 가서 잠을 주무시죠. 그리고 밤에 기적이 일어납니다. 기적은 당신이 이야기하였던 문제가 모두 사라지는 것입니다. 다음 날 아침 일어나서 당신은 기적이 일어났음을 알지 못합니다. 당신이 첫 번째로 무엇에 주목하면 어젯밤 기적이 일어났다는 것을 알 수 있을까요?

기적질문은 내담자가 다소 재미있는 방식으로 상상력을 발휘하여 더욱 만족스러운 미래에 집중할 수 있는 무대를 마련해 준다. 덧붙여 기적질문은 내담자가 집에서 실제로 곧 일어날 기적의 이미지를 갖게 한다.

기적질문 사용의 몇 가지 이점이 있다(DeJong & Berg, 2012). 첫째, 기적질문은 내담자가 과거의 문제로부터 문제가 더 이상 일어나지 않는 미래로 초점을 돌리게 하는 데 도움이 된다. 둘째, 기적질문은 개방형 질문이기 때문에, 내담자는 아마 과거에 떠올려 보지 않았던 다양한 가능성을 탐색할 수 있다. 이러한 가능성은 타인이 그들에게 원하는 것이 아니라 그들 자신이 선호하는 성과들이다(Berg & Dolan, 2001). 그래서 기적질문은 내담자의 목표에 대해 간접적으로 묻는 방식이다(de Shazer, 1988).

드 세이저 등(de Shazer et al., 2007)은 치료사가 기적질문을 해야 하는 네 가지 이유를 제공했다. 첫째, 기적질문은 내담자의 목표를 끌어내도록 돕는다. 기적질문은 치료사와 내담자가 치료가 효과적이기 위해서는 어떤 일이 일어나야 하는지에 대해 알려 준다. 둘째, 기적질문에 대해 생각하고 답하는 과정은 내담자가 그 질문에 대한 답을 경험하도록 한다. 흔히 내담자는 문제 상황에 너무 경험적으로 고착되어 있기에, 기적에 대해 생각하는 과정은 내담자에게 뭔가 새롭고 유용한 것이 될 수 있다. 셋째, 기적에 초점을 두는 것은 예외 탐색을 위한 치료적 대화를 준비하는 데 도움이 된다. 예외가 문제없는 미래와 관련이 있을 때, 치료사와 내담자는 그들이 올바르게 가고 있는지 알 수 있다(de Shazer, 1988). 넷째, 기적질문은 변화와 해결이 이루어지고 있다는 이야기의 일부로 기능한다.

치료 회기에 참석한 모슬리 씨 가족의 각 구성원은 기적질문에 답할 기회를 가질 수 있다. 이는 각 구성원이 서로의 답을 듣고 경험할 수 있다는 점에서 유익하다. 스티븐이 비록 기적이 일어난 다음 날이 어떨 것 같은지에 대해 생각해 보지 않았다고 하더라도, 미란다가 그것에 대해 이야기하고 그가 동의하면 그것은 그의 기적의 일부가 될 수 있다. 부모 앞에서 코비의 기적질문에 대한 답은 부모와의 관계가 융통적으로 될 가능성이 클 것이며, 그래서 새로운 행동 패턴이 가능해질 것이다.

치료사가 일단 기적질문을 하면, 치료적 대화는 내담자의 실제 생활에서 이미 나타난 기적의 신호에 초점을 둔다(Berg & Dolan, 2001; de Shazer et al., 2007). 내담자뿐 아니라 내담자의 관계망에 있는 타인들이 기적이 일어난 다음 날 무엇이 다르다고 주목할 것인지 파악하기 위해 상호작용 관점이 요구된다. 예를 들어, 만일 미란다는 코비가 동생 브랜든을 안아 줄 때 기적이 일어났음을 알게 될 것이라고 말한다면, 치료사는 그런 일이 마지막으로 일어났을 때 어떠했는지 탐색할 수 있다. 모슬리 씨네가 이런 시간을 일단 기억하면, 기적과 같은 것이 과거에도 일어났고 미래에도 다시 일어날 수 있음을 알게 될 것이다.

기적질문이 탐색되고 난 다음, 치료사는 기적척도 질문을 할 수 있다(de Shazer et al., 2007). 이 척도에 관해서는 이렇게 말할 수 있다. "그래서 0부터 10까지의 척도가 있습니다. 0은 당신이 도움을 청하기로 결정했을 때이고 10은 기적이 일어난 다음 날을 뜻합니다. 0부터 10까지 중에 당신은 오늘 어디에 있다고 하시겠습니까?" (p. 61) 그러고 나서 치료사는 내담자에게 몇 가지 추수질문을 할 수 있다. 예컨대, 척도의 두 점수 사이에는 어떤 차이가 있습니까? 타인은 기적척도에서 당신 혹은 당신 가족을 몇 점이라고 할 것입니까? 무슨 일을 해서 척도의 점수가 올라갔습니까? 문제가 있던 시기로부터 기적의 시간으로 척도상 점수를 올리기 위해서 무슨 일을 더 할 필요가 있습니까?

'그 밖에 무엇?' 질문 질문이 단순한 것처럼 보일지라도, 치료사가 면담 내내 '그 밖에 무엇?'이라는 질문을 하는 것은 매우 중요하다(de Shazer et al., 2007). 내담자가 치료에 오는 이유는 대개 문제에 대해 제한된 시각을 가지고 있으며, 그래서 대안적인 가능성들을 보지 못하기 때문이다. 치료사가 내담자의 대답을 액면 그대로 받아들이고 그것을 더 탐색하거나 확대하지 않으면 '똑같은 것을 더 많이' 하는 것이다. 내담자가 효과가 있었던 그 밖에 어떤 것을 주목했는지, 기적이 일어난 다음 날 그 밖에 어떤 일이 일어날 것인지, 다른 사람은 차이가 있었던 그 밖의 것을 어떻게 주목할 것인지, 과거에 내담자에게 효과가 있었던 그 밖의 다른 것이 무엇인지 자주 질문하면 치료적 대화에서 가능한 해결책을 새롭게 이끌어 낼 수 있다.

치료 과정

치료는 언어를 기초로 하며, 언어는 실재다(de Shazer, 1994). 모든 회기, 특히 첫 회기에서 치료사는 문제가 무엇이며, 문제를 해결하기 위해 어떤 노력을 해야 하는지에 대해 내담자가 이해하고 있는 바에 의문을 갖도록 한다(de Shazer, 1985). 말하자면, 치료사는 내담자의 '이것 아니면 저것'의 시각을 '이것과 저것 모두'의 시각으로 바꾸도록 돕는데, 이는 효과적인 행동에 대해 여러 가능성을 열어 준다. 모슬리 씨 가족의 치료는 스티븐과 미란다의 신념, 즉 '코비가 학교에 가든지 아니면 그의 미래는 돌이킬 수 없게 나빠진다.'는 신념을 '코비는 학교에 갈 수도 있고 안 갈 수도 있으며, 그래도 성공할 수 있다.'는 신념으로 바꾸는 데 초점을 둘 수 있다. 치료는 또한 코비가 문제아라는 인식을 강점과 자원을 가진 사람이라는 인식으로 바꾸는 데 초점을 둘 것이다.

각 회기는 일반적으로 세 가지 주된 관심을 중심으로 진행된다(de Shazer, 1994). 첫째, 치료사는 내담자가 해결책을 찾는 데 도움이 될 어떤 것을 알고 있는지 탐색한다. 둘째, 회기는 내담자와 치료사가 희망할 수 있는 것에 초점을 둔다. 마지막으로, 회기는 치료사와 내담자가 해결로 이끄는 데 도움이 되기 위해 치료사와 내담자가 해야 하는 것을 탐색한다.

첫 회기는 대개 정해진 형식으로 진행된다(de Shazer et al., 1986). 치료사는 치료 회기의 절차를 내담자에게 소개함으로써 회기를 시작한다. 회기 시작부터 치료사는 협력을 촉진하기 위해 내담자에 합류하고자 노력한다(de Shazer, 1985). 치료의 이 부분은 서곡으로 간주될 수 있는데(de Shazer, 1982), 치료사는 가족구성원들과 관계를 맺고, 문제와의 관계에서 벗어나 가족구성원들을 알아 간다. 치료사는 1~5분을 할애하여 내담자의 수입, 취미, 좋아하는 스포츠팀 등에 대해 살펴볼 수 있다.

그다음에 치료사는 보통 불평에 대해 질문하여(de Shazer et al., 1986), 불평에 대한 구체적인 설명을 얻고자 할 것이다. 스티븐과 미란다는 아마 코비가 학교에 계속 가기를 거부한다는 염려를 말할 것이다. 또 그들은 아마 테레사와 브랜든에 대한 코비의 태도가 변했고, 코비가 동생들에게 친절하지 않다고 말할 것이다. 코비는 아마 부모님이 너무 경직되어 있고, 자기 삶에서 스스로 선택하도록 허락하지 않는다고 말할 것이다.

약 5분에서 10분가량 문제 대화를 한 다음에, 치료사는 기적질문을 할 것이다.

치료사는 기적질문을 확장하여, 상담실에 있는 사람들뿐 아니라 내담자의 삶에 포함된 다른 사람들이 기적이 일어났다는 것을 어떻게 알 것인지 탐색할 것이다. 테레사와 브랜든이 상담실에 없다면, 치료사는 아마 "기적이 일어나서 뭔가 다르다고 테레사와 브랜든에게 말하면 그들은 내일 무엇에 주목할까요?"라는 관계성 질문을 할 것이다. 그리고 치료사는 기적과의 관계에서 어디에 있는지를 평가하기 위해 기적척도를 사용할 수 있다.

기적에 대한 그림이 그려지면, 치료사는 내담자와 협력하여 불평에 대한 예외를 끌어낸다. 치료적 대화는 내담자가 어떤 효과적인 일을 하고 있는지를 중심으로 돌아간다. 기적질문과 예외 탐색을 통해 분명히 내담자의 목표가 드러나게 된다. 치료사는 모슬리 씨 가족이 이것을 실행 가능한 목표로 만들도록 도와야 한다. 예를 들어, 코비가 학교에 가는 것이라는 미란다의 목표 대신에, 치료사는 미란다에게 "코비가 학교에 간다고 가정해 봅시다. 그러면 당신은 어떻게 다를까요?"라고 질문할 수 있다.

그 다음에는 가능한 해결책에 대한 대화가 이루어진다. 대부분의 회기는 가족 내 불평이 일어나지 않는 때에 초점을 두면서 이루어진다(de Shazer et al., 1986). 치료사는 대부분의 회기 동안 해결책, 예외, 목표를 경청한다(de Shazer et al., 2007).

치료사는 회기가 약 30~40분 지나면 자문 휴식시간을 가질 것이다(de Shazer et al., 1986). 치료사는 무엇을 해야 하고 그 방법은 무엇인지를 숙고하면서, 자기 생각을 모으기 위해 이 시간을 사용한다. 자문 휴식시간은 약 10분 정도다. 원래 이 시간은 일면경 뒤에서 치료를 관찰하던 팀이 치료사를 돕기 위해 개발되었다. 하지만 이 시간은 또한 혼자 상담하는 치료사가 자기 생각을 모으고 개입방법을 고안하기 위해 사용되기도 했다. 치료사가 이 시간 동안 생각할 몇 가지 영역은 내담자가 하고 있는 것 중 유용한 것은 무엇인지, 발견되지 않은 예외는 무엇인지, 불평이 존재하지 않는 미래에 대한 그림은 무엇인지 등이다. 자문 휴식시간은 내담자가 치료사의 복귀와 권고를 기다리고 있기 때문에, 치료사가 제공하는 것을 수용하게 되는 '반응 민감성'을 발전시킨다는 점에서 추가적인 이점이 있다(de Shazer, 1985).

휴식시간이 끝나고 상담실로 돌아오자마자 치료사는 대개 내담자에 대한 메시지로 시작한다. 메시지는 칭찬과 연결문의 두 요소를 갖는다. 칭찬은 내담자가 하고 있는 것 중에서 도움이 되거나 좋은 것들이다(de Shazer, 1984). 칭찬은 반드시 불평과 관계가 있는 것은 아니지만, 내담자 스스로 정상적이고 능력 있는 사람으로 볼 수 있도록 한다. 첫 회기의 칭찬은 회기에 가져온 예외와 관련이 있을 수 있다. 칭찬은 내담자의 행동에서 긍정적인 그 어떤 것이므로, 내담자가 치료사에게 동의할 단계를 마련한다. 그러면 내담자는 치료사와 더 많이 연결되고, 치료사의 다음 단계(연결문 제시하기)에 더 협력적이 된다(de Shazer, 1988). 연결문은 가족이 해결책을 찾도록 돕기 위해 치료사가 가족에게 제공하는 개입과 과제다.

회기의 마무리 메시지는 가족을 위한 피드백으로 볼 수 있다. 드종과 버그(DeJong & Berg, 2012)는 내담자의 예외를 목표와 연결하는 것은 내담자가 문제가 없던 때를 더 많이 가져오기 위해 무엇을 하는지 주목할 수 있도록 동기를 부여한다고 설명했다. 모슬리 씨 가족을 위해 치료사는 가족구성원들이 서로에 대한 관심과 교육을 최우선으로 하겠다는 결정을 칭찬할 수 있다.

개 입

개입은 해결중심 치료에서 통합적이다. 치료사는 "가족이 그들의 골치 아픈 불평을 해결하는 데 도움이 되는 단서를 발견하는 방식으로" 개입을 설계하고자 한다(de Shazer, 1980, p. 471). 목표는 내담자가 이전에 했던 방식, 말하자면 문제를 지속시켰던 '똑같은 행동을 그저 더 많이' 했던 방식과는 다르게 행동을 해 보게 하는 것이다. 드 세이저는 개입의 다양한 가능성을 다음과 같이 설명했다. "필요한 모든 것은 문제 상황에 있는 사람이 뭔가 다른 것을 해 보는 것이다. 비록 그런 행동이 겉으로 보기에는 비합리적이고, 확실히 부적합하고, 분명히 이상하고, 혹은 우스꽝스럽더라도 말이다."(p. 7) 개입에서 중요한 것은 내담자가 원래의 불평과 얼마나 연결되어 있는지와 관계없이 내담자가 목표를 성취하도록 돕는 것이다. 이것은 내담자가 새로운 행동 패턴에 개입할 때 일어난다. 모슬리 씨 가족의 경우, 개입은 전체 가족을 포함할 수도 있고, 한 사람이나 일부 개인을 포함할 수도 있다. 치료사는 가족 구성원들이 상황을 다른 방식으로 인식하거나 다르게 행동하도록 도울 것이다.

해결중심 개입은 사람들이 상황을 바라보는 지배적인 방식을 뒤집는 경향이 있다. 내담자는 치료에 올 때 대개 문제를 전경에 두며, 예외를 배경에 둔다. 개입은 예외를 전경에 두고, 문제를 배경에 두도록 설계된다(de Shazer, 1991). 스티븐과 미란다를 위한 개입은 코비가 강점과 자원을 가진 아이라고 보면서 코비에게 일어나는 것을 주목하도록 설계될 것이며, 이는 코비가 문제아라고 보는 그들의 시각을 바꾸는 데 도움이 될 수 있다.

아마 해결중심 치료사가 시도하는 첫 번째 개입은 상담 전 변화에 관한 질문일 것이다(de Shazer et al., 2007; Weiner-Davis et al., 1987). 앞서 설명했듯이, 이러한 개입 질문은 첫 회기를 시작할 때 한다. 이는 내담자에게 변화가 늘 일어난다는 것을 암시적으로 전하는 메시지다.

칭찬 역시 개입이라고 볼 수 있다(Berg & Dolan, 2001). 앞에서 언급하였듯이, 칭찬은 내담자의 삶에서 잘되어 가고 있는 것, 내담자가 행하는 유용하고 효과적이고 좋은 것들을 강조하는 것이다(de Shazer, 1988). 그것은 개인적인 특성이나 자질일 수도 있고, 내담자들이 상황이 더 나빠지지 않도록 하였을 뿐 아니라 삶을 더 만족스럽게 하였던 과거의 경험일 수도 있다(DeJong & Berg, 2012).

칭찬은 내담자들이 대개 스스로 문제가 있다거나 없다는 확신을 가지고 치료에 오기 때문에 매우 효과적이다. 현 시점에서 내담자는 스스로 문제가 있다고 본다. 칭찬은 내담자가 어떤 문제를 가질 수도 있지만 성공을 한 경험도 있다(그것이 얼마나 작은 경험이었든 상관없이)는 '이것과 저것 모두'의 시각에 따라 대화하도록 돕는다. 칭찬은 내담자가 긍정적인 방식으로 행동하고 있음을 확인해 주는 것이다. 치료사는 스티븐과 미란다가 코비와 코비의 미래를 걱정하고 있는 데 대해 칭찬할 수 있다. 코비는 테레사와 브랜든과의 사이가 걷잡을 수 없이 더 나빠지지 않게 예방하는 방법을 알고 있는 것에 대해 칭찬받을 수 있다.

드 세이저와 동료들은 **공식적인 첫 회기 과제**로 알려진 개입을 개발했는데(de Shazer, 1984), 이는 대개 첫 회기를 마무리할 때 제공된다(Molnar & de Shazer, 1987). 이 과제는 가족의 초점을 과거에서 현재와 미래로 바꾼다. 이는 다음과 같이 말하는 것이다. "지금과 다음 번 우리가 만나는 사이에, 우리(나)는 당신이 계속해서 일어나기를 바라는 것이 당신 집에서 일어나는지 관찰해서, 다음 번에 우리(나)에게 말해 줄 수 있기를 바랍니다."(de Shazer, 1984, p. 15)

공식적인 첫 번째 과제가 내담자에게 함축적으로 전하는 메시지는 뭔가 유용한 것이 일어나고 있으며, 이러한 일은 계속 일어날 것이고, 또 다른 유용한 사건이 미래에도 일어날 것임을 치료사가 믿는다는 것이다(Molnar & de Shazer, 1987). 이는 내담자가 변화에 대한 기대를 갖게 하고, 긍정적인 자기충족 예언을 갖게 한다.

치료의 종결

종결은 첫 회기의 시작과 함께 시작한다(Berg, 1994). 가족과 두 번째 만나는 회기가 있다면, 첫 회기에서 이미 불평에 대해 다루었기 때문에 불평에 초점을 훨씬 덜 두게 된다(de Shazer et al., 1986). 두 번째 이후의 회기는 대개 가족구성원들이 계속 일어나기를 원하는 것으로서 가족에게 현재 일어나고 있는 것에 주로 초점을 둔다(de Shazer et al., 2007). 아마 치료사가 하는 주된 질문은 "무엇이 더 좋아졌습니까?"다(de Shazer, 1991). 첫 회기 이후의 회기 시작 시 하게 되는 이 질문은 기본적으로 변화는 예외를 기초로 한다는 생각을 전달한다.

치료사가 모슬리 씨 가족에게 하는 첫 회기 개입이 무엇이든지, 두 번째 회기는 "무엇이 달라졌습니까?"라는 질문으로 시작한다. 개입은 새로운 인식이나 행동을 시작하는 것으로 고안되기 때문에 스티븐, 미란다, 코비는 차이를 주목하는 데 훨씬 더 수용적이었을 것이다. 그러면 치료사는 이 정보를 이용하여 그러한 차이가 모슬리 씨 가족의 치료 목표를 향한 움직임을 일으킬 만큼 중요한지 여부를 살펴보려고 한다.

드 세이저(de Shazer, 1994)는 첫 회기 이후의 모든 회기를 위해 다섯 가지 목적을 제공했다(물론 더 많을 수도 있다). 첫째, 치료사는 몇 가지 형태의 진전이 지난번 회기와 현재 회기 사이에 일어났다는 생각을 살펴보도록 돕는다. 둘째, 치료사는 이전 회기에서 일어났던 것이 쓸모가 있었는지 여부를 탐색한다. 셋째, 치료적 대화는 치료사가 이미 했던 것에 초점을 두거나 혹은 도움이 되어서 내담자가 그것을 어떻게 더 많이 하는지를 생각해 낼 수 있는 것에 초점을 둔다. 넷째, 치료 회기들을 이용하여 내담자가 이룬 진전이 치료가 필요하지 않을 만큼 충분한지 여부를 결정한다. 다섯째, 만일 내담자가 아무 진전도 없었다고 주장하면, 치료사와 내담자는 그들이 행하였지만 쓸모없었던 것은 무엇인지 살펴서, 그것을 더 하지 않고 대신 다른 것을 하도록 한다.

치료사는 변화가 '일어난다면'이라는 질문보다 변화가 '일어났다고 가정'하는 질문을 한다(de Shazer, 1984). 이런 질문은 '만약'보다는 '언제'와 '어떻게'를 사용하게 한다. 이런 해결책들을 대화에서 직접 하게 되면, 치료사는 가족과 함께 긍정적 변화와 예외를 계속하기 위해 할 수 있는 것을 정하는 작업을 할 수 있다. 이는 해결중심 치료의 세 번째 규칙, 즉 '효과가 있는 것을 발견하면 그것을 더 하라.'는 규칙에 부합한다. 그래서 두 번째와 그 이후의 회기는 내담자가 문제없이 보낸 일상을 향해 밟았던 단계들에 초점을 두고, 내담자의 목표에 더 가까이 가기 위한 그다음 단계를 확인하고 내담자가 불평이 덜 고통스럽거나 일상에서 불평을 더 이상 찾지 못할 때까지 이러한 주기를 반복한다(de Shazer, 1988).

스티븐, 미란다, 코비를 격려하여 첫 회기와 두 번째 회기 사이에 가족의 강점을 찾도록 하고, 그러면 그들의 상황에서 많은 진전이 이루어질 가능성이 크다. 그렇게 될 때 치료사는 이것이 일어나도록 각 구성원이 어떻게 할 수 있었는지, 그리고 그런 더 긍정적인 행동 패턴을 어떻게 계속할 수 있었는지 탐색한다.

치료는 내담자가 치료 목표를 달성할 때 끝난다(Berg, 1994; de Shazer, 1991). 내담자가 치료에 가져왔던 불평이 더 이상 존재하지 않을 때가 그때다. 문제가 내담자에게 스트레스가 되는 방식으로 더 이상 존재하지 않거나 더 이상 일어나지 않을 때일 것이다. 목표는 행동적이고, 구체적이며, 측정 가능한 것이기 때문에, 치료사와 내담자는 모두 언제 목표에 도달했고 치료를 종결해야 하는지 정하기가 더 쉬울 것이다(Berg, 1994).

사례 축어록

스티븐, 미란다 그리고 코비가 첫 번째 회기에 참석했다.

치료사: 모두 치료에 와 주신 걸 환영합니다. 이번 회기가 여러분께 도움이 되셨으면 좋겠군요. 그것을 보장할 수는 없지만 전 최선을 다할 것이고 여러분도 최선을 다하실 거라 믿습니다. 잠시 시간을 내서 여러분에 대해 알고 싶습니다. 각자에 대해 말씀해 주시겠어요? 누가 먼저 시작하시겠습니까?

이것은 치료사의 목표가 문제 대화에 들어가기 전에 내담자와 합류하는 것인 회기의 서곡이다.

미란다: 저는 정신건강 분야에 있어요.

치료사: 어떤 일을 하시나요?

미란다: 저는 오랫동안 사례관리를 해 오다가 이제는 좀 더 행정적인 업무를 하고 있어요.

치료사: 그 일을 좋아하시나요?

미란다: 네. 아이들을 돌보기 위해 한동안 시간제로 일할 수 있어서 좋았어요. 저희에게는 여기 코비 외에 두 아이가 더 있어요.

치료사: 아이들의 이름과 나이가 어떻게 되나요?

미란다: 테레사는 14세이고, 브랜든은 10세예요.

치료사: 그리고 스티븐 씨는 어떤 일을 하시나요?

스티븐: 저는 광고직에 있습니다.

치료사: 좋아하시는 직업인가요?

스티븐: 네, 대부분이요.

치료사: 그거 잘됐네요. 하시는 일을 좋아하는 것은 중요하죠.

스티븐: 나라의 경제 상황 때문에 작년에는 스트레스가 조금 있었어요.

치료사: 네, 불행히도 그것은 많은 사람에게 영향을 끼쳤죠. 네가 코비겠구나.

코 비: 네.

치료사: 너에 대해서 이야기해 주겠니?

코 비: 잘 모르겠어요.

치료사: 너의 취미나 네가 좋아하는 것들 말이야.

코 비: 글쎄요, 저는 비디오게임을 해요.

치료사: 비디오게임을 얼마나 잘하니?

코 비: 세계에서 제일 잘하는 것은 아니지만, 못하지는 않아요.

치료사: 미란다 씨, 당신은 코비가 어떤 것을 잘한다고 생각하시나요?

미란다: 코비는 그림 그리는 것을 좋아해요. 제 생각에 코비는 어떤 것을 하고 싶다고 결정하면, 어떤 것이든 할 수 있어요.

치료사: 와! 코비가 원한다면 무엇이든지 할 수 있다고요? 어떻게 아시나요?

치료사는 코비에 대한 걱정 때문에 부모가 치료에 참여한다는 것을 알며 코비의 강점과 자원을 포함시키는 대화를 하고자 질문을 한다. 이로써 부모가 현재 코비를 생각하는 것보다 코비가 더 능력 있어 보이게 하는 과정을 시작한다.

미란다: 코비는 무척 똑똑해요.

치료사: 누구를 닮아서 그런가요? 어머니인가요, 아니면 아버지인가요?

미란다: 저는 저라고 하겠지만, 스티븐은 자기라고 할 거예요.

스티븐: 글쎄요, 코비가 저희 둘을 닮아서 그런 거죠!

치료사: 코비, 부모님께서 모두 네가 똑똑하다고 생각하시는 것을 알고 있었니?

코 비: 두 분이 그렇게 생각하는 것처럼 행동하지 않으셔서요.

치료사: (코비에게 고개를 끄덕인다.) 그렇구나. 제가 어떻게 상담을 진행하는지에 대해 조금 말씀드릴게요. 저희는 40분 정도 이야기할 겁니다. 그리고 휴식시간을 가져 제 생각을 정리하고 돌아와 그것에 대해 말씀드릴 겁니다. 괜찮으신가요?

치료사는 내담자들에게 치료 과정에 대한 예비교육을 한다.

미란다: 네, 괜찮아요.

치료사: 코비와 스티븐 씨도 괜찮으시겠어요?

(스티븐과 코비 모두 동의하며 고개를 끄덕인다.)

치료사: 네, 저는 치료에 오는 많은 가족이 처음 약속을 잡았던 시간과 첫 번째 회기 사이의 차이에 대해 인지하는 것을 알았습니다. 여러분의 상황에서는 어떤 점을 발견하셨나요?

치료사는 예외나 가족 내에서 이미 발생한 잠재적 해결 방안이 있는지 보기 위해 상담 전 변화 질문을 했다.

미란다: 저는 아직 아무것도 알아채지 못했어요. 코비는 여전히 학교 가기를 거부하고 있어요.

치료사: 나머지 분은요?

스티븐: 네, 저도 상황이 똑같은 것 같아요. 하지만 아직 며칠밖에 지나지 않은 걸요.

치료사: 코비? 어떤 차이를 알아챘니?

코　비: 모든 것이 여전히 똑같아요.

치료사: 그렇군요. 자, 여러분이 저를 보러 온 것이 도움이 되었다고 생각하기 위해서는 오늘 어떤 일이 일어나야 할까요?

가족구성원들은 상담 전 변화를 알아차리지 못했다. 치료사는 그들에게 강요하는 대신 잠재적 목표에 초점을 맞춘다. 여기서 치료사는 내담자가 정의한 불평에 대한 대화의 공간을 연다.

미란다: 아마 코비가 다시 학교에 돌아갈 거라고 말하는 거요.

치료사: 네, 그것은 미란다 씨가 찾고 있던 것을 얻었다는 하나의 신호일 수 있어

요. 또 어떤 것이요?

치료사는 '모두/그리고' 관점을 불어넣기 시작함으로써 미란다가 회기에서 오직 코비가 학교에 가는 것만이 성공적이라는 양자택일을 하고자 하는 입장을 해체하고자 한다. 그러고 나서 치료사는 대화에 좀 더 많은 가능성을 가져오기 위해 '다른 어떤 것'이 있는지 물어본다.

미란다: 집에서 태도의 변화가 생기는 거요.

스티븐: 저희는 보통 싸움을 하는 가족이 아니에요. 그래서 다른 형제들에 대한 코비의 적대감은 저희가 좋게 볼 수가 없어요. 만약 코비가 모두를 좀 더 존중한다면 도움이 될 거예요.

치료사: 그렇다면 두 분 모두 집에서의 변화를 보고 싶으신 거군요. 그렇다면 코비 너는 이 상담이 도움이 된다는 것을 어떻게 알겠니?

치료사는 연결감과 협력 관계를 증가시키기 위해 각 구성원에게 말할 기회를 주려고 노력한다. 더 나아가 이는 각 구성원이 치료 결과에 투자할 수 있도록 격려한다.

코 비: 두 분이 저에게 간섭하지 않는 거요. 지금은 텔레비전도, 컴퓨터도 없어요. 아무것도요!

치료사: 그래, 코비. 너는 부모님께서 간섭하지 않으시고, 아마도 너의 특권들을 다시 돌려주시길 원하는구나. 이해한단다. 네, 미란다 씨와 스티븐 씨, 두 분이 말씀하신 것들 중에서 코비가 학교에 가는 것에 대한 언급이 있었는데요. 어떤 일이 벌어지고 있나요?

상황을 코비가 학교 가기를 거부한다는 것보다 학교 가기에 대한 것으로 바꾸어 말하는 것은 긍정적인 행동의 씨앗이 된다. 스티븐과 미란다가 이에 대해 매우 괴로워하고 있기 때문에 치료사는 가족을 문제 대화에 참여시키고 있다. 만약 치료사가 학교 이슈에 대해 이야기하지 않는다면, 그들은 치료에 전적으로 헌신하지 않을 수도 있다.

미란다: 코비는 고등학교 2학년이지만, 지금까지 학교에 가는 것을 거부해서 한 번 더 다녀야 할지도 몰라요.

치료사: 코비가 마지막으로 학교에 간 것이 언제인가요?

미란다: 작년 말쯤이요.

치료사: 그렇다면 이것이 새로운 일이군요? 코비가 살면서 학교에 가기를 거부한 적이 없죠?

미란다: 작년 말부터 갑자기 시작됐어요.

치료사: 그렇군요. 코비, 이게 사실이니?

코 비: 네.

치료사: 오랜 시간 동안 학교에 갈 수 있었다는 것도?

치료사는 학교 거부에 대한 예외를 확인한다.

코 비: 네.

치료사: 어떻게 그렇게 할 수 있었니?

문제에 초점을 맞추는 대신(왜 그가 학교에 가기를 거부하는지), 치료사는 예외(과거에 어떻게 그가 학교에 갔는지)에 초점을 맞춘다.

코 비: 모르겠어요. 쉬워요. 그냥 학교에 가는 거예요.

치료사: 그렇다면, 작년까지는 네가 그냥 학교에 갈 수 있었구나. 그래. 모두에게 이상한 질문을 하나 해 보고 싶습니다. 모두들 좋은 상상력을 갖고 계신가요? (가족구성원들이 끄덕인다.) 좋습니다. 오늘 밤, 여기서 마치고 밤에 무엇을 하시든지, 저녁을 먹거나 책을 읽고 잠을 자러 가는 거예요. 오늘 밤에 잠을 자는 동안 집이 조용할 때 기적이 일어난다고 가정해 보세요. 하지만 자고 있었기 때문에 기적이 일어났다는 것은 모르시는 겁니다. 그렇게 내일 아침에 일어나서 무엇이 달라지면 기적이 일어났다고 말하게 되고, 여기에 가져온 문제가 해결되었다고 할까요?

치료사는 질문을 강화시키기 위해 자신의 목소리와 말하는 속도를 사용하여 기적 질문을 소개한다.

스티븐: 코비가 반드시 학교에 가야 해요.

치료사: 그것이 기적이란 말씀이시죠?

스티븐: 네.

치료사: 네. 그렇다면 코비가 학교에 간다고 가정해 봅시다. 스티븐 씨는 어떻게 달라지실 건가요?

스티븐은 다른 사람의 행동에 초점을 맞추었고, 치료사는 그가 그의 행동에 초점을 맞추도록 한다. 이는 그가 불평형에서 고객형이 되도록 이동시키기 위한 방법이다.

스티븐: 아마 제 어깨의 짐을 조금 덜 수 있겠죠.

치료사: 그리고 어깨의 짐을 던다면 어떻게 다르신가요?

스티븐: 아마도 집에서 제가 조금 더 평화롭고 친절하지 않을까 싶어요.

치료사: 또 어떤 것이 있나요?

치료사는 스티븐이 다른 어떤 것을 인지했는지 탐색하며 기적 그림을 확대한다.

스티븐: 집안 분위기가 나아지겠죠.

치료사: 어떻게 그것을 아시겠어요? 무엇이 달라졌을 거라고 보시나요?

스티븐: 우리, 저희 가족은 서로 함께 웃고 있을 거예요.

치료사: 모두가요?

스티븐: 네.

치료사: 네. 그렇다면 모두가 웃고 있을 거라고요. 미란다 씨, 기적이 일어난 다음 날 일어났을 때, 당신에게 기적이 일어났다는 단서를 제공하는 어떤 다른 일은 무엇일까요?

치료사는 상담실 안에 있는 각 구성원에게서 기적 그림에 대해 듣기 시작한다. 이는 모슬리 씨 가족에게 가능한 해결 방안을 확대한다.

미란다: 저는 코비가 학교와 관련해 저희를 힘들게 하지 않고 학교에 가는 것을 보는 것입니다.

치료사: 그다음에 무슨 일이 일어날까요?

미란다: 우리 모두가 잘 지내는 거요.

치료사: 여러분이 잘 지내고 있을 때, 다들 무엇을 하고 있으신가요?

미란다: 코비는 테레사와 브랜든에게 친절하게 말할 거예요.

치료사: 만약 코비가 그랬다면, 미란다 씨는 무엇을 하고 있을까요?

미란다: 스티븐과 저는 서로를 좀 더 편하게 대할 거예요. 아마 저희는 긴장을 풀고 서로 같이 있는 것을 즐길 수 있을 거예요.

치료사: 코비, 너에게 기적이 일어났다는 것을 알려 주는 것은 뭐니?

코 비: 제 경우에는, 아침에 부모님이 제 방에 있지 않는 거요.

치료사: 네 상황에서 부모님은 그러시지 않을 거라는 말이지. 대신 부모님께서 어떠실 것 같니?

코비는 목표의 일부로서 어떤 것의 끝을 설명하고 있다. 치료사는 코비에게 대신 어떤 것의 존재를 묘사해 보라고 질문한다.

코 비: 평범해요. 친근할 수도 있고요. 적어도 제 앞에서는 아니더라도요.

치료사: 너는 어떨 것 같니?

코 비: 똑같이 친절할 거예요.

치료사: 그러고 나서 부모님께서 너에게 어떻게 하시겠니?

코 비: 아마도 저에게 더 잘해 주실 거예요.

치료사는 모두가 서로에게 영향을 끼친다는 것을 이해시키기 위해 상호작용의 순서를 구축하고 있다. 암시적인 이 메시지는 스티븐, 미란다 그리고 코비가 각각 다른 일을 하는 데 있어서 주도권을 갖도록 하기 위한 것이다.

치료사: 브랜든과 테레사는 오늘 여기에 오지 않았지만, 기적이 일어난 다음 날, 가족을 위해 변화가 일어났다는 증거를 무엇을 보고 알아차릴까요?

기적질문은 현재 빠진 가족구성원들이 가족 내에서 무엇을 다르게 볼지 이야기해 보도록 함으로써 치료사가 가능성의 범위를 확장할 수 있게끔 한다.

미란다: 아마도 코비가 동생들에게 친절하게 이야기하고 상호작용하는 것이요.

치료사: 스티븐 씨, 다른 아이들이 어떤 것을 알아차릴 것 같나요?

스티븐: 전 미란다에 동의해요. 우리는 조금 더 가족 같을 거예요.

치료사: 코비, 네가 여동생과 남동생에게 더 잘 대해 주면 동생들이 알아차릴 것 같니?

코　비: 네, 아마도요.

치료사: 여러분 각자에게 또 다른 이상한 질문을 해 보려고 합니다. 0점부터 10점까지에서 0점이 치료에 참석하기로 결정한 날이고 10점이 기적이 일어난 다음 날이라고 했을 때, 여러분은 지금 어디에 있으신 것 같나요?

치료사는 가족으로부터 가능한 또 다른 예외와 강점을 찾고 대화를 가족이 이미 기적을 향해 행동하는 단계로 확대하기 위해서 기적척도 질문을 한다.

미란다: 아마도 5점 정도요.

스티븐: 저는 4점이요.

치료사: 코비, 너는 어떻게 생각하니?

코　비: 잘 모르겠어요. 아마도 5점이요.

치료사: 와. 스티븐 씨는 5점이나 6점의 상태까지 만들기 위해서는 어떤 일이 일어나야 할까요?

치료사는 기적척도를 이용하여 가족이 현재 어디쯤인지 평가하고 척도 점수를 올리는 것에 대해 묻는다. 이 질문은 대화에 가능한 해결 방안들을 더 가져오도록 한다.

미란다: 제 생각에 코비가 불만 없이 학교 가는 것에 동의해야 해요.

스티븐: 네, 그게 아주 좋은 시작이겠네요.

치료사: 스티븐 씨는 기적의 일부분이 아이들이 서로 더 잘 지내는 것을 포함한다고 하셨죠. 아이들이 잘 지내고 있다고 알아차린 것은 언제가 마지막이었나요?

이 질문은 두 가지 목적을 갖는다. 첫째, 단어 '알아차린다'는 스티븐과 미란다가(코비까지도) 알아차리지는 못했지만 아이들이 서로 잘 지내던 시기가 아마 있었음을 암시한다. 둘째, 예외를 탐색한다.

스티븐: 아이들이 잘 지낸 지 6개월쯤 지난 것 같아요.

치료사: 아이들이 잘 지낼 때는 어떤 일들이 일어났나요?

치료사는 예외가 반복 가능한지 알기 위해 예외에 대한 묘사를 확대하려고 한다.

스티븐: 글쎄요, 제가 직장에서 치프스 게임 티켓을 구해 온 적이 있는데요. 저희

모두 가서 좋은 시간을 보냈죠.

치료사: 코비, 이를 기억하니?

코 비: 네, 치프스가 이겼어요.

치료사: 그거 잘됐구나! 그렇다면 가족끼리 야외 나들이를 할 때 모두가 즐거운 시간을 보낼 수 있었구나. 가족 모두가 잘 지냈는지 어떻게 확신할 수 있니?

코 비: 잘 모르겠어요. 부모님이 저를 귀찮게 하지 않으시고, 저도 부모님을 귀찮게 하지 않았어요.

치료사: 잘 지내기 위해 부모님을 귀찮게 하지 않았다는 것을 알고 있었구나.

치료사는 코비가 의미 있는 것으로 암시하지 않은 상황을 취하여 그것을 의도적인 행위로 재구성한다. 말하자면, 코비는 상황이 나빠지지 않았을 뿐만 아니라 구성원들이 잘 지낼 수 있도록 하기 위해서 자원을 사용하였다는 의도적인 행위로 재구성한다.

치료사: 제가 모두의 이야기를 정확히 들었는지 확실히 하고 싶습니다. 기적이 일어났을 때, 여러분이 보는 일부분은 집안 사람들 모두가 서로에게 잘해 주고 친절하게 하는 것입니다. 맞습니까?

미란다: 네.

스티븐: 그것은 좋은 진전이겠네요.

치료사: 어떻게 이 일이 일어났다는 것을 아시겠습니까?

치료사는 목표를 분명하게 묘사하려고 시도한다.

미란다: 아이들 모두가 서로에게 착하게 말하고 있을 거예요.

스티븐: 그리고 미란다와 저는 서로 함께 있는 것을 즐길 수 있고요.

치료사: 0점부터 10점까지의 척도에서 10점이 여러분이 최대한 할 수 있는 지점일 때, 이것들을 달성하실 수 있다는 것에 대해 얼마나 자신 있으신가요?

치료사는 가족이 목표 달성에 대한 동기를 평가하기 위해 내담자에게 척도질문을 한다.

미란다: 저는 희망적이에요. 아마도 8점이요.

스티븐: 저는 7점이요.

치료사: 코비 너는?

코　비: 아마도 6점이요.

치료사: 네. 저희는 오늘 많은 것에 대해 이야기했습니다. 제 생각을 정리하기 위해 5분에서 10분 정도 휴식시간을 가지겠습니다. 그리고 다시 돌아와 제가 중요하다고 생각하는 것들을 여러분께 말씀드리겠습니다.

치료사는 상담의 휴식을 알리고 모슬리 씨 가족이 치료사가 돌아왔을 때 무엇을 이야기할지 기대하게 한다.

(치료사는 상담실을 나가고 약 10분 후에 돌아온다.)

치료사: 첫째로, 오늘 여기에 오셔서 저를 만난 것이 좋은 결정이었다고 모두에게 말하고 싶습니다. 저는 여러분 모두에게 매우 깊은 인상을 받았습니다. 모두에게 스트레스가 많을 상황이었지만, 그것을 통해서 서로가 서로에게 관심이 있다는 것을 보여 주셨죠. 그렇게 하는 것이 가끔은 어려울 테지만, 관심을 표현하는 것이 중요하다는 것을 보여 주셨어요. 여기 형제자매와의 관계에 대해 알고자 하는 16세 소년이 있습니다. 많은 16세 아이, 특히 남자아이들에게는, 어린 여동생과 여섯 살이나 어린 남동생이 있다는 것이 꽤나 골칫거리일 수 있어요. 그리고 이것이 가끔 코비를 신경 쓰이게 할 수 있지만, 코비는 통제를 잃지 않도록 노력하고 있어요.

치료사는 상담실로 돌아와 모슬리 씨 가족을 칭찬한다. 치료사는 의도적으로 코비를 뽑아 칭찬한다. 이는 그의 상황을 정상화하고 이미 어려운 상황이 더 나빠지지 않도록 그가 의도적으로 행동하고 있음을 증명하는 방법이다.

미란다: 저는 코비가 여동생과 남동생을 정말로 신경 써 준다는 것을 알아요.

치료사: 저에게 모두가 시도해 보시면 흥미로울 것 같은 실험이 있어요. 지금과 저희가 다음에 만나기 전까지, 작든 크든 가족에게 계속 일어나길 바라거나 자주 일어나길 바라는 모든 것에 집중해 주셨으면 합니다. 만약 여러분이 좋은 기억력을 가졌다면, 머릿속으로 기록을 하셔도 되고, 기억력이 저와

같다면 어떤 곳에 적어 놓으셔도 됩니다. 자, 여러분이 각자 어떤 것을 알아차리는지 서로에게 말하시면 안 됩니다. 비밀로 해 주세요. 다음에 저희가 만날 때 이야기해 보겠습니다. 모두 이해하셨나요?

치료사는 공식적인 첫 번째 회기 과제를 처방한다. 이 과제는 이 회기에 참석한 모두가 변화해야 하는 고객인지 확실하지 않기 때문에 주어졌다. 회기에서 협조적이었다고 하더라도, 코비는 학교에 가는 것에 동의하는 것처럼 보이지 않았다. 공식적인 첫 번째 회기는 가족구성원들이 삶에서 그들이 기반을 둘 수 있고 변화의 고객이 될 수 있도록 동기를 부여하는 영역 혹은 예외를 찾을 수 있도록 할 것이다.

스티븐: 네.

미란다: 네.

치료사: 코비?

코 비: 네, 우리는 어떤 것이 제대로 진행되는지 봐야 해요.

치료사: 그래, 만약 그것이 네가 계속 일어나길 원하는 일이라면, 아마 그것은 제대로 가는 것이겠지. 네, 만나게 되어서 반가웠고요. 다음 회기에서 뵙도록 하겠습니다. 여러분이 집에서 더 일어나길 바라는 것들 중에 어떤 것을 관찰하였는지 들을 수 있도록 기대하겠습니다.

치료사는 과제를 강조하며 회기를 마무리한다. 다음 회기는 가족들이 첫 번째 회기의 공식적인 과제로부터 어떤 것을 알아차렸는지 강조하기 위해 "어떤 것이 더 좋아졌나요?"라는 질문으로 시작한다.

Chapter ***11***

이야기치료

마이클 리터 · 제임스 히블
(Michael D. Reiter & James Hibel)

이야기치료는 마이클 화이트(Michael White)와 데이비드 엡스턴(David Epston)이 개발하였고 많은 다른 사람이 다듬었다. 이야기치료는 사람들이 살고 있는 문화에서 사회적으로 구성하는 요건을 충족시키는 데 성공하거나 그렇지 못한 것에 따라 사람들이 자기정체성에 대한 결론을 다르게 내린다는 사고에 초점을 둔다. 이야기치료사는 내담자와의 대화를 시작할 때 내담자들이 내면화하였던 억압적인 담론에 대항하여 시도했던 경험, 선호하는 정체성에 따라 행동했던 경우, 그러한 행위에 반영되어 있는 신념과 가치, 그러한 행위를 지지하는 타인과 가졌던 관계를 탐색한다. 이 장은 이야기치료의 렌즈를 통해 모슬리 씨 가족을 살펴본다. 가족구성원들이 불안의 지배를 받고 있는 외로운 코비의 이야기에 어떻게 도전할 수 있는지 강조할 것이며, 또 그에게 중요했던 타인들과의 관계 및 유능감에 관해 드러나지 않았던 이야기를 끌어낼 것이다.

문제형성에 대한 관점

이야기

사람들은 경험을 통하여 삶을 알게 된다(White & Epston, 1990). 경험에 의미를 부여하기 위해 사람들은 시간이 지남에 따라 일관된 시퀀스로 경험의 부분들과 사건들을 배열한다. 여기에는 과거, 현재, 예상되는 미래의 특정 사건들이 포함된다. 이러한 사건들은 일관된 이야기로 조직되며, 이것을 이야기(story) 혹은 자기 내러티브(self-narrative)라고 할 수 있다(White & Epston, 1990). 이야기는 사람들이 논하는 단지 그 무엇이 아니라 그들이 창조하고 또 그들을 창조하는 그 무엇이다. 화이트는 이 과정에 대해 "우리는 이야기로 들어가며, 또 타인에 의해 이야기에 들어가게 된다. 또 우리는 이러한 이야기를 통해 삶을 살아간다."(p. 80)라고 했다.

사람들이 자기 내러티브를 전개할 때 선택하는 과정을 이용해서 과거와 현재의 특정 경험을 이야기의 전체 주제 안에 끼워 넣는다. 이렇게 매우 중요한 자기 내러티브 주제는 **지배적 이야기**(dominant story)로 알려져 있다. 지배적 내러티브에 맞지 않는 사건은 사람들이 자기 이야기에서 배제한다. 사람은 해석하는 존재라는 점을 놓고 볼 때, 사람들은 자기의 경험을 해석하는 데 적극적이다(White, 1995). 그래서 사람들이 현재의 사건을 해석할 때, 그 해석은 과거를 기반으로 하며, 자신에게 말하는 이야기를 기반으로 형성된다.

사람들의 이야기는 삶을 어떻게 해석하고 어떤 의미를 주는지에 따라 형성될 뿐 아니라 자기가 맺고 있는 관계에 따라서도 달라진다. 사람들은 자기 이야기에 따라 살아가며, 관계를 맺고 있는 타인들은 그런 이야기를 형성하는 데 도움을 준다. 이러한 이야기의 형성은 관련된 모든 구성원이 참여하는 적극적 과정이다. 더욱이 이야기의 해석은 양방향 과정이다. 사람들은 자신의 경험을 일관된 내러티브로 해석한다. 그러한 내러티브는 사람들이 경험을 해석하는 방식, 자신을 타인에게 내보이는 방식, 타인이 자신을 알고 있다고 정하는 방식을 형성한다. 이러한 자기 내러티브는 그가 무엇을 행하고, 생각하고, 느끼는지의 견지에서 그 사람의 삶에 실제적인 영향을 미친다(White, 1995).

모슬리 씨 가족이 개인과 가족으로서 누구인지에 대해 펼치는 이야기는 가족의 모든 구성원의 영향을 받으며, 더 나아가 가족도 문화적 처방의 영향을 받는다. 예를 들어, 테레사는 자기가 착한 딸이라는 이야기를 해 왔는데, 이는 자기 자신에 대한 느낌뿐 아니라 스티븐과 미란다가 테레사의 정체성에 대해 테레사와 타인들에게 한 이야기를 바탕으로 한다. '착함'에 대한 테레사의 생각은 개인적 책무성과 목적에 관한 문화적인 발상에서 나온 것이다.

지배적 이야기는 제한적인 경우가 많다. 지배적 이야기는 개인과 가족이 누구인지에 관해 매우 축소된 측면만 표현하기 때문이다. 개인의 삶에서 일어나는 많은 사건은 전개된 이야기 안에 모두 다 담겨 있지 않다. 그래서 그 사람에 대해 일부 선택된 면만 그 사람이 어떤 삶을 사는지를 형성하는 구성체가 된다. 지배적 이야기는 인생에 대한 수없이 많은 이야기 가운데 단지 하나에 불과하다. 사람들의 인생에는 수많은 이야기가 있으며, 그것을 작은 이야기로 나눌 수 있기 때문이다(White, 1995).

모슬리 씨 가족의 각 개인은 자신이 누구인지에 관하여 자기 이야기를 전개해 왔다. 이런 이야기는 그들이 의미 있는 것으로 강조했던 삶의 사건들을 바탕으로 한다. 스티븐은 훌륭한 가계 부양자가 되는 것에 대한 이야기를 발전시켜 왔으며, 생활을 잘 유지하도록 꾸준히 돈을 벌어 오는 것을 자기정체성의 일부로 보았다. 이러한 시각은 훌륭한 남성이 되는 것에 관해 그가 속한 문화가 묘사하는 것에 잘 들어맞는다. 그런데 이러한 자기 이야기가 현재 위협을 받고 있다. 경제적 침체로 인해 직업의 안정성이 위험에 처해 있기 때문이다. 미란다는 여성이 양육자이자 관리자가 되어야 한다는 거대 담론 안에서 양육자가 되는 것에 관한 이야기를 발전시켜 왔다. 따라서 그녀는 모든 사람을 확실히 보살피고 만족시켜야 할 책임을 지고 있다. 자신에 대해 이러한 시각을 가진 미란다는 누군가가 문제를 느끼고 있는 것을 보면 아무것도 안 하고 있기가 어렵다. 코비는 최근 불안 이야기를 발전시켰는데, 이는 '좌절'이라고도 하며 또 그가 다른 사람이나 일과 연결되어 있지 않다는 점에 있어서 '단절된'이라고 하기도 한다. 이러한 이야기들은 각 구성원이 어떻게 생각하고, 느끼고, 행동해야 하는지에 대한 실천적 지침이 되었다. 더욱이 전체로서의 모슬리 씨 가족은 그들 자신에 대한 이야기를 발전시켜 왔다. 그들은 자신들을 매우 가까운 가족으로 보고 있는데, 이것은 현재의 상황을 바람직하지 못한 것으로 보도록 한다. 그리고 그들은 다른 많은 사람처럼 그들이 그래야 한다고 믿는 종류의 가족이 되지 못한 데 대해 그들 자신을 실패라고 이야기한다.

사람들이 자기 이야기를 전개하는 데 있어서 적극적인 역할을 한다고 하더라도, 때로 고통스러운 결과는 삶에서 원하는 것과 항상 맞지 않으므로 도움을 받을 것을 고려하기도 한다. 화이트와 엡스턴(White & Epston, 1990)은 사람들이 치료를 요청할 때는 자신이나 타인이 그들의 삶을 나타내기 위해 사용한 이야기가 그들이 살아온 경험과 맞지 않을 때다. 이미 볼 수 있었듯이, 그들 자신이 누구인지에 관한 모슬리 씨네의 이야기는 그들이 온전히 누구이며, 어떤 사람이기를 원하는지를 나타내지 못한다.

부부로서 스티븐과 미란다는 좋은 부모가 되는 것에 관한 이야기 속에서 살아왔다. 이런 이야기는 미국 문화의 부모됨에 관한 지배적 담론 안에 자리 잡고 있다. 미국 문화에서 부모는 자녀와 자녀의 행동에 책임을 져야 한다. 이 담론 안에서 부모는 자녀들의 생각, 느낌, 행동에 대한 책임을 지도록 되어 있다. 자녀가 사회적으로 기대되는 기준에 따르지 않는 방식으로 행동할 때, 부모가 개입하도록 되어 있다. 이러한 담론에 동의하는 스티븐과 미란다는 코비가 학교에 가기를 거부하기 시작했을 때 관여하고자 시도하였으나 아무 소용이 없었다. 그들은 이제 부모로서 자신들에 대해 의구심을 가지고 있으며, 이렇게 가장 중요한 과업을 실패한 데 대한 불안을 해결하려 애쓰고 있다. 그래서 그들은 스스로 성공하지 못했음을 깨닫고서, 성공한 부모로서의 위치를 되찾는 데 도움이 될 치료적 개입을 찾고 있다. 자주 그렇듯이, 이런 아들을 위해 다른 방법을 찾으려는 시도는 더 큰 문제의 원인이 되며,

실패감을 약화시키기보다 더 악화시킨다. 좋은 부모로서 자신들에 대해 기대한 이야기가 그들의 삶의 현실과 맞지 않으며, 현재 그들은 스스로를 무능하게 보고 있고, 또 자녀의 삶에서 그들이 소망하는 차이를 만들 수 없는 사람들로 보고 있다.

코비는 이제 자기 삶의 스트레스를 다룰 만큼 충분히 강하지 않다는 이야기 속에서 살고 있다. 이것은 학교에 가고 싶지 않은 그의 소망에서 가장 분명하게 보인다. 이것은 또한 가족구성원들과 그의 관계에서도 경험되고 있다. 그는 더 이상 부모나 동생들과 좋은 관계를 맺고 있지 못하다. 이런 이야기가 계속해서 허용되면 될수록, 그것은 그 자체의 생명력을 더 많이 갖게 될 것이다. 코비가 불안하고 문제 있다는 이런 이야기는 삶의 여러 영역에 부담을 줄 수 있다. 예를 들어, 그는 일자리를 찾으려고 하지 않을지 모른다. 어차피 그럴 능력이 자신에게 없을 것이라는 생각 때문이다. 만일 이러한 이야기가 그가 누구인지를 특징짓기 시작한다면, 그는 누군가와 낭만적 관계를 맺으려 시도하지도 않을 것이다.

화이트(White, 1995)는 이러한 과정이 어떻게 일어나는지를 다음과 같이 설명했다.

> 시간이 지남에 따라 사람들은 문제가 자기정체성을 말해 준다고 믿는다. 그래서 종종 문제는 사람들에게 자신의 성격, 본성, 목적 등에 관한 확실한 진실을 제시하며 이러한 진실은 그들의 삶에 전체적인 영향을 미친다(p. 22).

모슬리 씨 가족이 1년이 채 안 되는 기간 동안 현재의 문제를 다루어 왔지만, 그것은 곧 코비를 보는 주요 방식 그리고 코비가 자신을 보는 주요 방식으로 발전하였다. 이것은 가족에게 큰 걱정거리가 되었고, 가족은 걱정에 대해 절망감을 느끼고 있다.

모슬리 씨 가족의 구성원들은 문제 이야기에 무심코 공헌해 왔다. **문제에 대한 인생 지지체계**는 가족구성원들이 문제의 요구에 어떻게 반응하였고 어떻게 협동하였는지로부터 비롯된다(White, 1986). 모슬리 씨네는 각 구성원 및 전체로서의 가족에게 일어나고 있는 것에 대한 이해를 전개해 왔으며, 코비에게 뭔가 잘못된 것이 있다고 주장하는 이러한 이해 혹은 이야기를 영속시키는 방식으로 행동하고 있다. 또 다른 요인은 지배문화 내 권력에 관한 관념으로, 그에 따라 성공적인 부모는 자녀에 대한 소유권을 가지며, 만일 자녀가 사회의 기대에 부응하는 행동을 하지 않으면 부모는 변화의 주체가 되어야 한다고 본다. 불안한 아이라는 코비에 대한 이야기는 그 자체의 생명력을 가져서 그를 총체화하고 있다. 나머지 가족은 코비에 대한 이러한 이야기에만 반응하고 있다. 결국 코비는 자신을 가족과 단절된 사람으로 보며, 그래서 자신과 다른 사람들에게서 문제에 젖어 있지 않은 자기정체성의 다른 면을 잃어버리고 있다.

이런 시각을 가지고 있는 코비와 다른 사람들은 뭔가 잘못된 일이 그에게 일어나고 있다는 '진실'을 내면화하였다. 이런 일이 일어날 때, 문제는 코비가 대처하고 있는 어떤 것이 아니라 코비가 누구인지에 대한 이야기로 구체화되었다. 코비와 가족은 무심코 문제에 대한 이러한 '진실'을 구성하였고, 문제는 결과적으로 그들의 삶을 사로잡았다. 더욱이 이렇게 내면화된 담론은 모슬리 씨 가족으로 하여금 삶의 다양한 가능성으로부터 눈을 멀게 하였다. 그들이 불안을 야기하는 이야기에만 집중하기 때문이다. 스티븐과 미란다는 유능한 부모에 대한 문화적 기준이 제공하는 책임에 비추어 자신들을 무능한 부모로 본다. 코비는 자기 자신이 다른 사람들 및 다른 체계와 단절되어 있다고 본다. 테레사와 브랜든은 오빠(형)와 연결될 기회를 상실하고 있고, 부모는 압박감을 느끼고 있다. 이 모든 것은 가족이 원하는 방식으로 관계 맺는 것을 어렵게 만든다.

이렇게 내면화된 담론은 코비가 누구인지, 그리고 스티븐과 미란다가 부모와 인간으로서 어떤 사람인지에 대한 현재의 이야기를 쓰도록 도왔으며, 가족에게 골칫거리가 된 정체성을 낳게 하였다. 이것은 그렇게 순환적인 역할을 하고 있다. 화이트(White, 2007)는 어떻게 해서 이것이 일어나는지를 다음과 같이 설명했다. "요컨대, 사람들은 그들의 문제가 자아 혹은 타인의 자아에 내재한다고 믿게 된다. 말하자면 그들 혹은 타인이 실제로 문제라고 믿게 된다. 그래서 이런 신념은 해결하려고 시도하는 문제로 더 빠져들게 할 뿐이다."(p. 9) 모슬리 씨 가족구성원 중 누구도 사람이 어떠해야 하는지에 대한 사회적 기대의 영향을 어떻게 받아 왔는지에 대해 알고 있지 않다. 뿐만 아니라 코비가 '골칫거리'이며, 문제의 원인은 코비 안에 있다는 이야기를 전개하는 데 있어서 부분적인 역할을 어떻게 했는지에 대해 모르고 있다. 부모 둘 다 남성의 역할은 튼튼한 생계 부양자이고 여성의 역할은 따스한 어머니라는 전통적 기대를 가진 가족 출신이다. 부모 모두 수용할 수 있는 행동의 경계를 넘었던 남성들 그리고 가족을 보살피기 위해 스스로 강해졌던 여성들의 부정적 결과에 대한 가족이야기를 가지고 있는 반면, 그들의 불안감과 개인적인 실패감은 문화적 맥락에서 학습한 자신들에 대한 기대와 관련되어 있음을 알 수 있다.

독특한 결과

사람들이 자기 삶에 대해 구성하는 지배적 이야기는 부분적인 이야기일 뿐이기 때문에, 사람들이 살아온 방대한 양의 경험은 강조되지 않는다. 지배적 이야기에 포함되지 않은 사건들은 **독특한 결과**(unique outcomes)라고 알려져 있다(White & Epston, 1990). 가족은 지배적 이야기에 대한 이와 같은 대안적 지식에 접근하지 않았고, 그래서 가능성을 열어 주는 정체성을 발전시키는 데 도움을 주기 위해 그러한 지식이 사용되지 않았다. 이러한 독특한 결과는 지배적 이야기에 대한 반박으로 여겨질 수 있으며, 개인의 삶에 대해 선호하는 발전을 나타내는 것일 수 있다(White, 1995). 그래서 사람들의 삶에 대한 지배적 이야기와 서로 맞지 않는 이러한 경험들은 해석이 되지 않고 의미가 부여되지 않는다(White, 2007).

모슬리 씨 가족에는 구성원들이 무시하였거나 잊어버렸거나 알지 못했던 독특한 결과가 많이 있다. 그 가운데 몇몇은 가족의 수많은 성공을 포함한다. 심지어 가족원의 죽음에도 불구하고 불안이 가족을 압도하도록 놔두지 않았던 것, 경제적 어려움과 자녀와의 문제, 이전에는 코비가 가족과 좋은 관계를 맺었던 것, 코비가 학교에 가는 데 있어서 어려움이 없었던 긴 역사, 스티븐과 미란다가 코비 문제에 대해 협력한다는 것, 기타 수많은 다른 사건이 포함된다. 이러한 독특한 결과들이 모슬리 씨 가족의 삶의 경험에서 고려되지 못할수록, 구성원들은 문제와 절망에 대한 지배적 이야기의 요구에 더 굴복했다.

이야기의 조망

문학이론에서 유래한 이야기는 행위의 조망과 의식의 조망이라는 두 가지 조망을 갖는다(White, 1993). **행위의 조망**은 이야기를 형성하기 위해 특정 줄거리를 시간 순서로 연결한 사건들로 구성된다. 사람들의 삶의 내용이 그것이다. 모슬리 씨 가족이 처음으로 가족치료에 올 때, 그들은 무엇이 일어났고 또 무엇이 일어나고 있는지, 말하자면 그들 삶의 '사실들'에 대해 말할 것이다. 무엇이 일어나고 있는지를 말해 줄 그들의 이야기는 아마 지배적 이야기의 행위의 조망을 통해 주로 말할 것이다. 이 이야기는 대개 그들 삶의 어떤 사건들만 포함할 것이고, 아마 문제 이야기와 맞지 않는 독특한 결과는 포함하지 않을 것이다.

의식의 조망은 독자들이 이야기의 사건에 대해 곰곰이 생각해 볼 때 이야기의 주인공의 행동에 대한 해석으로 구성된다. 이는 사건이 참여자에게 무엇을 의미하며, 사건은 주인공에 대해 독자에게 무엇을 이야기하는지를 포함한다. 화이트(White, 2007)는 이 조망을 **정체성의 조망**이라고 재명명했다. 사람들의 이야기에 대한 재협상은 사람들의 정체성에 대한 재협상을 포함하기 때문이다. 정체성에 대한 이러한 탐색은 사람들이 부여하는 행위의 의미, 즉 그들의 가치, 신념, 목적, 동기, 목표 등에 초점을 둔다(White, 1995). 이러한 영역들에 대한 탐색은 사람들의 부분으로 이해되는 내적 특질이나 특성 같은 구조적 이해와 반대된다.

모슬리 씨 가족은 현재 행위의 조망에서 선택한 사건들에 기초하여 자신들을 정의해 왔다. 그런 행위에는 코비의 등교 거부, 코비와 동생들 간의 '부정적인' 관계, 코비 자신의 고립, 모든 가족구성원이 좌절감을 느끼고 있고 어떻게 해야 할지 모르는 것 등이 포함된다. 이러한 사건들은 코비에 대한 내적 상태 이해를 촉진하는 줄거리로 모두 연결되어 왔다. **내적 상태 이해**(internal state understandings)는 사람들은 자신이 누구인지에 대한 핵심적 '본질'을 가지고 있으며, 그것이 그 사람의 정체성이 되기 위해 고려될 수 있다는 생각이다(White, 2007). 이는 **지향 상태 이해**(intentional state understanding)와 대조되는데, 이는 주체의식(personal agency)과의 관계에서 정체성을 고려하며, 정체성에 대한 결론은 충분히 고려할 여지가 있고 수많은 의미가 가능하며, 사람들은 그들 삶의 의미를 협의하는 데 적극적이라는 생각을 포함한다. 모슬리 씨 가족이 무엇이 일어나는지에 관한 내적 상태를 이해하면 할수록, 선호하는 가치와 신념을 지지하는 사건들을 경험할 가능성이 더 적어진다. 그들에게 유용한 독특한 결과와 의미를 가지면 가질수록, 그들은 그들을 제한하였던 이야기로부터 벗어난 다른 가능성을 더 많이 고려할 수 있다.

가족구성원들의 역할을 둘러싼 지배적 담론에 입각하여 스티븐과 미란다는 자신들이 훌륭한 부모가 되어야 한다고 자신들을 좁게 이해하는 것을 내면화했다. 부모는 원하는데 코비가 학교에 가지 않기로 선택할 때 그리고 부모에게 무례하게 행동하기 시작할 때, 좋은 부모로서의 정체성에 대한 그들의 느낌은 도전을 받는다. 그러면 그들은 코비가 '문제 있는' 아이라는 그들의 시각에 들어맞는 코비의 행동에 더 집중하게 된다. 코비는 이 새로운 정체성을 내면화하고, 이런 시각과 반대되는 대안적인 사건에 대한 시각을 잃게 된다. 그리하여 모슬리 씨 가족은 이제 그들 스스로 문제에 젖은 이야기 안에 살고 있음을 발견하게 된다.

문화적 요인

이야기치료 접근방식은 문화적 요인이 사람들을 안내하는 담론이며, 사람들의 문제에 대한 이해는 문화와 불가분하게 얽혀 있다는 관점을 전제로 한다. 화이트(White, 2007)는 이 관계를 다음과 같이 설명했다. "사람들의 삶에 대한 이러한 내면적 이해를 구성하는 습관적인 사고방식은 중요한 문화적 현상이기 때문에, 사람들이 치료사에게 자문하는 많은 문제는 본질적으로 문화적이다."(p. 25) 이야기치료에서 문제는 어떤 행동과 존재방식이 수용될 수 있는지에 관한 사회의 기대에 한 사람의 선호하는 정체성이 잘 들어맞지 않음을 나타내는 것이다. 이것은 더 큰 사회의 기대와 더 작은 지역 문화(예: 동년배, 성별, 민족, 성적 선호 등) 간의 갈등을 포함할 수 있다. 이러한 자기평가는 자신이 속한 문화의 구성원들로서 지배문화의 기대와 비교할 때 개인의 선호를 가치 절하하는 원인이 될 수 있다. 예를 들어, 덜 지배적인 하위집단의 문화에서 발견되는 집단주의적 책임과 지역사회 혹은 상호지지에 대한 사고는 지배문화에서 찾아볼 수 있는 개별성과 독립 혹은 자기충족의 가치와 대조될 때 불리할 수 있다.

마찬가지로, 내러티브 은유에서 작업할 때 실천가의 목적은 개인이 어떻게 해서 자기에게 영양을 공급했던 문화의 여러 측면을 포함하여 자신의 신념, 가치, 희망 등에 기초해서 자신을 평가하고 싶은지를 이해하는 데 있다. 이는 결정에 대한 특권을 부여하는 문화 안에서 특정 지식과 신뢰를 소유하는 개인이 사람들을 평가할 수 있고 또 평가해야 한다고 이해하는 시각과 대조를 이룬다. 결과적으로 화이트(White, 2011)는 심리치료에서 문화와 권력의 중요성에 관해 다음과 같은 질문을 했다. "치료 맥락이 어떻게 하면 젠더, 인종, 계층의 정치학으로부터 면제될 수 있는가? 치료가 특정 문화 내 지식의 위계와 소외의 이슈와 연관된 정치로부터 어떻게 면제될 수 있는가?"(pp. 49-50) 이러한 질문들은 이야기치료사와 지역사회 실천가들이 현지의(local) 신념, 가치, 열망을 살펴보도록 해서 더 효과적으로 자문하는 데 필요한 맥락과 이해를 제공하게 한다.

이야기치료사는 개인이 지배문화의 특정 기준에 부합하는지 여부를 기초로 하는 진단적 설명을 하지 않는다. 그보다 이야기치료사는 자신의 선호를 주목하거나 달성하지 못하게 하는, 이미 내면화하였던 신념과 제한에 반하는 조그마한 반란을 한, 혹은 이미 실천했을지도 모를 방식들을 강조한다. 이야기치료사의 역할은 내담자들로부터 내담자의 희망, 꿈, 열망 등 개인이 선호하는 삶의 지향점을 배우는 것이다. 이런 지향 상태 이해는 인종, 계층, 성별에 관한 기대를 포함한 문화적 기대에 의해 구체화되지만, 그에 대해 의문을 제기할 때 다양한 범위의 가능성을 제공할 수 있다. 치료를 하는 동안에 치료사는 지배문화의 요구조건을 재생산하지 않는다는 책임을 맡는다. 지배문화의 요구는 성공과 실패, 개별성과 협동, 강점과 양육, 기타 많은 것에 대한 관념을 포함한다.

치료사는 이야기치료 면담을 통해 이러한 관념들을 살펴본다. 이때의 이야기치료 면담은 내담자가 지배문화의 기대에 미치지 못해서 생긴 평가 및 자기비난에서 벗어났을 때를 지적하거나, 혹은 개인이 자신에 대해 선호하는 시각을 갖도록 한 지역사회와 문화에서 타인들과 가졌던 경험에 특권을 부여한다. 또한 **외부증인 실천**(White, 2007)을 통해 문제와 거리를 두고 지내는 지역사회 대표들을 치료맥락에 불러 들여 내담자의 시도에 대한 성찰과 지지를 제공할 수 있다. 이런 식으로 해서 전문과 지식에 비해, 현지 혹은 '민간' 지식의 지위가 격상된다.

문제해결에 대한 관점

모슬리 씨 가족이 만들어 온 이야기는 자신들이 누구인지를 이해하는 방식에서 그들을 제한하였기 때문에, 더 새로운 이야기를 만드는 것이 바람직하다. 화이트와 엡스턴(White & Epston, 1990)은 이 과정을 다음과 같이 설명했다. "사람들이 치료를 요청할 때 새로운 의미를 실행할 수 있게 하는 대안적 이야기를 확인하거나 수행하는 결과를 수용할 수 있게 된다. 새로운 의미는 사람들이 더 도움이 되고, 더 만족스러우며, 더 개방적인 것으로 경험할 것이다."(p. 15) 이러한 대안적 이야기 혹은 부수적 이야기(White, 2007)로 알려진 것은 모슬리 씨 가족에게 의미와 행동에 대한 새로운 영역과 가능성을 열어 줄 수 있다.

모슬리 씨 가족은 코비가 학교에 가고 싶어 하지 않는다거나 식구들과 좋은 관계를 맺지 못한다는 등, 어떤 면에서 문제가 있다는 이야기를 가지고 치료에 올 것이다. 치료는 이러한 지배적 이야기를 넘어서, 가족의 각 구성원이 누구인지에 대한 대안적 지식을 탐색하는 공간을 열도록 시도할 것이고, 그러면 이러한 지식의 실행이 가능할 수 있다(White & Epston, 1990). 처음에는 코비가 아주 문제가 많은 것처럼 보일지 모른다. 그러나 코비에게는 존중되지 못한 많은 면이 있다. 예컨대, 외할아버지 에드워드와의 관계에서 알 수 있듯이, 식구들이 잘 알아채지 못했던 방식으로 가족구성원들을 보살폈던 면이 있다.

가족이 대안적 이야기를 만들어 가도록 돕는 한 가지 방식은 문제와의 관계에서 이전에는 생각해 보지 못했던 여러 측면을 강조하는 것이다. 이는 문제의 외재화를 통해 이루어질 수 있다. 화이트와 엡스턴(White & Epston, 1990)은 외재화를 "사람들이 억압적이라고 경험한 문제를 객관화하고 때로는 의인화하도록 돕는 치료적 접근"(p. 38)이라고 정의한다. 외재화 대화를 통해, 사람들은 문제가 있는 존재로 총체화되지 않으며, 대신 문제와의 관계에 있는 존재로 여겨진다. 문제를 외재화하면 문제에 부여된 몇 가지 가정이 약화될 수 있다(Epston, 1992). 내담자 역시 문제가 자신에게 미친 영향뿐 아니라 자신이 문제에 미친 영향 그리고 자신이 문제 관련 사건에 부여한 의미까지 생각해 볼 수 있다.

모슬리 씨 가족의 경우, 그들이 다루고 있는 문제는 **불안**, **좌절**, **염려**, **단절** 혹은 수없이 많은 다른 이름으로 외재화될 수 있다. 그러나 외재화 과정은 관련된 모든 사람이 합동으로 의미를 만드는 것을 통해 이루어지며, 치료사가 모슬리 씨 가족에게 일방적으로 부과하는 것은 아니다(White, 1995). 이 과정에서 모슬리 씨 가족의 언어와 설명에 특권이 주어질 것이다. 현재 학교 관계자와 부모를 포함하여 많은 사람은 코비 내면의 무언가가 그로 하여금 학교에 가고 싶지 않게 만들고 또 식구들과 잘 지내지 못하게 만드는 것처럼 코비를 보고 있다. 그러나 외재화를 통해, 예를 들어 불안 혹은 단절과 코비의 관계를 탐색하여, 이렇게 불안이나 단절이라는 아이디어 중 어떤 것이 코비로 하여금 자신이 되기를 원하는 사람과 반대되는 행동과 감정으로 끌고 가는지 살펴볼 수 있다. 불안은 또 스티븐과 미란다가 코비를 변화시키려 하며 자신들을 유능한 부모로 보는 데 의심하는 입장으로 끌어가고 있다. 모슬리 씨네가 잘 살기 위해서 학업 성취를 중요한 것으로 여기는 신념, 부모는 자녀가 학업적으로 성공하도록 보장할 의무가 있다는 것, 그 밖에 그들이 지지하는 사회적 담론으로부터 스티븐과 미란다의 불안은 살아가는 데 필요한 힘을 얻고 있다. 이러한 요구를 지키지 못한다는 그들 자신의 인식은 그들의 불안과 그로 인한 행동을 지지한다.

문제의 외재화가 개인으로 하여금 책임에서 벗어나게 하는 것은 아니다. 개인은 '다른 것'에 책임을 돌릴지 모르며, 문제와 자신의 관계를 보지 못할 수 있다. 외재화 대화 과정은 사람들이 책임감을 증가시킬 매체를 제공하는 개념들을 발전시킬 여지를 열어 준다(White, 2011). 이 대화를 통해 사람들은 그들의 행위와 결과를 연결 짓는다. 책임지기라 불리는 이 과정은 다음과 같은 다섯 단계를 포함한다.

> (1) 문제를 외재화하기, (2) 결과를 검토하기, (3) 결과에 대해 성찰하고, 그러한 성찰에 대한 '왜'에 대해 질문하기, (4) 자신의 삶 혹은 자신이 원하는 것 혹은 자신이 가치를 두는 것 혹은 자신이 삶에서 지향하는 것에 대해 결론을 내리기, (5) 그것을 말로 계속 발전시켜서 하나의 개념이 되게 함으로써 특정 상황에서 벗어나기(White, 2011, p. 121).

만일 불안 혹은 단절이 모슬리 씨 가족과의 대화에서 외재화된다면, 구성원들은 그들이 이 개념들과 어떠한 관계에 있으며, 이 개념과의 관계에서 어떻게 살기로 선택하는지에 대한 질문을 받을 수 있다.

코비에게 그가 문제라거나 식구들과 단절되어 있다거나 하는 이야기는 그의 정체성의 일부가 되기 시작했다. 그래서 그는 가족, 친구, 학교와 관계를 맺으려는 노력을 삼가고 있다. 왜냐하면 다른 사람들과 연결되는 것은 현재 그의 삶에서 지배적인 이야기가 아니기 때문이다. 그는 무심결에 자신을 구속하고 있다. 그러나 이것은 코비가 한 사람으로서 누구인지를 나타내는 것이 아니다. 그가 누구인지에 관한 대안적 이야기는 그의 이야기의 전경에 있지 않다.

이러한 새로운 가능성을 찾는 한 가지 방법은 변화 혹은 차이를 지각하는 것이다(White & Epston, 1990). 사람들이 주체의식을 발전시키고, 자기 이야기의 재저작에 참여할 때, 그들 삶에 대한 이해를 발전시키는 데 더 많은 영향을 미치게 된다. 코비와 가족이 문제에 젖은 이야기의 발전에 공모하였던 반면, 그들 삶에 대한 대안적 지식을 발전시키는 데 있어서도 역할을 할 수 있다. 모슬리 씨 가족은 "자신들의 삶에서의 수많은 선호하는 발전의 창작자가 됨으로써"(White, 2007, p. 103) 주체의식을 발전시킬 수 있다. 그들은 지향 상태 이해를 적용함으로써 그렇게 할 수 있다. 그런 이해는 그들이 문제의 삶에서 그리고 그들이 받아들이는 이야기에서 어떤 역할을 한다고 본다.

모슬리 씨 가족과의 대화를 통해 불안과 단절이 지배적 이야기로 드러난 다음, 치료사는 모슬리 씨 가족이 반대 이야기 혹은 대안적 이야기(White, 1995)를 발전시키도록 도울 수 있다. 대안적 이야기에 일단 이름을 붙이면, 모슬리 씨 가족은 이미 경험하였지만, 지배적 이야기에 잘 맞지 않기 때문에 강조하지 않았던 경험에 의미를 부여하기가 더 쉽다는 것을 알게 될 것이다.

예를 들어, 단절과 돌봄에 대한 반대 이야기가 제시될 수 있다. 구성원들은 외할아버지 에드워드와 보냈던 많은 시간을 포함하여 코비가 관계를 맺었고 돌봄을 받았던 다양한 방법에 대해 이야기할 수 있다. 동생들과 관계를 맺고 돌보았던 시간도 대안적 이야기의 줄거리로 가져올 수 있다. 코비에게 문제가 있다는 꼬리표가 붙은 이후로는 이러한 부수적 이야기를 지지한 가족구성원들의 삶의 사건들은 아마 의미 있는 것으로 선택되지 못했을 것이다. 가족구성원들은 단절보다 연결을 선호했던 사람들이며 또 이것은 그들이 소중히 여긴 희망, 가치, 열망에 대해 말해 주는 것이라는 의미로 해체할 수 있다.

단절, 불안, 그리고 코비가 문제라는 이 이야기를 더 발전시켰던 상황의 또 다른 면은 미란다의 친정아버지 에드워드의 죽음이다. 모슬리 씨 가족을 포함하여 사람들은 아마 코비가 이미 외할아버지의 상실을 충분히 슬퍼했고 이겨 내기 시작했어야 한다고 생각한다. 적절한 애도 과정에 대해 이 문화에서 지지되는 관념은 슬픔을 극복하거나 죽은 자의 기억에서 벗어나야 한다는 생각이다. 그러나 이런 생각이 코비에게 적용되는 것은 아닐 수 있다. 화이트(White, 1998)는 사랑하는 사람의 상실을 극복하도록 기대하는 사람들에게 있을 수 있는 문제를 다음과 같이 서술했다.

"치료 맥락에서 상실한 관계를 통합하고자 할 때, 이 사람들이 경험하는 황량함은 그 관계를 잊어버리라고 조장할 때 드는 노력보다 훨씬 더 강한 것 같다."(p. 18) 회원재구성 대화를 통해 치료는 이러한 상실감을 연결감으로 변화시킬 수 있다.

치료 과정

화이트(White, 2007)가 분명하게 정의하였던 이야기치료의 대화는 외재화 대화, 재저작 대화, '회원재구성' 대화, 정의예식, 독특한 결과 대화, 거푸집 짓기 대화의 여섯 가지 형태로 구분할 수 있다. 다른 책에서 찾아볼 수 있는 많은 다른 이야기치료 실천의 지도가 있는데, 예를 들면 실패 지도, 부재하지만 암시적인 것의 탐색이 있다(Carey, Walther, & Russell, 2009). 치료가 효과적이기 위해서 이런 형태의 대화가 특정한 순서대로 일어날 필요가 있는 것은 아니며, 치료적 대화는 흔히 이런 지도의 여러 면이 함께 엮여져 이루어진다. 사실 이러한 실천의 융통성과 즉흥성이 이야기치료 면담의 특징이다.

외재화 대화 외재화 대화는 문제가 내담자의 삶에 어떤 영향을 미쳤고, 또 내담자가 문제에 어떤 영향을 미쳤는지를 논의할 수 있게 한다(White, 1995, 2007). 이 대화에서는 사람이 아니라 문제가 문제다.

화이트(White, 2007)는 외재화 대화의 목적을 다음과 같이 서술했다. "외재화 대화의 맥락에서, 문제는 사람들의 정체성에 대한 '진실'을 더 이상 나타내지 않는다. 성공적인 문제해결을 위한 선택이 갑자기 가시화되고 접근할 수 있게 된다."(p. 9) 이것은 대개 내담자에게 어려운 일인데, 그 이유는 내담자는 문제에 대해 내면화된 대화를 하는 경향이 있기 때문이다. 말하자면, 그들은 자신을 문제와 관련이 있는 존재로 보기보다는 그들 자신이 문제가 있는 존재로 보는 경향이 있기 때문이다. 예를 들어, 코비는 자기가 얼마나 불안한지 말할 것이다. 혹은 부모는 자신들을 '실패자'로 정의할 수 있다. 이는 모두 내면화하고 있는 서술이다. 모슬리 씨 가족구성원은 모두 코비와 자신들을 불안과 관계를 맺고 있는 존재로 보는 대신에 불안한 존재로 본다. 불안에 대한 내면 상태 이해를 뒷받침하는 질문의 예로는 "코비가 언제 불안해합니까?" "코비가 불안할 때 어떻게 반응합니까?" 혹은 "코비가 덜 불안해하도록 어떤 노력을 해 보셨습니까?"를 들 수 있다. 이러한 질문들은 이야기치료 실천에서 유용하지 않은 것으로 여겨진다. 왜냐하면 그런 질문들은 코비가 문제라는 지배적 이야기를 굳히는 데 도움이 되기 때문이다.

대신 이야기치료사는 치료 시작부터 문제로부터 사람을 분리하는 데 도움이 되는 질문을 할 것이다. 문제에 이름을 붙이는 데 내담자를 초대하여, 내담자가 문제와 관계를 맺도록 하고, 또 문제에 대해 잘 알고 있는 위치에 있도록 한다. 만일 코비가 문제를 불안이라고 명명한다면, 외재화 질문의 예는 "언제 불안이 너의 일상에 찾아왔니?" "불안이 너의 삶에 미치는 영향은 무엇이니?" "불안이 찾아올 때, 너는 어떻게 반응하니?" "불안이 너한테 미치는 영향을 줄이기 위해 너는 어떤 노력을 해 봤니?"와 같다. 만일 코비가 단절된 삶을 살고 있다고 말하면, 질문은 단절에 관한 것일 수 있다. 이러한 질문은 가족 전체에 퍼져서 코비에 대한 새로운 시각을 유포할 수 있을 것이다.

치료의 이 부분은 **사람들의 인생과 관계에서 문제의 영향 지도**라고 말할 수 있다(White, 1995). 이 과정은 사람을 객관화하고 그들에 관한 진실을 발전시키는 문화적 관행에 반하는 실천이다(White & Epston, 1990). 사람을 문제와 관련이 있는 존재로 여김으로써, 외재화 대화는 대안적 지식을 받아들여서 이야기를 '다시 이야기' 하도록 돕는 사건들을 사용할 공간을 열어 준다.

외재화 대화를 위한 입장진술 대화에는 네 가지 질문 범주/단계가 있다(White, 2007). 첫 번째 단계는 문제에 대해 특별하고 '경험에 가까운' 정의를 협상하는 것이다. 치료사는 내담자가 문제를 어떻게 정의하는지 혹은 이름 붙이는지 그리고 그것이 그의 삶에 어떤 영향을 미쳤는지에 관한 풍부한 서술을 발전시킬 수 있도록 내담자와 작업한다. '경험에 가까운'이라는 관념은 내담자 자신의 말로 자신에게 무엇이 일어나고 있는지에 관한 내담자의 이해를 강조한다. 첫 회기에 올 가능성이 가장 큰 스티븐, 미란다, 코비는 모두 가족에서 일어나고 있는 것을 그들 각자 어떻게 보는지에 관한 질문을 받을 수 있다.

두 번째 단계는 문제의 영향에 대한 지도를 그려 보는 것이다. 치료사는 질문을 통해내담자가 영역을 넓혀 가족, 동료, 직장, 학교, 정체성, 미래의 가능성을 포함한 삶의 많은 영역에서 문제의 영향을 말하도록 돕는다. 코비는 불안 혹은 단절이 가족, 학교, 친구와의 삶에 어떤 영향을 미쳤는지에 관한 질문을 받을 수 있다. 스티븐과 미란다는 불안이 부모로서의 그들에게 어떤 영향을 미치고 있으며, 타인과의 관계에도 어떤 영향을 미칠 것인지에 관한 질문을 받을 수 있다.

세 번째 단계는 문제의 활동이 미친 영향을 평가하는 것이다. 내담자가 자기 생활에 대해 성찰해 보고, 문제 및 문제의 영향과의 관계에서 자신이 어떤 입장인지 말하는 시간이다. 코비, 스티븐, 미란다는 불안이 그들의 생활에 미친 영향에 대해 어떤 생각을 했는지에 초점을 둔 질문을 받을 수 있다. 치료사는 그들이 문제와 관련되어 있는 것을 좋아하는지 아니면 싫어하는지에 대해 논의할 것이다.

네 번째 단계는 평가의 정당화다. 치료사는 가족구성원에게 자신의 평가에 대한 '왜'를 설명하도록 돕는다. 치료사는 코비, 스티븐, 미란다와 함께 불안이 그들의 삶에 미친 영향을 좋아하거나 싫어하는 이유에 대해 이야기할 것이며, 마찬가지로 그들의 희망, 꿈, 신념, 열망에 대해 이야기할 것이다.

재저작 대화 재저작 대화는 행위의 조망에서 이야기했던 독특한 결과를 확인하고, 이러한 사건들을 가져와서 내담자가 초기에 말한 문제에 젖은 이야기에는 분명히 드러나지 않았던 사건들을 포함하는 다른 풍경을 그리게 한다(White, 1995). 그래서 사람들의 경험에 대한 독특한 결과가 재저작 과정을 시작하는 데 사용된다(White, 2007). 독특한 결과는 사람들이 치료에 가져온 초기의 이야기에서는 매우 빈약할 것이다. 이야기치료사의 기술의 일부는 문제 이야기 안에서는 기대하지 못했던 사건들에 대한 이런 빈약한 서술을 경청하고 내어놓는 것에 있다. 사람들의 삶에 대해 이렇게 간과된 사건들을 일단 상담실 안에 끌어들이면, 치료사는 가족이 새로운 의미와 새로운 정체성을 실행하게 하는 대화를 하게끔 개입할 수 있다. 재저작 대화를 통해 결점에 초점을 둔 이해는 개인이 대개 문제와의 관계에서 주체의식을 가진다는 이해로 바뀐다(White, 2007).

재저작 대화의 희망 가운데 하나는 가족이 그들의 삶에서 무시된 부분에 대해 호기심을 가질 것이라는 점이다(White, 2007). 모슬리 씨 가족의 경우, 코비를 내적인 문제를 가진 사람으로 보는 시각에서 불안이나 단절과 관계를 가질 수 있는 사람으로 이해하는 시각으로 바뀔 수 있다. 코비의 과거나 현재의 관계에서 분명히 드러났듯이, 그는 불안이나 단절이 자기를 압도하도록 내버려 두지 않았다. 더욱이 스티븐과 미란다는 그들의 관계에서 불안에 사로잡혔다거나 삶의 불안에서 회복될 수 있었던 측면을 발견할 수 있다. 가령, 서로 낭만적이 되거나 좀 더 적극적인 성생활을 하는 등 삶에서 불안에 빼앗기지 않았던 면을 발견할 수 있다. 재저작 단계 동안, 모슬리 씨 가족은 불안과의 관계에서 자신들에 대해 조금 다른 이해를 할 수 있을 것이다. 이런 새로운 이해는 그들 삶에서 더 큰 주체의식을 포함할 것이다. 구성원에게 중요한 것을 어떻게 인식하는지 그리고 그러한 가치와 선호가 미래에, 미래의 행동을 통해 어떻게 실행될 것인지 살펴봄으로써 정체성의 조망과 관련된 사건들이 탐색될 것이다.

회원재구성 대화 회원재구성(re-membering) 대화는 사람들의 정체성이 관계 안에서 결정된다는 시각을 바탕으로 한다(White, 2007). 이 대화는 사람들의 삶에서 중요한 사람을 불러와서 그 사람이 사람들의 정체성 발달에 어떤 기여를 할 것이고 어떻게 기여했는지를 살펴보는 것이다. 회원재구성 대화에는 그들의 기여를 강조하기 위해 다양한 사람, 소설 주인공, 애완동물, 인형(치료 회기에 존재하지 않더라도)을 데려올 수 있다. 이런 기여자들은 누군가의 삶의 이야기에서 낮은 지위로 격하되었던 때도 있었고, 훨씬 더 큰 영향력을 행사할 때도 있었다. 사람들의 '인생클럽'의 '멤버십' 정도는 논의될 수 있고, 재협상될 수 있으며, 상향 혹은 하향 조정될 수 있다.

예를 들어, 코비의 인생에서 코비가 불안이나 단절과 새로운 관계를 발전시키도록 도울 수 있는 사람이 몇 명 있다. 그중 한 사람은 외할머니 소피아로, 그녀는 불안이 코비를 지배하도록 그냥 두지 않았던 경험을 직접 하게 하였다. 코비의 동생인 테레사와 브랜든 역시 코비가 불안에 맞서거나 자기들과 관계를 맺었던 적을 목격했던 사람들로서 대화에 개입할 수 있다.

회원재구성 대화에서는 주요한 두 가지 탐색을 한다(White, 2007). 첫 번째는 중요한 타인이 내담자의 삶에 어떤 기여를 했으며, 내담자의 정체성은 그 사람의 눈을 통해 어떻게 보이는지에 초점을 두는 것이다. 두 번째는 중요한 타인의 삶에 내담자가 어떤 기여를 했고, 그 사람의 입장에서 내담자의 기여가 무엇을 시사하는지에 초점을 두는 것이다. 모슬리 씨 가족의 회원재구성 대화에 포함될 가능성이 가장 큰 사람은 코비의 외할아버지인 에드워드다. 왜냐하면 그는 코비가 유대감을 느꼈다든지 사랑을 받고 주었다는 느낌을 포함하여 코비의 삶에서 아주 주요한 역할을 했기 때문이다. 코비가 에드워드의 삶에서 했던 역할 또한 끄집어내서 상세히 이야기할 수 있다. 왜냐하면 코비는 외할아버지에게 가치 있는 연결감도 제공했고, 외할아버지에게서 중요한 가치를 가져왔기 때문이다.

독특한 결과 대화 독특한 결과를 강조하는 대화는 지배적 이야기에 대한 반대 이야기가 표면에 드러나게 하는 것이다. 가족구성원들은 그런 사건들에 의미를 부여하는데, 그러한 의미는 그들의 새로운 정체성의 일부가 되도록 한다. 이 대화는 한 사람이 누구인지를 드러내지 않는 행위를 강조하는 것에서부터 그 사람이 어떤 사람이 되기를 원하는지에 더 잘 들어맞는 삶의 측면들과 더 친숙하게 되는 것으로의 변화다(White, 2007).

코비를 둘러싼 불안 그리고 가족구성원들이 다루고 있는 단절이 상당히 새로운 것이라는 점을 놓고 볼 때, 가족이 잊고 있거나 현재의 이해에서 배제하였던 수많은 이야기가 분명히 있을 것이다. 마찬가지로 스티븐과 미란다가 압박감을 느끼고 있고 또 스스로를 무능한 부모로 보게 만드는 불안의 경험에 대해 많은 예외가 분명히 있을 것이다. 치료사 역할의 일부는 독특한 결과에 이름을 붙이는 것과 독특한 결과가 사람들이 자신의 삶을 위해 원하는 것과 가치를 부여하는 측면에서 무엇을 보여 주는지 결정하는 것 사이의 차이를 메우도록 돕는 대화를 내담자들과 함께 하는 것이다(White, 2007). 독특한 결과를 가족과 함께 논의하면, 치료사는 모슬리 씨 가족이 이러한 사건들에 의미와 중요성을 부여할 수 있도록 더 많은 대화를 할 수 있다. 이는 그들이 삶에서 부여한 의미를 부각시킬 것이고, 그래서 이러한 부수적인 이야깃거리는 모슬리 씨 가족의 선호하는 결과와 일치할 것이다.

외재화를 위한 입장진술 지도와 마찬가지로, 독특한 결과를 위한 입장진술 지도를 발전시킬 때 사용할 수 있는 네 가지 질문 범주/단계가 있다(White, 2007). 첫 번째 단계는 치료사가 내담자와 작업하여 독특한 결과에 대해 경험에 가까운 정의를 찾아내는 것이다. 치료사는 내담자가 그 사건을 둘러싼 경험에 대해 깊고 풍부한 서술을 하도록 돕는 질문을 한다. 두 번째 단계는 독특한 결과의 영향을 밝히는 데 초점을 둔다. 여기서 대화는 독특한 결과가 그 사람의 인생에 영향을 미치는 많은 영역, 즉 가족, 친구, 학교, 직장 등의 영역을 강조한다. 세 번째 단계는 독특한 결과의 영향을 평가하기 위한 것이다. 그 사람이 독특한 결과의 영향을 좋아하는지 아니면 싫어하는지 그 정도에 관한 질문이 주어진다. 마지막 단계는 평가의 정당화다. 치료사는 독특한 결과에 대해 왜 그런 평가를 했는지 그리고 독특한 결과를 이런 식으로 평가하는 것이 그들의 가치, 희망, 신념에 대해 무엇을 말해 주는지에 관해 내담자와 이야기한다.

치료의 종결

모슬리 씨 가족의 치료가 언제 끝날 것인지 정확히 말하기는 어렵다. 간결성이 이야기치료의 목적은 아니지만, 가족과 개인은 흔히 그들의 문제와 새롭고 선호하는 관계를 발전시키고 치료를 떠난다. 모슬리 씨 가족과의 치료는 너무 길어서는 안 된다. 왜냐하면 그들은 가족을 위해 부수적 이야기가 될 수 있는 대안적 지식으로 가는 길을 아주 많이 가지고 있는 것 같기 때문이다. 화이트(White, 1995)는 치료가 종결되는 과정을 다음과 같이 설명했다.

> 가족구성원들이 대안적이고 선호하는 삶의 이야기를 실행할 공간이 열리면, 그리고 그런 실행과 관련 있는 수많은 대안적인 주장을 인정할 공간이 열리면, 치료사는 전체 과정에서 점점 더 탈중심적이 되고 결국은 치료에서 물러난다(p. 20).

일단 부수적 이야기—모슬리 씨 가족의 경험에서 늘 인정되지 않았던 부분—가 코비가 불안해한다는 지배적 이야기를 대체하면, 치료사가 이런 이야기가 계속 순환되도록 할 필요는 없을 것이다.

치료사가 모슬리 씨 가족을 위해 포함할 수도 있을 한 가지 실천은 **정의예식** (definitional ceremony)이다(White, 2007). 정의예식은 **외부증인**이라고 알려진 청중 앞에서 자기 이야기를 할 때 일어난다. 모슬리 씨 가족의 경우, 외부증인은 아마 치료사가 수년 동안 모았던 사람들 목록에서 찾을 수 있을 것이다. 말하자면 수년 동안 불안이나 단절과의 관계를 성공적으로 변화시켰던 사람들 그리고 비슷한 문제의 영향을 받았던 사람들에게 도움이 되고자 했던 사람들 가운데서 외부증인을 찾을 수 있을 것이다. 이 사람들은 이야기를 잘 듣고 치료사의 초대를 받아서, 무엇에 주목이 되었고 어떤 울림이 있었는지에 대해 다시 말하기를 할 것이다. 그러면 내담자는 외부증인의 다시 말하기를 듣는 것이 자기에게 어떤 영향을 미쳤는지를 치료사와 대화할 수 있다.

코비의 가족구성원들, 특히 스티븐과 미란다도 치료 회기 동안 이 과정에 초대될 수 있다. 동생들인 테레사와 브랜든 역시 훌륭한 참여자가 되어 코비의 새로운 시작에서 무엇이 주목이 되었고, 그런 이야기를 듣는 것이 자기들에게 어떤 영향을 미쳤는지 이야기할 수 있다. 또 초대할 수 있는 다른 사람은 외할아버지와 외할머니, 선생님들, 친구들, 학교 관계자 등이 될 수 있다. 사람의 정체성은 사람들 사이에서 발전되기 때문에, 정체성의 재협상이 일어나기 위해서는 이러한 관계망이 가장 적합하다(White, 1995).

모슬리 씨 가족과의 치료에서 가장 일어날 가능성이 큰 것과 관련해서 초점을 둘 일반적인 목표가 있다(White, 2007). 여기 포함되는 것들은 그들 삶에 대해 알려진 것에서 벗어나기, 그들의 삶과 정체성에 대해 알려질 것의 가능성으로 나아가기, 알려진 것과 알려질 수 있는 것 사이로 성공적으로 나아가기, 새로운 지식과 새로운 진전에 대한 지지를 모으기, 알려진 것에서부터 새롭고 가능한 것으로의 이동을 검토해 보기, 삶에서 가치를 부여한 것이 무엇인지 파악하기, 새로운 정체성과 일치하는 방향으로 삶을 형성하기 위해 취할 수 있는 단계가 무엇인지를 결정하기 시작하기다.

사례 축어록

메모: 이야기 대화의 유동적이고 즉흥적인 특징 때문에, 아래 주어진 축어록이 이야기치료 회기가 진행되어야 하는 혹은 진행되는 방법을 대표한다고 추측하는 것은 오해의 소지가 있다. 치료사들은 자신들이 연대기를 작성하고, 질문하고, 새로운 정보와 아이디어를 생산하는 '조사관'이라는 입장을 취한다. 그들은 경청을 하고 의도와 독특한 결과 및 새로운 가능성을 이끌어 내는 그들의 전문성이 대화를 형성하는 정도만큼 대화에 영향력을 끼친다. 사람들이 맥락 안에서 삶을 협상하는 방법에 대한 실천지도와 전제는 이러한 기술에 대한 필수 지침이다. 그러나 치료사가 가족을 위해 가족의 문제가 무엇인지, 문제가 어떻게 진단을 받는지, '잘 기능하는' 가족은 어떻게 보여야 하는지, 문제가 어떻게 다루어지는지를 결정하지 않는 정도만큼 치료사는 탈중심적인 위치에 있다. 대신에 치료사는 자신의 전문성과 내담자가 방금 말했던 것에 따라 각각 다르게 반응하는데, 내담자의 반응은 치료사가 말한 것과 자신의 지식에 따라 달라진다. 그러므로 다음에 보여 주는 대화가 새로운 정보나 아이디어가 있으면 꽤 다르게 진행될 수 있지만, 다음 축어록은 한 가지 가능성을 나타낸다.

스티븐, 미란다, 코비가 첫 번째 회기의 참석에 흥미를 보였다.

치료사: 안녕하세요. 오늘은 한 시간 정도 면담을 할 겁니다. 여러분이 오늘 무슨 말을 나누고 싶으신지 듣고 싶어요.

미란다: 우리는 모두 코비에 대해 걱정하고 있어요. 코비는 최근에 학교에 가질 않고 집에서 불행하게 있어요.

치료사: '우리'라고 말씀하셨는데요, 어느 분을 지칭하시는 건가요?

미란다: 모두요. 제 생각에 저와 스티븐이 제일 걱정하고요. 하지만 코비의 동생들인 테레사와 브랜든도요. 그리고 제 어머니와 코비의 선생님들과 학교까지 모두요.

치료사: 학교 일이 어떻게 당신에게 골칫거리죠?

치료사는 행위의 조망에서 구체적이고 경험에 가까운 사건에 초점을 맞추며 문제에 대한 가족의 관점을 탐색한다.

미란다: 저는 코비가 걱정돼요.

치료사: 무엇이 걱정되시나요?

미란다: 코비가 자기 인생을 망치고 있는 게 아닐까 하고요. 코비는 똑똑한 아이이고, 코비가 만약 집중을 한다면 아주 좋은 삶을 살 수 있어요. 부모로서 아이가 위기에 빠져 있는 것은 무서운 일이죠.

치료사: 스티븐 씨, 이에 대해서 어떻게 생각하시나요?

스티븐: 동의합니다. 코비는 살면서 어떤 일을 원하든지 그렇게 할 수 있어요. 하지만 어떤 이유에선지 그것을 버리고 싶어 하죠.

치료사: 코비가 어떤 것을 버리고 있나요?

스티븐: 좋은 직장, 행복한 삶, 쉬운 삶, 그리고 친구들, 가족과의 좋은 관계요.

이 질문을 통해 스티븐의 선호하는 결과에 대해 어렴풋이 알 수 있다.

메모: 몇몇 이야기치료사는 문제를 제외하고 코비가 무엇을 좋아하는지, 친구들은 어떤지, 좋아하는 활동은 무엇인지, 영웅과 아이돌은 누구인지, 무엇을 하기를 좋아

하는지, 미래에 어떤 계획을 가지고 있는지, 미래에 어떤 사람이 되고 싶은지 등 코비의 일상생활에 대한 이야기를 코비와 함으로써 대화를 시작할 것이다. 이는 코비와 가족에게 독특한 결과를 개발하고 코비에 대한 묘사의 총체화를 방지하며 코비에게 문제보다 많은 것이 있다는 것을 상기시켜 주는 것과 미래에 대한 희망을 제시하기 위해 행해진다. 또 다른 치료사들은 다음과 같이 진행하며 문제에 대해 이야기하고 싶어 하는 가족의 소망을 존중할 수도 있다.

치료사: 코비, 어머니와 아버지에게 이야기를 조금 들었는데, 그것에 대해서 너에게 질문을 조금 해 봐도 괜찮겠니?

코 비: 괜찮아요.

치료사: 너의 고민거리는 무엇이니?

코 비: 엄마와 아빠가 이 모든 일에 대해 너무 과도하게 일을 진행하신 거요.

치료사: 너무 과도하게 진행하였다고? 어떤 면에서?

코 비: 부모님께서는 항상 저를 신경 쓰세요.

치료사: 부모님께 어떤 것을 바라니?

코 비: 신경 쓰지 마시고 저를 혼자 내버려 두는 거요.

치료사: 학교와 부모님과 관련해서 이런 일들을 경험하는 것이 너에게는 어떻게 다가왔니?

코 비: 좋지 않아요.

치료사: 만약 이 경험에 대해 이름을 붙인다면 어떻게 부르겠니?

이는 문제에 대해 이름을 붙이는 외재화 대화의 시작이다.

코 비: 글쎄요, 부모님은 요즘 매우 초조해하고 있어요.

치료사: 그래서 너는 이것을 초조라고 부르겠니?

코 비: 아마 아니에요. 아마도 불안요.

치료사: 불안?

코 비: 네.

치료사: 그것에 대해서 어머니와 아버지에게 여쭤 봐도 괜찮겠니?

코 비: 괜찮아요.

치료사: 코비는 이 상황이 불안이라는 것을 상기시킨다고 했는데, 어떻게 생각하시나요?

미란다: 맞는 것 같아요.

스티븐: 네.

치료사: 그렇군요. 모두에게 불안에 휩싸인 집에서 지내는 것이 어떻게 다가왔나요?

치료사는 외재화 대화를 위한 입장진술 지도의 첫 번째와 두 번째 단계에서 작업을 한다. 이는 구체적이고 경험에 가까운 문제 정의를 협상하고, 문제의 영향에 대한 토론에 가까워지는 대화의 시작이다.

미란다: 압도되었죠.

치료사: 네.

스티븐: 좋지 않았어요. 우리는 더 이상 서로와 함께 있는 것이 즐겁지 않은 것 같았어요. 대부분 짜증을 내고 소리를 질렀죠.

치료사: 코비, 불안과 그렇게 가까이 지내는 것이 너에게는 어땠니?

코 비: 부모님과 함께 있고 싶지 않아졌어요.

치료사: 불안은 네가 무엇을 하게 만드니?

코 비: 부모님과의 연결을 끊어 버리게 만들죠.

이야기치료사는 정기적으로 그들이 내담자의 몇몇 단어를 그대로 선택해서 내담자의 이야기에 '풍부함'을 더하도록 다시 말하는 '편집'에 관여한다. 이러한 선택은 무작위로 하지 않으며 치료사의 실천 지도 사용을 기반으로 한다. 치료사는 여기서 내담자가 묘사하는 문제의 경험에 대해 이끌어 내어, 후에 문제의 영향에 대해 질문을 하고 내담자가 그 영향에서 입장을 취하도록 하는 근거를 갖는다.

치료사: 부모님과의 연결을 끊는구나. 미란다 씨, 식구들이 이렇게 행동하도록 만드는 불안의 특징에 대해서 어떻게 생각하시나요? 미란다 씨 같은 가족이 압도되고 불만스러운 경험을 하도록 만든, 코비의 경우에는 연결을 끊어 버리게 한 불안에 대해서 뭐라고 말하시겠어요?

미란다: 저는 아주 나쁜 불안이라고 말하겠어요.

스티븐: 네. 우리를 신경 쓰지 않은 것이요.

치료사: 코비, 너는 어떻게 말하겠니?

코 비: 꽤 나쁜 것이라고요.

치료사: 코비, 불안이 너와 학교의 관계에 영향을 끼쳤는지 궁금하구나.

코 비: 글쎄요, 저는 학교에 가고 싶지 않아요.

치료사는 문제의 활동들에 대한 영향을 그려 보는 입장진술 지도의 두 번째 단계로 진행한다.

치료사: 불안이 네가 학교에 가고 싶지 않게 만들었구나. 조금 더 자세히 말해 줄 수 있겠니?

코 비: 잘 모르겠어요. 그냥 가고 싶지 않아요.

치료사: 네가 학교에 가고 싶지 않아 하는 것, 그리고 너와 학교 사이를 단절하게 한 불안이 언제 네 삶에 들어왔니?

코 비: 몇 달 전이요.

치료사: 몇 달 전에는 학교 가는 것이 괜찮았니? 너는 어떤 것들이 재미있었니?

코 비: 제 생각에는 괜찮았던 것 같아요. 수업들도 나쁘지 않았고 몇 친구를 보는 것도 좋아했어요.

치료사: 그렇다면 불안이 방해하기 전까진 학교가 괜찮았고 학교 친구들을 보는 것을 좋아했구나. 어떻게 불안이 너를 이긴다고 생각하니?

코 비: 잘 모르겠어요.

치료사: 불안이 너의 삶에 어떤 영향을 끼쳤는지 좀 더 알아봐도 괜찮겠니?

코 비: 네, 괜찮아요.

치료사: 불안이 너와 사람들의 관계에 어떤 것을 가져왔니?

코 비: 친구를 말씀하시는 건가요?

치료사: 친구는 네가 맺은 관계의 종류 중 하나이지. 불안이 어떻게 너와 친구들에게 영향을 미쳤니?

코　비: 우선, 저에게 친구들이 많진 않지만, 지금은 아무와도 만나지 않아요.

치료사: 그렇다면 불안이 너와 친구들을 단절시켰구나.

코　비: 아마도요.

치료사: 동생들과는 어떠니?

코　비: 지금 별로 좋지 않아요.

치료사: 그렇구나. 불안이 너에게 단절의 요소가 된 것 같구나.

메모: 이 대화는 코비가 단순히 반항적이거나 그의 삶에 마지못해 관여하는 것이 아니라는 것을 내포한다. 코비는 최근 연결이 있었다는 것과 연결했던 사람들이 있다는 과거가 있다. 곧 치료사는 만약 코비가 예전처럼의 연결과 현재처럼의 단절 중 어느 것을 선호하는지 물어볼 것이다.

치료사: 코비, 너의 부모님께서는 어떤지 궁금하구나. 미란다 씨, 불안이 당신의 삶에 영향을 끼쳤나요?

미란다: 글쎄요, 저는 지금 걱정을 더 많이 하고 있어요.

치료사: 걱정을 하고 계시군요. 어떤 면에서요?

미란다: 코비의 현재와 미래에 대해서 걱정을 해요.

치료사: 불안이 미란다 씨의 삶에 걱정을 가져왔나요?

미란다: 전 지금 직장에서 잘하고 있는 것 같지 않아요. 집중을 하기가 어려워요.

치료사: 그렇다면 불안이 집 밖의 직장에까지 영향을 끼치는군요?

미란다: 네.

치료사: 스티븐 씨는 어떠신가요?

스티븐: 어떤 면에서는 불안이 저와 미란다 사이에 끼어들었어요.

치료사: 불안이 두 분 사이에 끼어들었군요. 어떻게요?

스티븐: 너무 이 상황에 집중을 하고 있어요. 코비에게요. 우리는 통제하기 위해서 무엇인가를 해야 할 것만 같은 기분이 들어요. 그리고 이 상황에 대해서 서로 의견이 달라요. 요즘 조금 더 다투고 있어요.

치료사: 저는 이 불안이 부모로서 성공적인지 아닌지에 대해서 알려 주는지 궁금

하군요.

스티븐: 저는 요즘 제가 아버지로서 실패한 것만 같은 기분이 들어요. 이를 바로잡기 위해서 무언가를 해야만 해요.

치료사: 미란다 씨도 같으신가요? 불안이 미란다 씨가 부모로서 성공적이지 못했다는 기분이 들게 하나요?

미란다: 제가 코비를 실망시키고 있다는 기분도 들어요.

치료사: 미란다 씨도 그렇군요. 그것이 코비에게 다른 방법으로 관여하도록 하나요?

미란다: 물론이죠.

치료사: 그렇다면 불안이 두 분 각자 코비의 부모로서 조금 더 성공했다는 기분을 느끼기 위해 자기만의 방법으로 코비를 돌보게 했다는 것 같네요.

스티븐: 그런 것 같아요.

미란다: 저도요.

치료사: 코비, 너와 가족의 삶에 있는 불안이 부모님으로 하여금 지금 너에게 많이 관여하게 했다고 이해하는 것이 맞니? 그리고 이것이 너로 하여금 부모님이 물러서 주셨으면 하게 만든다는 것도?

치료사는 불안이 그들 각각의 삶에 영향을 미치는 방법을 이해하고, 이 영향들이 가족이 원하는 것이 아닐 것이라는 힌트를 얻는다. 치료사는 문제 활동들의 영향에 대한 평가가 이루어지는 입장진술 지도의 세 번째 단계에 진입한다.

코 비: 맞아요.

치료사: 그것이 너에게는 어땠니?

코 비: 짜증나요. 부모님은 항상 제 신경을 거슬리게 하시고 제가 무엇을 해야 하는지 말해 주시려고 해요.

치료사: 그러면 이것이 네가 좋아하는 것이니, 좋아하지 않는 것이니?

코 비: 좋아하지 않아요.

치료사: 네가 좋아하지 않는구나. 그럼 네가 좋아하지 않는다고 왜 말하지 않았니?

코 비: 부모님께서는 이것이 살기 아니면 죽기처럼 보이게 하세요. 제가 아무것

도 모르는 것처럼요. 전 검정고시를 보거나 학교에 돌아갈 수도 있어요. 세상의 종말이 아니라고요. 제가 알아서 할 수 있어요.

치료사: 그렇다면 네가 이 일을 알아서 할 수 있다는 것을 부모님이 알아주셨으면 한다고 이해하면 되니? 코비, 만약 불안이 앞으로 몇 년 동안 너와 관계를 유지하고 부모님이 책임을 만들고 너와는 단절하도록 이끈다면, 너는 어떻겠니?

코 비: 끔찍할 것 같아요. 부모님께서는 제 일을 언제나 신경 쓰시겠죠. 부모님이 항상 저에게 화가 나 있는 것이 너무 싫어요. 전 정말로 모두와 좋은 관계를 유지하고 싶어요.

이는 코비가 원하는 결과와 관련하여 하나의 가능성 있는 길을 탐색하게 한다.

치료사: 알았단다. 그렇다면 너는 불안과의 관계를 원하지 않는구나. 스티븐 씨와 미란다 씨는 어떠신가요? 불안이 여러분의 가족에 이렇게 가까이 있는 것이 어떠신가요?

미란다: 그것이 우리에게 하는 것이 역겨워요. 전 코비가 가족의 일원이 되고 학교에서 행복하길 바랍니다.

스티븐: 이것은 제가 바라는 삶이 아니에요.

치료사: 조금 더 자세히 말씀해 주시겠어요?

스티븐: 전 아들을 사랑해요. 아들이 절 사랑하는 것도 알고요. 코비가 동생들을 사랑하는 것도 압니다. 전 그것을 알기만 하기보다는 보고 싶어요.

치료사: 코비가 가족의 일원이 되고 학교에서 행복한 것이 왜 중요한 일인지 조금 더 알고 싶습니다.

치료사는 평가를 정당화하는, 외재화 대화의 입장진술 지도의 네 번째 단계에 진입했다.

스티븐: 우리는 좋은 가족이에요. 사랑스러운 가족이죠. 겉으로 아주 다정하거나 그런 것은 아니지만요. 하지만 현재 서로 재미있게 지내고 있지는 않아요.

치료사: 스티븐 씨에게 가족의 일원이라는 것은 재미있고 사랑스럽게 지내는 것을

의미하나요?

스티븐: 네. 서로가 가깝고, 신경 써 주고, 함께 있는 것이 즐거운 가족을 갖는 것이 삶에서 진정 중요한 것이죠.

미란다: 지난 몇 달 동안 아무도 진정된 기분을 느껴 보지 않았을 것 같아요.

치료사: 그러면 미란다 씨도 스티븐 씨의 의견에 동의하시나요? 미란다 씨가 원하는 가족이란 좋고, 사랑스럽고, 차분하고, 재미있는 것이라는 의견에요?

이는 이 가족이 원하는 결과를 알아보는 또 다른 질문이다.

미란다: 네!

치료사: 코비야, 왜 너는 불안과 이런 종류의 관계를 원하지 않니? 학교, 친구들 그리고 가족과 너를 단절시킨 관계이자 부모님으로부터 네가 원하는 것 이상의 관심을 갖게 해 준 이 관계 말이야.

코 비: 전 그냥 모든 게 진정되면 좋겠어요. 아마 가족이 이렇게까지 많이 싸운 적은 처음일 거예요. 전 이것을 더 이상 원하지 않아요.

치료사: 왜 그렇지?

코 비: 왜냐하면 전 평화를 원하니까요.

치료사: 그렇다면 너에게는 가족의 평화가 중요하구나. 맞니? 부모님께서 말씀하신 것처럼 좋고, 사랑스럽고, 차분하고, 재미있는 가족도 좋겠니? 아니면 너는 그냥 평화만을 원하니?

코 비: 아니요. 전 다 원해요. 특히 재미있는 가족이요!

(모두가 웃는다.)

치료사: 코비, 너는 불안이 네 삶에 들어온 것이 꽤 최근 일이라고 했단다. 그럼 네 가족에게 불안이 없고, 네가 더 연결되고, 더 많은 평화와 재미가 있던 적이 있니?

치료사는 재저작 대화를 발전시키는 절차를 시작한다. 이는 모슬리 씨 가족이 독특한 결과에 대해 이야기했던 것을 시작으로 일어난다.

스티븐: 미란다가 유산을 한 이래로 가족에 이 정도 불안이 있던 적은 없는 것 같아요.

미란다: 네, 우리에게 힘들었던 시간이었어요.

치료사: 그 힘들었던 시기 이후에 차분함, 사랑 그리고 재미를 다시 찾을 수 있으셨나요?

미란다: 네, 그랬던 것 같아요.

치료사: 기억하실 수 있는 다른 시기가 있나요?

미란다: 제 아버지가 몇 개월 전에 돌아가셨을 때요. 제가 유산을 했을 때처럼 행동했을 수도 있어요. 제 자신을 스스로 돌보지 못하는 거요. 하지만 그렇게는 하지 않았죠.

치료사: 어떻게 그런 일이 있으셨나요?

치료사는 사건에 대한 설명을 요청했는데, 이는 행위의 조망에 초점을 맞추는 질문이다.

미란다: 어느 날 스티븐이 저를 안아 주며 자기가 제 옆에 있다고 말해 주었고, 제가 무엇이 필요하든 자기에게 알려 달라고 했어요.

치료사: 스티븐 씨가 미란다 씨를 안아 주었고 미란다 씨 곁에 있다고 알려 주었군요. 이것이 스티븐 씨가 중요하게 여기는 것에 대해 미란다 씨에게 무엇을 시사했나요?

치료사는 행위의 조망에 있는 사건을 택해서 정체성의 조망에 있는 질문을 하여 의미를 탐색하고 있다.

미란다: 그가 절 사랑한다는 것이요. 그는 제가 그 상황에 대해 감정적일 수 있고 저 혼자만의 일 이상이라는 것을 안다는 것이요.

치료사: 그렇다면 스티븐 씨가 이렇게 미란다 씨에게 다가갔다는 것은 그가 다정함을 보여 줬다는 것인가요?

미란다: 네.

치료사: 이때가 스티븐 씨와 미란다 씨가 함께 불안에 맞서고 불안이 사랑과 관심을 앗아가도록 내버려 두지 않았던 시간이었나요?

미란다: 네.

치료사: 코비와 함께는 어떤가요?

이는 행위의 조망에 관한 질문으로, 가족구성원을 더 포함시키며 대안적인 부차적 줄거리를 확대하는 질문이다.

스티븐: 제가 그 질문에 대답할 수 있어요. 장인어른 에드워드가 암 판정을 받았을 때를 명확히 기억해요. 저희가 코비에게 말했을 때, 코비는 외할아버지 집에 가서 그냥 할아버지를 안아 드렸어요.

치료사: 코비가 할아버지를 안아 드렸군요. 코비에 대해서 스티븐 씨가 무엇을 알게 됐나요?

스티븐: 코비가 매우 사랑스러운 아이라는 걸요. 매우 다정하고요. 또 가족이 코비에게 중요하다는 것을요.

치료사: 할아버지와의 이 시기를 제외하고, 제가 코비에 대해서 이해할 수 있도록 코비에 대해서 말해 줄 수 있는 다른 이야기가 있나요? 어떻게 코비가 사랑스럽고 다정한 아이인 것을 알게 됐는지 말이에요.

치료사는 먼 과거에 초점을 두는 것을 통해 재저작 대화의 범위를 확대한다. 이 행위의 조망 질문을 통해 코비가 불안하지 않고, 단절되지 않고, 연결되어 있고, 또 사랑스러웠던 대안적인 부차적 줄거리를 의도적으로 더 깊이 탐색할 수 있다.

미란다: 코비의 남동생 브랜든은 자폐증이 있어요. 브랜든은 제대로 생활할 수 있는데, 보통 학급에 있고 정기적으로 학교에 가요. 하지만 어느 날 이웃의 몇 아이가 브랜든을 놀리고 있었어요. 코비가 나서서 그 아이들이 매우 성숙하지 못하고 나쁜 아이들이라고 말해 주었어요. 뭐 코비가 정확히 이 단어들을 사용한 것은 아니지만 무슨 말인지 아시겠지요. (코비가 순하게 웃는다.) 코비는 자랑스럽게도 그 아이들과 싸우려 한 것은 아니었어요. 그냥 그렇게 하면 안 된다고 말을 했을 뿐이에요. 어떤 면에서 코비는 어른처럼 행동했어요.

치료사: 코비가 한 이 행동을 어떻게 표현하시겠어요?

미란다: 아마도 보호요.

치료사: 코비, 너도 그 행동을 이렇게 표현하겠니, 아니면 다른 단어를 붙이겠니?

코 비: 물론이에요. 보호와 옳은 일을 하는 것이요.

치료사: 미란다 씨, 코비가 어린 남동생을 위해 한 보호하는 행동에 대해서 아시죠? 이것이 옳은 일을 하는 것에 관하여 코비가 무엇에 가치를 두는지 미란다 씨에게 무엇을 알려 주나요?

이 질문은 초점을 행위의 조망에서 정체성의 조망으로 이동시킨다.

미란다: 코비가 가족을 중요시한다는 거요. 코비가 옳은 일이 무엇인지 아는 것과 그것을 위해 행동한다는 것도요.

치료사: 두 분 중 어느 분이든 코비에 대해서, 코비의 보호와 가족을 사랑하는 것에 대해서 말씀해 주시고 싶은 다른 것이 있나요? 코비가 더 어렸을 때의 이야기여도 좋습니다. 두 분께서 코비에 대해서 알고 있다는 것을 확인해 주는 것이요.

스티븐: 글쎄요, 코비와 테레사가 밖에서 놀고 있다가 테레사가 그네에서 떨어졌던 때를 기억해요. 코비는 테레사에게 달려가 집까지 걸어오도록 도와주었어요. 테레사가 발목을 심하게 삐었기 때문에 걷는 것이 어려웠어요.

치료사: 여기서 이 이야기가 가족과 단절되고 신경을 쓰지 않는 사람에 대한 것이라고 들리지 않는 것은 저뿐인가요? 여러분께는 코비의 이 행동이 코비가 어떤 사람이라고 말해 주나요?

스티븐: 코비가 가족에 관심을 갖고 있는 좋은 사람이라는 것이요.

치료사: 코비, 네가 가족에 관심을 갖고 보호한다는 것을 증명하는 너의 행동에 대해서 많이 듣고 있구나. 우리가 너에 대해 배우고 있는 것과 관련해 최근에 어떤 일이 일어났니?

코 비: 제 남동생과 여동생에 대해서요?

치료사: 아마도.

코 비: 어, 학교에 테레사에 대해서 나쁜 말을 하고 다니는 남자아이들이 있었어요. 제가 그 아이들에게 조용히 하라고 했죠.

치료사: 부모님께서 이것을 관심을 갖고 보호하는 것이라고 얘기하셨는데, 너도 이것에 동의하니, 아니면 다른 표현이 더 적절하겠니?

코 비: 아마도 저는 '빅 브라더 되기'라고 표현할 것 같아요.

치료사: '빅 브라더 되기'라고. 스티븐 씨와 미란다 씨, 이것이 코비가 중요시하는 것에 대해서 무엇을 말해 준다고 생각하시나요?

미란다: 코비가 남동생과 여동생에 대해서 책임감을 느끼고 있다는 거요. 어린 동생들을 위해 좋은 것만 보려고 한다는 것도요.

스티븐: 그리고 코비가 옳은 일이 일어나도록 확실히 하려고 한다는 것도요.

치료사: 와. 코비, 관심과 보호에 대해서 많이 들어 보았구나. 빅 브라더가 되는 것에 대해서 말이야. 만약 네가 이 지식을 유지할 수 있다면, 미래에 어떤 일들이 가능해질 것 같니?

이것은 미래를 향한 행위의 조망 질문이다.

코 비: 아마도 테레사와 브랜든과의 좋은 관계요.

치료사: 만약 네가 동생들과 좋은 관계를 발전시킨다면, 이것은 어떤 단계가 되겠니? 관심, 보호, 빅 브라더 되기일까? 아니면 다른 것일까?

코 비: 아마도 빅 브라더 되기요.

치료사: 스티븐 씨와 미란다 씨, 만약 여러분이 코비의 행동이 빅 브라더 되기이고 그가 테레사와 브랜든과 좋은 관계를 발전시키는 것을 본다면, 이에 대한 코비의 목적과 관련하여 어떤 생각을 하게 될 것 같으십니까?

치료사는 가족과 함께 가까운 미래에 코비의 지향 상태에 대한 이해를 발전시킨다. 이는 코비가 스스로 그리고 가족으로부터 단절되어 있다는 코비에 관한 원래의 문제에 젖은 묘사에 대한 대안적인 부차적 줄거리가 된다.

미란다: 코비가 성숙하고 다른 사람에 대해 사랑스럽고 사려심이 있다는 거요.

스티븐: 또한 코비가 더 이상 단절되는 것을 원하지 않는다는 것도요.

치료사: 단절되지 않는 것이요?

스티븐: 맞아요. 코비가 연결되고 친밀한 가족을 갖기를 원하는 거요.

치료사: 저는 코비가 외할아버지인 에드워드와 매우 가까웠다는 것을 기억합니다. 그리고 에드워드 씨가 몇 개월 전 돌아가셨다는 것도요. 맞습니까? 코비, 너와 외할아버지가 가까웠니?

코 비: 네.

치료사: 할아버지는 네가 연결되었다는 것을 느낄 수 있도록 도와준 사람이었니? 이것을 확실히 느꼈던 때를 기억하니?

코 비: 네. 사실 그런 적이 꽤 많아요. 대부분 작은 일이에요. 기억하는 것 중 하나는 할아버지의 작은 보트에 앉아 강 낚시를 할 때예요. 저는 벌레를 후크에 끼우는 것을 어려워했고 할아버지는 저에게 어떻게 매듭을 짓는지 알려 주셨죠. 저는 이제 벌레들을 라인에 맞춰 잘 끼울 수 있어요.

치료사: 할아버지께서 너를 소중하게 여겼던 것은 무엇이라고 생각하니?

치료사는 회원재구성 대화의 일환으로 치료 회기에 에드워드의 목소리를 끌어들인다.

코 비: 제가 할아버지의 곁에 있었다는 점이요.

치료사: 네가 그랬던 시간을 기억하니?

코 비: 제 생각에 가장 컸던 건 할아버지가 암에 걸리셨다는 것을 알았을 때예요. 할아버지와 놀고 어울리곤 했지만, 할아버지가 더 이상 어떤 일도 하시고 싶지 않았기 때문에 곁에만 있어 드리는 것이 크게 상관이 없었어요. 할아버지가 그것을 좋아하셨다고 확신해요.

치료사: 할아버지는 어떤 일을 하기 위한 에너지가 많이 없으셨을 때도 네가 할아버지 곁에 있었던 것을 좋아하셨구나. 그렇다면 할아버지가 너에게서 최근 네 부모님께서는 보지 못하셨을 수도 있는 어떤 것을 보셨을 것 같니?

코 비: 우리가 그냥 서로에게 서로일 수 있는 것이요. 우리가 긴장을 풀고 서로 함께 있다는 것을 즐겼다는 것도요.

치료사: 만약 네가 할아버지의 눈으로 너를 바라볼 수 있다면, 너에 대해서 네가 지금 알아채지 못하는 어떤 것을 알아채실 것 같니?

코 비: 아마도 제가 매우 다정한 사람이라는 것이요. 제가 사람들 주위에 있는 것을 좋아한다는 것이요.

치료사: 할아버지의 눈을 통해서 네가 사람들 주위에 있는 것을 좋아한다는 것을 안다는 것이구나. 알았다. 너 자신을 이렇게 인정하는 것이 너에게 어떤 차이가 있니?

치료사는 코비의 정체성과 할아버지가 코비의 삶에 어떤 영향을 끼쳤는지를 할아버지의 눈으로써 경험하게 함으로써 회원재구성 질문을 시작한다.

코 비: 아마 저는 그렇게 쌀쌀맞지 않을 거예요.

치료사: 쌀쌀맞다고? 어떤 면에서?

코 비: 아마도 대부분 가족에게나 친구들에게요. 제 남동생과 여동생에게요. 제가 동생들과 좀 더 연결되겠죠. 그리고 제 부모님에게도요. 부모님께서는 저에 대해 너무 걱정하시는 것을 멈출 수도 있어요. 그리고 전 아마도 학교와 더 연결되겠죠.

치료사: 네가 학교와 좀 더 연결될 것이라고. 그에 대해서 조금 더 얘기해 줄 수 있니?

코 비: 저는 할아버지와 있을 때 온전한 기분이 들었어요. 지금은 그런 것이 느껴지지 않아요. 그리고 어떤 이유에서인지, 학교는 제가 있을 공간이 아니라고 느껴져요.

치료사: 그렇다면 네가 좀 더 적응을 할 것이라는 거구나. 가족과 집에서? 그리고 학교에서?

코 비: 네.

치료사: 너와 이런 관계를 가지는 것이 할아버지에게는 어땠을 것 같니?

치료사는 회원재구성 대화 질문의 두 번째 단계를 도입한다. 이는 코비가 할아버지의 삶에 어떤 영향을 끼쳤는가다.

코 비: 제 생각에는 할아버지가 좋아하셨던 것 같아요.

치료사: 그래? 그게 할아버지의 삶에 무엇을 가져왔을 것 같니?

코 비: 제 생각에 할아버지는 제가 그랬던 것처럼 저와 함께 있을 때 편안함을 느

끼셨던 것 같아요.

치료사: 그렇다면 네가 할아버지에게 어떤 편안함을 가져온 것이구나. 다른 것은?

코 비: 할아버지는 저와 연결되는 것을 좋아하셨던 것 같아요.

치료사: 나는 네가 할아버지가 암에 걸렸다는 것을 알았을 때 그를 안아 드렸다고 들었단다. 그것이 할아버지에게 중요했을 것 같니?

코 비: 네.

치료사: 그것은 네가 알고 있는 것이니? 네가 할아버지와 시간을 보내고, 아프실 때 안아 드리고, 할아버지가 네게 가르침을 준 것을 알려 드림으로써 할아버지를 위해 중요한 일을 했다는 것을? 할아버지가 네게 많은 것을 해 주신 것처럼 너도 할아버지에게 많은 것을 해 드렸다는 것을 말이야.

코 비: (잠시 조용히 있는다.) 그렇게는 생각해 본 적이 없어요. 네.

치료사: 네 생각에는 이것이 할아버지가 어떤 사람이었다는 것을 말하는 것 같니?

코 비: 할아버지가 저처럼 친절하셨다는 거요. 부드러운 분이셨어요. 할아버지는 사람이 많은 것을 좋아하지 않으셨고 우리 관계처럼 그냥 일대일을 정말 좋아하셨어요.

치료사: 그럼 이것은 할아버지가 무엇을 가치 있게 여겼는지에 대해 너에게 무엇을 알려 주니?

코 비: 할아버지께서 가까운 관계를 중요시하셨다는 거요.

치료사: 할아버지와 너 둘 다 가까운 관계를 중요시하는 것처럼 보이는구나. 맞니?

코 비: 네.

치료사: 좋습니다. 저는 오늘 가족이 불안에 어떻게 압도되었고 어떻게 그것이 여러분을 차분하지 못하고, 단절시키고, 재미없게 하고, 서로의 다정함과 사랑을 보지 못하게 하는지에 대해 들었습니다. 그리고 코비에게는 불안이 자기가 원하지 않는 방향으로 부모님이 관여하게 만들었던 방법에 대해서도요. 하지만 여러분은 불안이 여러분에게 그렇게 들러붙어 있지 못하게 했던 시간에 가족이 어떠했는지도 말씀하셨죠. 저는 코비가 과거에 동생

들과 외할아버지에게 어떻게 보호적이고, 옳은 일을 하고, 빅 브라더가 되고 그리고 연결되어 있는지를 보여 주는 것을 매우 흥미롭게 봤습니다. 저는 최근에 불안과 불안의 영향을 다루고자 하는 비슷한 가족을 상담했습니다. 여러분이 이야기해 주신 몇 사례에서처럼 그 가족분들도 불안에 저항할 수 있었습니다. 저는 만약 그 가족분들을 상담에 초대하여 여러분이 하는 일에 대한 그분들의 반영에 대해 배워 보는 것에 관심이 있는지 궁금합니다. 그분들은 일면경 뒤의 다른 방에서 우리의 대화를 들으며 앉아 있을 겁니다. 그다음에 방을 바꾸어서 우리가 그분들의 대화에 대해 이야기할 것입니다.

치료사는 다음 회기에서 모슬리 씨 가족이 정의예식에 참여할 기회를 제공한다.

코 비: 그건 이상하게 들리는데요.

치료사: 그래요, 아마 조금 이상할지도 몰라요. 하지만 저는 이러한 종류의 대화가 굉장히 도움 되었던 가족들을 만나 봤습니다. 이것은 여러분이 흥미를 가질 만한 일 같지 않으세요?

미란다: 네, 저희를 도울 수 있다면요.

스티븐: 네.

치료사: 코비, 이상하다는 것 외에 이에 대한 너의 생각은 어떠니?

코 비: 좀 그런 것 같아요.

치료사: 아무도 지금 결정하지 않으셔도 됩니다. 생각해 보시고 전화를 주셔서 만약 다른 회기를 잡고 싶으신지에 대해 알려 주세요. 만약 그러시다면, 만약 여러분이 다른 가족이 함께하는 것에 대해 관심이 있으시다면요. 오늘 모두와 만나게 되어 반가웠다고 말씀드리고 싶습니다.

Chapter **12**

사례개념화의 진화

크리스토퍼 버넷 · 마이클 리터
(Cristopher Burnett & Michael D. Reiter)

앞의 장들에서는 문제를 가진 가족—모슬리 씨 가족—을 개념화하는 방법을 제공했다. 그래서 아홉 가지 상이한 가족치료 이론의 실천가들은 가족이 문제를 어떻게 발전시켰고 유지시켰는지, 치료사는 가족이 변화하도록 돕기 위해 가족체계에 어떻게 개입할 것인지를 이해할 수 있었다. 각 이론에는 이 책에서 제시하지 않았지만 치료사가 가족 문제를 개념화하는 더 많은 방법이 있고, 치료사가 사용할 수 있는 더 많은 개입 방법이 있다. 독자 여러분이 이들 이론을 좀 더 깊이 살펴보고 실천 현장에서 작업하는 가족에게 각 이론의 아이디어들을 적용할 수 있기를 바란다. 모슬리 씨 가족 혹은 치료에 온 다른 가족을 이해하는 데 사용할 수 있는 많은 다른 모델도 있다.

치료사는 인간으로서, 이론가로서, 임상가로서 성장하지 않는다면 침체되기 쉬울 것이다. 1장에서 치료는 내담자가 반응할 수 있는 선택의 폭을 높이는 데 초점을 둔다는 전제를 제시했다. 그렇게 하기 위해서는 치료사가 늘 자신의 반응 선택을 증가시킬 필요가 있다. 치료사가 실제 개입을 할 때 이론적인 아이디어와 기법이 많을수록 가족을 돕기 위한 선택권이 더 많아진다.

이 장은 치료사들이 사례개념화를 계속해서 발전시킬 수 있는 방법을 탐색한다. 시간이 흐르면서 각 치료 모델이 어떻게 변화했는지에 대한 설명으로 시작한다. 이론 개발자가 더 이상 치료를 실천하고 있지 않다고 하더라도, 다른 실천가들이 해당 접근을 더 많이 탐구해 왔다. 그다음에 이 장은 치료사들이 모델의 통합에 개입하는 방법을 적극적으로 배울 수 있는 방법으로 초점을 바꾸어서, 두 개 이상의 이론이 가진 아이디어와 기법을 어떻게 공동으로 사용할 수 있는지 살펴본다. 끝으로, 이 장은 가족치료 분야에서 최근 발전된 몇 가지를 탐색하는 것으로 마무리한다. 가족치료사는 이 분야의 흐름을 따라갈 필요가 있고, 계속 적용되고 발전되고 있는 최신 지식과 기법을 이용할 필요가 있다.

모델의 진화

가족은 정적인 실체가 아니다. 가족은 시간이 지남에 따라 변화하며, 발달단계에 들어가기도 하고 나가기도 하며, 새로운 구성원이 가족체계에 들어오기도 하고 나가기도 한다. 가족은 실직, 이사, 경제 등 외부세계의 영향을 받는다. 특정 시점에서의 가족은 또 다른 시점에서의 가족과 똑같지 않다. 가족치료이론은 똑같은 것이 사실이다. 더 많은 정보가 치료환경에 들어감에 따라 사람과 가족이 기능하는 방식에 대한 이론 개발자의 이해가 높아지고, 이것이 반영되어 이론이 변화한다. 결과적으로 가족치료사는 자신의 성장, 가족치료 분야의 지도자들의 성장, 그들 이후에 등장했던 사람들을 기초로 해서 가족에 대한 사례개념화에 적응할 수 있어야 한다.

이 책은 아홉 가지 상이한 가족치료 모델을 다루었다. 그러나 이러한 서술은 모델들이 어떤 길을 걸어왔고, 어디로부터 왔는지에 대해서는 아주 짤막하게 다루는 수준이었다. 1장은 각 접근이 어떻게 발전되었는지를 아주 간략히 개괄했다. 시간이 지나면서 개발자의 기술과 경험이 성장하였고, 또 다른 사람들이 각 모델은 어떤 영역에 어떻게 적용될 수 있는지 탐색함에 따라, 각 이론(그리고 심리치료의 모든 이론)은 일반적인 관점에서 변화되었다. 몇 가지 변화는 기법이 추가된 것처럼 감지하기 힘든 것도 있고(예: 해결중심 단기치료에서 기적질문이 치료 기법으로 포함됨), 반면 또 다른 변화는 보다 더 극적으로 이루어졌다. 이 절에서는 구조적 가족치료와 밀란 체계적 가족치료의 두 모델이 가장 급격한 변화를 어떻게 겪어 왔는지 설명한다. 이 두 모델의 진화가 간략히 다루어질 것이다. 이 두 모델과 다른 모델들이 어떻게 성장하였고, 어디로 더 발전할 수 있는지에 대해서는 찾아보기 바란다.

구조적 가족치료

구조적 모델은 수년에 걸쳐 변화해 왔다. 주된 이유는 창시자인 살바도르 미누친(Salvadore Minuchin)의 변화 때문이다. 미누친은 치료사로서 덜 직면적인 자세를 취하게 되었고, 지금은 더 부드러운 양식을 사용하는데, 이는 가족을 대상으로 작업하는 그의 최근 접근에 잘 드러나 있다. 미누친은 이 과정을 다음과 같이 설명했다. "치료사의 스타일은 한 인간으로서, 전문가로서 발전함에 따라 변화하며, 시대에 발맞추어서도 변화한다."(Minuchin, Nichols, & Lee, 2007, p. 5) 치료사들은 나이가 들어 가면서 세상과 새로운 방식을 접촉하게 되며, 이는 가족에게 일어나는 것이 무엇이고 또 변화를 위하여 어떤 일이 일어나야 하는지에 대한 그들의 방식에 영향을 준다. 또한 치료사들은 시간이 지남에 따라 상담실에서 스스로 입장을 취하는 더 많은 방식을 배운다.

치료사인 살바도르 미누친이라는 사람이 변했을 뿐 아니라, 구조적 모델 또한 진화해 왔다. 현재 구조적 접근은 가족사정의 4단계 모델을 포함한다(Minuchin, Lee, & Simon, 2006; Minuchin, Nichols, & Lee, 2007). 이 모델은 미누친이 전 세계를 돌며 열었던 이틀간의 워크숍 개최 도시에 도착해 사례가족을 면담하면서 발전되었다. 그는 녹화테이프를 편집해서 워크숍 첫날에 보여 주곤 했다. 이튿날 그는 가족을 현장에서 면담하고, 청중은 다른 방에서 그 장면을 보았다.

새로운 구조적 4단계 모델은 가족이 현재 어디에 위치해 있고 어디로 가기를 원하는지 사정하기 위해 그리고 그곳으로 어떻게 가는지 그 방법을 개발하기 위해 고안되었다. 4단계는 호소 문제를 드러내기, 문제를 지속시키는 상호작용을 부각하기, 가족구조에 초점을 두어 과거를 탐색하기, 대안적인 관계방식을 모색하기로 이루어진다.

첫 번째 단계인 호소 문제를 드러내기는 IP에 대한 가족의 개념화를 해체하기 위해 시도한다. 가족은 대개 문제에 대해 특정 인식을 가지고 치료에 오는데, 주로 한 사람이 가족 스트레스의 원인이라고 인식한다. 구조적 치료사는 이러한 시각에 도전하고 증상이 얼마나 상호작용적인지에 초점을 둠으로써 치료를 시작한다. 치료사가 이 목표를 달성하기 위해 사용하는 몇 가지 기법은 IP가 얼마나 유능하고 다른 가족구성원들은 어려움을 어떻게 가지고 있는지 탐색하며, 또 다양한 시각에서 문제를 탐색하고, 증상을 재구성하고, IP가 더 큰 목소리를 내도록 하는 것이다.

두 번째 단계는 가족은 하나의 체계이며 가족의 모든 구성원은 문제를 유지시키는 데 있어서 담당하는 역할을 다룬다. 이 단계는 치료사의 돌봄을 필요로 한다. 왜냐하면 치료사는 가족구성원의 저항을 방지하려고 시도하면서 문제에서 자신의 역할에 대한 소유권을 받아들이도록 가족구성원들을 강제하기 때문이다. 이 단계의 의도는 가족구성원들이 증상에서 그들이 어떤 역할을 하였는지 보게 할 뿐 아니라, 더 중요하게는 가족에서 치유하는 역할을 할 수 있음을 보도록 하는 것이다.

세 번째 단계는 사람들의 과거, 특히 가족 내 어른들의 과거에 초점을 두며, 과거가 현재의 그들에게 어떤 영향을 미치는지에 초점을 둔다. 치료사는 어른들과 작업하여 과거가 현재의 자신에 대한 시각을 어떻게 제한하도록 만들었는지 부각시킨다. 어른들은 특정 인식의 틀을 발전시켜 왔던 맥락을 이해함으로써, 자신들은 누구이며 현재는 어떻게 다른지에 대해 더 폭넓은 렌즈를 더 잘 발전시킬 수 있을 것이다. 이 세 번째 단계는 두 번째 단계와 관련이 있는데, 세 번째 단계는 두 번째 단계의 초점이었던 체계적 패턴에 사람들이 왜 개입하는지 그 근거를 살펴보기 때문이다. 실제로 치료사는 가족구성원들에게 "현재 당신이 바라보는 관점을 어디에서 갖게 되었나요?"라고 질문한다.

네 번째 단계는 어떤 가족원이 기꺼이 변화하고자 하는지, 그리고 어떻게 그렇게 할 수 있는지 탐색한다. 이 시점에서 치료사와 가족은 가족이 맨 처음에 가져왔던 문제를 재정의할 수 있다. 바로 이 단계에서 사정이 변화 행동으로 바뀐다. 치료사는 누가 변화를 원하며 어떤 방향으로의 변화를 원하는지 파악하고자 하며, 그 목표로 나아가도록 독려한다. 만일 치료사가 나아가기를 원하지 않는 사람을 독려하면, 치료는 성공하지 못할 것이다.

구조적 가족치료의 이러한 진화는 완전한 점검이 아니라 원래의 기본 아이디어에서 한 단계 더 나아간 것이다. 가족조직의 원칙은 여전히 똑같아서 구조, 경계선, 동맹, 연합, 삼각관계를 포함한다(Minuchin, Nichols, & Lee, 2007). 합류, 실연, 경계선 만들기, 균형 깨기 같은 구조적 치료의 고전적 기법도 여전히 남아 있다. 아마 가장 큰 변화는 개인의 과거와 그것이 현재 어떠한 영향을 미치고 있는지에 대한 초점을 공식적으로 더 포함한 것이다. 이 측면이 구조적 접근의 초기에도 있었지만, 현재가 더 공식적으로 나타나 있다.

밀란 체계적 가족치료

밀란 모델도 초기에서부터 중요한 변화를 거듭해 왔다. 파라졸리(Palazzoli), 체친(Cecchin), 보스콜로(Boscolo), 프라타(Prata)는 모두 정신역동적 지향의 치료사로서 심리치료를 시작했다. 그들은 모두 MRI의 파울 바츠라비크(Paul Watzlawick)와 협력하였고, 전략적 모델의 아이디어를 채택하기 시작했다. 그들의 첫 번째 책인 『역설과 반대역설(Paradox and Counterparadox)』(1978a)은 가족을 개념화하고 가족과의 작업에 대해 매우 전략적 모델의 방법을 제공했다. 그레고리 베이트슨(Gregory Bateson, 1972)이 『마음의 생태학의 단계들(Steps to an Ecology of Mind)』을 출판했을 때, 밀란팀은 틀어박혀서 베이트슨의 아이디어와 일치하는 접근을 개발하고자 시도하였다. 1980년 밀란팀은 두 집단으로 나뉘었고, 파라졸리와 프라타는 전략적 모델의 길을 더 많이 따라갔고 연구에 몰입했으며, 반면 체친과 보스콜로는 훈련에 집중하였다(Boscolo & Cecchin, 1982).

파라졸리는 불변의 처방이라는 전략적 개입을 계속해서 개발하였다(Palazzoli, Cirillo, Selvini, & Sorrentino, 1989). 이 처방은 나머지 가족원은 참여하지 않은 가운데 부모인 부부에게 주어진다. 치료사는 부모에게 치료 회기의 내용을 나머지 가족원에게 비밀로 하라고 지시한다. 그러고 나서 부모에게 저녁에 외출하기 시작하고, 나머지 가족원에게 외출한다는 메모를 남기며(그러나 어디 가는지는 말하지 말고), 집에 돌아와서 어디 갔다 왔는지 질문을 받으면 그건 우리 둘 사이의 문제니까 말하지 않을 것이라고 말하라고 말해 준다. 그다음 회기에서 부부는 더 자주, 더 오랜 시간 동안 외출하라는 요구를 받는다. 이 개입은 문제가 되는 연합(가족게임이라고 함)을 깨기 위한 것으로, 부부가 적절한 위계와 가족의 기능으로 돌아가도록 하기 위해 설계된다.

보스콜로와 체친은 전략적이기보다 더욱 체계적인 접근을 개발했다. 그들의 생각은 더욱 밀란 스타일의 치료를 개발하고자 했던 실천가들로부터 더 많이 나왔다. 보스콜로와 체친은 가족에게 공식적인 지시를 제공하지 않고 대신에 질문, 특히 순환질문을 주요 치료적 개입으로 사용하는 이미 개발 중이던 실천 방식을 추진했다(Boscolo, Cecchin, Hoffman, & Penn, 1987). 그들은 또한 치료사 혹은 공동치료사가 가족과 작업하도록 하는 치료사 훈련을 강조하였는데, 한 팀은 회기를 관찰하고 치료사에게 피드백을 제공하고, 그다음에 두 번째 팀은 치료사와의 첫 번째 팀의 과정을 관찰하고 그 상호교류에 대한 피드백을 제공하도록 했다.

파라졸리와 프라타가 보스콜로와 체친과 차이가 있는 몇 가지 주된 방식은 병리를 정상화하였고, 다중의 가족에게 동일한 개입을 사용하였으며, 전략적 개입의 사용을 계속하였다는 점이다. 보스콜로와 체친은 병리의 정상화를 거부했고, 공식적인 개입에서 벗어났으며, 차이를 가져오기 위해 순환질문을 사용했고, 가족에 대하여 더욱 다원적이고 융통성 있는 입장을 취했다(Tomm, 1984).

모델의 통합

가족치료 분야가 처음 발전하기 시작하였을 때, 가족치료의 창시자들이 상호 교류하면서 가족과의 작업에 대한 다양한 아이디어를 논의했다. 그렇게 해서 자신의 아이디어를 보완하기 위해 다른 사람들의 아이디어를 사용할 수 있었고, 또 누군가의 이론의 조각들을 통합할 수 있었다. 지식이 순환되도록 하는 것은 이 분야의 매우 중요한 면으로서, 그렇게 함으로써 특정 모델이 확산될 뿐 아니라 타 이론가와 치료사가 자기에게 맞는 아이디어를 취하고 조절할 수 있게 된다.

상담실에서 기법, 아이디어, 존재방식이 많을수록, 가족치료사는 가족과 작업할 때 마주치는 복잡한 상황에 더 잘 적응할 수 있다. 헤일리(Haley, 1987)는 그 어떤 모델도 모든 문제에 다 효과적이지는 못할 것이며, 그래서 치료사의 열쇠는 자발성과 융통성을 갖추는 것이라고 했다. 헤일리의 제안에 의하면, 치료사는 과거에 성공했던 것으로 밝혀진 기법과 이론을 계속 사용하는 한편, 새롭고 혁신적인 절차를 포함시켜야 한다. 그는 그렇게 하는 것이 성공적인 치료 결과로 가는 가장 큰 기회가 될 것이라고 믿었다. 가족치료 분야에서 일어난 새로운 많은 개입은 이 접근 저 접근의 혼합을 통해 일어난다.

가족치료 분야의 이러한 혼합과 성장은 차이에 대한 개방성을 통해 일어난다. 미누친은 아이디어 공유의 중요성을 다음과 같이 설명했다. "누구도 우리의 아이디어에 대한 독자적인 권한을 갖고 있다고 생각하지 않는다. 치료사의 아이디어가 좋으면, 그것은 이 분야에 주는 그의 선물로서 선택될 수 있다."(Minuchin, Nichols, & Lee, 2007, p. 5) 미누친이 아이디어를 빌려 왔다고 인정하는 사람들은 버지니아 사티어(Virginia Satir), 네이선 애커먼(Nathan Ackerman), 그레고리 베이트슨(Gregory Bateson), 제이 헤일리(Jay Haley), 칼 휘터커(Carl Whitaker), 머레이 보웬(Murray Bowen), 파울 바츨라비크(Paul Watzlawick), 페기 팹(Peggy Papp), 클로에 마다네스(Cloe Madanes), 밀란 그룹, 할린 앤더슨(Harrene Anderson), 해리 굴리시언(Harry

Goolishian), 마이클 화이트(Michael White)와 데이비드 엡스턴(David Epston), 스티브 드 세이저(Steve de Shazer)다. 이들 치료사의 이론과 기법은 현재 치료사로서 미누친은 누구이며 구조적 모델이 어떻게 발전하였는지에 영향을 주었다. 자신의 이해를 구축하는 데 도움을 받기 위해 아이디어를 빌려 오고 여러 다른 이론을 사용한 사람은 미누친 혼자만이 아니다. 이 책에서 다룬 이론과 기법의 창시자들 한 사람 한 사람은 아이디어를 기꺼이 나누고자 했던 타인들과의 협력과 연합을 통해 자신의 세계관을 발전시켰다. 사티어(Satir, 1986)는 다음과 같이 주장했다. "나 자신을 위하여 우리의 작업을 교환하고 함께 작업하는 것이 더 좋을 것이라고 느낀다. 왜냐하면 가족과의 작업은 세상의 신비를 헤아리기 위한 시작이라고 느끼기 때문이다."(p. 282)

가족치료의 통합

가족치료 분야는 더욱 통합하는 방향으로 나아가고 있는 것 같다(Lebow, 1997; Nichols, 2011). 그래서 여러 모델의 아이디어와 기법을 함께 사용하여 최상의 가능한 방법으로 가족을 돕고 있다. 특정 모델의 입장에서만 단독으로 실천하던 것이 변화해 왔던 것이다. 앞서 논의했듯이, 주요 가족치료 접근의 창시자들조차 서로에게서 배웠으며, 다른 접근의 기법과 아이디어를 통합하여 실천과 모델을 확장하였다. 스미스와 서던(Smith & Southern, 2005)은 대부분의 가족치료사가 가족과 작업할 때 다수의 기법과 이론을 사용한다고 말했다. 이 말이 맞겠지만, 체계적 방법으로 이루어진다는 것은 아닐 것이다(Gouze & Wendel, 2008).

하나의 이론만으로 충분할 수 있겠는가? 하나의 이론이 모든 가족을 대상으로 작업하지 못한다는 것은 그 이론에 어떠한 결점이 있다는 뜻인가? 반드시 그렇지는 않다. 치료사들은 정체되어 있기를 바라지 않는다. 치료사들이 스스로를 발전시키지 못하고 자신의 접근을 발전시키지 못한다면, 상담실에서 작업할 때 중요한 생동감을 잃을 위험을 무릅쓰게 된다. 각 접근은 우리에게 가르쳐 주는 어떠한 점이 있다. 아마 한 모델의 원칙에 동의하지 않으면 또 다른 모델에 대한 신념을 강화한다. 그러나 앞서 논의하였듯이 치료사가 자기 그릇에 더 다양한 범주의 신념과 기법을 담고 있으면 더 융통성 있고 더 효과적일 것이다.

이론의 통합으로 나아가는 이러한 움직임은 많은 요인을 바탕으로 한다. 노크로스와 뉴먼(Norcross & Newman, 1992)은 심리치료 분야가 통합하도록 이끄는 여덟 가지 상호작용 요인(아직도 유효한 요인)을 제공했다. 이 요인들은 다양한 이론의 깊이, 단일 이론이 모든 내담자와 문제에 충분하지 않다는 이해, (보험과 관리의료에 대한) 경제적 기대, 문제중심 단기치료의 증가, 다양한 치료의 접촉과 실험의 증가, 이론의 효과성에서 차이의 부족, 성과 변량 연구 전반에 걸친 공통요인을 향한 움직임, 통합을 위한 전문적 네트워크 요인을 포함한다. 가족치료 분야는 통합적 접근으로 점점 더 나아가고 있고, 그래서 절충주의 혹은 통합이 중심이 되는 이론적 접근이 되고 있다. 초기 30~40년 동안 가족치료는 관점을 개발하고, 학습한 바를 상담실에 가져오고자 하는 실천가들을 바탕으로 해서 이루어졌다. 아직 개발되지 않은 모델은 치료사에게 예리한 렌즈를 제공할 것이고, 그 렌즈를 통해 내담자를 보고 치료적 도구상자에 넣을 더 많은 도구와 기법을 제공할 것이다. 이 모델들은 가족치료 분야뿐 아니라 애착이론, 동양적 실천, 철학, 신경과학 같은 다른 분야에서 비롯된 아이디어를 통합할 가능성이 클 것이다. 예를 들어, 마음챙김의 개념은 과거 10년 동안 심리치료 분야에서 가장 뜨거운 주제였다. 현재를 자각하고 현재에 존재한다는 개념은 치료사와 내담자 모두에게 적용되었고, 각자가 함께 어떻게 더 효과적으로 작업할 수 있는지에 적용되었다.

통합은 두 가지 이상의 접근방식들의 기법이 함께 사용될 때 일어난다(Lebow, 1997; Mahrer, 1989; Nichols, 2011). 더 엄격한 정의는 통합이 상이한 치료 철학을 가진 두 가지 접근의 구성요소들을 함께 쓸 때 일어난다는 것이다. 이것은 메타이론이 발전하는 것을 함의한다(Lebow, 1997). 통합은 더 구체적으로 다음과 같이 분류될 수 있다. 치료사가 다수의 접근으로부터 기법과 이론의 일부를 쓸 때를 **절충주의**(eclecticism)라고 한다. 이때 두 가지 이상의 모델이 임상 장면에 체계적이고 순서적으로 적용된다. 이러한 양식은 구체적 사례를 기초하여 작업하는 경향이 있으며, 특정 사례에 필요한 것에 맞는 것 같은 기법과 전략을 제공한다.

치료사는 또한 **선택적 차용**에 개입할 수 있는데, 이때 치료사는 한 가지 주요 모델에서 작업하고, 주요 모델에 맞는 또 다른 접근에서 아이디어를 빌린다. 대부분의 치료사가 이 양식에서 작업한다. 치료사들은 구체적으로 고안된 통합 모델을 개발할 수도 있다. 이것은 르보(Lebow)가 말한 메타이론과 비슷하다. **이론적 통합**은 새로운 심리치료 모델을 개발하기 위하여 두 가지 이상의 모델의 주요 개념을 조합한다.

통합은 공통요인 관점을 통해서도 볼 수 있다(Gold, 1996; Mahrer, 1989; Norcross & Newman, 1992). 공통요인 접근은 모든 심리치료 모델에 있는 핵심적인 치료요인을 찾고자 한다. 그러면 치료사들은 이러한 공통요인을 기초로 모델들을 통합할 수 있다. 공통요인 접근의 한 가지 모델은 1장에서 제시한 램버트(Lambert, 1992)의 성과연구 결과에 관한 내용에서 다루었다.

이 책은 치료사들이 새로운 이론적 모델을 개발하기 위하여 다수의 접근의 기술과 기법과 철학적 기초를 통합하기 위해 치료사들이 시도할 수 있는 모든 통합의 개념을 옹호한다. 치료에 관한 몇 가지 통합 모델이 가족치료 분야에서 개발되었다. 이러한 모델들은 한 가지 모델을 넘어서기 때문에, 여기서 논하지 않을 것이다.

통합의 한 가지 이유는 단 한 가지 모델을 사용함으로써 부여되는 제한점을 피하기 위해서다. 하나의 이론적 관점에 대한 치료사의 충성심은 내담자의 목표 달성을 방해할 수 있다(Duncan, Hubble, & Miller, 1997). 상호작용 지향적 개입은 치료사가 가족을 이해하고 그들과 상호작용하는 방식을 더 융통성 있게 할 수 있도록 한다. 모델 개발자들은 효과적인 치료사들이다. 왜냐하면 그들은 여러 가지 이론을 철저히 파악하고 있으며, 또 다양한 내담자에게 맞도록 충분히 융통성 있는 이론을 개발할 수 있기 때문이다(Blow, Sprenkle, & Davis, 2007). 이러한 생각은 게하트(Gehart, 2010)에 의해 다음과 같이 지지되었다. "당신이 한 가지 이론적 접근에 숙달하고 그 이론의 기초가 되는 철학적 가정에 대한 이해를 넓히면 다른 이론을 더

깊이 이해할 수 있다."(p. 139)

이 책은 아홉 가지 접근 각각에 대해 다소 순수한 설명을 하였다. 그러나 모든 이론의 실천가들은 어느 정도 통합을 사용해 왔다. 그래서 그들의 기법과 아이디어가 가족 문제 영역에 대한 더 깊은 이해를 위해 대안적 아이디어를 조합함에 따라 이 모델들은 더 많이 진화해 왔다. 아홉 가지 각 모델의 실천가들이 통합을 어떻게 하였는지에 대한 탐색은 이 책의 범위 밖이다. 여기서는 한 가지 모델, 즉 해결중심 단기치료가 통합에 어떻게 개입하였는지 보여 준다.

해결중심 단기치료가 내담자를 강점과 자원을 가진 사람으로 보는 철학을 가지고 있는 한, 다른 접근이나 기법과 쉽게 통합될 수 있다. 드 세이저 등(de Shazer et al., 2007)은 치료사의 전문가 입장에서 작업하기보다 내담자의 지각을 존중하는 기법이 해결중심 접근과 가장 잘 어울릴 것이라고 하였다.

해결중심 모델은 다세대 가족치료 기법(Kuehl, 1995), 이야기치료(Reiter, 2010b; Shilts & Reiter, 2000), 변화단계 모델(Kelch & Demmitt, 2010), 그리고 밀란 체계적 가족치료의 일부, 특히 순환질문 사용(Reiter & Shilts, 1998)과 통합되었다. 베이바치(Beyebach, 2009)는 다른 접근의 아이디어와 기법을 통합하는 동안에 해결중심 치료를 사용할 수 있는 방법에 대한 틀을 제시했다. 그와 동료들은 해결중심 접근을 사용함으로써 내담자와의 작업을 시작한다. 만일 그들이 내담자의 목표를 더 효과적으로 연결할 수 있음을 알게 되면, 비해결중심 기법을 도입한다. 하지만 그들은 여전히 해결중심 접근의 핵심 원칙을 지킨다고 말할 수 있다.

가족치료 분야의 새로운 발전

치료사들이 이론과 기법을 배우는 원천은 학부와 대학원 수업, 훈련, 워크숍과 학회, 책, 동료와의 대화 등으로 다양하다. 치료사의 성장과 교육은 치료 프로그램을 졸업하고, 자격증을 받고, 혹은 20년간의 임상실천을 함과 동시에 끝나는 것이 아니다. 치료사들이 직업을 갖고 있는 동안에는 새로운 지식을 계속해서 획득할 의무가 있다.

다음 절에서는 가족치료사들이 더 훌륭한 실천가가 되기 위해서 최신의 것을 따라야 할 몇 가지 영역을 간단히 서술한다. 첫 번째 부분은 치료사들이 가족치료 분야에서 새로운 접근에 대한 지식을 어떻게 유지할 수 있는지에 초점을 둔다. 앞서 자세히 다루었듯이, 다양한 이론에 대한 철저한 이해는 치료사가 자신의 주된 치료적 모델에 대해 더 풍부한 이해를 하게 할 뿐 아니라 새로운 아이디어 혹은 통합이 일어날 수 있도록 한다. 두 번째 부분은 지난 10년 동안 치료의 가장 영향력 있는 세 가지 측면을 다룬다. 즉, 치료의 공통요인, 부부가족치료 분야의 핵심역량의 발전, 마지막으로 증거기반 실천이 가족치료에 미쳤던 영향을 다룬다.

새로운 접근

치료사들이 가족치료 분야의 최신 아이디어와 경향에 정통하는 것은 내담자와의 실천을 더 잘하는 데 아주 중요하다. 이는 새로운 기법들, 특정 가족 형태(예: 군인 가족, 장애인 가족)에 관한 새로운 지식, 가족치료 분야의 새로운 접근방식의 형태가 될 수 있을 것이다. 부부가족치료의 최근 역사에 나타난 가장 중요한 접근 중 하나는 정서중심 치료다.

정서중심 치료 정서중심 치료(EFT)는 수전 존슨(Susan Johnson)과 레슬리 그린버그(Leslie Greenberg)가 개발하였고, 주로 부부를 대상으로 한다. 그러나 최근에 실천가들은 정서중심 치료의 원칙과 기법을 가족에 적용해 왔다. 정서중심이라고 부르는 이유는 "정서의 경험과 표현은 부부가 관계를 구성하는 방식의 중심이며, 관계를 변화시키는 과정에서 중심으로 여겨지기 때문이다"(Greenberg & Johnson, 1988, p. vii). 정서중심 치료는 커플에게 효과적인 것으로 밝혀진 증거기반 치료 모델이다.

정서중심 치료는 두 사람이 어떻게 상호작용하는지를 이해하기 위해 개인내적 기능과 대인 간 기능을 합하였다. 그린버그와 존슨(Greenberg & Johnson, 1988)은 정서중심 치료를 다음과 같이 정의했다. "정서중심 부부치료는 정서적인 체계론적 접근으로, 변화하는 상호작용 고리 그리고 그 고리를 유지하기도 하고 고리에 의해 유지되기도 하는 각 개인의 심리내적 경험을 변화시키는 것을 강조한다."(p. 29) 그래서 치료는 커플 두 사람의 내적 관계 경험뿐 아니라 내적 경험을 하게 하는 관계 맥락에 초점을 둔다.

이 접근은 경험적 및 체계론적 관점의 통합을 기반으로 한다(Greenberg & Johnson, 1988). 정서중심 치료는 게슈탈트 치료 그리고 MRI와 사티어의 경험적 치료 같은 체계론적 가족치료의 아이디어를 통합한다(Greenberg & Goldman, 2008). 또한 존 볼비(John Bowlby)의 애착이론 관점을 핵심적인 기초로 받아들인다. 정서중심 치료는 볼비가 개발했던 애착에 대한 몇 가지 중심 아이디어를 가지고 임상적 개입을 실행하고자 시도한다. 심리치료 분야는 최근 내담자와의 작업에서 애착이론의 중요성에 대해 큰 논쟁 중에 있다[이에 대한 더 자세한 내용은 Psychotherapy Networker 웹사이트(www. psychotherapynetworker.org)를 참조하라].

정서중심 치료는 네 가지 주요 원칙을 기반으로 한다. 첫째, 사람들은 과거의 정서적 경험에 부분적으로 기초하여 조직되어 있다. 이 경험은 현재의 사람들에게 일어나고 있다. 때로는 과거의 정서 경험이 현재 파트너에게 반응하고 파트너와 연결할 수 있는 능력을 차단한다. 정서중심 치료사는 현재 해결되지 못한 것을 파트너가 재경험하도록 시도한다. 둘째, 자신과 자신의 관계에 대한 이해는 대인관계에 대한 자신의 인식을 기반으로 한다는 아이디어에 초점을 둔다. 사람들이 자신이 누구고 다른 사람이 누구인지 이해하는 것은 그 사람을 보는 방식에 기반한다. 셋째, 사람들은 자신의 행동에 영향을 미치는 핵심 신념을 발전시킨다. 사람들이 발전시키는 이러한 대인관계 지각은 자신을 보는 방식에 영향을 미치는 더 큰 도식으로 이어진다. 넷째, 커플들은 특정 상호작용 패턴을 발전시키는데 이 패턴은 자연스럽게 계속된다. 문제를 가진 커플에게 이러한 상호작용 패턴은 문제를 지속시키는 과정을 계속하게 한다.

대부분의 다른 치료와 유사하게, 정서중심 치료는 지금–여기에 초점을 둔다(Johnson, 2004). 정서중심 치료를 기반으로 한 치료는 다음과 같은 9단계를 따른다(Greenberg & Johnson, 1988).

> ① 커플이 제시한 문제를 말하고, 이런 문제가 분리–연결 및 의존–독립의 영역에서 핵심 갈등을 어떻게 표현하는지 사정한다.
> ② 부정적 상호작용 고리(cycle)를 확인한다.
> ③ 상호작용 입장의 밑에 있는 인정받지 못한 감정을 사정한다.
> ④ 기저에 있는 감정의 측면에서 문제를 재정의한다.
> ⑤ 접촉하지 않은 자기의 욕구 및 측면을 확인하도록 촉진한다.
> ⑥ 각 파트너는 상대 파트너의 경험을 인정하도록 촉진한다.
> ⑦ 상호작용을 재구축하기 위해 욕구와 소망을 표현하도록 촉진한다.
> ⑧ 새로운 해결책의 발생을 확고히 한다.
> ⑨ 새로운 입장을 강화한다. (p. 66)

본질적으로 정서중심 치료사는 커플이 초점을 옮겨서 현재의 정서적 경험과 연결될 수 있도록 한다. 이는 커플들의 주요 정서적 경험(즉, 취약성과 두려움)을 자각하고 이에 접촉하게 함으로써 이루어진다. 그러면 파트너들은 이러한 경험을 서로 이야기한다. 호소 문제를 다루는 대신, 정서중심 치료사는 상호작용 과정에 초점을 둔다. 이것은 문제의 내용은 변할 수 있지만 커플들 간 개입의 과정은 아마 똑같을 것이기 때문이다. 치료 시 치료사는 커플들이 서로에게 개입하는 하나의 방법으로서 주요 정서를 사용하게 하여 커플들이 상호작용을 재구축하도록 돕는다.

정서중심 치료의 과정은 대개 세 가지 변화 과정, 즉 고리의 단계적 약화, 위축자 개입, 비난자 순화 과정을 따른다(Johnson, 2004). 고리의 단계적 약화는 커플의 상호작용 조직을 유지하지만, 파트너 한 사람이나 두 사람 모두 고리의 어떤 요소를 변화시키도록 하는 것이다. 위축자 개입은 더 많이 위축된 파트너가 더 많이 개입하게 되는 치료의 시점이다. 이는 위축된 파트너가 자신의 욕구나 소망을 더 쉽게 표현함으로써 이루어진다. 마지막 변화는 비난자 순화 과정으로, 이는 더 적극적인 배우자가 더 약해지고 자신의 애착 욕구를 표현할 때 발생한다. 이러한 변화들이 일단 일어나면, 커플은 어떻게 관계 맺고 연결되는지를 변화시키는 데 더 개방적이 된다.

정서중심 치료의 궁극적 목적은 커플이 긍정적인 정서적 유대를 발전시키도록 돕는 것이다(Johnson, 2004). 이는 정서적 경험의 재처리와 커플 간 상호작용의 재조직을 통해 이루어진다. 많은 연구는 정서중심 치료를 지지하며, 계속해서 더 많은 연구가 이루어지고 있고 또 정서중심 치료의 실행에 관해 더 많은 실험이 이루어지고 있다.

공통요인, 핵심역량, 증거기반 실천

공통요인 1장에서 논의하였듯이, 공통요인의 탐색은 심리치료에서 중요한 움직임이 이어 왔다. 치료의 공통요인에 대한 초점은 로젠즈위그(Rosenzweig, 1936)와 함께 시작되었지만, 지난 10~15년 동안 논쟁이 더 뜨거워졌다(Blow, Sprenkle, & Davis, 2007; Davis & Piercy, 2007a, 2007b; Duncan, Hubble, & Miller, 1997; Duncan, Miller, Wampold, & Hubble, 2010; Garfield, 1995; Lambert, 1992; Lambert & Ogles, 2004; Sexton, Ridley, & Kleiner, 2004; Sprenkle & Blow, 2004). 노크로스와 뉴먼(Norcross & Newman, 1992)은 이런 움직임의 중요성을 이렇게 말했다. "공통요인 접근법은 다양한 치료사가 일반적으로 공유하는 핵심 요소를 결정하고, 이러한 공통요인을 기초로 더 간결하고 효과적인 치료를 만드는 것을 궁극적인 목표로 한다."(p. 13)

이론가들과 교육자들은 한 모델이 다른 모델보다 더 효과적이지 않기 때문에 특정 모델을 가르치는 데 초점을 덜 맞추어야 한다고 주장했다. 그보다는 학생들에게 공통요인에 대해 가르치는 데 더 많은 시간을 할애해야 한다고 주장한다. 그러나 가족치료 분야는 학생들이 이론 기반에서부터 공통요인 기반으로 바꾸어 훈련시킬 만큼 공통요인에 대한 지식이 충분하지 않은 것 같다(Davis & Piercy, 2007a, 2007b). 이 연구자들은 프로그램 훈련은 계속해서 특정 모델을 가르치는 한편 특정 모델과 무관한 공통요인으로 이론들을 보완해야 한다고 제시한다.

심리치료는 약 1세기 정도 존재해 왔다. 하나의 전문분야로서 가족치료는 아마 50세 정도 된 것 같다. 실천가들은 여전히 치료가 무엇이며 어떻게 될 수 있는지에 대해 전체적인 감을 잡지 못한 채 내담자들과 작업할 때 무엇을 하는지에 대해 배우고 있다. 공통요인 관점은 부부가족치료사들이 임상실천에서 마주치는 맥락의 복잡성을 완전하게 설명하지 못한다(Sexton, Ridley, & Kleiner, 2004).

이론기반 교육 그리고 특정 모델과 무관한 공통요인 교육 사이의 논쟁은 '이것 아니면 저것(either/or)'의 전제를 포함할 필요가 없다. 사이먼(Simon, 2006)은 공통요인과 모델기반 요인은 상호 의존적이며 상호 강화하는 것으로 보았다. 학생들은 특정 모델뿐 아니라 모델들을 관통하는 핵심 요소가 무엇인지 배울 수 있다. 그렇게 하면 아마 치료사들은 가족 내에서 어떤 일이 일어나고 있는지를 개념화하는 방법 면에서 더 많은 융통성을 갖게 될 것이고, 그러면 치료 과정에서 가족에게 개입하는 방법 면에서 더 융통적이 될 수 있을 것이다. 실천가들은 모델들을 관통하는 치료의 공통요인에 대한 감을 잡아서 다양한 내담자와 문제의 범주에 대해 무엇을 할 것인가에 적응할 수 있어야 한다.

이 책은 가족치료에 초점을 두었다. 그러나 개인심리치료와 가족치료 분야는 치료 외적 요인, 기대요인, 모델/기법, 치료적 동맹 요인을 포함하여 동일한 공통요인을 많이 공유하고 있다. 그러나 이러한 것들만이 두 분야에 공통적인 요인이지는 않을 것이다. 허블, 던컨, 밀러와 웜폴드(Hubble, Duncan, Miller, & Wampold, 2010)는 치료사 요인 또한 공통요인 목록에 추가되어야 한다고 주장했다. 왜냐하면 어떤 치료사는 다른 치료사들보다 더 효과적인 것 같기 때문이다. 치료사로 인한 치료 성과의 변량은 아마 8~9%다(Wampold, 2005). 치료사들이 이러한 측면을 강화할 수 있는 방법은 더 자기성찰적이 되고, 무엇이 또 어떻게 하는 것이 도움이 되는지 내담자에게 물어보는 것이다.

개인치료와 가족치료가 중복되는 공통요인을 가지고 있지만, 부부가족치료는 몇 가지 고유한 공통요인을 갖는다(Sprenkle & Blow, 2004). 여기에는 관계적 개념화, 직접적인 치료체계의 확장, 치료적 동맹의 확장이 포함된다. 관계적 개념화는 치료사가 증상을 체계론적 렌즈를 통해 이해할 수 있을 때 일어난다. 생물학적 원인을 가진 증상도 관계적인 방식으로 사람들에게 영향을 미친다. 직접적인 치료체계의 확장은 치료사가 IP만이 아니라 여러 사람과 작업하는 것을 말한다. 거의 대부분의 가족치료 접근은 상담실에서 여러 사람과 작업한다. 때로 가족 중 한 사람만 치료에 참석해도(예: 내담자가 한 명이라면 보웬 치료 혹은 MRI 접근에서와 같이), 치료사는 여전히 체계론적으로 이해한다. 치료적 동맹의 확장은 치료사가 상담실에 있는 각 개인뿐 아니라 하위체계 및 전체 가족과 동맹을 맺을 필요가 있다는 점에서 가족치료사에게 중요하다.

가족치료사가 어떻게 그리고 얼마나 자주 공통요인을 사용하고 혹은 특정 이론을 기반으로 한 기법을 사용해야 하는지에 대한 논쟁이 있지만, 목표는 치료 시 가족을 위해 계속해서 효과적인 성과가 있어야 한다는 점이다. 공통요인과 특정 이론 기반 기법을 결합하여 건전한 실천을 위한 기초를 제공할 수 있다. 치료사가 치료를 행하기 위해 사용하는 치료가 무엇이든, 가장 중요한 것은 내담자의 성과다.

이 책에서 다룬 모든 접근은 매우 효과적일 수 있다. 이는 치료사가 모델을 얼마나 용이하게 사용할 수 있는지 그리고 상담실에서 자신을 어떻게 사용하는지에 달려 있다. 우리의 바람은 가족치료 연구자들이 계속해서 효과성의 기제가 무엇인지를 탐색하는 것이다. 그 기제가 치료사라는 사람이든, 이론의 고유한 기법이든, 이론이 공통요인을 활용하는 방식이든, 아직 확인되지 않은 다른 요인들이든, 혹은 그럴 가능성이 가장 큰 것으로 이 모든 요인의 조합이든 말이다.

핵심역량 지난 10여 년 동안 부부가족치료사를 위한 핵심역량의 소개는 이 분야에서 중요한 역할을 하였다. 핵심역량이란 치료사가 양질의 서비스에 개입하기 위해 필요한 특정 지식, 기술, 태도를 말한다(Sperry, 2010). 2004년 미국부부가족치료학회(American Association of Marriage and Family Therapy: AAMFT)는 이 분야를 위한 핵심역량을 개발했다. 이 문서는 여섯 가지 주요 영역과 다섯 가지 2차 영역을 포함하는 128개의 역량을 제시했다. 여섯 가지 주요 영역은 치료 접수, 임상적 사정과 진단, 치료계획과 사례관리, 치료적 개입, 법적 이슈와 윤리 및 기준, 연구와 프로그램 평가다. 다섯 가지 2차 영역은 부부가족치료사들이 발전시켜야 하는 개념적, 지각적, 실행적, 평가적, 전문적 기술 혹은 지식에 초점을 둔다.

최근에는 AAMFT가 발행한 역량 채택의 발전, 중요성, 함의에 관한 논의가 있었다(Chenail, 2009; Gehart, 2010, 2011; Miller, Todahl, & Platt, 2010; Nelson et al., 2007; Nelson & Graves, 2011). 이는 전문적인 심리학에서의 핵심역량을 향한 움직임과 맥을 같이한다(Kaslow, 2004; Kaslow et al., 2004). 치료사들과 치료조직은 다양한 범주의 내담자와 다양한 치료 맥락에서 작업하는 가족치료사들에게 기본이 되는 다양한 기술과 지식을 설명하기 위해 노력하고 있다.

어떤 치료 모델이 사용되는지와 상관없이, 치료사들은 모델을 더 효능적이고 효율적으로 실천하기 위해 치료 현장에서 역량을 개발할 필요가 있다. 동일한 이론적 지향을 가진 두 명의 치료사가 하나의 사례에 접근하더라도 가족치료의 핵심역량의 숙달 정도에 따라 매우 다른 결과를 가져올 수 있다. 말하자면 치료사들은 서로 다르게 효과를 낼 수 있다(Blow, Sprenkle, & Davis, 2007). 치료사들은 가족치료의 핵심역량의 숙달 수준을 높임으로써 특정 모델에 대한 자신의 숙달 수준을 향상시키기 위해 노력할 수 있다. 〈표 12-1〉은 기법과 이론의 이해에 특히 적합한 AAMFT(2004)의 핵심역량을 열거한 것이다.

치료사들은 핵심역량에 관해서 다양한 수준에 있을 뿐 아니라 이론을 활용하는 능력에 있어서도 차이가 있다(Betan & Binder, 2010). 치료사들이 가족치료 분야에서 경험을 쌓아 감에 따라(초보자에서 경험자로, 또 전문 치료사로 옮아 감에 따라), 대개 더 포괄적인 사례개념화를 할 수 있게 된다(Eells, Lombart, Kendjelic, Turner, &

〈표 12-1〉 미국부부가족치료학회(AAMFT) 핵심역량

1.1.1	개념적	부부가족치료의 실천을 위한 기본적인 체계론적 개념, 이론, 기법의 이해
1.1.2	개념적	개인, 부부, 커플, 가족, 집단 심리치료 이론과 기법의 이해
1.3.2	실행적	누가 어떤 구도로(예: 개인, 커플, 가족, 가족 외적 자원) 치료에 참석해야 하는지 결정
1.3.3.	실행적	치료에 온 모든 필요한 참석자의 치료적 개입을 촉진하기
2.2.3	지각적	관계 패턴, 제시된 문제에 대한 내담자들의 태도, 치료 외적 요인이 내담자 체계에 미친 영향에 관한 가설 세우기
2.2.4	지각적	치료가 치료 외적 관계에 미친 영향 고려하기
2.3.3	실행적	효과적인 체계론적 면담 기법과 전략 적용하기
2.3.6	실행적	가계도 혹은 다른 사정 도구를 사용하여 가족사와 가족 역동을 사정하기
2.4.2	평가적	문제와 치료 과정을 체계론적으로 볼 수 있는 능력을 사정하기
3.1.1	개념적	어떤 모델, 양식, 기법이 제시된 문제에 가장 효과적인지 알기
3.3.1	실행적	체계론적 관점을 활용하여 내담자와 함께 측정 가능한 성과, 치료 목표, 치료계획, 사후계획을 내담자의 의견을 받아서 발전시키기
3.3.2	실행적	치료 목표의 우선순위 정하기
3.3.3	실행적	치료 회기를 어떻게 진행해야 할 것인지에 관한 명확한 계획 세우기
3.3.9	실행적	치료의 종결과 사후계획 세우기
4.1.1	개념적	증거기반 치료와 문화적으로 민감한 접근들을 포함하여 다양한 개인치료 모델과 다양한 체계론적 치료 모델 및 그 적용을 이해하기
4.1.2	개념적	특정 치료 모델의 강점, 제한점, 반론점을 인식하기. 가족 역기능, 병리의 원인, 혹은 문화적 결핍에 대한 가정을 포함하는 특정 모델과 관련된 해로움의 위험을 포함하여 인식하기
4.2.1	지각적	다양한 기법이 치료 과정에 어떤 영향을 줄 수 있는지 인식하기
4.2.2	지각적	내용과 과정 이슈 간의 차이, 치료 시 그 이슈들의 역할, 치료 성과에 대한 그 이슈들의 잠재적 영향 식별하기
4.3.1	실행적	내담자의 욕구, 목표, 가치에 맞는 치료 양식과 기법 선택하기
4.3.10	실행적	치료 목표에 더 잘 맞추기 위해 잘 듣지 않는 개입을 수정하기

Lucas, 2005; Kendjelic & Eells, 2007; Ladany, Marotta, & Muse-Burke, 2001). 그렇게 되면 가족과 작업할 때 더 숙련되고 더 효과적이게 된다.

사례개념화의 전문가가 되기 위해서 치료사는 이론을 곱씹어 소화시켜야 한다(Betan & Binder, 2010). 이 과정의 목적은 "이론의 주요 개념, 병리에 대한 설명, 변화의 기제에 익숙해져서 고유한 임상적 맥락에 대해 생각하고 접근하는 방법을 자동적으로 하게 되는 것이다"(p. 144). 이렇게 되면 치료사가 이론을 자기의 존재방식으로 동화시킨다.

가족치료의 대학원 프로그램이 모델기반 요인 대 공통요인과 관련된 연속선상의 어디에서 학생들을 훈련시킬 것인지 결정해야 하는 것과 같이, 그들은 또한 가족치료 분야의 핵심역량을 어떻게 다루어야 하는지를 결정해야 한다. 넬슨과 스목(Nelson & Smock, 2005)은 부부가족치료 대학원 프로그램이 AAMFT가 개발한 핵심역량을 학생들이 갖추었음을 보장할 수 있도록 성과기반 교육에 초점을 두도록 권고했다. 이러한 핵심역량들은 어느 정도 심리치료의 공통요인들과 연결되어 있다. 그래서 훈련 프로그램들은 특정 접근의 지식과 치료의 더 일반적 측면 간에 균형을 어떻게 이룰 것인지 결정해야 한다.

핵심역량과 공통요인들은 치료사라는 사람의 맥락 밖에서 일어나지 않는다. 사이먼(Simon, 2006)은 대학원 훈련은 먼저 치료사 자신과 세계관에 초점을 두어야 한다고 제안했다. 한 모델의 효과성은 자신이 누구이며, 자신이 세상을 어떻게 보고, 자신이 사용하는 모델이 한 인간으로서 자신이 누구인지와 어떻게 일치하는지 성찰하는 데 시간을 들였던 치료사를 기반으로 한다.

부부가족치료 학생들이 이러한 기본적인 핵심역량을 갖추도록 하는 훈련의 변화는 대학원 교육의 변화를 요구할 수 있다. 게하트(Gehart, 2011)는 학습중심 접근과 성과기반 접근에 대한 교육학적 방법의 변화를 촉구했다. 치네일(Chenail, 2009)은 학생들의 학습에 대한 이러한 초점을 투명하게 의사소통하는 대학원 프로그램을 만들어서 이것이 이루어질 수 있는 방식을 설명했다. 그는 이러한 상황을 교수와 학생이 협동적인 공동촉진자가 되어 교수, 학생, 학습 성과 및 목표 간의 삼중관계에 들어가는 것으로 묘사한다. 성과기반 교육은 교육의 경로가 아니라 학습하였던 역량에 초점을 둔다. 이를 통해 학생들은 효과적인 실천가가 되는 데 도움이 될 기술과 지식을 철저하게 학습할 수 있다.

증거기반 실천 치료에서 치료사가 하고 있는 것이 효과적인지 어떻게 아는가? 이 질문에 대한 답은 아주 많다. 치료사가 회고하는 말, 상담 회기의 녹화 혹은 녹음 자료 검토, 혹은 효과성 결정을 위한 분류의 범주 갖기 등이 포함된다. 가족치료 분야는 증거기반 실천에 더 많은 초점을 두는 방향으로 나아가고 있다(Patterson, Miller, Carnes, & Wilson, 2004; Sprenkle, 2002, 2003). 이는 심리학, 사회복지, 정신의학 등 동일한 방향으로 이미 움직였던 다른 치료 분야에 대한 반응일 수 있다. 가족치료 분야는 치료에 도움이 되기 위한 증거기반 실천의 사용에서 타 관련 분야에 뒤지고 있지만, 그래도 따라잡으려고 노력하고 있다.

증거기반 실천을 향한 움직임은 관리의료 기관들이 치료사들에게 효과성을 입증하도록 요구하는 방법과 관련된다. 증거기반 실천은 특정 개입이 특정 내담자의 문제에 대해 효과적이라는 것을 경험적으로 인정할 때 일어난다. 미누친, 리와 사이먼(Minuchin, Lee, & Simon, 2006)은 관리의료 회사들이 치료사들에게 "① 치료의 내용, ② 치료의 목적, ③ 목적 달성을 위해 사용할 치료 절차, 그리고 ④ 그런 절차가 다른 가능한 선택에 비해 선호되는 이유"(pp. 61-62)를 구체화하도록 기대한다고 설명했다. 한 가지 의도는 관리의료 회사가 문헌에서 지지되는 서비스에 대해서만 지불을 하는 것이다.

증거기반 실천과 경험적으로 타당한 치료 간에는 차이가 있다(Patterson et al., 2004). 후자는 일반적으로 효과성을 결정하기 위해 시도한 연구에서 사용된 접근방식을 말한다. **증거기반 실천**은 치료사가 결정을 위해 경험적 자료를 사용할 때를 말한다. 그러나 가족치료 분야의 사람들은 이러한 구분을 하지 않는다. 증거기반 실천의 정의와 상관없이, 치료사들은 치료의 어떤 측면이 효과성을 가져오거나 그렇지 않은지를 이해하려는 목적으로 실천을 해야 한다.

이 분야의 사람들이 모두 증거기반 실천을 향한 이러한 움직임을 지지하는 것은 아니다. 미누친, 리와 사이먼(Minuchin, Lee, & Simon, 2006)은 증거기반 치료의 설명력에 대해 심각한 염려를 표명했다. 이 움직임은 특정 진단이 필요한 임상실천의 여러 시도에 바탕을 두고 있다는 점을 놓고 볼 때, 이는 가족치료사들이 가족에게 일어나고 있는 것을 개념화하는 방법 면에서 어긋나는 것일 수 있다. 이 연구자들의 또 다른 염려는 증거기반 실천의 치료는 흔히 매뉴얼화되어 있다는 점이다. 이들이 보기에 이것은 가족치료에서 변화의 진정한 도구, 말하자면 치료사라는 사람을 모호하게 한다.

스페리(Sperry, 2010)에 의하면, 증거기반 치료의 대안적 관점은 실천기반 증거(practice-based evidence)다. 그는 이 패러다임에 대해 "효과성이 특정 치료적 개입이라기보다 치료사–내담자 공조의 기능이라는 전제를 기반으로 한다."(p. 241)고 제안했다. 그래서 치료사들은 치료에서 일어나는 어떤 것이 효과가 있고 효과가 없는지에 대해 내담자에게 말함으로써 내담자에게 적극적으로 개입할 것이며, 그렇게 하여 효과적인 기법과 개념화를 증진시킬 수 있다.

허블 등(Hubble et al., 2010)은 실천기반 증거로의 변화를 촉진한다. 이들 임상가와 연구자에게 효과성 연구에서 빠졌던 부분은 피드백에 대한 초점이다. 그들은 치료사가 내담자의 진전에 대해 자주 피드백을 받을 때 치료가 진전을 가져온 것이라는 결론을 내렸다. 이러한 피드백 개념은 실천을 핵심역량 및 공통요인에 연결하는 데 있어서 열쇠가 될 것이다. 웜폴드(Wampold, 2010)는 피드백이 공통요인을 동원하는 하나의 수단이라고 제안했다. 이런 생각을 한 단계 더 발전시킨 스파크스와 던컨(Sparks & Duncan, 2010)은 피드백 그 자체를 하나의 공통요인으로 봐야한다고 제안했다. 이들은 모든 접근이 내담자의 피드백을 (다양한 성과 지표와 함께 그리고 치료의 실행을 바꾸는 수단으로서) 어느 정도 사용한다고 본다.

어떠한 변화가 미래의 가족치료를 기다리고 있든지, 가족치료는 더 큰 설명력을 모색하러 움직이고 있는 것 같다. 치료사들은 내담자들과 작업하는 그들의 방식이 효과적이라는 것을 보여 줄 수 있어야 할 것이다. 패터슨 등(Patterson et al., 2004)은 부부가족치료 프로그램, 특히 석사 수준의 프로그램은 학생들이 연구에 대한 비판적 평가자가 되도록 훈련하고 또 치료의 예술에서 치료의 과학을 실천하려는 시도에 증거를 사용하기를 제안하였다. 치료성과 연구에는 많은 방법이 있고, 가족치료사들은 효과적 치료를 개념화하고 연구하는 데 있어서 진정으로 체계론적이고 복수의 방법을 사용할 수 있다.

결 론

이 책은 아홉 가지 주요 가족치료 이론이 치료에 오는 가족을 개념화하기 위해 어떻게 적용되었는지를 보여 주기 위해 쓰였다. 이렇게 여러 다른 모델이 실천에 어떻게 적용되었는지 그리고 각 이론의 주요 구성요소가 무엇인지를 잘 고찰하였기를 바란다. 독자는 한 인간이자 치료사로서 누구이며, 어떤 모델이 당신의 지향에 가장 잘 맞는지 계속 탐구하는 것이 좋다.

분명히 가족치료사가 되는 것은 계속해서 진화하는 과정이다. 치료사들은 시간이 지나면서 한 인간으로서 변화하며, 그리고 인간과 가족에 대한 우리의 이해 역시 변화한다. 우리가 수년 동안 사용하였을 접근들도 역시 변하며, 그래서 이러한 변화에 뒤떨어지지 않도록 따라갈 의무가 있다. 가족치료 이론들의 다음 파도는 왜 가족은 어려움을 겪으며 가족치료사로서 우리는 어떻게 가족이 어려움을 극복하도록 도울 것인가에 대한 새롭고도 고유한 통찰을 끌어내기 위해 여러 접근에 적응하고 접근들을 통합하여, 다른 분야의 아이디어를 수입하는 현재의 가족치료사들에 의해 더 발전될 것이다. 가족치료에 대한 어떤 접근이 독자에게 가장 큰 영향을 미치는지 그리고 독자 여러분이 작업하는 특정 가족에게 가장 효과적이도록 돕는 다양한 이론의 아이디어를 어떻게 적용할 수 있는지를 결정하는 것은 독자 여러분에게 달려 있다.

참고문헌

American Association of Marriage and Family Therapy. (2004). Marriage and Family Therapy Core Competencies. Retrieved from: www.aamft.org

Anderson, T., Lunnen, K. M., & Ogles, B. M. (2010). Putting models and techniques in context. In B. L. Duncan, S. D. Miller, B. E. Wampold, & M. A. Hubble (Eds.), *The heart & soul of change* (2nd ed.) (pp. 143-166). Washington, DC: American Psychological Association.

Aponte, H. J. (2000). Training in the person of the therapist in structural family therapy. *Journal of Marital and Family Therapy, 8*, 269-281.

Aponte, H. J., & Carlsen, C. J. (2009). An instrument for the person of the therapist supervision. *Journal of Marital and Family Therapy, 35*, 395-405.

Bateson, G. (1972). *Steps to an ecology of mind.* New York: Ballantine.

Bateson, G., Jackson, D. D., Haley, J., & Weakland, J. (1956). Toward a theory of schizophrenia. *Behavioral Science, 1*, 251-264.

Bateson, G., Jackson, D. D., Haley, J., & Weakland, J. (1963). A note on the double bind-1962. *Family Process, 2*, 154-161.

Benokraitis, N. V. (2002). *Contemporary ethnic families in the United States.* New Jersey: Prentice Hall.

Berg, I. K. (1994). *Family based services: A solution focused approach.* New York: W. W. Norton & Company, Inc.

Berg, I. K., & DeJong, P. (2005). Engagement through complimenting. In T. S. Nelson (Ed.), *Education and training in solution-focused brief therapy* (pp. 51-56). New York: The Haworth Press, Inc.

Berg, I. K., & de Shazer, S. (1993). Making numbers talk: Language in therapy. In S. Friedman (Ed.), *The new language of change: Constructive collaboration in psychotherapy* (pp. 5-24). New York: Guilford.

Berg, I. K., & Dolan, Y. (2001). *Tales of solutions: A collection of hope-inspiring stories.* New York: W.

W. Norton & Company.

Berg, I. K., & Miller, S. D. (1992). *Working with the problem drinker: A solution-focused approach*. New York: W. W. Norton & Company.

Berg, I. K., & Steiner, T. (2003). *Children's solution work*. New York: W. W. Norton & Company.

Berman, P. S. (2010). *Case conceptualization and treatment planning*. Los Angeles: Sage.

Betan, E. J., & Binder, J. L. (2010). Clinical expertise in psychotherapy: How expert therapists use theory in generating case conceptualizations and interventions. *Journal of Contemporary Psychotherapy, 40*, 141-152.

Beyebach, M. (2009). Integrative brief solution-focused family therapy: A provisional roadmap. *Journal of Systemic Therapies, 28*, 18-35.

Bliss, E. V. (2005). Common factors, a solution focus and Sarah. *Journal of Systemic Therapies, 24*, 16-31.

Blow, A. J., Sprenkle, D. H., & Davis, S. D. (2007). Is who delivers the treatment more important than the treatment itself? The role of the therapist in common factors. *Journal of Marital and Family Therapy, 33*, 298-317.

Boscolo, L., & Cecchin, G. (1982). Training in systemic therapy at the Milan centre. In R. Whiffen & J. Byng-Hall (Eds.), *Family therapy supervision: Recent developments in practice*. London: Academic Press.

Boscolo, L., Cecchin, G., Hoffman, L., & Penn, P. (1987). *Milan systemic family therapy*. New York: Basic Books.

Boszormenyi-Nagy, I. (1965). A theory of relationships: Experience and transaction. In I. Boszormenyi-Nagy & J. L. Framo (Eds.), *Intensive family therapy*. New York: Brunner/Mazel.

Boszormenyi-Nagy, I. (1987). *Foundations of contextual therapy: Collected papers of Ivan Boszormenyi-Nagy, M. D.* New York: Brunner/Mazel.

Boszormenyi-Nagy, I. (1987a). From family therapy to a psychology of relationships: Fictions of the individual and fictions of the family. In I. Boszormenyi-Nagy, *Foundations of contextual therapy: Collected papers of Ivan Boszormenyi-Nagy, M. D.* (pp. 54-78). New York: Brunner/Mazel.

Boszormenyi-Nagy, I. (1987b). The concept of schizophrenia from the perspective of family treatment. In I. Boszormenyi-Naby, *Foundations of contextual therapy: Collected papers of Ivan Boszormenyi-Nagy, M. D.* (pp. 20-34). New York: Brunner/ Mazel.

Boszormenyi-Nagy, I. (1987c). Contextual therapy: Therapeutic leverages in mobilizing trust. In I. Boszormenyi-Nagy, *Foundations of contextual therapy: Collected papers of Ivan Boszormenyi-Nagy, M. D.* (pp. 191-212). New York: Brunner/Mazel.

Boszormenyi-Nagy, I. (2000, April 13). *Plenary Address*. Annual conference of the Hungarian Family Therapy Association, Szeged, Hungary.

Boszormenyi-Nagy, I., Grunebaum, J., & Ulrich, D. (1991). Contextual therapy. In A. S. Gurman & D. P. Kniskern (Eds.), *Handbook of family therapy, Vol. II.* (pp. 200-238). New York: Brunner/Mazel.

Boszormenyi-Nagy, I., & Krasner, B. (1986). *Between give and take*. New York: Brunner/Mazel.

Boszormenyi-Nagy, I., & Krasner, B. R. (1987a). The contextual approach to psychotherapy: Premises and implications. In I. Boszormenyi-Nagy, *Foundations of contextual therapy: Collected papers of Ivan Boszormenyi-Nagy, M. D.* (pp. 251-285). New York: Brunner/Mazel.

Boszormenyi-Nagy, I., & Krasner, B. R. (1987b). Trust-based therapy: A contextual approach. In I. Boszormenyi-Nagy, *Foundations of contextual therapy: Collected papers of Ivan Boszormenyi-Nagy, M.D.* (pp. 213-237). New York: Brunner/Mazel.

Boszormenyi-Nagy, I., & Spark, G. M. (1984). *Invisible loyalties*. New York: Brunner/Mazel.

Bowen, M. (1992). *Family therapy in clinical practice*. New Jersey: Jason Aronson Inc.

Boyd-Franklin, N. (1989). *Black families in therapy: A multi-systems approach*. New York: Guilford Press.

Buchanan, B., & Lappin, J. (1990). *Restoring the soul of the family*. *Family Therapy Networker*, November-December.

Carey, M., Walther, S., & Russell, S. (2009). The absent but implicit: A map to support therapeutic enquiry. *Family Process, 48*, 319-331.

Carter, B., & McGoldrick, M. (Eds.). (2005). *The expanded family life cycle* (3rd ed.). Boston: Allyn & Bacon.

Cecchin, G. (1987). Hypothesizing, circularity, and neutrality revisited: An invitation to curiosity. *Family Process, 26*, 405-413.

Chenail, R. J. (2009). Learning marriage and family therapy in the time of competencies. *Journal of Systemic Therapies, 28*, 72-87.

Colapinto, J. (1982). Structural family therapy. In A. M. Horne & M. M. Ohlsenm (Eds.), *Family counseling and therapy* (pp. 112-140). Itasca: F. E. Peacock.

Colapinto, J. (1991). Structural family therapy. In A. S. Gurman & D. Kniskern (Eds.), *Handbook of family therapy, Vol. II* (pp. 417-443). New York: Brunner/Mazel.

Colapinto, J. (1995). Dilution of family process in social services: Implications for treatment of neglectful families. *Family Process, 34*, 59-74.

Cooklin, A., Asen, E., Ayers, M., & Glienke, O. (2006). *Inviting the family dance: Salvador Minuchin* (DVD). The Association for Family Therapy, UK.

Davis, S. D., & Piercy, F. P. (2007a). What clients of couple therapy model developers and their former students say about change, Part I: Model-dependent common factors across three models. *Journal of Marital and Family Therapy, 33*, 318-343.

Davis, S. D., & Piercy, F. P. (2007b). What clients of couple therapy model developers and their former students say about change, Part II: Model-independent common factors and an integrative framework. *Journal of Marital and Family Therapy, 33*, 344-363.

DeJong, P., & Berg, I. K. (2012). *Interviewing for solutions* (4th ed.). California: Brooks Cole.

de Shazer, S. (1980). Brief family therapy: A metaphorical task. *Journal of Marital and Family Therapy, 6*, 471-476.

de Shazer, S. (1982). *Patterns of brief family therapy*. New York: The Guilford Press.

de Shazer, S. (1984). The death of resistance. *Family Process, 23*, 11-17.

de Shazer, S. (1985). *Keys to solution in brief therapy*. New York: W. W. Norton & Company, Inc.

de Shazer, S. (1988). *Clues: Investigating solutions in brief therapy*. New York: W. W. Norton & Company, Inc.

de Shazer, S. (1991). *Putting difference to work*. New York: W. W. Norton & Company, Inc.

de Shazer, S. (1994). *Words were originally magic*. New York: W. W. Norton & Company, Inc.

de Shazer, S., Berg, I. K., Lipchik, E., Nunnally, E., Molnar, A., Gingerich, W., & Weiner-Davis, M. (1986). Brief therapy: Focused solution development. *Family Process, 25*, 207-222.

de Shazer, S., Dolan, Y. M., Korman, H., Trepper, T., McCullom, E., & Berg, I. K. (2007). *More than miracles: The state of the art of solution focused brief therapy*. New York: Haworth Press.

Ducommun-Nagy, C. (2002). Contextual therapy. In F. Kaslow (Ed.), *Comprehensive Handbook of Psychotherapy, Vol. III* (pp. 463-487). New York: John Wiley, & Sons.

Ducommun-Nagy, C. (2003). Contextual therapy and psychopharmacology: Can giving heal? In D. Keith & P. Prosky (Eds.), *Family therapy as an alternative to psychopharmacology*. New York: Brunner/Routledge.

Ducommun-Nagy, C. (2010). Forgiveness and relational ethics: The perspective of the contextual therapist. In A. Kalayjian & R. Paloutzian (Eds.), *Forgiveness and reconciliation. Psychological pathways to conflict transformation and peace building* (pp. 33-54). New York: Springer.

Duncan, B. L., Hubble, M. A., & Miller, S. D. (1997). *Psychotherapy with "Impossible" cases*. New York: W. W. Norton & Company.

Duncan, B. L., Miller, S. D., Wampold, B. E., & Hubble, M. A. (2010). *The heart & soul of change* (2nd ed.). Washington, DC: American Psychological Association.

Elles, T. D. (2007). History and current status of psychotherapy case formulations. In T. D. Eells (Ed.), *Handbook of psychotherapy case formulation* (pp. 3-32). New York: The Guilford Press.

Elles, T., Lombart, K., Kendjelic, E., Turner, L., & Lucas, C. (2005). The quality of psychotherapy case formulations: A comparison of expert, experienced, and novice cognitive-behavioral and psychodynamic therapists. *Journal of Consulting and Clinical Psychology, 73*, 579-589.

Epston, D. (1992). Temper tantrum parties: Saving face, losing face, or going off your face. In D. Epston & M. White (Eds.), *Experience, contradiction, narrative & Imagination: Selected papers of David Epston & Michael White, 1989-1991* (pp. 37-74). Adelaide: Dulwiche Centre Publications.

Fisch, R., Ray, W., & Schlanger, K. (Eds.). (2009). *Focused problem resolution-Selected papers of the MRI Brief Therapy Center*. Phoenix, AZ: Zeig, Tucker, & Theisan Ltd.

Fisch, R., Watzlawick, P., Weakland, J., & Bodin, A. (1977). On unbecoming family therapists. In P. Watzlawick & J. H. Weakland (Eds.), *The interactional view* (pp. 308-324). New York: W. W. Norton & Company.

Fisch, R., Weakland, J. H., & Segal, L. (1982). *The tactics of change: Doing therapy briefly*.

San Francisco: Jossey-Bass Publishers.

Fraser, B., MacKay, L., & Pease, L. (2007). Interview with Michale Kerr. *Australian and New Zealand Journal of Family Therapy.* Retrieved from: www.familysystemstudent. com/papers/interview-with-michael-kerr-2007.html

Friedman, E. H. (1991). Bowen theory and therapy. In A. S. Gurman & D. P. Kniskern (Eds.), *Handbook of family therapy, Vol. II* (pp. 134-170). New York: Brunner/ Mazel.

Garfield, S. L. (1995). *Psychotherapy: An eclectic-integrative approach* (2nd ed.). New York: John Wiley & Sons, Inc.

Gehart, D. (2010). *Mastering competencies in family therapy*. Belmont, California: Brooks/ Cole.

Gehart, D. (2011). The core competencies and MFT education: Practical aspects of transitioning to a learning-centered, outcome-based pedagogy. *Journal of Marital and Family Therapy, 37*, 344-354.

Gold, J. R. (1996). *Key concepts in psychotherapy integration*. New York: Plenum Press.

Gouze, K. R., & Wendel, R. (2008). Integrative module-based family therapy: Application and training. *Journal of Marital and Family Therapy, 34*, 269-286.

Greenberg, L. S., & Goldman, R. (2008). *Emotion-focused couples therapy: The dynamics of emotion, love and power*. Washington, DC: American.

Greenberg, L. S., & Johnson, S. M. (1988). *Emotionally focused therapy for couples*. New York: Guilford Press.

Grencavage, L. M., & Norcross, J. (1990). Where are the commonalities among the therapeutic common factors? *Professional Psychology: Research and Practice, 21*, 372-378.

Haley, J. (1969). The art of being a failure as a therapist. *American Journal of Orthopsychiatry, 39*, 691-695.

Haley, J. (1984). *Ordeal therapy*. San Francisco: Jossey-Bass Publishers.

Haley, J. (1987). *Problem-solving therapy* (2nd ed.). San Francisco: Jossey-Bass Publishers.

Haley, J. (1989). *The first therapy session*. San Francisco: Jossey-Bass Publishers.

Haley, J. (1990). *Strategies of psychotherapy* (2nd ed.). Rockville, Maryland: The Triangle Press.

Haley, J. (1993). *Uncommon therapy*. New York: W. W. Norton & Company.

Haley, J. (1996). *Learning & teaching therapy*. New York: The Guilford Press.

Haley, J. (2010). Development of a theory: The history of a research project. In M. Richeport-Haley & J. Carlson (Eds.), *Jay Haley revisited* (pp. 371-450). New York: Routledge.

Haley, J., & Richeport-Haley, M. (2003). *The art of strategic therapy*. New York: Brunner-Routledge.

Haley, J., & Richeport-Haley, M. (2007). *Directive family therapy*. New York: The Haworth Press, Inc.

Hill, C. (2005). Therapist techniques, client involvement, and the therapeutic relationship: Inextricably intertwined in the therapy process. *Psychotherapy: Theory, Research, Practice, Training, 42*, 431-442.

Hubble, M. A., Duncan, B. L., Miller, S. D., & Wampold, B. E. (2010). Introduction. In B. L. Duncan, S. D. Miller, B. E. Wampold, & M. A. Hubble (Eds.), *The heart & soul of change* (2nd ed.) (pp. 23-46). Washington, DC: American Psychological Association.

Jackson, D. (1958). Guilt and the control of pleasure in the schizoid personality. *British Journal of Medical Psychology, 31* (part 2), 124-130. Also in W. Ray (Ed.), *Don D. Jackson, M. D., Selected essays at the dawn of an era* (pp. 76-82). Phoenix, AZ: Zeig, Tucker, & Theisan.

Jackson, D. (1959). Family interaction, family homeostasis and some implications for conjoint family psychotherapy. In J. Masserman (Ed.), *Individual & Familial Dynamics* (pp. 122-141). New York: Grune & Stratton. Also in W. Ray (Ed.), *Don D. Jackson-International Theory in the practice of therapy, Selected papers Vol. 2* (pp. 1-20). Phoenix, AZ: Zeig, Tukcer, & Theisan.

Jackson, D. (1967). Power and education. *Medical Opinion & Review, 3*(8), 38-47.

Jackson, D. D. (1977a). The study of the family. In P. Watzlawick & J. Weakland (Eds.), *The interactional view* (pp. 2-20). New York: W. W. Norton & Company.

Jackson, D. D. (1977b). The myth of normality. In P. Watzlawick & J. Weakland (Eds.), *The interactional view* (pp. 157-163). New York: W. W. Norton & Company.

Johnson, S. M. (2004). *The practice of emotionally focused marital therapy: Creating connections* (2nd ed.). New York: Brunner/Mazel.

Kaslow, N. (2004). Competencies in professional psychology. *American Psychologist, 59*, 774-781.

Kaslow, N., Borden, K., Collins, F., Forrest, L., Illfelder-Kaye, J., Nelson, P., et al. (2004). Competencies conference: Future directions in education and credentialing in professional psychology. *Journal of Clinical Psychology, 80*, 699–712.

Keim, J., & Lappin, J. (2002). Short term couples treatment: A structural/strategic perspective. In A. Gurman & N. S. Jacobson (Eds.), *Clinical handbook of couple therapy* (3rd ed.) (pp. 86–117). New York: Guilford Press.

Kelch, B. P., & Demmitt, A. (2010). Incorporating the stages of change model in solution focused brief therapy with non-substance abusing families: A novel and integrative approach. *Family Journal, 18*, 184–188.

Kendjelic, E. M., & Eells, T. D. (2007). Generic psychotherapy case formulation training improves formulation quality. *Psychotherapy: Theory, Research, Practice, Training, 44*, 66–77.

Kerr, M. E., & Bowen, M. (1988). *Family evaluation: An approach based on Bowen theory*. New York: W. W. Norton & Company.

Khisty, K. (2001). Transcultural differentiation: A model for therapy with ethno-culturally diverse families. *The Australian and New Zealand Journal of Family Therapy, 22*, 17–24.

Kindsvatter, A., Osborn, C. J., Bubenzer, D., & Duba, J. D. (2010). Client perceptions of pretreatment change. *Journal of Counseling and Development, 88*, 449–556.

Kuehl, B. P. (1995). The solution-oriented genogram: A collaborative approach. *Journal of Marital and Family Therapy, 21*, 239–250.

Ladany, N., Marotta, S., & Muse-Burke, J. L. (2001). Counselor experience related to complexity of case conceptualization and supervision preference. *Counselor Education and Supervision, 40,* 203–219.

Lambert, M. J. (1992). Psychotherapy outcome research: Implications for integrative and eclectic therapists. In J. C. Norcross & M. R. Goldfried (Eds.), *Handbook of psychotherapy integration* (pp. 94–129). New York: Basic Books.

Lambert, M. J., & Ogles, B. M. (2004). The efficacy and effectiveness of psychotherapy. In M. J. Lambert (Ed.), *Bergin and Garfield's handbook of psychotherapy and behavior change* (5th ed.) (pp. 139–193). New York: John Wiley & Sons, Inc.

Lappin, J. (1983). On becoming a culturally conscious family therapist. In J. C. Hansen & C. J. Falicov (Eds.), *Cultural dimensions in family therapy*. Rockville, MD: Aspen.

Lappin, J. (1988). Family therapy: A structural approach. In R. A. Dorfman (Ed.), *Paradigms of clinical social work* (pp. 220–252). New York: Brunner/Mazel.

Lappin, J., & Hardy, K. V. (1997). Keeping context in view: The heart of supervision. In T. C. Todd & C. L. Storm (Eds.), *The complete systemic supervisor: Context, philosophy & pragmatics* (pp. 41-58). Boston: Allyn & Bacon.

Lappin, J., & Scott, S. (1982). Interventions in a single-parent Vietnamese family. In M. McGoldrick, J. K. Pearce, & J. Giordano (Eds.), *Ethnicity and family therapy*. New York: Guilford.

Lappin, J., & Van Deusen, J. (1994). Family therapy and the public sector. *Journal of Family Therapy, 16*, 79-96.

Lappin, J., & Van Deusen, J. (1999). Humanizing the impossible cast: A case study. In R. Simon, & L. Markowitz, C. Barrilleaus, & B. Topping (Eds.), *The art of psychotherapy: Case studies from the Family Therapy Networker* (pp. 215-229). New York: John Wiley & Sons.

Lebow, J. (1997). The integrative revolution in couple and family therapy. *Family Process, 36*, 1-18.

Luepnitz, D. A. (1988). *The family interpreted: Feminist theory in clinical practice*. New York: Basic Books.

Madanes, C. (1981). *Strategic family therapy*. San Francisco: Jossey-Bass Publishers.

Madanes, C. (1991). Strategic family therapy. In A. S. Gurman & D. P. Kniskern (Eds.), *Handbook of family therapy* (Vol. II) (pp. 396-416). New York: Brunner/Mazel Publishers.

Mahrer, A. R. (1989). *The integration of psychotherapies: A guide for practicing therapists*. New York: Human Sciences Press, Inc.

McGoldrick, M., & Hardy, K. (2008). Revisioning family therapy from a multi-cultural perspective. In M. McGoldrick & K. Hardy (Eds.), *Re-visioning family therapy: Race, culture, and gender in clinical practice* (2nd ed.) (pp. 3-24). New York: Guilford Press.

McGoldrick, M., Gerson, R., & Petry, S. (2008). *Genograms: Assessment and intervention* (3rd ed.). New York: W. W. Norton & Company.

Miller, J. K., Todahl, J. L., & Platt, J. J. (2010). The core competency movement in marriage and family therapy: Key considerations from other disciplines. *Journal of Marital and Family Therapy, 36*, 59-70.

Miller, S., & Hubble, M. (2011). The road to mastery. *Psychotherapy Networker, 35*, 22-31, 60.

Miller, S. D., Duncan, B. L., & Hubble, M. A. (1997). *Escape from Babel*. New York: W. W. Norton & Company.

Minuchin, P. (1985). Families and individual development: Provocations from the field of family therapy. *Child Development, 56*, 289-302.

Minuchin, P., Colapinto, J., & Minuchin, S. (2007). *Working with families of the poor*. New York: Guilford Press.

Minuchin, S. (1974). *Families & family therapy*. Cambridge, Massachusetts: Harvard University Press.

Minuchin, S. (1987). My many voices. In J. K. Zeig (Ed.), *The evolution of psychotherapy* (pp. 5-14). New York: Brunner/Mazel.

Minuchin, S., & Fishman, H. C. (1981). *Family therapy techniques*. Cambridge, Massachusetts: Harvard University Press.

Minuchin, S., Lee, W.-Y., & Simon, G. M. (2006). *Mastering family therapy* (2nd ed.). New York: John Wiley & Sons.

Minuchin, S., Montalvo, B., Guerney, B. G., Jr., Rosman, B. L., & Schumer, F. (1967). *Families of the slums: An exploration of their structure and treatment*. New York: Basic Books.

Minuchin, S., & Nichols, M. P. (1993). *Family healing*. New York: The Free Press.

Minuchin, S., Nichols, M. P., & Lee, W.-L. (2007). *Assessing families and couples*. Boston: Allyn & Bacon.

Molnar, A., & de Shazer, S. (1987). Solution focused therapy: Toward the identification of therapeutic tasks. *Journal of Marital and Family Therapy, 13*, 349-358.

Montalvo, B., & Gutierrez, M. (1983). A perspective for the use of the cultural dimension in family therapy. In J. C. Hansen & C. J. Falicov (Eds.), *Cultural dimensions in family therapy*. Rockville, MD: Aspen.

Nardone, G., & Watzlawick, P. (2009). Interactional brief strategic therapy outcome research-A long term controlled study. In W. Ray & G. Nardone (Eds.), *Paul Watzlawick-Insight may cause blindness & other essays* (pp. 199-214). Phoenix, AZ: Zeig, Tucker, Theisan, Ltd.

Nelson, T. S., Chenail, R. J., Alexander, J. F., Crane, D. R., Johnson, S. M., & Schwallie, L. (2007). The development of core competencies for the practice of marriage and family therapy. *Journal of Marital and Family Therapy, 33*, 417-438.

Nelson, T. S., & Graves, T. (2011). Core competencies in advanced training: What supervisors say about graduate training. *Journal of Marital & Family Therapy, 37*, 429-451.

Nelson, T. S., & Smock, S. A. (2005). Challenges of an outcome-based perspective for marriage and family therapy education. *Family Process, 44*, 355-362.

Nichols, M. P. (2011). *The essentials of family therapy* (5th ed.). Boston: Allyn & Bacon.

Nichols, M. P., & Minuchin, S. (1999). Short-term structural family therapy with couples. In J. M. Donovan (Ed.), *Short-term couple therapy* (pp. 124-143). New York: Guilford Press.

Norcross, J. C., & Newman, C. F. (1992). Psychotherapy integration: Setting the context. In J. C. Norcross & M. R. Goldfried (Eds.), *Handbook of psychotherapy integration* (pp. 3-45). New York: Basic Books.

Palazzoli, M. S., Boscolo, L., Cecchin, G., & Prata, G. (1974). The treatment of children through brief therapy of their parents. *Family Process, 13*, 429-442.

Palazzoli, M. S., Boscolo, L., Cecchin, G., & Prata, G. (1977). Family rituals: A powerful tool in family therapy. *Family Process, 16*, 445-453.

Palazzoli, M. S., Boscolo, L., Cecchin, G., & Prata, G. (1978a). *Paradox and counterparadox*. New York: Jason Aronson.

Palazzoli, M. S., Boscolo, L., Cecchin, G., & Prata, G. (1978b). A ritualized prescription in family therapy: Odd days and even days. *Journal of Marriage and Family Counseling, 4*, 3-9.

Palazzoli, M. S., Boscolo, L., Cecchin, G., & Prata, G. (1980a). Hypothesizing-circularity-neutrality: Three guidelines for the conductor of the session. *Family Process, 19*, 3-12.

Palazzoli, M. S., Boscolo, L., Cecchin, G., & Prata, G. (1980b). The problem of the referring person. *Journal of Marital and Family Therapy, 6*, 3-9.

Palazzoli, M. S., Cirillo, S., Selvini, M., & Sorrentino, A. M. (1989). *Family games: General models of psychotic processes in the family*. New York: W. W. Norton & Company.

Patterson, J. E., Miller, R. B., Carnes, S., & Wilson, S. (2004). Evidence-based practice for marriage and family therapists. *Journal of Marital and Family Therapy, 30*, 183-195.

Ray, W., & Brasher, C. (2010). Legends, lessons, & practical magic-Rediscovering the contributions of the MRI Brief Therapy Center. *Special Section. Journal of Systemic Therapies, 29*, 17-73.

Reiter, M. D. (2007). The use of expectation in solution-focused formula tasks. *Journal of Family Psychotherapy, 18*, 27-37.

Reiter, M. D. (2010a). Hope and expectancy in solution-focused brief therapy. *Journal of Family Psychotherapy, 21*, 132-148.

Reiter, M. D. (2010b). Solution-focused marathon sessions. *Journal of Systemic Therapies, 29*, 33-49.

Reiter, M. D., & Shilts, L. (1998). Using circular scaling questions to deconstruct depression: A case study. *Crisis Intervention and Time Limited Treatment, 4*, 227-237.

Richeport-Haley, M. (1998). Ethnicity in family therapy: A comparison of brief strategic therapy and culture-focused therapy. *The American Journal of Family Therapy, 26*, 77-90.

Rosenzweig, S. (1936). Some implicit common factors in diverse methods of psychotherapy. *American Journal of Orthopsychiatry, 6*, 412-415.

Satir, V. (1964). *Conjoint family therapy*. California: Science and Behavior Books, Inc.

Satir, V. (1975a). You as a change agent. In V. Satir, J. Stachowiak, & H. A. Taschman (Eds.), *Helping families to change* (pp. 37-62). New York: Jason Aronson, Inc.

Satir, V. (1975b). Problems and pitfalls in working with families. In V. Satir, J. Stachowiak, & H. A. Taschman (Eds.), *Helping families to change* (pp. 133-160). New York: Jason Aronson, Inc.

Satir, V. (1975c). Intervention for congruence. In V. Satir, J. Stachowiak, & H. A. Taschman (Eds.), *Helping families to change* (pp. 79-104). New York: Jason Aronson, Inc.

Satir, V. (1979). Private notes. Virginia Satir archives, University of Santa Barbara, Santa Barbara, California Owned by The Virginia Satir Global Network, www.satirglobal. org

Satir, V. (1983). *Conjoint family therapy* (3rd ed.). Palo Alto, California: Science and Behavior Books, Inc.

Satir, V. (1988). *The new peoplemaking*. Palo Alto, California: Science and Behavior Books, Inc.

Satir, V., & Baldwin, M. (1983). *Satir step by step*. Palo Alto, California: Science and Behavior Books, Inc.

Satir, V., Banmen, J., Gerber, J., & Gomori, M. (1991). *The Satir model: Family therapy and beyond*. Palo Alto, California: Science and Behavior Books, Inc.

Satir, V. M. (1971). The family as a treatment unit. In J. Haley (Ed.), *Changing families: A family therapy reader* (pp. 127-132). New York: Grune & Stratton.

Satir, V. M. (1986). A partial portrait of a family therapist in process. In H. C. Fishman & B. L. Rosman (Eds.), *Evolving models for family change* (pp. 278-292). New York: The Guilford Press.

Segal, L. (1991). Brief therapy: The MRI approach. In A. S. Gurman & D. P. Kniskern (Eds.), *Handbook of family therapy* (Vol. 2) (pp. 171-199). New York: Brunner/ Mazel.

Sexton, T. L., Ridley, C. R., & Kleiner, A. J. (2004). Beyond common factors: Multilevel-process models of therapeutic change in marriage and family therapy. *Journal of Marital and Family Therapy, 30*, 131-149.

Shilts, L., & Reiter, M. D. (2000). The use of visual scaling with White's externalization technique. *Journal of Systemic Therapies, 19*, 82-89.

Simon, G. M. (2003). *Beyond technique in family therapy*. Boston: Pearson Education, Inc.

Simon, G. M. (2006). The heart of the matter: A proposal for placing the self of the therapist at the center of family therapy research and training. *Family Process, 45*, 331-344.

Simon, R. (1992). *One on one: Conversations with the shapers of family therapy*. New York: The Guilford Press.

Skowron, E. A. (2004). Differentiation of self, personal adjustment, problem solving, and ethnic group belonging among persons of color. *Journal of Counseling and Development, 82*, 447-456.

Smith, R. L., & Southern, S. (2005). Integrative confusion: An examination of integrative models in couple and family therapy. *Family Journal, 13*, 392-399.

Sparks, J. A., & Duncan, B. L. (2010). Common factors in couple and family therapy: Must all have prizes? In B. L. Duncan, S. D. Miller, B. E. Wampold, & M. A. Hubble (Eds.), *The heart & soul of change* (2nd ed.) (pp. 357-391). Washington, DC: American Psychological Association.

Sperry, L. (2005a). Case conceptualizations: The missing link between theory and practice. *The Family Journal: Counseling and Therapy for Couples and Families, 13*, 71-76.

Sperry, L. (2005b). Case conceptualization: A strategy for incorporating individual, couple, and family dynamics in the treatment process. *American Journal of Family Therapy, 33*, 353-364.

Sperry, L. (2010). *Highly effective therapy*. New York: Routledge.

Spielberg, H. (1960). *The phenomenological movement: A historical introduction*. De Hague: Martinus Nijhoss.

Sprenkle, D. H. (2002). *Effectiveness research in marriage and family therapy*. Alexandria, VA: American Association for Marriage and Family Therapy.

Sprenkle, D. H. (2003). Effectiveness research in marriage and family therapy: Introduction. *Journal of Marital and Family Therapy, 29*, 85-96.

Sprenkle, D. H., & Blow, A. J. (2004). Common factors and our sacred models. *Journal of Marital and Family Therapy, 30*, 113-129.

Stanton, M. D. (1992). The time line and the "Why now?" question: A technique and rationale for therapy, training, organization, consultations and research. *Journal of Marital and Family Therapy, 18*, 331-343.

Taylor, R. L. (Ed.) (2002). *Minority families in the United States* (3rd ed.). New Jersey: Prentice Hall.

Tomm, K. (1984). One perspective on the Milan systemic approach: Part I. Overview of development, theory and practice. *Journal of Marital and Family Therapy, 10*, 113-125.

Tuason, M. T., & Friedlander, M. L. (2000). Do parents' differentiation levels predict those of their adult children? and other tests of Bowen theory in a Philippine sample. *Journal of Counseling Psychology, 47*, 27-35.

Wampold, B. E. (2001). *The great psychotherapy debate: Models, methods, and findings*. Mahwah, NJ: Erlbaum.

Wampold, B. E. (2005). The psychotherapist. In J. C. Norcross, L. E. Beutler, & R. F. Levant (Eds.), *Evidence-based practices in mental health: Debate and dialogue on the fundamental questions* (pp. 200-207). Washington, DC: American Psychological Association.

Wampold, B. E. (2010). The research evidence for the common factors models: A historically situated perspective. In B. L. Duncan, S. D. Miller, B. E. Wampold, & M. A. Hubble (Eds.), *The heart & soul of change* (2nd ed.) (pp. 49-81). Washington, DC: American Psychological Association.

Watzlawick, P., Bavelas, J. B., & Jackson, D. D. (1967). *Pragmatics of human communication*. New York: W. W. Norton & Company.

Watzlawick, P., & Jackson, D. (1963). On human communication. In W. Ray & G. Nardone, *Paul Watzlawick-Insight may cause blindness & other essays* (pp. 7-24). Phoenix, AZ: Zeig, Tucker,

Theisan, Ltd.

Watzlawick, P., Weakland, J., & Fisch, R. (1974). *Change: Principles of problem formation and problem resolution*. New York: W. W. Norton & Company.

Weakland, J. (2009). Family therapy with individuals. In R. Fisch, W. Ray, & K. Schlanger (Eds.), *Focused problem resolution-Selected papers of the MRI Brief Therapy Center* (pp. 153-164). Phoenix, AZ: Zeig, Tucker, & Theisan, Ltd.

Weakland, J., & Ray, W. (Eds.) (1995). *Propagations-Thirty years of influence from the Mental Research Institute*. New York, NY: Haworth.

Weakland, J. H. (1977). Conflicts between love and family relationships in Chinese films. In P. Watzlawick & J. Weakland (Eds.), *The interactional view* (pp. 389-396). New York: W. W. Norton & Company.

Weakland, J. H., Fisch, R., Watzlawick, P., & Bodin, A. M. (1974). Brief therapy: Focused problem resolution. *Family Process, 13*, 141-167.

Weiner-Davis, M., de Shazer, S., & Gingerich, W. J. (1987). Building on pretreatment change to construct the therapeutic solution: An exploratory study. *Journal of Marital and Family Therapy, 13*, 359-363.

White, M. (1986). Negative explanation, restraint and double description: A template for family therapy. *Family Process, 25*, 169-184.

White, M. (1992). Family therapy training and supervision in a world of experience and narrative. In D. Epston & M. White (Eds.), *Experience, contradiction, narrative & imagination: Selected papers of David Epston & Michael White, 1989-1991* (pp. 75-95). Adelaide: Dulwiche Centre Publications.

White, M. (1993). Deconstruction and therapy. In S. Gilligan & R. Price (Eds.), *Therapeutic conversations* (pp. 22-61). New York: W. W. Norton & Company.

White, M. (1995). *Re-authoring lives: Interviews & essays*. Adelaide: Dulwich Centre Publications.

White, M. (1998). Saying hullo again: The incorporation of the lost relationship in the resolution of grief. In C. White (Ed.), *Introducing narrative therapy: A collection of practice-based writings* (pp. 17-29). Adelaide: Dulwich Centre Publications.

White, M. (2007). *Maps of narrative practice*. New York: W. W. Norton & Company.

White, M. (2011). *Narrative practice: Continuing the conversation*. New York: W. W. Norton & Company.

White, M., & Epston, D. (1990). *Narrative means to therapeutic ends*. New York: W. W. Norton & Company.

Whitehead, A., & Russell, B. (1913). *Principia mathematica* (2nd ed.). Cambridge, UK: Cambridge University Press.

Wittgenstein, L. (1951). *Tractatus logico-philosophicus*. New York: Humanities Press.

Wright, R. H., Mindel, C. H., Tran, T. V., & Habenstein, R. W. (2011). *Ethnic families in America: Patterns and variations* (5th ed.). New Jersey: Prentice Hall.

Yalom, V. (2011). *Salvador Minuchin on family therapy* [DVD]. Available from: www.psychotherapy.net

Yalom, V., & Rubin, B. (2003). *Insoo Kim Berg on Solution Focused Therapy* [motion picture]. Available from: www.psychotherapy.net

찾아보기

1차 변화 192, 193, 199
2차 변화 192, 193, 214
MRI 단기 가족치료 27, 191

ㄱ

가계도 76, 94
가설 세우기 271
가설질문 279
가족규칙 164, 257, 259
가족발달 300
가족생활연대기 176
가족생활주기 230
가족신화 181, 263
가족의례 269
가족조각 182
가족조직 231
가족지도 307
가족체계 154
가족체계이론 75
가족충성심 112
가족평가 95, 104
감각기능 168
감정체계 80
개념적 렌즈 21
개념화 24
개별성 78

개인 심리 차원 113
건설적 권리 134
경계선 305
경험적 가족치료 26, 153
고객형 340, 341
공식적인 첫 회기 과제 362
공통요인 38, 427
공평성 117
과제 설정 243
관계윤리 116, 152
관계윤리 차원 109
관계적 현실 110, 112
구조적 가족치료 30, 295, 415
균형 깨기 322
긍정적 의미부여 267
기적질문 355, 415

ㄴ

나-당신 대화 126
나 입장 취하기 97
내담자중심 개념화 37
내러티브 376, 384
내적 상태 이해 382

ㄷ

다각적 편향성 128, 134, 141
대칭적 관계 233
독특한 결과 381
독특한 결과 대화 393

ㅁ

맥락적 가족치료 26, 109
면죄 142
명명하기 259

문화적 공식 34
미래질문 279
밀란 체계적 가족치료 29, 255, 417

ㅂ

방문형 340, 348
보완성 322
보완적 관계 233
보웬 가족체계이론 75
보이지 않는 충성심 123
부모화 115, 121
부적 피드백 195
분배적 불공평 118
분열된 충성심 124, 140
불변의 처방 418
불안 78, 96, 100
불충 116
불평 198, 336, 349
불평형 340, 341, 348
비난형 160

ㅅ

사례개념화 21, 32, 413, 414, 432
사례공식화 32
사실 차원 112
사이버네티스 191, 255, 256
산만형 161
삼각관계 85, 96, 101, 108, 155, 266, 417
삼자관계 154, 157
상담 전 변화 361
상담 전 변화 질문 352
상위체계 313
상호교류 차원 115
선택적 차용 422

세계관 205, 336
순환성 274
순환적 질문 275, 278
실연 320

ㅇ

연합 232
연합성 79, 84, 162, 263
예외질문 353
유산 123
외부증인 395
외재화 387
외재화 대화 389
의사소통 154, 156, 159, 165, 167, 233
의사소통 유형 160
의식의 조망 382
이론적 통합 422
이론중심 개념화 37
이야기 376
이야기의 조망 382
이야기치료 31, 375
일치형 160
임상적 공식 34
입장진술 지도 394

ㅈ

자기가치 154, 158
자기분화 90, 94
자아정체감 155
자연체계 75, 297
자연체계이론 25
자율성 127
자존감 156, 159
재구성 184, 215, 321

재명명 321
재분배적 불공평 120
재생 176
재저작 대화 391
전략적 가족치료 28, 227
전체성 257, 344
절충주의 421
정서적 78
정서중심 치료 424
정서체계 79, 97, 101
정의예식 395
정적 피드백 195
정체성의 조망 382
조각하기 177
존재적 차원 110, 125
중립성 276
증거기반 실천 433
증상중심 개념화 37
증상처방 213
지배적 담론 378
지배적 이야기 376, 377, 388
지시하기 244
지적 체계 80
지향 상태 이해 383
진단적 공식 34
질문 361

ㅊ

척도질문 354
체계론적 사례개념화 35
초이성형 161
충성심 116, 122, 151
치료외적 요인 38
치료적 공식 34

ㅌ

통제 258

ㅍ

파괴적 권리 120, 147

ㅎ

합류 314, 316

해결 대화 346

해결중심 단기치료 31, 423

핵심역량 429, 431

행위의 조망 382

혼란형 161

회원재구성 대화 392

회유형 160

저자 소개

Michael D. Reiter(PhD, LMFT)

마이클 D. 리터는 미국 Nova Southeastern University 가족치료학과 교수로서, 부부가족치료와 정신건강 전공으로 상담교육 석사학위 및 가족치료 전공으로 박사학위를 받았다. 미국부부가족치료학회(AAMFT) 임상 회원이자 슈퍼바이저이며, 해결중심 단기치료에 초점을 두고 많은 저술활동을 하고 있다. 첫 번째 저서인 『치료면담: 상담의 필수 기술과 맥락(Therapeutic Interviewing: Essential Skills and Contexts of Counseling)』은 치료과정에서의 기초 기술에 대한 내용으로 이루어져 있다.

기고자 소개

Christopher F. Burnett(PsyD) Nova Southeastern University 가족치료학과 부교수이자 가족치료학과 박사과정 프로그램의 학과장을 역임하였다.

Catherine Duncommun-Nagy(MD) Drexel University 임상부교수로서 보스조르메니-나지(Ivan Boszormenyi-Nagy)가 세운 필라델피아 소재의 맥락적 성장 연구소(Institute for Contextual Growth) 소장이다.

Arlene Brett Gordon(PhD) 단기치료연구소(Brief Therapy Institute) 소장이며 Nova Southeastern University 가족치료학과 교수이고, AAMFT 임상회원이자 슈퍼바이저다.

Shelley Green(PhD) Nova Southeastern University 가족치료학과 교수로서 석박사 과정 학생들에게 강의와 슈퍼비전을 하고 있고, AAMFT 슈퍼바이저다.

James Hibel(PhD) Nova Southeastern University 가족치료학과 부교수이며, 석박사 과정에서 이야기치료를 강의하고 있고, 현장슈퍼비전과 사례자문을 하고 있다.

Jay Lappin(MSW, LCSW) www.centrapc.com의 가족치료 소장이며 개인상담소에서 가족과 부부 및 개인치료를 하고 있고 미누친 가족센터(Minuchin Center for the Family) 위원이다.

Jean McLendon(LCSW, LMFT) AAMFT 슈퍼바이저이자, 세계 최고의 버지니아 사티어 모델실천가로 존경받고 있으며, 사티어 글로벌 네트워크(Satir Global Network) 회장을 역임하였다.

Wendel A. Ray(PhD) 캘리포니아주 팔로알토의 정신건강연구소(Mental Research Institute, MRI) 소장을 역임했으며, 현재 Louisiana State University 가족치료프로그램 교수이고, MRI 모델과 관련된 다수의 저서를 저술하였다.

역자 소개

정혜정(Chung, Hyejeong)

현 전북대학교 아동학과 교수

한국가족치료학회 부부가족상담 슈퍼바이저

한국상담학회 1급 전문상담사(부부가족상담 수련감독급)

한국가족관계학회 가족상담 슈퍼바이저

미국 Texas Tech University 인간발달 · 가족학과 박사(Ph.D.)

한국가족치료학회장, 미국 University of Georgia 및 Nova Southeastern University 가족치료학과 방문학자 지냄

가족치료 사례개념화

Case Conceptualization in Family Therapy

2016년 9월 5일 1판 1쇄 발행
2023년 8월 10일 1판 5쇄 발행

지은이 • Michael D. Reiter
옮긴이 • 정혜정
펴낸이 • 김진환
펴낸곳 • ㈜학지사
04031 서울특별시 마포구 양화로 15길 20 마인드월드빌딩
대표전화 • 02-330-5114 팩스 • 02-324-2345
등록번호 • 제313-2006-000265호

홈페이지 • http://www.hakjisa.co.kr
인스타그램 • https://www.instagram.com/hakjisabook

ISBN 978-89-997-1066-7 93180

정가 20,000원